姚淦铭国学智慧系列

论语智慧

姚淦铭 著

山东人民出版社

图书在版编目(ＣＩＰ)数据

论语智慧/姚淦铭著. —济南:山东人民出
版社,2011.7 (2017.11 重印)
ISBN 978 - 7 - 209 - 05719 - 6

Ⅰ.①论… Ⅱ.①姚… Ⅲ.①儒家②论语—通俗读物
Ⅳ.①B222.2 - 49

中国版本图书馆 CIP 数据核字(2011)第 057746 号

责任编辑:常纪栋
封面设计:宋晓明

论语智慧

姚淦铭 著

———————————————————————

山东出版传媒股份有限公司
山东人民出版社出版发行

社 址:济南市经九路胜利大街 39 号 邮 编:250001
网 址:http://www.sd-book.com.cn
发行部:(0531)82098027 82098028

新华书店经销
山东华立印务有限公司印装

规 格 16 开(169mm×239mm)
印 张 22.75
字 数 320 千字
版 次 2011 年 7 月第 1 版
印 次 2017 年 11 月第 7 次
ISBN 978 - 7 - 209 - 05719 - 6
定 价 36.00 元

———————————————————————

如有质量问题,请与印刷厂调换。 电话:(0634)6216033

前　言

　　《论语》，是中国传统文化中最重要的经典杰作之一。它既居于儒家《十三经》之中，又位列《四书》之内，是中国文化的一个标杆高耸的载体、一种玲珑剔透的智慧结晶。

　　《论语》在历史上曾经是千家万户诵读的一部书，属于必读的启蒙教材，又为科举考试必备之书。《论语》之经典影响至大、名言警句流传至广、理念潜入人心至深，真是难以言表尽之。

　　历史上人们对孔子与《论语》的评说，既是每抒己见，可谓琳琅满目；又是各有所识，多见反差悬殊。此仅稍加列举。

　　古代如司马迁《孔子世家》里说："《诗》有之：'高山仰止，景行行止。'虽不能至，然心乡（向）往之。余读孔氏书，想见其为人。""天下君王至于贤人众矣，当时则荣，没则已焉。孔子布衣，传十余世，学者宗之。自天子王侯，中国言'六艺'者折中于夫子，可谓至圣矣！"此足见这位史学家敬仰推崇之隆。

　　唐代韩愈曾在《论语笔解》赞扬《论语》的内涵丰富深刻，难以穷尽，有云："习之深乎哉，吾今乃知仲尼之言瞻之在前，忽然在后，不可繄（概）窥其极。"（《述而第七》，《四库全书》本）又如宋代宰相赵普说："半部《论语》治天下。"此成为经典名言流传古今。

　　当代如毛泽东曾说："今天的中国是历史中的中国的一个发展；我们是马克思主义的历史主义者，我们不应当割断历史。从孔夫子到孙中山，我们应当给以总结，继承这一份珍贵的遗产。"（《中国共产党在民族战争中的地位》）他又说："现在的社会主义确实是前无古人的。社会主义比起孔夫子的'经书'来，不知道要好过多少倍。"（《一个在三年内增产百分之六十七的农业生产合作社》按语）这些话是值得我们体会的。

鲁迅曾说："孔夫子曾经计划过出色的治国的方法，但那都是为了治民众者，即权势者设想的方法，为民众本身的，却一点也没有。"（《且介亭杂文二集·在现代中国的孔夫子》）如他在《南腔北调集》的《由中国女人的脚，推定中国人之非中庸，又由此推定孔夫子有胃病》里写道："'割不正不食'，这是他老先生的古板规矩，但'食不厌精，脍不厌细'的条令却有些稀奇。"如此等等，这是他眼里的孔子，也可引发今人的再思考。

西方学者评论孔子与《论语》，有褒者，也或有贬者。其实，即使是贬抑、批评、批判，也完全是正常的事，且还有助于从他们反对的角度去研究《论语》。当然关键还得自己读了孔子与《论语》后能作出判断，究竟是耶非耶。比如黑格尔曾说："孔子只是一个实际的世间智者，在他那里思辨的哲学是一点也没有——只是一些善良的、老练的、道德的教训，从这里我们不能获得什么特殊的东西。"（《哲学史讲演录》第1卷）其实笔者看来，此说并非正确，因为那里不仅深蕴普世的道德教育之智慧，也有睿智的哲学思辨之宝藏。

孔子曾设想过"乘桴浮于海"（《论语·公冶长》），这是他设计过的人生归途，乘坐竹筏、木筏之类，漂浮于海外。虽然孔子生前没有实行，但是孔子与《论语》以及儒家思想早已漂洋过海，流布全球，且声誉益隆，影响日大。孔子及《论语》与大千世界相遇之后，其花絮纷扬，争奇斗艳，芬芳馨香，蔚为古今之大观。

确实，《论语》经典虽然极简短仅约12700字，但或可以说比比皆宝，处处是金。你一旦深入《论语》的智库，那么也许不用淘金，便可获得智慧之真金；也许不用觅宝，便可采撷到人生之珍宝。《论语》教你如何为人、处世、从政、管理、学习、言说、交友、交往、财富、教育、伦理等等智慧。

毋庸置疑，如有识之士指出，当今社会出现了种种问题，如生态危机、精神危机、道德危机、价值危机、经济危机等，正深刻影响人类社会的健康发展。人类的命运、地球的命运又一次受到严峻的挑战。然而人们回首经典，便会发现古代的儒学依旧可以为当今社会提供济世的良策、良谋、良药。我想，现代人如果带着种种困惑、诸多的"问题意识"，真心实意地去叩问《论语》，那么真的可以从《论语》里读出许多鲜活的现代智慧来。

《论语》在历史的悠长岁月里已经成为了一门学问，从时间上看则绵延了数千年，从研读者来说则不知其数，从著述来计则浩瀚难尽，从地域来论则全球拥有孔子与《论语》的爱好者无数。

"论语学"，其名称始创者为国学大师梁启超。在20世纪20年代，梁启超在《中国近三百年学术史》第十三章里首次提出了"论语学"的名称："论语学在汉有齐、鲁、古三家，自张禹合齐于鲁，郑康成复合齐、鲁于古，师法不可复辨。"此后在20世纪30年代，周予同著《群经概论》又专门论述了"论语学"的沿革，"论语学"的名称也渐用渐著。

　　说到"论语学"，至此又记起孔子之说："古之学者为己，今之学者为人。"（《论语·宪问》）"为己"，是指先要求自己明道、修身、立德，然后再干出一番事业来。"为人"则与之相反，不顾自身的修炼，而先汲汲于向外追求名誉、地位、功利。《觉觉录》有云："万里澄澈，则一心愈精愈谨；一心凝聚，则万理愈通愈流。"读《论语》就是可以让人们由澄澈而愈精愈谨，且愈通愈流，就像儒家所指出的那条修身、齐家、治国、平天下的路径。

　　宋代米芾曾有赞："孔子孔子，大哉孔子！孔子以前，既无孔子。孔子以后，更无孔子。孔子孔子，大哉孔子！"孔子是唯一的，中国文化里如果缺了孔子之魂，真不知道是个什么样子了！

　　我也联想到《论语》是否也可以依据此模式推演为："《论语》、《论语》，大哉《论语》！《论语》以前，既无《论语》。《论语》以后，更无《论语》。《论语》、《论语》，大哉《论语》！"《论语》不也是唯一的吗？中国典籍里如果缺了《论语》之经典，谁知道又是个什么样子呢？！

作　者

2011年2月

目　录

篇三 《论语》的处世智慧

篇四 《论语》言行枢机之智慧

篇五　《论语》政治、管理、法制智慧

篇六　《论语》经济与财富智慧

篇七　《论语》伦理道德与现代智慧

篇八　《论语》教育智慧

篇九　《论语》孔门弟子风采与智慧

篇十　《论语》宗教·历史·哲学·思辨

篇十一　《论语》历史之谜

篇十二 《论语》智囊：名言·成语·典故

篇 一

《论语》的精蕴与价值

《论语》是中国文化的宝典，其高耸的标杆让一代代人仰之弥高，其深蕴的智慧使人钻之弥深。

《论语》短短的两万字还不到，但是阐发、演绎、翻译其书的却是不知其数。

《论语》通俗得可作为儿童的启蒙教材，但是艰深得可以让无数学者为之竞相折腰。

《论语》说道理如对坐絮谈，明白即晓，但奥义足以治大业，甚至半部即可治天下。

《圣迹之图》之问礼老聃

孔子与《论语》：平凡·伟大·神圣

两千五百年，岁月绵延，孔子穿越时空，其人永垂不朽；蔓延流布，化身万千，《论语》传播世界，其书不朽永垂！

《论语》短短的一万三千字还不到，但是阐发、演绎、翻译其书的却是不知其数。

《论语》通俗得可作为儿童的启蒙教材，但是艰深得可以让无数学者为之竞相折腰。

《论语》说道理如对坐絮谈，明白即晓，但其奥义足以治大业，甚至半部即可治天下。

《论语》记下了机趣美妙之言，洋溢着真切纯厚之情，道出了鞭辟入里之理。

《论语》是平凡的，又是伟大的，更是神圣的！

从《论语》里走来的孔子，大约是最为真实的孔子了，如此自然、敞开、深邃；既是凡人，又是哲人，且是圣人。

我曾读到过唐君毅的《孔子与人格世界》（载《近四十年来孔子研究论文选编》），他把孔子与"一般人所崇拜之人格"进行比较，再体会孔子之"人格与思想之路向"。先看唐君毅列举出的六种人格类型。

1. 纯粹之学者、纯粹之事业家型

此指一种尽量用一种人为的工夫，以穷究真理，或成就一理想的事业者。这一种人之所以为人所佩服，主要由于其一生只念兹在兹于一种目的，而将全部之精力与智慧，用于此一目的之成就与达到。如康德、斯宾诺萨、苏格拉底、牛顿等，此种人物的崇拜者甚多。

2. 天才型

此指文学、艺术、哲学上之天才，天才恒表现出独一无二的个性，因而是不可学的。如贝多芬、莎士比亚、歌德、李白

孔子

等，学李白者定非李白，学莎士比亚者定非莎士比亚，学歌德者定非歌德。因此李白之后更无李白，莎士比亚、歌德以后，亦无莎士比亚与歌德。

3. 英雄型

此可谓一种在政治上、军事上创业之天才，如刘邦、唐太宗、亚历山大、拿破仑等。此种有天才性之英雄人物，其格之高下，依其气概盛之外，运于其光采与风姿中之机，是否常灵。机不灵，则气中有硬质。纯气盘旋，则机必灵。机灵乃豁达大度，真豁达大度，则能以肝胆照人，使风云际会。机灵则能举重若轻，当撒手时，便当撒手。

4. 豪杰型

这就如孟子所说的"奋乎百世之上，百世之下，闻者莫不兴起也"（孟子原文指一种圣人）。如屈原、墨子、玄奘、鲁仲连、荆轲、张良、曹操、诸葛亮、慧能、韩愈、朱子、王阳明、马丁·路德等。豪杰则必自有一番真性情。豪杰者，个人之自作主宰之精神，突破社会与外在之阻碍、压力、闭塞与机械化，以使社会之客观精神重露生机，如春雷一动，使天地变化草木蕃者也。豪杰之士，则常忘世俗之毁誉得失，初无功名之心，而只是一独行其是，此孔孟所谓狂狷。

5. 超越的圣贤型

如穆罕默德、耶稣、释迦、甘地、武训等。圣贤则平下一切矜持之气而忘我，使真性情平铺呈露，由此而显一往平等之理性。只要有同一之真觉悟，圣贤亦为人人所能学，不似天才英雄之为少数人所专利，英雄豪杰之待时势以逼成。此即圣贤之道之至广大。圣贤中之两格，首为超越的圣贤，即宗教性之人格，谓为超越者，指重"天"言，大皆崇拜上帝。而另一种即是下文所说的圆满的圣贤型，则天人之真合一。

6. 圆满的圣贤型

如孔子及孔子教化下之圣贤。由孔子之圣贤境界，一方面可超越一切学问家、事业家、天才、英雄、豪杰之境界；一方面亦知一切事业家、学问家、天才、英雄、豪杰之努力，与才情、志愿，无不赖一番真诚在其中，直接间接皆依于性情。一切宗教的上帝，只创造自然之万物；而中国圣人之道，则以赞天地化育之心，兼持载人文世界、人格世界之一切人生。中国圣人之精神，不仅是超越地涵盖宇宙人生人格与文化，而且是以赞天地化育之心，对此一切加以持载。故不仅有高明一面，而且有博厚一面。若在孔子，则兼有博厚与高明，至卑至谦，而高明亦不可及。夫孔子之精神，即绝对之至诚恻怛（cè dá，诚恳、恳切），也即超越的涵盖持载精神。

当然，此说或不一定很确切，但是历数中外学问家、事业家、杰出人物，环比诸多的天才、英雄、豪杰，让我们在一个更加广阔且高端层次的平台上来认识孔子，这或许可以提供我们再思考的某种路径。

精蕴：发现在表层后面的内存与深层

《论语》的每次阅读，我都会每每感叹于颜渊曾有的感叹。

《论语·子罕》载，颜渊曾喟然叹曰："仰之弥高，钻之弥坚。瞻之在前，忽焉在后。夫子循循然善诱人，博我以文，约我以礼，欲罢不能。既竭吾才，如有所立卓尔。虽欲从之，末由也已。"（9.11）这个闻一知十、绝顶聪明的颜回，长期追随孔子，为什么越仰望越觉得孔子高大，越钻研越觉得孔子深不可及？为什么看看自己跑到前面去了，忽然又拉在后面？为什么再求前进，自己却找不到路了？

颜回，这个孔子最杰出的弟子，有如此睿智的资质，有如此深厚的学养，尚且还有如此深长的喟叹，再回视后人与今人，真是感叹颇多！我们也许把孔子这座伟大的文化高山、思想峻岭看得太低了，把其中的丘壑看得太浅了，更把山里的宝藏估计得太轻了，把山间的流动不拘、变化莫测的气象看得太简单了。一句话，我们把孔子留下的这一座中国文化的巍巍峻岭的深沉与高妙、静穆与变幻有意无意地轻视了、忽视了、近视了，甚至蔑视了。《论语》确实有这样一种神奇，初看浅显易懂，然而随着学识的增多、阅历的增长、体味的增加，再翻阅此书，那么其中的微言精义愈读愈入，愈探愈出，愈研愈深，愈习愈益，愈往而愈不知其穷。

因此，我在读到美国学者赫伯特·芬格莱特的《孔子：即凡而圣》（彭国翔等译，江苏人民出版社）时，被他的一段文字所吸引，并引起心绪的共振与共鸣：

> 初读孔子时，我觉得他是一个平常而褊狭的道德说教者。对我来说，他的言论集——《论语》，也似乎是一件陈旧的不相干之物。后来，随着逐渐增强的力量，我发现，孔子是一位具有深刻洞见与高远视域的思想家，其思想堂奥的辉煌壮观足可与我所知的任何一位思想家相媲美。渐渐

地，我已然确信，孔子能够成为我们今天的一位人师——也就是一位饱经人世沧桑、饱含人生智慧的思想导师，而不只是给我们一种早已流行的、稍具异国情调的思想景象。孔子所告诉我们的，不是在别处正在被言说着的东西，而是正需要被言说的东西。他的谆谆教诲会令我们耳目一新。

很多人不接触《论语》或初读《论语》，觉得也不过如此：不就是那些道德的教训？如果真正深入下去，原来并非如此。如芬格莱特又说：

> 我发现，《论语》里的睿见卓识，在精神实质上接近于这种西方哲学最新发展的一些最显著的特征。就此而言，孔子是迄今为止"超越于我们时代的"思想家，这是数个世纪以来他在相当程度上受到西方世界忽视的一个重要原因。然而，今天我们能够把孔子的思想与西方思想的某种新成分相提并论，从中受益，是因为他在此提出问题的方式，使得西方人置身于一个全新的视域。

我想，芬格莱特深入体悟并揭示出古老《论语》里许多"新"的东西，值得关注。究竟"新"到什么程度？"新"到接近"西方有关人的哲学研究的最新进展"、"西方哲学最新发展的一些最显著的特征"、"西方思想的某种新成分"；并且孔子提出问题的方式，又有一"新"，那便是"使得西方人置身于一个全新的视域"。

芬格莱特还说："孔子用神奇魅力的眼光看待人类，洞察人类具有神奇非凡的力量，这是他真正的和正确的思想。"那么，孔子洞察到了什么？他又说："孔子所洞察到的神奇力量，更为准确地说，那正是人类美德的精华或本质的体现。经由这种神奇力量，最终我们也就能够达到极高的境界，看到孔子视为中心命脉的人类生存的神圣性。到20世纪，由于不能深切地领会孔子思想学说中这种生存要点，我们便在很大程度上漠视了这种神圣性在其学说中的中心地位。"如此等等，足可咀嚼。

从这里我们也可以思考：为什么人们经常要诋毁孔子与《论语》？因为他们并非深知、真知，或者是畏惧此中的力量与能量。为什么又有那么多的人这样推崇孔子与《论语》？因为他们发现了看似浅近的其实在深层却储藏了宏博的精蕴。

如此再回首，1982年那些诺贝尔奖得主，在巴黎的聚会时所说名言的主旨

——21世纪还需要孔子思想，不就是一次世界文化精英与世界伟人孔子精蕴默契后的精深之识与精彩之论!

价值与启示：半部《论语》治天下

关于《论语》有一个经典美谈，即"半部《论语》治天下"。《论语》的学术价值当然重要，但这里彰显了《论语》巨大的实践与实用价值，而此中的智慧值得关注并发掘。

一、半部《论语》治天下

这要说到宋代赵普（922~992），宋幽州蓟县人，后迁河南洛阳，字则平。他是宋代的开国元勋、政治家，为一代名相。他与《论语》有一段很深的渊源。

后周时，赵普为赵匡胤的亲信幕僚，任掌书记。公元960年，在开封东北四十里的陈桥驿，赵匡胤发动兵变，黄袍加身，自立为天子。赵普参与并策划了"陈桥兵变"，并显示了才能。

北宋建立后，赵普历任右谏议大夫、兵部侍郎、枢密使、检校太保等职，因为屡建其功，后来提升为宰相。从乾德二年至开宝六年（964~973）做了近十年的宰相，皇上视为左右手，事务不分大小，悉与其商量决定。在宋太祖晚年，对他的宠爱渐衰，出为河阳三城节度使。宋太祖死后，他的弟弟赵光义继位，史称宋太宗，赵普又曾两次入相。他经历了宋太祖、宋太宗两朝三十多年，前后为宰相约十四年。他对于宋代作出了很大的贡献。

赵普"少习吏事，寡学术"（《宋史·赵普列传》），因此宋太祖在提拔赵普为宰相时，"常劝以读书"。赵普便去读书，甚至于"晚年手不释卷，每归私第，阖户启箧取书，读之竟日"。赵普在读书时，是关上门一个人在那里静静地读、静静地思考的。这书也很奇怪，不放在书架上、书桌上，而是每次要读的时候便从箱子里拿出来，读完了又放回箱子里去了。

赵普还有趣闻，朝廷上能处理的政事，他随即处理了；处理不了的便带回家，研读《论语》，思考怎样处理。第二天上朝的时候，他作

赵普

出的决断居然就像流水那样，有描述说"次日临政，处决如流"（《宋史》）。

然而，当时流传着赵普"所读止《论语》"，有人就向当宋太宗提意见，让赵普当宰相甚为不妥。宋太宗有一次特地当面问赵普这件事，赵普也没有隐瞒，很诚实地回答："臣平生所知，诚不出此。昔以其半辅太祖定天下，今欲以其半辅陛下致太平。"此在宋代罗大经《鹤林玉露》中有记载。这就是"半部《论语》治天下"的出典，又称为"一部《论语》治天下"，还简称为"半部《论语》"。

奇怪的是，赵普家里的人也不了解真情，只是"家人见其断国大议，闭门观书，取决方册"（《宋史》）。赵普活着的时候，别人是不能进他的屋子的。赵普死了，打开他的藏书的箱子，发现里面果真只有一部《论语》，原来确是如此！

当然"半部《论语》治天下"之说，最早出自南宋史籍，如罗大经的《鹤林玉露》、黄震的《黄氏日钞分类》、林駉的《古今源流至论》等，但是也遭到学者的怀疑，认为不可信。最近数十年来，于此说也曾颇有聚论，如著名学者洪业便有《半部论语治天下辨》之文，而邓拓则以"半部《论语》治天下"作为一个读书少而精的例子加以推崇。其实我认为，赵普的"半部《论语》治天下"之说，已成为一种美谈、一个典故。我们如果撇开那些待解的谜不去纠缠细节，也许可以从中发觉不少智慧的启示。

1.《论语》确实蕴藏着巨大的实用价值

赵普运用于治天下，其实可以运用于各个方面，如修身的、行政的、教育的、经商的、交友的、处事的等等，这在本书下文有详说。

2.《论语》智慧的实用，不管文化水平高低均可以做到

赵普之所以选择《论语》就是一种智慧：《论语》篇幅短小，文句精炼，名言警句易读易懂易用。确实，《论语》不像《尚书》那样艰深难读，也不像《周易》、《老子》那样抽象深奥。另外《论语》涉及了方方面面，内容极其丰富，智慧的含金量极高，熟读深思，必资启发，足以发挥。

3. 运用《论语》智慧，有具体的操作路线

赵普启示我们，要有意识地带着问题去读《论语》，即是为解决当下的现实问题去读其中有关的内容，进而汲取其中的智慧来解决具体问题。如此轮回反复的操作，时间一长，真会越来越有效益，越读越爱读的，也许像赵普一样"爱不释手"了。这不就是"学而时习之，不亦说乎"？

4.《论语》智慧之学习与运用，也有不同的效应

谁对社会与人生越有丰富深刻的体验与经验，谁越是喜欢思考，谁便越能深入领会《论语》的内蕴、智慧与精华。试看，北宋初期这么多的重大方针政策，比如罢宿卫、节镇兵权、让文人知州；还有诸州置转运使，设置通判，以此来集中行政权和财政权；再如先南后北、先难后易的统一战略，以及对契丹采取守势等谋略，如此等等，都有赵普参与其间。这些或许都可以视为他将丰富的实际经验与读《论语》的智慧融合在一起的结果。

如果从赵普那里能深思一番，定能豁然开朗于"半部《论语》治天下"的真义，也会猛然醒悟《论语》实践、实用价值之不可估量。

再顺便一说，宋代还有一位贤相李沆（947～1004），宋真宗时由副宰相升为正宰相，也常常读《论语》。有人问其缘故，李沆回答说："沆为宰相，《论语》中'节用而爱人，使民以时'，尚未能行。圣人之言，终身诵之，可也。"这也可以体会一番宋代官员们的某些《论语》情结，他们不仅常读《论语》，且活用《论语》的智慧来治天下。

价值再思：一言兴邦·一言丧邦

再说《论语》的价值，我又想起"一言兴邦"、"一言丧邦"的典事。鲁国定公（鲁哀公的父亲）曾向孔子提出两个治国问题，孔子回答得深具旨趣。

一、一言兴邦之典事

鲁定公问："一言（一句话）而可以兴（振兴）邦，有诸？"孔子回答说："言不可以若是其几（'几'字指必期望其效，此句指话说得不可以这样绝对）也。人之言曰：'为君难，为臣不易。'如知为君之难也，不几（'几'指接近，与上一个'几'义不同）乎一言而兴邦乎？"（《论语·子路》13.15）

确实，如果真知道"为君之难"、"为臣不易"，那么君臣上下都能兢兢业业，砥砺发愤，图强不息，不敢有一念之放肆，不敢有一事之疏忽，政事日治，上下一体，民心凝聚，邦国之兴旺，必能期望。这不就是"一言兴邦"？

二、一言而丧邦

鲁定公再问："一言而丧（丧失）邦，有诸？"孔子回答说："言不可以若是其几也。人之言曰：'予无乐乎为君（我做国君没有其他的快乐），唯其言而莫予违（只是没有人违抗我说的话）也。'如其善（指说话能善、正确）而莫之违也，不亦善乎？如不善而莫之违也，不几乎一言而丧邦乎？"

确实，如果国君说出来的话是正确的，有益于国事民生，都照着去做，那么没有人违抗，不就是好事吗？如果说出来的是错误的，有害于国事民生，还要求照着去做，没有人敢于违抗，不就接近于丧邦的大灾祸了吗？孔子之说深邃！

三、活用："一言兴"与"一言丧"

"一言兴邦"与"一言丧邦"其实可以灵活地变换、替换、改换，譬如一言兴省、一言兴市、一言兴县、一言兴镇、一言兴乡、一言兴企、一言兴校、一言兴家，如此等等，孔子所阐发的深刻道理实在可以流转无碍，加以活观活用，从政的、从商的、搞管理的几乎都可以体会其中的智慧。反之，"一言丧邦"亦然如此。

圣人毕竟是圣人，孔子就能从当时一些普普通通的话里升华出如此高超的智慧！由此更加可以看到《论语》里会聚的、集成的智慧，具有何等沉甸甸的分量！其中有些话语的价值与作用，也许就能够由"一言兴"，或由"一言丧"！

当我们再去体味赵普的"半部《论语》治天下"，也许便会多了一种认同感了。如果再回到今天的时代，那么我们又会欣喜地发现，人们开始重新审视《论语》的价值了。因为孔子的教诲里包含着许多可以使人类复兴、振兴、兴盛、长兴的种种智慧！这就是孔子与《论语》当世与来世的巨大价值！

历史风云：孔子·儒学·论语

孔子、儒学、《论语》之历史风云的变幻，是如此错综复杂，乃至于令人惊诧，再至于令人惊诧得莫名！然而其中有个主线很清晰，那便是孔子也罢、儒学也罢、《论语》也罢，人们终究会对其作出公正的认识与评价的。这里回眸流观变幻风云之点滴——

《论语》的出现标志着中国历史上私人著书的开始。《论语》也遭遇了秦始皇的焚书之灾祸。

汉以后，儒家思想成为统治思想，此后历代王朝均庙祀孔子。

南宋朱熹将《论语》作为《四书》之一，影响更加深远。后来元代作为科举考试的内容，一直延续到明清。

《论语》早在秦汉时期已经传入朝鲜、越南，此后传入日本。最早的西方译本当推1594年传教士利玛窦出版的《四书》拉丁文译本。此后有了意大利、法国、英国、德国、俄国等文字的译本。此后海外的译本以及研究著作层出不穷。

法国1793年宪法所附《人权和公民权宣言》以及法国1795年宪法所附《人和公民的权利和义务宣言》都把《论语》里孔子的名言"己所不欲，勿施于人"写入，分别定义为自由的道德界限和公民义务的原则。有人说，把外国先哲的格言写入一国宪法，这是第一例。

1919年，"五四"运动首次提出"打倒孔家店"的口号。胡适还在《〈吴虞文录〉序》里这样说："我给各位中国少年介绍这位'四川省只手打孔家店'的老英雄——吴又陵先生！"

1966年至1976年的"文化大革命"中，孔子被贬称为孔老二，掀起了批孔的高潮。曲阜的孔庙、孔府都遭其灾，孔林的坟墓甚至被扒，全国各地不计其数的孔庙遭受破坏。我手头还有某书局在"文革"时出版的《〈论语〉批注》，"论语"两字印的是黑色，"批注"用的是红色。《前言》还有那个时代滚烫的话："反孔与尊孔的斗争是我国各个历史时代两个阶级、两条路线斗争的重要组成部分。一切开历史倒车的反动派和党内历次机会主义路线头子都是尊孔的，一切反对复辟倒退的革命派和革新派都是反孔的。""《论语》是反动没落阶级的复辟经，唯心论和形而上学的大杂烩，毒害人民的大毒草。作为腐朽反动阶级意识形态的代表作，《论语》黑话连篇，毒汁四溅，荒谬绝伦，反动透顶，完全是糟粕，哪里有什么'合理因素'？对于这种东西，就要彻底批判，根本推翻！"——今天读来虽然恍若有隔世之感，但这是真实的历史一页。

曲阜孔庙大成殿

20 世纪中后期，受儒家文化圈影响的新加坡、韩国、日本等国家经济发展迅速，一跃成为新兴的工业化国家。其中一个不可忽略的重要原因，便是儒家文化对其经济发展起到了一定的促进作用。

自 1984 起，每到孔子诞辰日，山东曲阜都要举行盛大的国际孔子文化节，至今已连续举办了 27 届。其中在孔庙大成殿公祭孔子大典，为最重要的大事。

1988 年 1 月，全世界的一些诺贝尔奖获得者在巴黎集会，会议结束时发表的宣言里有这么一句话："如果人类要在 21 世纪生存下去，必须回到 25 个世纪以前，去汲取孔子的智慧。"

从 2004 年 11 月 21 日全球第一所"孔子学院"在韩国首尔挂牌成立，截至 2010 年 6 月底，全球已有 96 个国家和地区建立了 302 所孔子学院、272 个孔子课堂。此外还有 50 多个国家的 260 多个机构对此提出了申请，包括一些世界一流大学。今日孔子学院名扬天下，孔子与《论语》及其儒家思想已经越来越深远的影响着五洲四海了。

2005 年 9 月 29 日在法国巴黎召开的联合国教科文组织执行局会议获准设立"孔子教育奖"，主要用于奖励在教育、文化等方面作出突出贡献的政要和专家。据说，这是联合国教科文组织最高级别的奖项，也是第一次以中国人的名字在联合国设立的奖项。

2008 年，北京第 29 届奥运会开幕式也高扬了儒学的精蕴。2008 名演员击缶而歌"有朋自远方来，不亦乐乎"。"孔门弟子"，身着古袍、手持竹简，伴随古琴声，齐声诵读《论语》之"四海之内，皆兄弟也"、"三人行，必有我师焉"、"礼之用，和为贵"等经典名句。887 块活字印刷字盘变换出三种不同字体的"和"字，表达了"和而不同"、"和为贵"的儒家学说理念。孔子、《论语》、儒学，"薪助火传"，强烈感染了世界的友朋。

2010 年 10 月下旬上海世博会在园区内隆重举行了"第七届孔子博士节"活动。举办者对中国的孔子文化达成了共识，认为孔子主张学习必须广博、渊博，是第一个提出博学和博识之士的人，这也就是"博士"的意思；同时，孔子也是第一个提出游学的人，也是最早创办民办教育者。因此，他们一致选定孔子的诞生日为"孔子国际博士节"日。按照李约瑟博士生前留下的遗嘱，在国际联合科学院的主持推动下，经过初级发展阶段，已经成功举办了六届孔子国际博士节，每届都授予多名为社会作出贡献的自学成才者以副博士或博士学位。

2011 年 1 月 11 日，在天安门地区的中国国家博物馆北门，矗立起一尊孔子青铜塑像，该像高达 9.5 米，重约 17 吨，正面对着长安东街。"孔子"双手

论语智慧

合于胸前，目视远方，衣饰简洁，佩带一把宝剑，就像在招呼四方宾朋。有报道说，如果从正面欣赏雕塑，孔子的眼神微微下垂，显得十分谦和。如果从长安街开车驶过，乘客略微抬头，会与雕像中孔子的眼神不期而遇。但无论从哪个角度看，雕像一直保持微笑，十分亲切。据创作者吴为山说，"雕像有三个最为显著的特点：一是孔子表情慈爱智慧，祥和温润，颇具儒家风范；二是整体造型似巨石、似高山，象征着孔子是跨时空的精神坐标，是一座文化泰山；三是从背后望去，雕像又像一座丰碑。"——其实我在想，孔子更当具有历史老人的那种睿智的眼光，并在洞察一切之后发出的不仅温润且深邃的微笑，其深层的内涵便是面对数千年的跌宕起伏的历史风云仅回眸一笑而已，然而却又意味深长未已！

历史还在演进，还在变幻，但是孔子、《论语》、儒家文化这些中华文化的核心内容、中华文化的名片，永远会赢得中国乃至世界一代代后来者的珍视与敬仰！

《论语》智慧：融取·创新·批判

《论语》以及儒家的智慧，在今天都有一个现代转化的问题：如何批判地继承？如何进行融取与创新？

成中英在《中国现代化哲学省思："传统"与"现代"理性的结合》里说："我在海外二十多年来，从事哲学方面的研究，已经到了一个阶段，深切体验到应该从哲学走到落实的应用层次。"他认为中国哲学必须落实到五个应用层次，使中国哲学成为一门崭新的现代化、世界化和落实化的管理哲学。这五个层次是：落实应用于文化传播；落实应用于文化建设，尤其知识方面；落实应用于体制与心态上，应使国家体制及心态趋向民主与法治；落实于中国伦理的现代化、世界化和多元化；落实于社会经济发展及管理的理论、制度与方法。（见《中国儒学文化大观》）

当然，要落实的方方面面还很多，我想最关键的还是要首先让人们了解真实的其人其思是怎样的。比如，孔子到底是怎样的人？具有怎样的思想？具有怎样的智慧？然后由真知而转为真智，在现实生活里发挥作用。

再者，对儒家学说还应该有不同向度与层次的批判后的吸收，这才会适合时代的发展。诸如小农经济、家族制、权威的概念，工具的理念，人的自觉发展，等等。我又曾读到杜维明《儒家传统与文明对话》（彭国翔编译，河北人民出版社）里的一些话，是批判儒家"内圣外王"被异化的情况的，也很有启发：

> 儒家的一个基本的信念是内圣外王，就是通过自己内在的修身而后通过经世来治天下。可是中国传统文化，特别是从汉代开始，实践的不是圣王而是王圣。也就是指没有通过修身而获得权力的人，他要求的不仅是政治权力，还要求意识形态的权力和道德的权力。所以这使得儒家圣王的思想异化为王圣的实践。我相信本雅明的一个观点，就是最高的理想、最好的象征符号，比如仁爱和各种很美好的词语，如果落实到复杂的权力关系网络中，它可能出现非常残暴的结果，正如鲁迅所提到的软刀子一样。圣王的观点与泛道德主义或造神运动都有关系。我认为一个彻底政治化的儒家社会要比一个纯粹的法家社会对人的迫害和压迫更厉害。一个纯粹的法家社会基本上是对人的行为作规范。所谓对行为作规范，就是指如果触犯法律，一定治罪，不犯法绝对不治罪。但是一个彻底政治化或权威化的儒家社会，领导者对人民的控制绝对不只是行为，而一定还有态度、信仰等一些下意识层面的东西；就算你的行为非常正确，但他对你还是怀疑的，因为你可能态度不好；也许态度很好，但是你对整个社会的最高理念的信仰可能不坚定；即使前三者都很好，但是你的下意识也可能有问题，做出可能是不健康的梦。所以说彻底儒家化社会是最残忍的，绝对比纯粹的法家社会更加残忍。另外彻底儒家化的政治领导，他所要求的不仅是政治权力，还有意识形态、道德力量，即所谓的造神运动，从而把相对的变成绝对的。

这一段揭出了中国历史上"内圣外王"之"圣王"理想被异化为"王圣"实践的现象，批判了"复杂的权力关系网络"、"软刀子"、"造神运动"、"对人的迫害和压迫"等等严重危害。此可谓目光深邃，笔锋犀利。杜维明接着又说：

> 可以说，基督教对儒家的批评是可以接受的。在基督教中，只有上帝是最绝对的；任何人、任何集团、任何事件，都不是绝对的，而是相对的。但如果没有基督教超越而外在的上帝，那么传统就可以把相对的变成绝对的。因此我认为"五四"的批判太不够了、太肤浅了。我们需要在更深刻

14

的理念上进行批判，特别是积淀在民族心灵内部阴暗面层次上的。这些鲁迅所说的国民性该怎样去批评，"五四"精英改造了这些国民性了吗？事实上，很多东西至少在民国时代更加变本加厉。为什么潜在的恶势力有那么大的影响力？其原因是我们对它的批判不够，我们只是很粗暴地把整个传统扬弃了。没料到的是，把好的东西丢掉了，儒家的糟粕却深深地进入了我们的心态当中。

虽是短小的两段文字，但是内容颇丰富、深刻。如何对传统的儒学批判？杜维明举出的例子值得我们琢磨，我想这些都可以引发人们思考：为什么儒家"内圣外王"的"圣王"理念会在历史上转变、异化为"王圣"的实践？为什么说"一个彻底政治化的儒家社会要比一个纯粹的法家社会对人的迫害和压迫更厉害"？为什么说"基督教对儒家的批评是可以接受的"？为什么说"'五四'的批判太不够了、太肤浅了"？为什么"我们只是很粗暴地把整个传统扬弃了"？为什么"没料到的是，把好的东西丢掉了，儒家的糟粕却深深地进入了我们的心态当中"？……

由此也引发出怎样来批判儒家的糟粕而汲取其精华的问题，当然这些问题不是本书所讨论的主题，故这里仅仅点及，有机会的话，今后再对儒家的学说作出具体的批判。我还想补充的是，怎样来阐扬儒家原本正确的理念，比如"内圣外王"之说等。其实，正本清源就是对后来异化的最有力的批判。

《论语》的主要内容与读法之举隅

《论语》在经典里面的地位非常突出，内容非常丰富。如汉代赵岐《孟子题辞》评价《论语》："七十子之畴（俦，指同类），会集夫子所言，以为《论语》。《论语》者，五经之锟铻，六艺之喉衿也。"（《孟子正义》）"锟（guǎn）铻（xiá）"，即"輨辖"、"管辖"，车上控制车毂的零件。如《吴子·论将》："车坚管辖，舟利橹楫。"后来"管辖"就指重要的地位与枢要之所在，也有了管理统辖、管束等意思。"喉衿"，比喻纲领、要领。学者蒋伯潜《诸子通考》也有说："吾人既视《论语》为诸子之一，不当再拘于汉、宋门户之见，当就朱《注》、刘《疏》、参以《集解》、《纂疏》，比较参酌，各采其长，以求其融会贯通。旁及清至现代，学者关于《论语》之著述，及笔记、论文之类，泛览约取，以资参考。则书中症结，庶可尽解矣。"《论语》中最精彩之一部分，在今日尚有价值者，即为做人之道。此非可仅于文字间求之，仅于解释诵读中得之者。熟读深思之后，随时随地，就身心人事，下一番省察体验工夫，方能得其实益。否则，如朱熹《论语序说》所云'未读《论语》时是此等人，读了《论语》原是此等人'，则亦口耳之学而已。"如此等等，有关论说甚多。

这里就介绍一位哲学家对其内容的分类与所在篇章的说明，可供读者观览。再介绍国学家钱基博（钱钟书之父）的《论语》读法，也供参考。

一、陈荣捷的一份内容分类表

哲学家陈荣捷（1901～1994）曾在《中国哲学文献选编》里对《论语》的主要内容作出一个分类与概括，方便人们进一步学习研究。这里我作一简单的介绍。他分了二十类，每类先标明《论语》的篇目，如《学而》篇、《为政》篇等，然后用数字标明在该篇的第几章。

1. 礼乐——《学而》第12章。《为政》第5章。《八佾》第3、4、17、19章。《雍也》第25章。《泰伯》第8章。

2. 孔子——《为政》第4章。《公冶长》第25章。《雍也》第26章。《述而》第1、2、7、8、16、18至20、37章。《子罕》第1、4章。《乡党》第9、14章。《宪问》第30、37、41章。《微子》第6章。《子张》第24章。

3. 教与学——《学而》第1、6、8、14章。《为政》第11、15章。《雍也》第25章。《述而》第7、8、24章。《季氏》第9章。《阳货》第8章。《子张》第6章。

4. 孝道——《学而》第2、6、11章。《为政》第5、7章。《里仁》第18、19、21章。

5. 政治——《为政》第1、3章。《八佾》第19章。《泰伯》第9、14章。《颜渊》第7、11、17、19章。《子路》第3、6、16、29、30章。《宪问》第45章。《卫灵公》第4章。《季氏》第1章。

6. 天、鬼神、命——《为政》第4章。《八佾》第12、13章。《公冶长》第12章。《雍也》第20、26章。《述而》第20、22、34章。《子罕》第1、5、6章。《先进》第8、11章。《颜渊》第5章。《宪问》第37章。《季氏》第8章。《阳货》第19章。

7. 人文主义——《雍也》第20章。《乡党》第12章。《颜渊》第22章。《卫灵公》第28章。《微子》第6章。

8. 仁——《学而》第2、3、6章。《八佾》第3章。《里仁》第2至6章。《雍也》第20、21、28章。《述而》第6、29章。《泰伯》第7章。《颜渊》第1、

2、22章。《子路》第19、27章。《宪问》第30章。《卫灵公》第8、32、35章。《阳货》第6、8章。《子张》第6章。

9. 知与智。——《为政》第17、18章。《里仁》第2章。《雍也》第18、20、21章。《述而》第27章。《颜渊》第22章。《宪问》第30章。《卫灵公》第32章。《季氏》第9章。

10. 文与艺——《学而》第15章。《雍也》第25章。《述而》第6章。《泰伯》第8章。《子罕》第5章。《卫灵公》第40章。《阳货》第9章。

11. 爱与金律——《里仁》第2、15章。《公冶长》第11章。《雍也》第28章。《颜渊》第2、5章。《宪问》第36、45章。《阳货》第4章。

12. 中庸与一贯——《里仁》第15章。《卫灵公》第2章。

13. 性、人——《公冶长》第12章。《雍也》第17章。《季氏》第9章。《阳货》第2、3章。

14. 正名——《颜渊》第11、17章。《子路》第3、6章。

15. 义——《为政》第24章。《里仁》第16章。《子路》第3、6章。《卫灵公》第17章。

16. 大人——《学而》第2、8、14章。《为政》第11、13章。《里仁》第5、24章。《雍也》第16章。《子罕》第13章。《子路》第3章。《宪问》第30章。《卫灵公》第17、20、31章。《季氏》第8、10章。

17. 与小人对照——《为政》第14章。《里仁》第11、16章。《泰伯》第6章。《颜渊》第16章。《子路》第23、26章。《宪问》第24章。《卫灵公》第20章。《阳货》第23章。

18. 德——《学而》第4、6、8章。《里仁》第12章。《述而》第6章。《泰伯》第5、7、13章。《子罕》第4章。《子路》第18、19章。《宪问》第33章。《卫灵公》第8、17章。《季氏》第4、10章。《阳货》第6、8章。

19. 道——《里仁》第5、8章。《述而》第6章。《卫灵公》第28、31章。《阳货》第4章。

20. 言行——《为政》第13章。《里仁》第24章。《子路》第3章。《宪问》第29章。

当然，这些分类也仅供读者参考，其实《论语》的内容还可以再作细分的。

二、钱基博提供的《论语》读法

钱基博说："《论语》注家不一；而未看注之前，须将白文先自理会，得其意理；然后看注以验得失，虚心涵泳，勿囿我执，勿胶古人，择其善者从之，其不善者改之，思有不得，则记以存疑；积久思之，必有豁然开悟之一日。"（《〈四书〉解题及其读法》）这一方法也值得参考。他又细分几类说之。

第一，考其人物。当以孔子及弟子为主。知人论世，是读书第一事；故先之以考其人物。

第二，析其义理。《论语》之有裨中国人生哲学，全体大用，具在于此！

第三，明其教学。孔子为万世师表，读《论语》可采其言论与孔门弟子所论说，再与《学记》对勘，可知道孔子教学的大经大法。

第四，核其政论。孔子论政，有托古寄慨者，有因时立论者；有为一时言者，有不仅为一时言者；同条牵属，指事类情，必以勘列而有所获。此外还可以研究《论语》的文章、语言等其余方面的内容。

我想，这些方法虽然不一定全适合今人去阅读《论语》，但是也有可取的地方，也可以一窥前人是怎样研读《论语》的。

写到这里我想起钱穆说："能志孔子之所志，学孔子之所学，乃为读《论语》之最大宗旨。"（《论语新解》）我觉得还可以补充说之，读《论语》还要深层了解、欣赏、研究孔子圣哲的智慧，而更紧要的是如何学到并运用其中的智慧，从而迎合现代人的需求、欲求、渴求，去解决人生、事业、生存、成功的诸多问题。

因此，或许可以这样说：能志孔子之所志，学孔子之所学，思孔子之所思，觉孔子之所觉，悟孔子之所悟，活用孔子之智慧，乃为读《论语》之最大宗旨！

篇
二

《论语》的生命学问与智慧

人之生命是一个过程，却内含深邃的学问，当具驾驭与渗透的智慧。

有人说：人生是一个艰难的过程，外物的逆阻、世事的曲折，常使人痛苦。如不能善用其情，则痛苦滋甚了；如能统御自己的情，对于逆险，能夷然处之，而痛苦便可以消减。所以人生需要有一种生活之艺术。而所谓生活之艺术，主要是统御情绪的艺术。

《论语》即抉出生命的学问，授人生活的睿智。

《圣迹之图》之职司委吏

孔子：人生的艺术与智慧

哲学家张岱年曾说："人生是一个艰难的过程，外物的逆阻、世事的曲折，常使人痛苦。如不能善用其情，则痛苦滋甚了；如能统御自己的情，对于逆险，能夷然处之，而痛苦便可以消减。所以人生需要有一种生活之艺术。而所谓生活之艺术，主要是统御情绪的艺术。"（《中国哲学大纲》）我再接着说下去，孔子经历了太多的逆阻、曲折、磨难、困苦，终于走向圣人的境地，其中生活的艺术与智慧值得关注。这方面内容很多，笔者《孔子的智慧生活》已有详论，可参见，此再择要新论之。

尼山——孔子出生地

一、孔子的快乐法则

孔子的快乐法则，是他心灵驾驭的一种智慧。孔子告示人们怎样在艰难的生存中调节自己的心志情性，怎样就从身边、从就近的事与物里寻找快乐，获得生命的乐趣。

1. 学习之乐

孔子说："学而时习之，不亦说（悦）乎！"（《论语·学而》）人们每每于学习，则厌学、倦学、恨学、弃学；这是因为不真知学之滋味。若能进入深里，得其知识，晓其义理，获其智慧，养其情性，便能好学且乐学，能精进且不能自已了。孔子活到老学到老，便是由好之而进入乐之，从而乐此不疲了。

2. 交友之乐

孔子说："有朋自远方来，不亦乐乎！"(《论语·学而》)交友是一种快乐的事情，互相慰问、交流、切磋、帮助，这是一种快乐。孔子不仅善交朋友，且广交朋友，给他带来了很多的快乐。

3. 歌舞之乐

音乐与舞蹈，孔子不仅喜爱，且精于研究，敏于鉴赏，长于教育。他会作词作曲，是卓越的词曲作家；会多样演奏，是多才华的演奏家；酷爱歌唱，以歌声表志趣；音乐的教育，他又留下了丰富的文化遗产。音乐能使人快乐，音乐也与孔子这位真正的大音乐家结伴相随一生。孔子有名言："成于乐。"(《论语·泰伯》)

4. 育人之乐

孔子弟子三千，在培育人才之中，自己也获得了巨大的欢乐。弟子们不同的性格、不同的志趣、不同的爱好、不同的碰撞、不同的教学相长，就像三千朵不同色香形的花朵盛开在孔门这座大花园里。孔子门墙桃李芬芳，争奇斗艳，春色满园，怎会不令人快乐、令人愉悦、令人陶醉！此亦如《孟子·尽心上》所说："得天下英才而教育之，三乐(第三种乐趣)也。"

5. 山水之乐

孔子喜欢登山临水，且每每于此时此境此情，志舒意畅心欢。孔子说："知者乐水，仁者乐山。"(《论语·雍也》)这水可以让人"乐"，这山也可以让人"乐"，可以乐以忘忧，乐而生智。因此当弟子曾皙说出其志："莫(同"暮")春者，春服既成，冠者五六人，童子六七人，浴乎沂，风乎舞雩，咏而归。"(《论语·先进》)此时夫子喟然叹曰："吾与(赞同)点(指曾皙)也！"其奥秘之一便是孔子既眷恋人世，亦依恋大自然。投入、欣赏并享受大自然，是孔子人生之调节、超脱、快乐，乃至于获取智慧与灵感的一个主要源头。今天关在水泥与玻璃窗里的圈内人士，如果常常亲近大自然，乐水乐山，一定能获得生活的真正快乐！

6. 饮食之乐

孔子是个美食家，此中所获乐趣良多。《论语·乡党》载，孔子"食不厌精，脍不厌细。"这是一种美食家的风采了。《论语·述而》："子在齐闻《韶》，三月不知肉味"，曰："不图为乐之至于斯也。"这固然可以看到孔子对《韶》乐所达到的痴迷境况，同时也可以反观孔子于饮食审美“味”之深邃。《中庸》里孔子就说：“人莫不饮食，鲜能知味也。”此句真堪玩味，且味之无穷。

《吕氏春秋·慎人篇》：“古之得道者，穷亦乐，达亦乐，所乐非穷达也。道得于此，则穷达一也。”这也就是孔子“得道之乐”了。当然，孔子还有诸多方面的“乐”，比如钓鱼之乐、射箭之乐、驾驭之乐，以及服饰之乐等等，可参见笔者《孔子的智慧生活》一书所述，此不再赘说。

二、人生智深：孔子之自评

1. 一生事：学、诲、行，不厌不倦

《论语·述而》载，子曰：“默而识之，学而不厌，诲人不倦，何有于我哉！”

《论语·述而》载，子曰：“若圣与仁，则吾岂敢？抑为之不厌，诲人不倦，则可谓云尔已矣。”意为：说到圣与仁，那么我怎么敢当？只不过是努力有为而不厌烦，勤勉教诲他人而不厌倦，就是如此罢了。——其实这就是孔子人生成功的原因之一。又如他的弟子公西华曰：“正唯弟子不能学也。”（《论语·述而》）这不仅是孔子的弟子与他的差距，也是许许多多人与孔子的差距。

当然孔子还能“不厌不倦”，一生如此躬行。《论语·述而》载，子曰：“文，莫（大约、大概）吾犹人也。躬行（身体力行）君子，则吾未之有得。”孔子对自己有深刻的分析，认为：从文化知识上看，比如礼、乐、《诗》、《书》等，那么大约我与他人差不多，至于在实践上做一个君子，自己还没有成功。其实这里透露的信息是，正因为自己能不懈地“躬行”，而且永不自满地“躬行”，才会成就自己的成功。

2. 心不老：不知老之将至

楚国的叶公曾向子路询问孔子的为人，子路没有回答。这可能是子路出于谨慎，不便轻易对答。孔子知道以后就对子路说：“女奚不曰，其为人也，发愤忘食，乐以忘忧，不知老之将至云尔。”（《论语·述而》）这意思是：你子路为什么不说，孔子的为人，发愤忘食，乐以忘忧，不知衰老将要来到，如此而已。

如果我们知晓，这是孔子流浪途中在经历了从陈国绝粮的艰难困境中挣扎出来，流亡楚国时候说的，那更显出孔子人格的熠熠光辉了。孔子虽处处碰壁，自己都说“累累如丧家之犬”，但是他挫而不堕，且愈挫愈坚，折而犹乐，且乐以忘忧，发愤忘食，精进不已，好学如此，令人肃然起敬。

张居正曾有解读。先解释“发愤忘食”：“愤是急于求通之意”，“其为人也，唯知好学而已。方其理之未得，则发愤以求之。虽终日不食，有不知者；愤而至于忘食，是其愤至极也。”再释“乐而忘忧”：“及其既得，则欣然自乐，虽事之可忧有不知者。乐而至于忘忧，是其乐之至也。"又释"不知老之将至云尔"："然天下之义理无穷，未得而求之以至于得，则愤者又未尝不乐也。有得而尚有所未得，则乐者又未尝不愤也。二者循环，日有孜孜，而无所止息，虽老年将至，有不自知焉者。"（《张居正讲评〈论语〉》）这就是孔子的为人！此可见孔子终生发愤学习不止，勤勉自励不息，而其此中的快乐也是不竭不尽的。

　　三、回眸一哂：人生五计·老人十拗

　　对照孔子的生命流程，我也不禁想起那些另类的人生"箴言"，可以会心一笑了。宋代洪迈《容斋随笔》载录一篇《人生五计》之文，流传较广。此中记录了朱新仲之说：

> 　　人生天地间，寿夭不齐，姑以七十为率（lǜ，标准、规格）：十岁为童儿，父母膝下，视寒暖燥湿之节，调乳哺衣食之宜，以须成立，其名曰生计。
>
> 　　二十为丈夫，骨强志健，问津名利之场，秣马厉兵，以取我胜，如骥子伏枥，意在千里，其名曰身计。
>
> 　　三十至四十，日夜注思，择利而行，位欲高，财欲厚，门欲大，子息欲盛，其名曰家计。
>
> 　　五十之年，心怠力疲，俯仰世间，智术用尽，西山之日渐逼，过隙之驹不留，当随缘任运，息念休心，善刀而藏，如蚕作茧，其名曰老计。
>
> 　　六十以往，甲子一周，夕阳衔山，倏（shū，迅速）尔就木，内观一心，要使丝毫无慊（qiàn，不满、恨），其名曰死计。

　　有意思的是，朱新仲每次把这人生的五计讲给他人听的时候，"每以语人以身计则喜，以家计则大喜，以老计则不答，以死计则大笑"，并且还嘲笑他，说："子之计拙也。"朱新仲面对众人的嘲笑，甚至连自己也怀疑"其计之拙"，"岂（难道）皆恶（厌恶）老而讳（忌讳）死邪？"最后洪迈评论：因自己替南华长老作《大死庵记》，才真正认识到人生五计的深刻寓意，并说"予之年龄逾七望八，当以书诸绅云"。

　　我还读到郭功甫《老人十拗诗》（见《曹聚仁文选》上，中国广播电视出版社），说到人到老年时种种反常、老态龙钟的样子：

> 　　不记近事，记远事；不能近视，能远视；哭无泪，笑无泪；夜不睡，

日里睡；不肯坐，只好行；不肯食软，要食硬；子不惜，惜孙子；大事不问，碎事絮絮；少饮酒，多饮茶；暖不出，寒即出。

这些描述也够真切得了，不过如果与孔子对照一下，比如他那种活到老学到老的精神以及"不知老之将至"的风采，我们也许也便读懂孔子之所以为孔子的道理、圣人之所以为圣人的超然卓然了！

生命学问：三戒·三非命·戒惜

人生贵有生命，当珍惜、爱惜、护惜。人生又怎样才能长寿？孔子这方面的智慧很多，这里也择而说之。

一、生命的"三戒"

《论语·季氏》载，孔子曰："君子有三戒：少之时，血气未定，戒之在色；及其壮也，血气方刚，戒之在斗；及其老也，血气既衰，戒之在得。"孔子智慧地指出了人生三个不同年龄段上之慎"戒"。

"戒色"。年少之时，血气还未成熟，应该力戒色欲。如果不谨而纵欲，则就像在砍伐生命之树，或戕害了身体，或败毁了德行。

"戒斗"。三十以后的壮年时期，血气方刚，应该力戒争斗。如果刚勇斗狠，则或一朝之忿而死于非命，或甚至穷兵黩武而祸及国家。

"戒得"。年老之时，血气已衰，应该力戒贪得。如果还是孜孜图利，那么往往晚节不保，人生的句号没有最后圈好，还丧失了自己一生的作为，很可惜地输光在终点上。

二、长寿与"三非命"

《孔子家语·五仪解》有载，鲁哀公问于孔子曰："智者寿乎？仁者寿乎？"意思是，智者会长寿吗？仁者会长寿吗？孔子回答："然！"确实是这样的。

1. 生命的"三非命"

孔子说："人有三死，而非其命（不是命中注定的）也，行己自取（而是咎由自取的）也。""非命"也就是非正常死亡。

其一，"夫寝处不时，饮食不节，逸劳过度，疾共杀之"。此种"非命"，是因为起居没按时间规律，饮食不加以节制，逸与劳均过了度，所以疾病并起而杀死了他。

其二，"居下位而上干（触犯）其君，嗜欲无厌而求不止者，刑共杀之"。此种"非命"，是因为身居下位，却去冒犯那上面的君长，嗜欲无厌而贪求不止，种种刑罚便会一并杀了他。

其三，"以少犯众，以弱侮强，忿怒不类（不合情理），动不量力者，兵共杀之。"此种"非命"，是以少与弱去冒犯众与强，愤怒得不伦不类，行动又自不量力，故招来兵械等的杀害。

时至今日，每天死于"非命"的很多很多，诸如自杀、车祸、矿难、吸毒、自然灾害等，不知其数。生命可贵，人当惜之，再惜之！

2. 智者、仁者长寿之智慧

孔子说："此三者，死非命也，人自取之。若夫智士仁人，将（役使，使用）身有节（节制），动静以义（道义、适宜），喜怒以时（适合其时），无害其性（性情），虽得其寿焉，不亦可乎？"因此，要长寿就要做到以下几点："将身有节"、"动静以义"、"喜怒以时"、"无害其性"。如此必定长寿。然而非智者、非仁者是不能做到的，因此说"智者寿"、"仁者寿"！孔子这样说了，自己也这样做了，因此他能在那个时候活到古稀之年。

三、生命时光的珍惜

宰予，是孔子的弟子。《论语·公冶长》载，他在大白天睡大觉，即"昼寝"，孔子发现后严厉地批评了他。孔子说："朽木不可雕也，粪土之墙不可杇（wū，粉刷）也。于予与何诛（责备）？"孔子严斥宰予就像腐朽之木不可被雕刻成才，就像粗糙的粪土似的墙壁不可被粉刷。孔子又说，我对于宰予还有什么要求与责备呢，还要教诲什么呢？孔子甚至还说："始吾于人也，听其言而信其行；今吾于人也，听其言而观其行。于予与改是。"

反思这里的所言所喻所斥，足见孔子人格精神之耀显。人生必须立志于好学，才不会懈怠、昏惰、倦学；人生必须精进不已，以自强不息来砥砺，而以怠惰荒废为警戒。这里孔子又告诫人生苦短，要珍惜时间，珍惜生命，工夫勤密地投入到学业、事业中去。

《论语·子罕》载，子在川上曰：

孔子观川亭
（尼山东南，亭建于元代）

"逝者如斯夫，不舍昼夜！"此中可以绅绎出很多的启示，不过有一条智慧最显豁，那便是"逝者如斯夫"的流水，就似岁月之流、时光之流、年寿之流，不舍昼夜流逝而去，永不再来了！人生应该惜时，稍纵即逝！不要白了少年头，留下来的只是空悲戚！

我在苏州生活了几十年，那些个园林虽进进出出不知多少回了，但是百赏不厌，且每有新得。写到这里我就想起了网师园里的一副对联，对联极短，内涵极富：

曾三颜四　禹寸陶分

上联说曾子"吾日三省吾身"，此即是"曾三"；颜回是"非礼勿视，非礼勿听，非礼勿言，非礼勿动"，此"四勿"即是"颜四"。上联都是用的《论语》里的内容。下联是古代传说大禹惜寸阴，此即是"禹寸"；又东晋陶侃有惜分阴之赞，此即是"陶分"。此对联工正，内容典雅，很有教育意义。

《淮南子·原道训》："故圣人不贵尺之璧而重寸之阴，时难得而易失也。"曹丕《典论·论文》："古人贱尺璧而重寸阴，惧乎时之过已。"周文王日昃不食，孔子则发愤忘食，这些都是"一寸光阴一寸金、寸金难买寸光阴"的典范。

四、一生名誉当护惜

1. 君子一世重美名

《论语·卫灵公》载，子曰："君子疾没世而名不称焉。"孔子说，人死了而其声名终究不为人们称誉，君子引以为恨。人活了一世竟然没有留下一点好的、善的东西可以被他人称赞的，这难道不是一种遗憾吗？

2. 关注三十、四十、五十的声誉

孔子是青年朋友的导师，他的话循循诱导人们奋发前行，有为功成，卓立人间。人生三十而立，若当立之时而不能立，那么可惜了这重要的一步没有能走好。《论语·阳货》又载，子曰："年四十而见恶焉，其终也已。"四十岁应该处于一个人身体与事业最佳的巅峰，所谓年富力强、如日中天、不惑之时、成德之年。如果这时还被他人厌恶，那么一生也就差不多都完了。这也使我联想起《大戴礼记·曾子立事》之言："三十、四十之间而无艺，即无艺矣；五十而不以善闻，则无闻矣。"这难道不都是对人们正面的鞭策吗？这些话不就像是人生的路标？不就像是生命层次晋级的考核标准？人啊人，决不可浑浑噩噩地蒙混了一世！

3. 后生可畏与不可畏

《论语·子罕》载，子曰："后生可畏，焉知来者之不如今也？四十、五十而无闻焉，斯亦不足畏也已。"此则意蕴耐读：其一，年轻人本是可畏惧的，因为他们有足够的条件可以超过前辈，也应该超过前人。如朱熹《集注》："孔子言后生年富力强，足以积学而有待，其势可畏。"其二，但是后生也可能不可畏，如果人到了该有作为的时候还没有作为，那么五十过后，恐怕也就这么回事了。其三，鞭策中年、老年人雄心不已，老当益壮，不自甘于落后，可以再创人生的辉煌。试想，孔子的门弟子一个也没有超越过孔子，一代代来者在中国文化的总体坐标系统上似乎也没有超越这位圣人的，这不又是一种人生的启示？

结末，耳畔又响起孟子与孔子之言："故苟得其养，无物不长；苟失其养，无物不消。孔子曰：'操则存，舍则亡；出入无时，莫知其乡。'惟心之谓与？"（《孟子·告子上》）此真能启人心智：心能得其滋养，无物不能长？如果心灵失去滋养，无物不能消磨殆尽？操持则存有，舍弃则亡失，进出不定时，去从无定向，这说的就是心灵。——人的心灵必须操而存，必须滋而养，从而灵性焕明，让生命发出一段异彩！

涵养：气质·气度·气局·气象

孔子作为千古仰望的圣人，这里也略微深入他的内心世界，一窥奥秘。宋张载《语录钞》："为学大益，在自求变化气质。"孔子乃"万世师表"，他的非同寻常的修炼与熔铸，确实使得他与芸芸众生不同。我们越是走近他，越是深入认知他，就越发见其睿哲：其气质渊雅，气度高逸，气局宏大，气象森然。

一、德容之盛：温良恭俭让

《论语·学而》载，子禽曾问子贡："夫子至于是邦也，必闻其政，求之与？抑与之与？"孔子每到一个国家，必定能听闻到那一国的政事，是他访求得来的呢？还是别人主动告诉他的？

子贡回答说："夫子温、良、恭、俭、让以得之。夫子之求之也，其诸异乎人之求之与？"孔夫子既不是有心去求取的，也不是别人比如国君、朋友等无缘无故来告诉他的。他是凭借着温、良、恭、俭、让得来的。他的求取与别人的求取是不一样的，这是因为孔子具有温和、善良、恭敬、俭朴、谦让之盛德。关于此五端，本书后面还有详说，可参见。再如钱穆有评论说："温，柔和义。良，易善义。恭，庄顺义。俭，节制义。让，谦逊义。五者就其表露在

外之态度，可以想见其蕴蓄在心之德养。孔子因此德养，光辉接人，能不言而饮人以和，故所至获人敬信。"(《论语新解》)

孔子的德容、气度如此卓越，当然能感应、感动、感染他人，当然会对他敬重而不轻忽，信任而不疑惑，也便款款自然而融洽自如了。如张居正之评："盖夫子盛德充积于中，而光辉自发于外。故其容貌词气之间，但见其温而和厚，无一些粗暴；良而易直，无一些矫饰；恭而庄敬，无一些惰慢；俭而节制，无一些纵弛；让而谦逊，无一些骄傲。有这五者德容之盛，感动乎人。"(《张居正讲评〈论语〉》)因此他国的国君、朋友都会主动地来访问或咨询孔子，孔子也就知道他国的政事了。

二、中和气象：盛德与中庸之道

《论语·述而》："子温而厉，威而不猛，恭而安。"这是孔子生命里所具有的中和之气象，是其盛德的中庸之道。

温而厉。——这是"温"而能得其"中"。孔子对人是温文尔雅的，这是一面，因此与他相处的弟子们会感到如坐春风；但是同时他又是严厉的，批评人又是深刻针砭，正如他严厉地批评过宰予为"朽木不可雕"。"温而厉"便是孔子遵行中庸之道的智慧。确实，温和、谦和、和厚的人，往往难于严肃、严峻、严明，故虽可亲但也易被人冒犯。因此必由"厉"，也即是"严肃"来调节。当然，"厉"也必遵行"中庸"，是严厉，但又不是冷酷无情。

威而不猛。——这是"厉"而能得其"中"。孔子是尊严威武的，但又不是猛烈的、暴戾的；虽有威可畏，但又是可以亲近的。此又如《论语·尧曰》："君子正其衣冠，尊其瞻视，俨然人望而畏之，斯不亦威而不猛乎？"如果威而猛，则令人望而生畏，敬而远之；孔子却能威而不猛，因此即之也温。

恭而安。——这是"恭"而能得其"中"。孔子之"恭"，即是庄重自恃的，但是他又能安泰而不拘束、自然而不勉强。这又是一种中庸之道。

三、活泼泼的生命气象

明代吕坤《呻吟语》里就表述了《论语》里呈现出来的孔子气象的诸多方面：

"读书要看圣人气象性情，《乡党》见孔子气象十九"。——《论语·乡党》多记孔子日常生活琐事，细读后可见孔子气象十之八九。

"至其七情，如回非助我，牛刀割鸡，见其喜处"。——喜、怒、哀、乐、爱、恶、欲，此谓"七情"，比如孔子评论"回（颜回）非（不能）助（有助）我"(《论语·先进》)，评论子游"牛刀割鸡"(《论语·阳货》)，都表现出他的"喜"之情。

"由之瑟，由之使门人为臣，怃然于沮溺之对，见其怒处"。——孔子批评"由（子路）之瑟（在门口奏瑟）"（《论语·先进》），"由（子路）之使门人为臣"（《论语·子罕》），"怃然于沮（长沮）溺（桀溺）之对"（《论语·微子》），可以看到孔子的"怒"之情。

"丧予之恸，获麟之泣，见其哀处"。——孔子于颜回死而"丧予之恸"（《论语·先进》），因"获麟之泣"（《孔子世家》），可以看到孔子的"哀"之情。

"侍侧言志之问，与人歌和之时，见其乐处"。——孔子的弟子"侍侧言志之问"（《论语·先进》），他"与人歌和之时"（《论语·述而》），可以看到孔子的"乐"之情。

"山梁雌雉之叹，见其爱处"。——孔子见"山梁雌雉之叹"（《论语·乡党》），可以看到孔子的"爱"之情。

"斥由之佞，答子贡君子有恶之语，见其恶处"。——孔子"斥由（子路）之佞"（《论语·先进》），"答子贡君子有恶"（《论语·阳货》），可以看到孔子的"恶"之情。

"周公之梦，东周之想，见其欲处。便见他发而皆中节处"。——孔子的"周公之梦"（《论语·述而》）、"东周之想"（《论语·阳货》），可以看到孔子的"欲"之情（以上诸多用典，可参见本书后文之内容）。这些也看到孔子渲发的情绪、情感都是合乎节度的。

四、生命盛德：过化存神

"过化存神"，是指君子所到之处，人无不被感化，而君子心中存有的意念，则神妙莫测。此见于《孟子·尽心上》："夫君子所过者化，所存在神，上下与天地同流。"孔子便是这样的"过化存神"者。

比如孔子的"温良恭俭让"（1.10），朱熹就说："五者，夫子之盛德光辉接于人者也。""圣人过化存神之妙，未易窥测，然即此而观，则其德盛礼恭而不愿乎外，亦可见矣。学者所当潜心而勉学也"。（《论语集注》）

再如孔子之"温而厉，威而不猛，恭而安"（7.38），张居正有评："容貌乃德之符。人惟气质各有所偏，故其见于容貌者亦偏。惟夫子则容貌随时不同，而无有不出于中和者。""盖圣人全体浑然，阴阳合德，故其中和之气，见于容貌之间者如此！欲取法其盛德之容者，当先涵养其中和之蕴可也。"（《张居正讲评〈论语〉》）

行文至此，我想起了《尚书·舜典》的"直而温，宽而栗，刚而无虐，简而无傲"云云。如孔颖达疏："正直者失于太严，故令正直而温和。宽弘者失于缓慢，故令宽弘而庄（庄重）栗（谨敬）。""刚彊之失入于苛虐，故令人刚而无虐。简易之失入于傲慢，故令简而无傲。"如此也可深悟，孔子的人生智慧也是有所继承的，然而他又能进一步加以生发与升华。

人生之智：精进不懈与仕止久速

孔子在人生与事业上既教诲人们精进不已，永不懈怠，也教诲人们无适无莫，仕止久速。孔子自己就是这样做的，这些智慧也值得悉心体味。

一、精进与砥砺

《论语》里，我们常常可以看到孔子人生中的精进不已、发愤忘食、砥砺不懈的卓越，其论说也见诸《论语》。

1. 人生就像堆山

人生譬如为山，必须坚持不懈地努力到最后。《论语·子罕》载，孔子曰："譬如为（堆）山，未成一篑（盛土的筐），止，吾止也。譬如平地，虽覆一篑，进，吾往也。"只差一筐土而堆不成山，是因为自己中止；而一旦中止，则前功尽弃。反过来说，虽还只是堆了一筐土，但是只要堆土不断进展，也能堆土成山，这还是由自己来决定。人生当自强不息，坚持不懈，积久乃成。

"止吾止"、"进吾往"，这就是人生的大智慧。其中的"吾"就是"或止或进"的关键，流传的警句如"命运掌握在自己手里"、"事在人为"等，其实都是说的这样的道理与智慧。人生在世能够重视、妙用这个"吾"，便是智者。

2. 中途而废的启迪

《论语·雍也》载，冉求曰："非不说（悦，喜欢）子之道，力不足也。"子曰："力不足者，中道而废。今女画（停止）。"冉求也欣羡夫子之道的瑰丽高妙，但是认为自己的智力、能力、力量够不到。孔子指出"力不足者"，是"中道而废"。这意思是，根据自己的力量，坚定地走，一直走到竭尽了全力，不能再前进了，这才作罢。孔子批评冉求本是能前进的，但自己安于怠惰而不肯进步，却还推脱说自己能力不够。其深层的原因便是没有能真正地"说（悦）子之道"，如果能悦之既深、好之既深，能真知笃好，那么志之所至，勇气亦必至，决心也必至，就会像颜回那样坚毅前行，"欲罢不能"了。

这是又一种人生的重要智慧。人的成功与失败往往不只是一个人的能力问题，而是更重要、更关键的深层的认识、追求、毅力等问题。如此说来，真知是其一，志气是其一，笃好是其一，能力也是其一，这些加起来的东西便是成功的最要紧的基石。

3. 知其不可为而为之

《论语·宪问》载，子路宿于石门（地名）。晨门（管理城门开闭的人）曰："奚自（从何处来）？"子路曰："自孔氏（孔子）。"曰："是知其不可而为之者与？"（14.38）

"知其不可而为之"，是当时社会上一些人针对孔子说的，即明明知道了自己的道已经"不可为"了，不可以做到了，但还在"为之"。那么，孔子为什么要"知其不可为而为之"？钱穆有个解读："此门者盖一隐士，知世之不可为，而以讥孔子，不知孔子之知其不可为而为，正是一种知命之学。世不可为是天意，而我之不可不为则仍是天意。道之行不行属命，而人之无行而不可不于道亦是命。孔子下学上达，下学，即行道。上达，斯知命矣。然晨门一言而圣心一生若揭，封人一言而天心千古不爽，斯其知皆不可及。"（《论语新解》）钱穆此说亦可参考。

然而，我想补充的是：其一，"知其不可为"，有时并不是真知，有的只是限于当下认识水平的成见、误见、缪见。比如孔子时代的人是完全不能飞行在天上的，这是"知其不可为"，但是无数人一代一代地为此"有为"，实验不懈，研究不殆，终于使"不可为"变成了"可为"，人不仅飞上了天，而且飞出了大气层。

其二，孔子的"知其不可为"，是明智地知道当下已经"不可为"，即是自己的一生、一代人也许完成不了那一份历史的重任了。这是孔子的明智，或称为"知命"。然而，孔子的远见卓识是自信他的道最终必然会行得通，只不过要靠一代代人连续的努力才能完成。既然如此，自己活着就要努力去有所为，去走该走的那一段路，不管走到哪一步，即如"力不足者，中途而废"，也是完成了"应当为"、"可以为"的那一份"为"。孔子本人也是前承先行者的"已为"与"未为"，后启未来者的"已为"与"未为"。这也是"知命"，是知道自己阶段性的历史使命之"知命"。

我想人真要有点孔子"知其不可为而为之"的精神与智慧。这里有一种积极奋发的意志力量，有一种无所畏惧的探索精神，有一种对生命价值的叩问，有一种可能发生的大转机。当然这里也需要选择、明智、活的辩证法。这又是下一个智慧要说的内容。

二、时机与进退

1. 无适无莫·无可无不可

人既要"知其不可为而为之"，又不能执泥不化，冥顽不通，而必须具有活的辩证法。这就是孔子又一方面的大智慧。此略说之："无适（dí，必行）也，无莫（mù，必不行）也，义之与比（依从）。"（《论语·里仁》）这就是说世间行事没有固定的模式，不要死抠必定要这样行与必定不这样行，而是要根据道义与实际情况来决定。孔子又曰："无可无不可。"（《论语·微子》）没有什么可以的，也没有什么不可以的，一切要因时制宜，随势而行，相机而动，要得其时中之妙。此可参见本书后文之详说。

2. 仕止久速·用舍随时

孔子的这种人生智慧又使人联想到《孟子·万章下》的评论："可以速而速，可以久而久，可以处而处，可以仕而仕，孔子也。"这里的"速久处仕"四端，也被称为"仕止久速"的智慧。

孔子是可以迅速离开的便速去，可以久留的便久留，可以不做官便退处，可以做官便仕进。张居正说："可见孔子之处世，有不倚于一偏，不拘于一节者。道之不行，去可以速矣，则从而速去，不俟（sì，等待）终日。如其可留，则又栖栖眷恋，而不妨于久淹也。世莫我知身可以处矣，则从而退处。若将终身，如有用我，则又汲汲行道，而不妨于仕进也。此则内无成心，而意必尽泯；行无辙迹，而用舍随时。"（《张居正讲评〈孟子〉》）

孟子说得真妙："孔子，圣之时者也。"（《孟子·万章下》）孔子是识时势的圣人，而孟子是真知孔子之亚圣。我们不妨也悉心体会孔子的这些智慧，从而在人生的路途上灵性焕发，进退自如。

生命流年：层次·境界·智慧

孔子曾对自己的生命流年作出过精警隽永的总结。《论语·为政》载，子曰："吾十有五而志于学，三十而立，四十而不惑，五十而知天命，六十而耳顺，七十而从心所欲，不逾矩。"（2.4）郭沫若说，这是孔子的一份"简略自传"。冯友兰说，这是"孔子的精神修养发展过程"。这里我把孔子自述的生命流年里的境界与智慧略加剖析。

一、人生的"志学"

孔子在晚年总结一生的道路时，把"十有五而志于学"作为一个优化了的逻辑起点。这一内涵很关键，有五端可说可悟：

1. 立志于学习圣贤之大道、致知力行之事、修己治人之方。人之志或期望成为某一官，寻得某一职，成就的只是具体用途之某"器"，而孔子则"君子不器"（《论语·为政》）。孔子远见卓识，不仅是勤学于文，且尤其志学于道，如所云"至于道"（《论语·述而》），"朝闻道，夕死可矣"（《论语·里仁》）。孔子心中的偶像便是周公等圣贤。

2. 孔子之学习不是像一般人的学，而是"志学"。朱熹《集注》："志者，心之所之之谓也。"心思常在那个目标上，并向着目标奔赴、前趋，这就是志、志向、志气。孔子是全身心地投入于此学，念念在此学，刻苦则可以废寝忘食，用功则可以为之不厌。

3. 有志于向一切人学习。如《论语·子张》载，卫国大夫公孙朝问子贡：孔子是从谁那里学到这些学问本领的？子贡曰："文武（周文王、武王）之道，未坠于地（指失传），在人。贤者识其大者，不贤者识其小者。莫不有文武之道焉。夫子焉不学？而亦何常师之有？"（19.22）孔子的务学为急、随处访求、无往非学、无往非师、学无常师的做法与智慧，是值得后人好好体会的。

4. 孔子的"志学"不仅是十五岁的主题，而是奠定了一生"志学"的目标，贯穿了其一生。这也是他成功的最重要原因。正如郭沫若所说，这"也表示着他一生都在困学敏求当中过活。"（《十批判书·孔墨的批判》）

5. 立志之不可夺。子曰："三军可夺帅也，匹夫不可夺志也。"（《论语·子罕》）此可以体会到匹夫虽微，但其志甚至可胜过三军之帅。三军之帅虽表面上难夺，其实还是可夺；而匹夫之志虽表面上易夺，其实却是难夺。故人贵立志，其志在我，其机亦然在我，天下人都莫能夺走。孔子便是这样的立志者！

二、人生的"而立"

人生三十，已经由"志学"而进于"而立"。其一，能站立、自立于人世，而不是匍匐、爬行于尘世了。其二，卓立于人世者还能自己把握得住，立定脚跟，不再被世间种种外物所迷惑、动摇而飘忽不定。其三，此时已能"立于礼"（《论语·泰伯》）。如孔子说："不知礼，无以立。"（《论语·尧曰》）

三、人生的"不惑"

孔子说："四十而不惑。"此时生命抵达了知者与智者的境界。如孔子所说："知者不惑。"（《论语·子罕》）孔子真是个大知又大智者，此可再举例以明之。鲁哀公十二年（公元前483年），"冬十二月螽（zhōng，害虫，此指蝗虫成灾）"。此时而有此灾，是罕见的，因此季孙问孔子是何原因。孔子说："丘闻之，火（星宿名）伏而后蛰者毕。今火犹西流，司历（掌管历法之人）过也。"（《左传·

哀公十二年》）大火星下去以后昆虫就蛰伏完毕了，如今大火星还流经西方，这是司历者的过错，少了一个闰月，所以冬十二月还有虫灾出现。《左传》、《史记》等还记载了当时人们搞不懂的事情，都常常来请教孔子，而孔子往往给予令人信服的解答。《论语·子罕》记载，有人评价孔子"夫子圣者欤，何其多能也？"《墨子·公孟》评论孔子，"博于诗书，察于礼乐，详于万物"。

四、人生新境界"知天命"

孔子说："五十而知天命。"这一总结把人生化成两个阶段。如冯友兰说："孔子一生到此为止（作者按，指仅到'四十而不惑'），也许仅只是认识到道德价值。但是到了五十、六十，他就认识到了天命了，并且能够顺乎天命。换句话说，他到这时候也已认识到超道德价值。在这方面孔子很像苏格拉底。苏格拉底觉得，他是受神的命令的指派，来唤醒希腊人。孔子同样觉得，他接受了神的使命。""所以孔子在做他所做的事的时候，深信他是在执行天的命令，受到天的支持；他所认识到的价值也就高于道德价值。"（冯友兰《中国哲学简史》第六卷）冯氏此说可供参考。

五、人生"耳顺"

孔子说："六十而耳顺。"已知晓了"天命"，当然此时涵养愈深，既得精微，又探本源，自然通达微妙。所以听人之言，一旦入耳，便能顿时感悟，有契于心，没有违逆，且无不贯通。钱穆说："耳顺者，一切听入于耳，不复感其于我有不顺，于道有不顺。当知外界相反相异，违逆不顺，亦莫不各有其所以然。能明得此一切所以然，则不仅明于己，亦复明于人。不仅明其何以而为是，亦复明其何由而为非。一反一正，一彼一我，皆由天。斯无往而不见有天命，所以说耳顺。"（《论语新解》）其实，所谓"天命"，并非迷信之谈，而就是万物发展运动的内在的、本然的、自然的、固有的规律。明乎此，当然也可臻于耳顺了。

六、人生"从心所欲，不逾矩"

孔子说："七十而从心所欲，不逾矩。"此时修炼得愈加功夫精熟，行能入妙，可顺时而动，随心所欲，但绝不会逾越规矩法度，庶几浑化而无迹了。冯友兰说："孔子到了七十就能从心所欲，而所做的一切自然而然地正确。他的行动用不着有意的指导。他的行动用不着有意的努力。这代表着圣人发展的最高阶段。"（冯友兰《中国哲学简史》）

孔子回顾自己的一生，必定是欣慰的。他从志学——志道——自立——立人——不惑——进入道德的高境界——知天命——耳顺——从心所欲，不逾矩

——超道德的至高境界，这是日就月将，积久成功，优入圣域，是何等的神圣与瑰丽！当然也许并不是每一个人都能完成这样的生命历程，但是这或许并不要紧，而重要的是至少向人们展示：人生原来有这等境界！每个人原来都可以这样去活，去渐进其境，去经历这样的人生道路！

一生：朝抵抗力最大的路径走

孔子一生的奋斗是艰苦卓绝的，在七十多年的生命历程里，面对着种种坎坷、艰难、险阻却前行不已，且愈挫愈坚挺，愈折愈坚毅。孔子人生的一份大智慧，便是能够逆着种种阻力、抵抗力而不屈地挺进，不挠地抵达生命的最终。

朱光潜曾写过一篇短文《朝抵抗力最大的路径走》，主题是"在立身处世的任何方面，贪懒取巧都不会有大成就，要有大成就，必定朝抵抗力最大的路径走"。他说："历史上许多伟大人物所以能有伟大成就者，大半都靠有极坚强的意志力，肯向抵抗力最大的路径走。"

孔子经历的就是这样的人生。《论语·微子》载，长沮、桀溺两人隐在乡下耕种，孔子使子路去向他们问津。他们听说是孔子，就告诉子路，曰："滔滔者天下皆是也，而谁以易之？"如今天乱糟糟的，就像洪水泛滥一样，你们同谁去改革它呢？孔子听了这话，"怃然"（怅然叹息）曰："鸟兽不可与同群，吾非斯人之徒与而谁与？天下有道，丘不与易也。"人不可以与鸟兽同群共处，我孔丘不与人相处，又与谁相处呢？如果天下有道，我就不会参与变革了。

朱光潜对此作了一番评论：孔子是当时一个大学者，门徒很多，如果他贪图个人的舒适，大可以坐在曲阜过他安静的学者生活。但是他毕生东奔西走，席不暇暖，在陈绝粮，在匡遇险，他那副奔波凄凄惶惶的样子颇受当时隐者的嗤笑。他为什么要这样呢？就因为他有改革世界的抱负，非达到理想，他不肯甘休。《论语》"长沮桀溺"章（18.6）最足见出他的心事。孔子说，我们既然是人就应做人所应该做的事；如果世道不糟，我自然就用不着费力气去改革它。"孔子平生所说的话，我觉得这几句最沉痛，最伟大。长沮桀溺看天下无道，就退隐躬耕，是朝抵抗力最低的路径走，孔子看天下无道，就牺牲一切要拼命去改革它，是朝抵抗力最大的路径走"。

朱光潜又说到了西方的耶稣，从而可以将两位伟人同观互照。耶稣也是这样的人，从《新约》中四部《福音》看，他的一生都是朝抵抗力最大的路径走。

他抛弃父母兄弟，反抗当时旧犹太宗教，攻击当时的社会组织，要在慈爱上建立一个理想的天国，受尽种种困难艰苦，到最后牺牲了性命，都不肯放弃他的理想。在他的生命史中有一段是一发千钧的危机。他下决心要宣传天国的福音后，跑到沙漠里苦修了四十昼夜。据他的门徒记载，这四十昼夜中他不断地受恶魔引诱。恶魔引诱他去争夺尘世的权威，去背叛上帝，崇拜恶魔自己。耶稣经过四十昼夜的挣扎，终于拒绝恶魔的引诱，坚定了对于天国的信念。从我们非教徒的观点看，这段恶魔引诱的故事是一个寓言，表示耶稣自己内心的冲突。横在他前面的有两路：一是上帝的路，一是恶魔的路。走上帝的路要牺牲自己，走恶魔的路他可以握住政权，享受尘世的安富尊荣。经过了四十昼夜的挣扎，他决定了走抵抗力最大的路——上帝的路。

确实，我每次想起孔子的人生历程，就会不由自主地在耳畔回响起孟子的那一番庄严的话语："故天将降大任于斯人也，必先苦其心志，劳其筋骨，饿其体肤，空乏其身，行拂乱其所为，所以动心忍性，曾（增）益其所不能。"（《孟子·告子下》）我也会想到，当孟子说出或写出这段名言时，必定在他的心里、眼前晃动着孔子的形象，也就成了孟子的光辉榜样。

不过，我还要特地补充说的，是孔子确实一生"朝抵抗力最大的路径走"，走在最为艰难困苦的人生路途上，但他是始终带着微笑的，并携带着弦歌的，是莞尔的，是温良恭俭让的，是文质彬彬的。他不是拔刀出鞘式的，也不是裹挟着雷电式的；不是嗔怒，不是横眉冷对，更不是怨声连天。他是遵循着自己"中庸"之道，"朝抵抗力最大的路径走"。这也就是孔子之所以成为孔子的原因！

孔子：命·天命·命运

《论语·子罕》："子罕言利与命与仁。"（9.1）这是为什么？

一、说"命"之含义

"命"，又称"命运"、"运命"，旧时指命中注定的生死、贫富和一切遭遇。"命"有运气、运数，有运好、运剥、运移。若"命好"，则有所谓运旺时盛、运开时泰；若"命不好"，则称为运拙时乖（违背）、运拙时艰、运乖时蹇（jiǎn，不顺利）、运蹇时低、运蹇时乖。至于"运命"的变化，又称为运移时易，等等。

既然"命"是气运之流行，因此如死生、祸福、寿夭、穷通之类就有太多的不确定因素，其幽远窈冥，难必难测。这就是为什么孔子"罕（少）言"的道理了，而孔子要人们应取的态度是尽心尽力去做好自己能做到的事情，其余便默然听顺吧。

二、透视："知命"点滴

当然，孔子"罕言"也并不是"不言"，而是也有"所言"，这里就稍微解读以下这些《论语》里的"所言"。

1. 知命："不知命，无以为君子也"。——孔子此言，出自《论语·尧曰》。唯知有命而信之，乃能安分循理而为君子。若人不知命，则见害必避，见利必趋，行险侥幸，无所不为，那怎样可以成为君子呢？这是《论语》全书结束时候最后一章的话，这样的安排真是余味无穷！

2. 知天命："五十而知天命"。——天命，是上天所赋予人的正理。孔子此时已经认识与把握到人生一切的道义与责任了。比如孔子流亡中被匡地的人拘禁后，曰："文王既没，文不在兹乎？天之将丧斯文也，后死者不得与于斯文也；天之未丧斯文也，匡人其如予何？"（《论语·子罕》）我命由天，天命在我，我知道上天赋予我的责任与重担，从而泰然处之。此为真知天命矣！《论语》中"天命"出现三次。后来《中庸》提到"天命之谓性"，认为天命就指先天的自然禀性。《荀子·天论》："制天命而用之。"天命则指自然的发展趋势。

3. "畏天命"。——孔子不仅要知天命，还要由"知"而至于"畏"。子曰：君子"畏天命"。相反，"小人不知天命而不畏"（《论语·季氏》）。我想人类就是要"畏天命"，这里有深刻的生存智慧：不敬畏"天命"，不遵循自然的规律，而屡屡破坏之，结果遭到了一次次的灾难性报复，能不反思吗？

4. 听天命——此也即是顺天命。人的生存还有听天由命之智慧。其一，如孔子说："道之将行也与，命也；道之将废也与，命也。"（《论语·宪问》）既然如此，那就顺因之吧。其二，如《论语·先进》："颜渊死。子曰：'噫！天丧予！天丧予！'"孔子本来希望自己的道由颜渊来传承，颜渊死则道无传了，故哀悼之，连说"上天要了我的命啊"！不过事实已经如此，这也没有办法，只能听天由命了。其三，再如《论语·颜渊》载，子夏曰："商闻之矣：'死生有命，富贵在天。'"其四，既然如此，便可晓如孔子之所说："不怨天，不尤人。""知我者其天乎！"（《论语·宪问》）此中自有其内在之逻辑。

三、智慧：知命且相机而行

《论语·述而》载，子曰："天生德于予，桓魋其如予何？"（7.23）孔子流亡到宋，宋国的司马桓魋忌恨孔子欲害之。孔子自信地对弟子说，既然上天生给我这样的德性，桓魋又能把我怎么样呢？此意思是，即使桓魋杀了我的身，难道能夺走我的德吗？这是一方面，显示出孔子知命的智慧。然而高明的是，孔子还有另一方面的智慧，即是将"知命"之"知"转换为积极的行动。

请看，孔子没有傻乎乎地听由桓魋胡来，从而"坐以待毙"，光荣地"英勇就义"，而是立即离开，远避危险。钱穆说：孔子"然亦即微服而去，是避害未尝不深，其心也未尝不闲。此乃孔子之知命之学之实见于行事处，学者其深玩之"。(《论语新解》)此种分析很有见地，后人确实当好好体会孔子之智。钱穆此说，也可能包含他自己的践行体会与心得。

四、《论语》的感叹声声

读《论语》，会从里面聆听到不少的感叹声，试听——

子贡赞叹说："固天纵之将圣，又多能也。"(《论语·子罕》)孔子成为一个圣人，这本是天意之纵使、上天之成就；而且孔子又多才多艺。这里就有一种对于"天命"之感叹！

卫国仪地的封人（镇守边疆之官员）感叹说："天下之无道也久矣，天将以夫子为木铎！"(《论语·八佾》)上天使得孔子振木（铃内的木制"舌头"）铎（大铃）以警示民众，发布政教，宣扬大道，拯救天下。这也是一种附着于"天命"观念之感叹！

《论语·子罕》载，子曰："凤鸟不至，河不出图，吾已矣夫！"这是孔子自伤虽本可致此盛世祥瑞之物，而终究不能获致，从而深长哀叹！

孔子的命运常常引起后人的深思。如子思颇能推知孔子圣祖之心迹，认为孔子是有德而无其命。孟子对孔子的命运也有自己的分析，说："匹夫（普通的人）而有天下者，德必若舜禹，而又有天子荐之者，故仲尼不有天下。"(《孟子·万章上》)孔子虽有贤德，但是没有天子的举荐，所以孔子的命运就只能是这样。呜呼，孔子生前之命运，以及身后之命运，真是复杂得波澜曲折，不胜详说了！

反思：李康《运命论》

说了孔子的命运理念，我又不禁想起李萧远的《运命论》，其文专论命运，也讨论到孔子的命运，这里也不妨拓展解读之。

《运命论》为三国魏明帝时文学家李康（字萧远）之名文。《文心雕龙·论说》："至如李康《运命》，同《论衡》而过之。"李康的《运命论》，可以用宿命论来概括，这同此前王充的一些命定论的命意是相同的，但是超过王充《论衡》的是李康为文的排偶、文采、气势等。下面略述《运命论》的要点：

一、三要素：运·命·时

《运命论》："夫治乱，运也；穷达，命也；贵贱，时也。"——政治安定清明之"治"与社会动乱不定之"乱"，是由命运决定的。个人的困厄之"穷"与显赫之"达"，是由天命决定的。每个人地位之"贵"与所处之"贱"，是由时机决定的。因此，历史上的"运"之兴隆，君臣遇合之"成功"，"其所以得然者，岂徒人事哉！授之者天也，告之者神也，成之者运也"！

二、列举事例汇证运命论

以历史上的"四贤"，如伊尹、姜太公、百里奚、张良的命运来证明自己的"运命"成功之说。再以乱亡的事例来论证，诸如周幽王之惑褒女，招来灾祸，等等，是因为"吉凶成败，各以数（指命运）至，咸皆不求而自合，不介（媒介）而自亲矣"。

孔子运命不遇的深刻分析："以仲尼之才也，而器（才器、才能）不周（合）于鲁（国）卫（国）。""以仲尼之辩（口才）也，而言不行（施行）于定（鲁定公）、哀（哀公）。""以仲尼之谦（谦逊）也，而见忌于子西（楚国令尹）。""以仲尼之仁也，而取仇于桓魋。""以仲尼之智也，而屈厄于陈、蔡。""以仲尼之行也，而招毁于叔孙（叔孙武叔）。""夫道足以济天下，而不得贵于人。""言足以经历万世，而不见信于时。""行足以应神明，而不能弥纶（包罗、推广）于俗。""应聘七十国，而不一获其主。"总而言之，"驱骤于蛮夏之域，屈辱于公卿之门，其不遇也如此。"——再与子思和子夏运命之遇合来对比作证。李康感慨地说："而后之君子，区区（拘束的样子）于一主，叹息于一朝，屈原以之沉湘，贾谊以之发愤，不亦过乎？"

三、运命：乐天知命的智慧

1. 乐天知命、穷达如一

《运命论》："圣人所以为圣者，盖在乎乐天知命矣。故遇之（遭遇厄运）而不怨，居之（居位）而不疑（不疑心于患得患失）也。其身可抑，而道不可屈；其位可排（排斥），而名不可夺。譬如水也，通之斯为川焉，塞（蓄积）之斯为渊焉。升之于云则雨，沉之于地则土润。体清以洗物，不乱于浊；受浊以济物，不伤于清。是以圣人处穷达如一也。"——圣人能够乐天知命，圣人处穷困与处通达如一。我想，这些话今天还是足资参考的，并没有过时。

2. 木秀于林，风必摧之

中国人面对运命也积累有许多的智慧，比如这一条就是总结性的。《运命论》："夫忠直之迕（触犯）于主，独立之负（违背）于俗，理势然也。故木秀（突出）于林，风必摧之；堆（土堆）出于岸，流必湍（急流冲击）之；行高于人，众必非（诽谤）之。前（前车）监（通'鉴'）不远，覆车继轨（继续颠覆在前车覆败的路上）。然而志士仁人，犹蹈（踩）之而弗悔，操之而弗失，何哉？将以遂（实现）志而成名也。求遂其志，而冒风波于险途；求成其名，而历（遭受）谤议于当时。彼所以处之，盖有算（考虑）矣。子夏曰：'死生有命，富贵在天。'故道之将行也，命之将贵也，则伊尹、吕尚之兴于商周，百里（百里奚）、子房（张良）之用于秦汉，不求而自得，不徼（yāo，求）而自遇矣。道之将废也，命之将贱也，岂独君子耻之而弗为乎？盖亦知为之而弗得矣。"——此段深意值得回味，因为一代代如文中所描绘的那样执迷不悟的"前监不远，覆车继轨"者不是太少，而是太多了。其中所说的"木秀于林，风必摧之；堆出于岸，流必湍之；行高于人，众必非之"，则得到后世的广泛认可与赞同，从而成为流传不废的警世名言。

四、批判世俗与拷问灵魂

1. 说"达者之算"与"失算"

世上总有一些自以为通晓运命的人，但是就算是机关算尽，也会有走到尽头的一天的。《运命论》："凡希世（迎合世俗）苟合之士，蘧蒢(qú chú，谄媚者）戚施（驼背，指阿谀献媚者）之人，俯仰尊贵之颜，逶迤(曲折行进)势利之间。意无是非，赞之如流；言无可否，应之如响。以窥看（人事的盛衰）为精神，以向背为变通。势之所集，从之如归市（赶集）；势之所去，弃之如脱（鞋）遗（弃）。其言曰：'名与身孰亲也？得与失孰贤也？荣与辱孰珍也？'故遂洁其衣服，矜（夸耀）其车徒（车马侍从），冒（贪求）其货贿，淫（沉溺）其声色。脉脉然（骄诈炫耀的样子）自以为得矣。"——李萧远真的洞察人情世故，故描绘得活灵活现、入木三分，甚至千百年以后的人们还能在自己的周围看到这样的小人。

但是，这些人的"运命"最后又怎样呢？《运命论》又紧接着指出，贤臣好人果然有被祸害而遭殃的，但是奸佞小人也同样有难免遭杀的。他列举了历史上人物如关龙逢、比干、飞廉、恶来、伍子胥、费无忌、汲黯、张汤、萧望之、石显等人，均不得善终。

《运命论》总结说："故夫达者之算也，亦各有尽矣。"所以这些所谓的"达者"，也就是通达知命的"希世苟合之士"的算计、谋虑，亦然有走到尽头的。这样的"达者之算"，最后还是以"失算"告终！

　　2. 运命与灵魂的拷问

纵观古今中外，放眼每时每代，都有"奔竞于富贵"者，这里不妨听听李萧远的一番话。《运命》："凡人之所以奔竞于富贵，何为者哉？"这是对人生与运命的一个深刻的拷问，人们忙忙碌碌，甚至钩心斗角、你死我活地奔走竞争富贵，到底是为了什么？文中揭示出六方面：误认为"立德必须贵"；误认为"必须势"；误认为"必须富"；误认为了求实（财物）；误认为了求名；误认为了"娱耳目心意"。

然而结局是竞奔之人招来祸败。《运命论》："夫如是也，为物甚众，为己甚寡；不爱其身；而啬（爱惜）其神（此即前文所说的'以窥看为精神'，指爱好专务诡邪的不义）；风惊坐起（比喻恶积而衅生），散而不止（比喻衅生而不灭）；六疾（六种疾病）待其前，五刑（五种刑法）随其后；利害生其左，攻夺出其右；而自以为见自（自身）名（名声）之亲疏（孰为亲孰为疏），分（分清楚了）荣辱之客主（孰为客孰为主）哉！"

五、运命正道：舍彼取此的选择

《运命论》："故古之王者，盖以一人治天下，不以天下奉一人；古之仕者，盖以官行其义，不以利冒（贪求）其官也。古之君子，盖耻得（官位）之而弗能治也，不耻能治而弗得也。原（探究）乎天人之性，核（考察）乎邪正之分，权（权衡）乎祸福之门，终乎荣辱之算（谋虑），其昭然矣，故君子舍彼（欲利）取此（仁义）。若夫出处（指做官或隐退）不违其时，默（指静默，道不合者则默）语（指说话）不失其人。天动星回，而辰极（北极）犹居其所；玑璇（玑、璇、衡，北斗中的星名）轮转，而衡轴犹执其中。既明且哲（明智），以保其身，贻（指留下）厥（其）孙（音义同'洵'，远）谋，以燕（指安定）翼（指庇护）子（子孙）者，昔吾先友（祖先之友，此指孔子，因为李康以老子李聃为祖先，孔子向老子学习过）尝从事于斯矣。"这里再次说到了孔子。

听孔子之论，读李康的《运命论》，确实，命运既不能全由一己做主，但也并不是完全被动的。《运命论》这些教导大概没有过时吧？再返回到今天来透视社会、人生之命运，真是不无价值的。当然，其智慧运用之妙，又存乎各人之一心了。

篇

三

《论语》的处世智慧

子曰："不患无位，患所以立。不患莫己知，求为可知也。"

——《论语·里仁》

孔子说："不担忧自己没有职位，只担忧没有任职的本领；不担忧没有人知道自己，而要去追求足以使别人知道自己的本领。"

处世便要立足于人世，欲立于世便要有其位。处世固然有一"位"的问题，比如如何定位、谋位、占位等，而深层关注的却应该是如何去获得"位"的智慧与本领。

《圣迹之图》之在齐闻韶

处世警惕"六言六蔽"

人生处世处事，往往有些问题令人困惑不解：为什么过去也罢、当下也罢，常见到好人得不到好报？甚至很多具有美德之人还是遭遇了不幸的结局？孔子曾对此作出了深刻的分析，提出了"六言六蔽"之说，回答了这些问题。

《论语·阳货》载，孔子教诲子路："由（子路）也！女（汝）闻六言六蔽矣乎？"对曰："未也。"孔子说："居（坐下）！吾语女（汝）。"这"六言六蔽"，便是："好仁不好学，其蔽也愚；好知不好学，其蔽也荡；好信不好学，其蔽也贼；好直不好学，其蔽也绞；好勇不好学，其蔽也乱；好刚不好学，其蔽也狂。"（17.8）这是为什么呢？

一、"好仁不好学，其蔽也愚"

仁即是爱，好仁爱本是一种美德，但是如果不爱好学习，就不能明白"爱"也是有其理的，那么其心就会被爱所蒙蔽，从而变得愚蠢了。试看不少父母对子女的爱不就是如此？如果爱成为一种溺爱，甚至于放纵而百依百顺，最后却害了子女。这样的事例从古至今，不知发生了多少。

二、"好知不好学，其蔽也荡"

"知"，即是智。一个人好智，这本来也是一种美德，但是如果以多智为美，或者卖弄自己的小聪明，而不爱好学习，不懂得驾驭智慧的道理，那么其心就会被智慧蒙蔽，必将滥用其智，放纵其智，甚至于放荡。

三、"好信不好学，其蔽也贼"

一个人好诚信，这本也是一种美德，但是不爱好学习，不懂得驾驭诚信的道理，那么其心为诚信所蒙蔽，从而滥用放纵自己的诚信，就会固执而"贼"，既伤害于物，也伤害了自己。

四、"好直不好学，其蔽也绞"

一个人好正直、直率、刚直，这也是一种美德，但是不爱好学习之陶冶，不懂得驾驭"直"的道理，那么心为刚直所蒙蔽，必将滥用放纵自己的刚强，率性而为，径情急迫，失了含弘之度，那就会流于"绞"，即是急切、尖刻刺人。《中论·覈辨篇》引孔子曰："小人毁訾（zǐ，毁谤、非议）以为辩，绞急以为智，不孙（通'逊'）以为勇。"这是君子所厌恶的，但小人却引以为美，岂不哀哉。又《论语·阳货》载：子贡"恶（厌恶）讦（jié，揭发攻击他人的阴私）以为直者"。

五、"好勇不好学，其蔽也乱"

一个人好勇敢，这也是一种美德，但是不爱好学习，不懂得驾驭勇敢的道理，那么心为勇敢所蒙蔽，必将滥用放纵自己的勇敢，那就会作乱。古代儒家对勇敢的认识有深刻的理念，如《礼记·聘礼》曰："故所贵于勇敢者，贵其敢行礼义也。故勇敢强有力者，天下无事，则用之礼义；天下有事，则用之于战胜。用之于战胜则无敌，用之于礼义则顺治。外无敌，内顺治，此之谓盛德。"相反，如果勇敢被引导到邪路上去，或就成为乱寇、盗贼、犯罪、无耻之勇了。这又如《荀子·荣辱》："有狗彘之勇者，有贾盗之勇者，有小人之勇者，有士君子之勇者。""为事利，争货财，无辞让，果敢而振，猛贪而戾，恈恈（móu，贪欲的样子）然唯利之见，是贾盗之勇也。轻死而暴，是小人之勇也。义之所在，不倾于权，不顾其利，举国而与之，不为改视，重死持义而不桡（同'挠'，屈服），是士君子之勇也。"关于勇的道理与驾驭，孔子多有论说，可再参见本书后面的内容。

六、"好刚不好学，其蔽也狂"

一个人好刚强不屈，这也是一种美德，但是不爱好学习，不懂得驾驭刚强的道理，那么其心为刚强所蒙蔽，必将滥用放纵自己的刚强。那就会逞轻世之志，狂妄无礼，放旷不羁，刚愎自用。

——仁、智、信、直、勇、刚，此"六言"都是美好德行，但是却招来了愚、荡、贼、绞、乱、狂之"六蔽"。其中的原因是没有经由"学"之驾驭、贯穿与渗透，故不能深明其中的道理，不能探究美德的实质。唯有"学"才能让美德成为真正的美德，若仅凭一己肤浅之意会而行之，或偏执，或过中，或失正，或泛滥，那么必受其害，必蒙其蔽。

《中庸》就把人分为四个档次：一是生而知之者，二是学而知之者，三是困而学之者，四是困而不学者。"生而知之者"，又称为生知者，后人都把圣人比如孔子等，看做是生知者。但是孔子自己说："我非生而知之者，好古，敏以求之者也。"（《论语·述而》）有美德者尚且如此，若退一步讲，没有这些美德的人更应该重视学习。我们常说性格决定命运，而其更深层的是学习决定人的命运！

孔子的"持盈"智慧

孔子曾告诫人们，处世不可或缺的一大智慧便是"持盈"之道，也称为"持满"之道。为什么世界上许多的聪明人反被聪明误了？为什么不少功盖天下的功臣往往没有一个好结局？为什么好多富有四海者却最后没有能守住？如此等等，其中一个原因是他们违背了"持盈"之道。所谓"持盈"、"持满"，其基本含义就是保持、守持、保守住已有的成业甚至是已经成就的盛业。中国人十分讲究"持盈"、"持满"、"持盈守成"、"持盈保泰"、"持满戒盈"，这里就来解析孔子"持盈"的智慧。

一、宥坐之器："欹器"的启迪

什么叫"宥坐之器"？先说"座右铭"，这是放置在座右用以自警的铭文。"宥坐之器"就类似此，即是放在座位右边用以警戒、勉励自己的器物。"宥"，同"右"；"坐"，是座位的意思。

什么是"欹器"？"欹（qī）"是倾斜的意思。"欹器"是一种盛水器，重心在中间，虚空时则倾斜，水盛放至于中部则平正，水盛满则倒覆。古人常常放置座右，以此自警既不要空虚，也不要自满，而要中正。因此又称之为"宥坐之器"、"宥坐"、"宥卮"。相传五帝、三王之时就有此物，现代已经有人研究出复原之物。

《荀子·宥坐》就记载了孔子这样一个故事：

> 孔子观于鲁桓公之庙，有欹器焉。孔子问于守庙者曰："此为何器？"守庙者曰："此盖为宥坐之器。"
>
> 孔子曰："吾闻宥坐之器者，虚则欹，中则正，满则覆。"孔子顾（回头）谓弟子曰："注水焉！"弟子挹（yì，舀）水而注（灌注）之，中而正，满而覆，虚而欹。
>
> 孔子喟然而叹曰："吁！恶（wū，何，哪里）有满而不覆者哉！"子路曰："敢问持满有道乎？"孔子曰："聪明圣

欹器复制品

知，守之以愚；功被天下，守之以让；勇力抚世，守之以怯；富有四海，守之以谦。此所谓挹（通'抑'，抑制）而损之之道也。"

这个故事，既使后人看到孔子之灵感迸发，又让一代代后人参悟深省。"持满有道乎"？此中既有哲学道理，"恶有满而不覆者哉"，盈满必定倾覆，这是物极必反的哲理；这里还能转化为人生的智慧，即是如何"持满"，即"持盈"。

这个故事也记载在《淮南子·道应》里，但文字稍有不同。如载孔子见到此"宥卮"灌注水的情况后，"造然革容"即脸色一变，说："善哉，持盈者乎！"子贡在边上问："请问持盈。"孔子说："益（或作'撝'，通'抑'，指抑制）而损之。"子贡曰："何谓益而损之？"孔子曰："夫物盛而衰，乐极则悲；日中而移，月盈而亏。是故聪明睿智，守之以愚。多闻博辩，守之以陋。武力毅勇，守之以畏。富贵广大，守之以俭。德施天下，守之以让。此五者，先王所以守天下而弗失也。反此五者，未尝不危也。"此可互见互补。

二、"持盈"、"持满"与所"守"

后世重视这些记载，"持盈"、"持满"之说也成了经典智慧，此力戒人们骄傲自满的心志，告诫如何守持已成之事业。那么，此智慧到底还有哪些深层内涵呢？

1. 事物的规律是物极必反，抵达了极点就走向反面

比如上文举出四例：一是"物盛而衰"，二是"乐极生悲"，三是"日中而移"，四是"月盈而亏"，均属此种规律。

2. 处世处事的"持盈"之道

此关键的地方有两条：（1）"持中戒满"，即是坚持中正，力戒满盈，即是不让其满盈。（2）"满盈挹损"，一旦满盈了，就要挹之、抑之、减之、损之，此使已满减损为不满。

3. "持盈"之道的所"守"之智

《荀子》罗列"四守"：（1）守愚，"聪明圣知，守之以愚"。（2）守让，"功被天下，守之以让"。（3）守怯，"勇力抚世，守之以怯"。（4）守谦，"富有四海，守之以谦"。这就是"挹而损之之道也"。

再看《淮南子》罗列"五守"：（1）守愚，"聪明睿智，守之以愚"。（2）守陋，"多闻博辩，守之以陋"。（3）守畏，"武力毅勇，守之以畏"。（4）守俭，"富贵广大，守之以俭"。（5）守让，"德施天下，守之以让"。总而言之，"此五者，先王所以守天下而弗失也；反此五者，未尝不危也"。

如果将此两说加以整合，那么面对着人世的诸多主题，如功勋、德施、富贵、武勇、聪明、闻辩等，便要有"守让"、"守俭"、"守谦"、"守畏"、"守怯"、"守愚"、"守陋"等所"守"与之相应，从而达到"持盈""持满"。

再看古代的智慧，举例如《国语·越语下》载，范蠡进谏曰："夫国家之事，有持盈，有定（稳定）倾（倾覆），有节（节制）事（政治措施）。"韦昭注："持，守也。盈，满也。"《后汉书·蔡邕传》："心恬澹于守高，意无为于持盈。"曹操在《善哉行》说："持满如不盈，有德者能卒。"《南齐书·豫章文献王传论》："蕃辅贵盛，地实高危，持满戒盈，鲜能全德。""持满戒盈"，端盛满之水，而要留心不外溢。唐刘禹锡说："然持盈之术，古所难也。"（《上门下裴相公启》）宋苏辙说："臣历观前世，持盈守成，艰于创业之君。"（《〈元祐会计录〉序》）清昭梿《啸亭杂录·舒梁阿三公远见》："今虽府库充盛，然乞皇上以节俭为要，慎勿兴土木之功，黩武之师，以为持盈保泰之计。""持盈保泰"就是指处在极盛时要谦逊谨慎以保持平安。又魏源《圣武记》说："俾后御民者咸知懔（lǐn，危惧）朽索（指用腐杇的绳子驭车马），戒持盈。"如此等等，可以体会。

说到这里，自然也会想起《老子》之名言："持而盈之，不如其已。""保此道者不欲盈。夫唯不盈，故能蔽而不新成。"此可见两位智慧的巨人，孔子也罢、老子也罢，其智慧是有契合相通的地方的。我们再要点醒的是，若要保持满盈，就必须不让它满，不让它盈。这里又可以看到老子说及深层的"反者道之动"定律之魅力。其实不管是现代，还是将来，人们都会遇到"持盈"的问题，甚至可以说这是个难题，那就不妨聆听孔子、老子的智慧吧！

世事之智：知人·鉴人·品人

人生在世不可不识人，但知之又甚难。孔子既有自知之明，又具知人之智。他的知人、鉴人、品人的智慧甚多，且其智深邃，不可不闻。

一、知人识人"三诀"：视、观、察

《论语·为政》载，子曰："视其所以，观其所由，察其所安。人焉廋（sōu，隐蔽、隐藏）哉？人焉廋哉？"此为鉴别人之"三诀"，也可称为"三法"。

1."视其所以"

先说此句的"以"字，对此有不同的理解，或解释为"与"，或解释为"为"，因此便有不同的解读。如杨伯峻《论语译注》解释为"与"，和《微子篇》"而谁以易之"的"以"同义，此句便翻译成"考查一个人所结交的朋友"。我觉得可以再宽泛一点，译成"观察他与什么人在一起"。另一说则将"与"解释成"为"的意思，便是视其所作所为就能认识其人。这两者均可说通，如果综合不同的理解，从"视其所以"可汲取的智慧就是观察他与什么人在一起，便知其人；或观察他所作所为，便识其人。即使在今天，此法也是认识人之良法。

2."观其所由"

"所由"，所经由之路。这一方法便是只要观察其人所走的路线、路径、门路，就能认识此人。

3."察其所安"

"所安"，其心所安之处。这一方法便是审察其人之心到底安在哪里，就能认识其人。

此三法又巧妙地形成一个系统，且逐层深入：先是由视其外表之迹象，又深至于观其旨意，再深至于察其灵魂。"视其所以"，是从其表象来看，从其与什么人交往来看，就知道其人的情况。"观其所由"，则是由表象之观察，深入至于内层去分析他选择的人生路径问题。"察其所安"，则由此再深入至其最内层勘察他的心思、心志、动机等。如果倒过来看，那么由此最内层的心之定向，便转换为次内层的人生路径的选择，由此人生路径的选择再外化为表层的选择，即与何种人结交。

虽然人藏其心，深不可测，但是有如此之"视"、"观"、"察"，其人则"人焉廋哉？人焉廋哉？"人哪里还能隐匿呢！不可能了！孔子的卓识于此可见一斑了。

二、鉴人品人之"九征"

这里还要说说《庄子·列御寇》所记录的孔子鉴人、品人、辨才之"九征"，即九种征验、迹象。虽然可能附会孔子，但也不妨从中汲取智慧。孔子说："凡人心，险于山川，难于知天。天犹有春夏秋冬旦暮之期，人者厚貌（指看不透外貌）深情（指测不准内心）。故有貌愿（外貌谨厚）而益（内心骄溢），有长（外表似长者）若不肖（内心不贤），有顺（指温顺）懁（xuān，性急）而达（通晓），有坚（坚强）而缦（内心软弱），有缦（迟缓）而钎（通'悍'，内心急暴）。故其就（趋归）义（道义）若渴（口渴求饮）者，其去（离开）义若热（急于避火）。"孔子接着揭出"九征"：

君子远使之而观其忠，近使之而观其敬，烦使之而观其能，卒然问焉而观其知，急与之期而观其信，委之以财而观其仁，告之以危而观其节，醉之以酒而观其侧（或作'则'），杂之以处而观其色。九征至，不肖人得矣。

此为"九征"，也可谓"九法"、"九观"，考察了人的九大德行即忠、敬、能、知、信、仁、节、则、色。若反过来看，则人们可以用这九条来磨炼自己，培养良好的素质，成为出色的人才，经得起被人辨识、考察。

"九征"影响深远，比如诸葛亮继承此种智慧，又曾提出用人"七观"。诸葛亮《将苑·知人性》说：

夫知人之性，莫难察焉。美恶既殊，性貌不一：有温良而为诈者，有外恭而内欺者，有外勇而内怯者，有尽力而不忠者。然知人之道有七焉：一曰间之以是非而观其志，二曰穷之以辞辩而观其变；三曰咨之以计谋而观其识；四曰告之以祸难而观其勇，五曰醉之以酒而观其性，六曰临之以利而观其廉，七曰期之以事而观其信。

这里的"七观"，辨识了七种德行，即是志、变、识、勇、性、廉、信。此也见诸葛亮对前人智慧的能动借鉴与延伸。

三、辨识：君子小人之异

在《论语》里还有一个很突出的做法，即是详尽地记载了孔子所说的君子与小人的种种不同表现，形成鲜明与强烈的对比，读者也可以悉心体会之。

（1）君子周而不比，小人比而不周。（2.14，按：此指《论语》第二篇《为政》的第十四章，以下可类推）

（2）君子怀德，小人怀土。（4.11）

（3）君子怀刑，小人怀惠。（4.11）

（4）君子喻于义，小人喻于利。（4.16）

（5）女（汝，指子夏）为君子儒，无为小人儒。（6.13）

（6）君子坦荡荡，小人长戚戚。（7.37）

（7）君子成人之美，不成人之恶。小人反是。（12.16）

（8）君子之德风，小人之德草，草上之风，必偃。（12.19）

（9）君子和而不同，小人同而不和。（13.23）

（10）君子易事而难说也。说之不以道，不说也；及其使人也，器之。小人难事而易说也。说之虽不以道，说也；及其使人也，求备焉。（13.25）

（11）君子泰而不骄，小人骄而不泰。（13.26）

（12）君子上达，小人下达。（14.23）

（13）君子固穷，小人穷斯滥矣。（15.2）

（14）君子求诸己，小人求诸人。（15.21）

（15）君子不可小知而可大受也，小人不可大受而可小知也。（15.34）

（16）君子有三畏：畏天命，畏大人，畏圣人之言。小人不知天命而不畏也，狎大人，侮圣人之言。（16.8）

（17）君子学道则爱人，小人学道则易使也。（17.4）

（18）君子有勇而无义为乱，小人有勇而无义为盗。（17.23）

《论语》罗列、排比、对照君子与小人的种种不同，其实是让人们辨识、认识什么是君子，什么是小人，也指出了愿做君子者的各种实践方向，其用心之深，用意之长，可察而悟之。

四、孔子识人例析

孔子识人的本领过人，这又是他育人本领过人的原因之一。

1. 门下弟子性格气质之辨识

孔子之设教，讲究涵养性情之学，从而获得变化气质之功。他善于辨析弟子的材质不同、禀性之异、气质之别，然后不是拘泥于一，而是善于因人而教化，因材而造就。如《论语·先进》："柴也愚，参也鲁，师也辟（pì，偏激），由也喭（yàn，粗俗）。"（11.18）高柴之"愚"，是因其明智不足。曾参之"鲁"，是因其迟钝少警敏。颛孙师之"辟"，是因其偏激。子路之"喭"是因其粗俗。孔子也由此针对弟子不同情况而加以引导，关于这方面可见本书后面的有关论述。

2. 阙党童子之辨识。

《论语·宪问》记载了"阙党童子将命"之事。（14.44）孔子居住在阙里（也称阙党），有个童子来向孔子求学，孔子就让他应答宾客，传达往来宾主之间的话，此称

阙里
（孔子曾居住此地）

为"将命"。

"或问之曰：益（指学有进益）者与？"有人认为，干传话这事不是容易的，孔子让他干这事，是宠爱他看重他。所以问孔子这个孩子大约是一个求上进的人吧。

子曰："吾见其居于位也，见其与先生并行也。非求益者也，欲速成者也。"孔子说了三点：一是，我看到他坐在长者的位子上，然而按礼节他应该"隅坐"，即古代席地而坐，尊者正席，卑者坐在席子角边。二是，又见到他与长辈并肩而行，然而按礼节他不应该"并行"而应该"随行"，即跟在后面走。三是，孔子就此透视到这个童子不遵循礼节，内心并不安分，而是追求速成，欲望急成。因此，孔子"使之给使令之役，观长少之序，习揖逊之容，盖所以抑而教之，非宠而异之也"。（朱熹《论语集注》）张居正有说："夫为童子而不安其分如此，是乃进修无渐，积德无基，非求益者也。但欲凌节躐（liè，超越）等（等级），而速进于成人之列耳"，"所以折其少年英锐之气，而令其日就于规矩法度之中也，岂宠而异之哉？由是观之，可见圣门之教，虽以敏求为先，亦以躐等为戒。盖躐等，则欲速而不达；循序，则日益而不知，所以夫子亦自云下学而上达，为此故耳。"（《张居正讲评〈论语〉》）从此事可以看到，孔子观人之明察并深入精微，而且孔子又能用适当的教育方法去纠正引导他。

当然《论语》中的识人之法，还有很多，如孔子所说的"听其言而观其行。"（5.10）又如子曰："众恶之，必察焉；众好之，必察焉。"（15.28）如此等等，不再一一细绎，本书他处也有提及，可参见。

孔子品鉴评论人物之睿智

孔子品鉴、评论人物特具睿智，其所著《春秋》便是如此，惩恶而劝善，褒贬寓于其中，即所谓"春秋笔法"，而"《春秋》之义行，则天下乱臣贼子惧焉"（《史记·孔子世家》）。《论语》里，孔子阅世阅人之深邃与犀利、公正与辩证，也随处可见。这些智慧值得好好总结，足资借鉴。此举例解析之：

一、智慧地品鉴管仲

管仲（？~前645），即管夷吾（谥"敬仲"）。他治理齐国四十年，使得齐国成为春秋时代的第一霸主。孔子的品鉴，深刻透视了管仲这位大政治家。

1. 孔子充分肯定管仲的历史伟功

"管仲相桓公，霸诸侯，一匡天下，民到于今受其赐。微（假若没有）管仲，吾其被（披）发左衽（衣襟向左边开，均指落后、不开化的习俗，意指被落后的民族统治）矣"。（14.17）当子路问孔子：齐桓公杀了其兄公子纠，召忽因此为之自杀，管仲不死，不能算是仁吧？孔子却回答说："桓公九合诸侯，不以兵车，管仲之力也。如其仁，如其仁。"（14.16）孔子是从历史的大局、大视野来评论管仲的，齐桓公能多次召集诸侯会盟，不依靠武力，这就是管仲的力量，此即是孔子所倡导的"仁"，并重复强调这就是"仁"！

2. 孔子又赞扬管仲是人才

比如《论语·宪问》载，子曰："人（人才）也。夺（夺取）伯氏（齐国大夫）骈邑（地名，为伯氏采邑）三百（户），饭疏食（伯氏吃粗粮），没齿（死）无怨言。"（14.9）

3. 孔子又深刻揭露他的缺陷，指出管仲不俭、不知礼

孔子曰："管氏有三归（一说藏钱币的府库），官事不摄（不兼职，故耗费多），焉得俭？"（3.22）孔子又指出："邦君（国君）树塞门（类似照壁），管氏亦树塞门。邦君为两君之好，有反坫（君主招待别国国君饮酒后放空杯的土台），管氏亦有反坫。管氏而知礼，孰不知礼？"（3.22）

4. 孔子指出管仲还没有达到"大器"的最高境界

孔子曾评论管仲器量小，"管仲之器小哉！"（3.22）朱熹《集注》："器小，言其不知圣贤大学之道，故局量褊（biǎn，气量狭小）浅，规模卑狭，不能正身修德以致主于王道。"

孔子的品鉴是实事求是的，一分为二的，且是重视大节。所以说管仲"岂若匹夫匹妇（指普通的男女）之为谅（讲诚信）也，自经（自缢、上吊）于沟渎而莫之知也？"（14.17）

二、品鉴：表象与深层

此再举"直"之德与人物品评来例析。卫国的大夫史鱼多次进谏卫君，应重用蘧（qú）伯玉，甚至临死还嘱咐他的儿子，不要"治丧正室"，此为"尸谏"。孔子赞扬："直哉史鱼！邦有道，如矢；邦无道，如矢。"（15.7）这是一种令人钦佩的真正的"直"，不管邦有道还是无道，都正直得像箭杆那样。

相反，孔子批评了微生高之"直"。《论语·公冶长》载，子曰："孰谓微生高直？或乞醯（求醋）焉，乞诸其邻而与之。"（5.24）尽管世人赞扬鲁国人微生高是一个直爽的人，但是孔子则能独立思考。孔子反驳说，有人向微生高要些醋，他不说自己没有，而是先向邻居要来再给他人。如果诚心直道，便是

有就说有，没有就说没有，然而他的做法是掠人之美，而用来表现自己的恩情。这就是虚伪，而不是正真直了。

《论语》里还记载了其他人关于"直"的内容，如《论语·微子》记载曾为鲁国掌刑狱之官的柳下惠说："直道而事人，焉往而不三黜？枉道而事人，何必去父母之邦？"（18.2）这是说，我以正直之道来行世事，那么怎么会不屡遭罢斥呢？我以枉道曲从来行世事，那么到处为人所喜爱，在鲁国也能安其位，又何必离父母之邦而去呢？如此等等，不再细说了。

三、褒贬：公叔文子·臧文仲

先看孔子对公叔文子之褒扬。卫国大夫公孙拔，又称公叔文子，谥为贞惠文子。他因自己家臣僎（xún）的贤能而将其推荐给国君，僎升为大夫，与自己同位。孔子给予了高度赞扬。《论语·宪问》："公叔文子之臣大夫僎与文子同升诸公（公室、公朝）。"孔子赞美说即："可以为'文'矣。"公叔文子真可以够得上谥号"文"了。谥号"文"是一种美称，平身没有才德者，不足以当之。这是说即使不管其余，能做到这一点，也就可以谥号为"文"了。张居正解读："夫知贤而能荐，明也；拔之家臣之贱，而升之公朝之间，公也；唯知为国用贤，不嫌名位之逼，忠也。一事而三善备焉，谥之曰文，夫何愧乎？"（《张居正讲评〈论语〉》）

再看孔子对臧文仲的贬抑。臧文仲，即是鲁国的大夫，臧孙氏，名辰，谥号"文仲"。他历仕鲁国庄公、闵公、僖公、文公四君，执政时曾废除关卡，以利经商。人多以为臧文仲是智者，但是孔子多次严厉地贬抑批评他。孔子批评他"不仁"（《左传·文公二年》），还指责他不知礼节，"臧文仲安知礼？夏父弗綦（qí）逆祀（夏父弗綦曾把鲁闵公、僖公的神主位置排倒了，逆乱了尊卑关系来祭祀），而弗止也"（《礼记·礼器》）。《论语·公冶长》载，孔子还斥责他不智，是一个"窃位者"。孔子说："臧文仲居蔡，山节（柱子上斗拱）藻（水草）棁（zhuō，大梁上的短柱），何如其知也？"（5.18）臧文仲让蔡地出的大乌龟住进豪华的房子，斗拱雕刻出山形，短柱彩绘了水草，这个人怎么可以称为"知（同'智'）"呢？《论语·卫灵公》又载，子曰："臧文仲其窃位者与？知柳下惠之贤而不与立也。"（15.14）这是说，臧文仲是窃居大夫官位的人吧？知道柳下惠的贤能，然而就是不启用他。

在孔子对公叔文子与臧文仲的一褒一贬中，我们可以看到孔子的智慧：（1）作为朝廷的要官，居其位就要尽心地谋其事，其中一条就要引荐天下的贤才能人，使其列位，而发挥作用，不可压制人才。（2）不知其人之贤能，而不引荐，是失职；知道其人之贤能，而不引荐，是大失职。有嫉贤妒能之私，唯恐自己失宠失禄，这就是"窃位"了。（3）孔子对臧文仲的贬抑里，可以看到人们都以为臧文仲是智者，但是孔子则又有"众好之，必察焉"（《论语·卫灵公》）的智慧。这一察，就明察出臧文仲的真相来了。

《论语》的人际交往智慧

孔子在人际交往、交友方面不仅极富智慧，而且树立了一个可敬、可亲、可效法的榜样，那便是前文评说过的"温良恭俭让"的典范形象。这里再阐述孔子及其弟子这方面的智慧。

一、同施仁爱

孔子讲究人生之仁义道德诸伦理，倡导做人要做一个仁人，遵行道义，有礼有节。这些也是他人际交往的总原则与智慧。孔子提倡"忠恕"之仁，"己所不欲，勿施于人"（12.2、15.24），"己欲立而立人，己欲达而达人"（6.30），等等。一言蔽之，人际交往当对人同施仁爱。关于这方面内容本书后文有详论。

二、益友与损友

人生交友必须谨选慎择，当能分辨"益友"与"损友"：前者是有益于自己的，后者是会带来损害的。孔子曰："益者三友，损者三友。友直（正直），友谅（信实），友多闻，益矣。友便（pián）辟（不信实者），友善柔（不正直者），友便（pián）佞（花言巧语者），损矣。"（16.4）

孔子还提出一个高标准，说："无友不如己者。"（1.8）又曰："毋友不如己者。"（9.25）这些话引出很多的疑义，其实当活参，孔子主旨着眼于渴望见贤思齐，能从朋友那里受到教益。至于孔子本人则"有教无类"，最有问题的人，他也是不会拒绝对他的教育的。另外如刘宝楠《论语正义》："由曾子及周公言观之，则'不如己者'即不仁之人，夫子不欲深斥，故言'不如己'而已。"

曾子曰："君子以文会友，以友辅仁。"（12.24）若不以文会友，不谈正儿八经的事情，只是吃喝玩乐相聚，"群居终日，言不及义"（15.17），失去了交友的目的，没有了朋友之间的相规相劝，相长相成，这样的交友还有意思吗？

三、交往必信

1．交友之信

交友、交往中要讲究诚信与信用，这是基本的原则与智慧。曾子曰："与朋友交而不信乎？"（1.4）子夏也说："与朋友交，言而有信。"（1.7）交友如此，与他人交往也无不如此。

2."不逆诈""不亿"与"先觉"

孔子曾深刻地指出："不逆（逆料、预先的臆测）诈，不亿（预先猜测）不信，抑亦先觉者，是贤乎！"（14.31）不预先逆料他人的欺诈，不预测他人的不讲信用，这是忠厚待人；但是又要能及早发觉对方的欺诈与不讲信用，此才为贤明者。此可深悟，孔子在与他人交往时是何等得高明！

四、"不患"与"患"

孔子说："不患莫己知，求为可知也。"（4.14）人际相处，不要担忧没有人了解自己，而要紧的是去追求具有让他人了解自己的本领。

孔子又曰："君子病无能焉，不病人之不己知也。"（15.19）孔子还说："不患人之不己知，患不知人也。"（1.16）。"不患人之不己知，患其不能也。"（14.30）孔子反复教导，人际交往不要只是考虑自己的长处、良好的、优秀的一面不能被他人知道，其实这些不足担忧，要担忧的是自己不能了解自己，自己的内在还不足以被他人了解，这才是弊病。

五、不要"方人"

"方人"，是比方人物，比较长短，进而或评头品足，或甚至毁谤、讥评他人。《论语·宪问》载，"子贡方人"。孔子曰："赐（子贡）也贤乎哉（这样做贤吗）？夫我则不暇（没有闲暇去做这样的事）。"人际交往，此点很要紧，"方人"不仅会搞坏人际关系，且喜好"方人"者，则容易心驰于外，而疏忽了自治之工夫。

六、反求诸己

人际交往里当然希望对方有帮助自己的地方，但是归根结底还是要反求诸己，立志于自立，立足于自力。同时也当深知求人不如求己之道理。孔子曰："君子求诸己，小人求诸人。"（15.21）此道理与智慧真堪透辟！

写到这里，手边正好有权延赤所著《卫士长谈毛泽东》（人民日报出版社），其中正好有与"反求诸己"相吻合者。其书载："1959年9月30日，赫鲁晓夫参加美苏戴维营会议之后来到北京。晚上，中共领导人与苏共领导人在颐年堂发生了激烈争吵。当时的情景，可以用'吵得一塌糊涂'来形容。第二天，在天安门城楼上，赫鲁晓夫告诉毛泽东，停止援助中国研制核武器的协议。随后不久，撤专家、毁合同、逼债便接踵而至。这一切使毛泽东以及当时所有党和国家领导人认识到，'同志式的援助'也是靠不住的，每个国家必须主要通过本国人民的自力更生、艰苦奋斗来发展它的经济。"读此段，可以再明孔子"君子求诸己"智慧之深刻。

七、忍让与化解

人际交往当能容忍、忍让。孔子曰："小不忍则乱大谋。"（15.27）孔子说："以直报怨，以德报德。"（14.34）孔子又说："伯夷、叔齐不念旧恶，怨是用希。"（5.23）曾子也说："犯而不校。"（8.5）总之，能够巧妙地化解、消解交往中的矛盾，是交往中的又一智慧。

八、善道能止

《论语·颜渊》载，子贡问交友之事。孔子回答："忠告而善道（导引）之，不可则止，毋自辱焉。"（12.23）孔子讲了三点：一是要"忠告"，即朋友若有过失，要尽心告诫；二是要"善道"，要善于引导、规劝对方，即要循循善诱地开导；三是若对方不接受开导，那就适可而止，否则便会自己招致耻辱。

九、不可烦数

子游曰："事君数（shuò，密，烦琐），斯辱矣；朋友数（同前义），斯疏矣。"（4.26）人际交往，不可繁琐、频繁、烦扰，否则必定会自己招致耻辱，或被疏远，此不可不戒。这里有距离的调节，有节奏的调控，有进退之微调，这是智慧，也是交际的艺术。

十、善与人交

能与他人交往者很多，但善于与他人交往者却并不多，后者即"善与人交"。孔子曰："晏平仲善与人交，久而敬之。"（5.17）这里举出了一个历史的典型，那便是晏子，并标示了"善交"的三方面的内涵：一是交往能维持的时间长久，此谓一"善"；二是能获得他人的敬重，此谓再一"善"；三是越是交往久越是被人敬重，此谓又一"善"。晏子之所以能如此，那就是能尽其交友之道。

处世成功的一条高效通道

孔子曾说："不患无位，患所以立。"（4.14）此真堪为百世不废之名言！如果引申一下，即不要担忧在成功者的队伍里没有你的位子，而要担忧的是你没有获得那个位子的本领。其实，在《论语》里面就给一切想成功的人指出了一条明晰的高效通道，这或许可以概括为"九字诀"，其所串联起来的路径为：

学——见——闻——问——识——思——辨——行——成

一、"学"之诀

学字当头，此为首诀。孔子说："学则不固。"（1.8）学习才使得人免于孤陋与浅薄。人不学则不知其道，不得其慧，焉能成器？这个"学"，不仅指书本上、学校里的"学"，而是林林总总的各方面的"学"。"敏而好学"（5.15），是人生攀登成功的阶梯。"下学而上达"（14.35），是人们可遵循的光辉途径。"三人行必有我师"（7.22）、学无常师、转益多师，在任何地方都可以做到。"夫子焉不学？而亦何常师之有？"（19.22）刘宝楠《论语正义》："书传言夫子问礼老聃，访乐苌弘，问官郯子，学琴师襄，其人苟有善言善行足取，皆为我师。此所以为集大成也与！"这些都是孔子为学之妙诀，也是他成功经验之妙诀。

二、"见"之诀

人生在世，"见"之智则高下迥异。试看：或浅见、短见、见小，或高见、远见、见大；或少见多怪、见怪不怪、见异思迁，或洞见当下、新见迭出、预见未来；或见噎废食、见钱眼开、见笑大方，或见貌辨色、见微知著、见机而作，如此等等。人之见地、见识、见解、见闻之不同，其生存与成功的情况也会大异，此可体悟"见"之重要。《论语》载："多见而识之"（7.28），"多见阙殆"（2.18），"见义不为，无勇也"（2.24），"见贤思齐，见不贤而内自省也"（4.17），"无见小利"（13.17），"见得思义"（16.10），"士见危致命"（19.1），"见善如不及，见不善如探汤"（16.11），如此等等，智慧斐然，足启性灵。

三、"闻"之诀

不学则道理无由而明，不多闻则无由而广。人必多闻广闻，孤陋寡闻者如何能卓立人群？《论语》载："多闻阙疑"（2.18），"朝闻道，夕死可矣"（4.8），"闻一以知十"与"闻一以知二"（5.9），"多闻择其善者而从之"（7.28），"四十、五十而无闻（指没有名声）焉，斯也不足畏也已"（9.23），"友（交友）多闻"（16.4），如此等等，众多智慧，可以照亮心头。

四、"问"之诀

学与问联言成为"学问"，故"学"则必"问"，人之处世又必须得多行"问"之诀。《论语》载："不耻下问"（5.15），"以能问于不能"（8.5），"以多问于寡"（8.5），"疑思问"（16.10），"每事问"（3.15），"切问而近思"（19.6），"善哉问"（12.21），如此等等。好问、善问、每事问、不耻下问，人生也因为"问"而智慧愈加丰足，学问愈加深广。此又如《尚书·汤诰》曰："好问则裕，自用则小。"此言真的很精辟!

五、"识"之诀

识是重要一诀。学有识,便称"学识";见有识,便称"见识";知有识,便称"知识";才有识,便称"才识"。另外还有认识、卓识、胆识、辨识、识人等说,均是对"识"的体认。《论语》"识"之内涵包括认识、记忆、智慧等意思,如"默而识之"(7.2),"多见而识之"(7.28),"多学而识之"(15.3),"贤者识其大者"(19.22)等。再如说到知识之知与智,则如"知者不惑"(9.29),"知者利仁"(4.2)等等。其中不少智慧今日依旧闪烁光辉。

六、"思"之诀

孔子说:"工欲善其事,必先利其器。"(15.10)其实,我想人生在世要"善其事",那么最必要、最重要的"利器"恐怕当属思维。思维是一切"器"里最形而上的"器",是一切"利器"里最"利"之"器"了。比尔·盖茨曾如是说:"思维决定成败!"这是他的极其睿智的体验、总结与教诲。其实孔子不也是一个"思维决定成败"的范例?要把"思"贯彻于过程的始终,才是一位智者。

正如孔子说:"学而不思则罔,思而不学则殆。"(2.15)能学能问而后能思,所得才能洞彻明透;思而后能学能问,才能精进不已。思之妙,就在于进一步地沉潜反复,研究求索,能探其蕴,得其义,有会于一心,则不罔不殆。

关于孔子所说的"思",学者周云之有这样的解析:(1)思是孔子表述思维、思考的一个概念。意指思维、思考、思索。孔子最先明确提出和强调思维的作用。《论语》一书多次论及了"思","思"不限于指形式逻辑的思维形式,但思维中至少也包括形成判断和进行推理在内,而且主要是指推理过程。(2)孔子论"思",一是论思和行的关系,二是论思和学的关系,三是论思和感知的关系。孔子强调思维的作用对中国古代逻辑的发展极为重要。(《孔子大辞典》)当然,如果从我们所说的系统中去观察,那么孔子所说"思"之内涵可以更丰富。

七、"辨"之诀

思必须辨,当能分辨、辨别、辨析、辨察,一句话概括即是"明辨之"(《中庸》)。孔子特别强调"辨惑"(12.10)之智。当然孔子也反对那种"小辨",即斤斤于微小处、细微处的辨析,其实这是孔子所认为的诡辩。孔子还有如下谆谆教诲:其一,孔子说:"辨而不小。夫小辨破言,小言破义,小义破道。"(《大戴礼记·小辨》)其二,孔子又说:"小辨害义,小言破道。《关雎》兴于鸟,而君子美之,取其雄雌之有别;《鹿鸣》兴于兽,而君子大之,取其得食而相呼。

若以鸟兽之名嫌之，固不可行也。"（《孔子家语·好生》）孔子所说的"辨"是从实质上区分事物，小辨则指惑于名称而不知大义、大道，故曰"小辨害治"（《说苑·谈丛》）。有说此强调治国安邦必明大道、大义，方可以大治，若纠缠于名词之间细微区别则必失误。（《孔子大辞典》）"辨"之智，确为处世处事之要诀之一。

八、"行"之诀

孔子之教，最关键一诀便是要实践、践行，此即是"行"。《论语》载："学而时习之"（1.1），"敏于行"（4.24），"躬行君子"（7.33），"行己有耻"（13.20），"行义以达其道"（16.11），"言之必可也行也"（13.3），如此等等。有行，才会发生效益；不行，则如何达到成功？

九、"成"之诀

以上一切，归总起来便是一个"成"之诀。当然，"成"也是多方面的，或某一方面之"成"，或人生整体之"成"。如《论语》载："君子成人之美，不成人之恶"（12.16），"杀身以成仁"（15.9），"见小利则大事不成"（13.17），"言不顺则事不成"（13.3），"成事不说"（3.21），"君子去仁，恶乎成名"（4.5），"好谋成者也"（7.11），"苟有用我者，期月而已可也，三年有成"（13.10）等。

最后用《论语》来结束此篇。《论语·宪问》载，子路问"成人"，即是才全德备的完全成就之人。孔子回答："今之成人者何必然？见利思义，见危授命，久要不忘平生之言，亦可以为成人矣。"（14.12）——那么 2500 年之后的"今人"又如何"成人"？这不也是对现代灵魂的拷问？！

曾国藩与《论语》的处世智慧

曾国藩（1811～1872）能建立一番功业，也许《论语》是不可或缺的基石。我们从他的《家书》里面就会发现，好多人生智慧就是从《论语》的智慧里萃取出来的。当然更可贵的是曾氏能悉心体会，并坚定地实践，日加内省，强力自克，而所谓"道心"渐深，终能卓然有为，做出一番大事业。这里简略地从几方面说之，也或可资借鉴。

曾国藩

61

一、立志：人生之关键

孔子曰："吾十有五而志于学。"（2.4）曾国藩于此深有体悟，人生必须立志："人苟能自立志，则圣贤豪杰，何事不可为，而必借助于人？'我欲仁，期仁至矣。'我欲为孔孟，则日夜孜孜，惟孔孟之是学，人谁得而御我（指驾驭）哉？若自己不立志，则虽日与尧舜禹汤同住，亦彼自彼，我自我矣，何与于我（指与我又有何关系）哉？"（《曾国藩家训》，内蒙古人民出版社，下同）

曾国藩"立志"甚高：其志气之度量是"民胞物与"，即人类万物都成为我的同胞，此正如宋代张载《西铭》所云："民吾同胞，物吾与也。"其专志之业是"内圣外王"，自身具有圣人之德，而对外实行王者之政；其理想的趋归，是成为一个天地之间的"完人"。曾国藩说："君子之立志也，有民胞物与之量，有内圣外王之业，而后不忝（指无愧）于父母之生，不愧为天地之完人。"（《曾国藩家训》）

曾国藩又说："君子有高世独立之志，而不与人以易窥（指轻易看出来），有藐万乘却三军之气，而未尝轻于一发（指不轻易显露）。君子欲有所树立，必自不妄求人知始。古人患难忧虞之际，正是德业长进之时，其功在于胸怀坦夷（指坦荡），其效在于身体康健。圣贤之所以为圣贤，佛家之所以成佛，所争皆在大难磨折之日，将此心放得实，养得灵，有活泼泼之胸襟，有坦荡荡之意境，则身体虽有外感，必不至于内伤。"（《曾国藩家训》）

二、读书：变化人之气质

孔子教书育人，讲究立志励志，其重要一条便是要以读书来变化气质。曾国藩深有体会地说："天下万物加倍磨治，皆能变换本质，别生精彩，何况人之于学？但能日新又新，百倍其功，何患不变化气质，超凡入圣！"

曾国藩又说："人之气质，由于天生，本难改变，惟读书则可变化气质。古之精相法者，并信读书可以变换骨相。欲求变之之法，总须先立坚卓之志。即以余生平言之，三十岁前最好吃烟，片刻不离，至道光壬寅十一月廿一日立志戒烟，至今不再吃。四十六岁以前作事无恒，近五年深以为戒，现在大小事均尚有恒。即此二端，可见无事不可变也。尔于厚重二字，须立志变改。古称金丹换骨，余谓立志即丹也。"曾国藩以自身的事例谆谆教诲，语重心长：立志便是换骨之金丹，读书便能变化气质，矢志不移便成进步之阶梯。

三、处世：求仁则人悦

孔子讲仁，曾国藩于此更有悉心体悟，提出"求仁则人悦"之理念。他说："凡人之生，皆得天地之理以成性，得天地之气以成形，我与民物，其大本乃同出一源。若但知私己，而不知仁民爱物，是于大本一源之道，已悖而失之矣。至于尊官厚禄，高居人上，则有拯民溺、救民饥之责。读书学古，粗知大义，即有觉后知、觉后觉之责。若但知自了，而不知教养庶汇，是于天之所以厚我者，辜负甚大矣。"

曾国藩又说："孔门教人，莫大于求仁，而其最切者，莫要于'欲立立人、欲达达人'数语。立者，自立不惧，发富人百物有余（指就像富人那样财物宽余），不假外求（指不需向外求借）。达者，四达不悖，如贵人登高一呼，群山四应。人孰不欲己立己达，若能推以立人达人，则与物同春（指同享春晖）矣。"

曾国藩还说到宋代儒家论仁之智："后世论求仁者，莫精于张子之《西铭》。彼其视民胞物与，宏济群伦，皆事天者性分（指天性分内）当然之事。必如此，乃可谓之人；不如此，则曰悖德，曰贼。诚如其说，则虽尽立天下之人，尽达天下之人，而曾无善劳之足言（指不标榜善德劳苦），人有不悦而归之者乎？"（《曾国藩家训》）

四、朝闻夕死：修身治人之道

曾国藩说："古人修身治人之道，不外乎勤、大、谦。勤若文王之不遑（huáng，闲暇），大若舜禹之不与，谦若汉文（汉文帝）之不胜，而勤、谦二字，尤为彻始彻终，须臾不可离之道。勤所以儆（jǐng，警备、戒备）惰也，谦所以儆傲也，能勤且谦，则大字在其中矣。千古之圣贤豪杰，即奸雄欲有立于世者，不外一个勤字；千古有道自得之士，不外一个谦字。吾将守此二字以终身，傥（tǎng，或许）所谓朝闻夕死可矣者乎！"曾国藩于孔子所提倡的"朝闻夕死"之说敬服而深膺之。

五、人生字诀：敬、恕、悔、忮、求

1. 说"敬"与"恕"

《论语》里孔子多说"敬"与"恕"，曾国藩也有阐述："至于作人之道，圣贤千言万语，大抵不外'敬'、'恕'二字。'仲弓问仁'一章，言'敬'、'恕'最为亲切。目此以外，如'立则见其参于前也，在舆则见其倚于衡也'（指站立时仿佛看见"忠、信、笃、敬"这几个字出现在眼前，在车里则仿佛见到这几个字出现在车辕的衡木上，见《论语》15.6），'君子无众寡，无小大，无敢慢'，斯为泰而不骄；'正其衣冠，俨然望人而畏'，斯为威而不猛'，是皆言敬之最好下手者。孔（子）言欲立立人，欲达达人；孟（子）言行有不得，反求诸己。以仁存心，以礼存心；有终身之忧，无一朝之患，是皆言恕之最好下手

者。尔心境明白，于‘恕’字或易著功，‘敬’字则宜勉强行之。此立德之基，不可不谨。"确实，人生不可不"敬"，也不可不"恕"，能"敬"能"恕"便似奠定了人生的道德基石。

2. 说"悔"

知悔是曾氏深刻的内省智慧。曾国藩总结过自己处世为官前后转变的过程与方法，其中于"悔"尤有心得。他说："兄自问近年得力唯有一'悔'字诀。兄昔年自负本领甚大，可屈可伸，可行可藏，又每见得人家不是。自从丁巳、戊午大悔大悟之后，乃知自己全无本领，凡事都见得人家有几分是处。故自戊午至今九载，与四十岁以前大不相同，大约以能立能达为体，以不怨不尤为用。立者，发奋自强，站得住也；达者，办事圆融，行得通也。"曾国藩的"悔"字诀告诉人们的是，人必须学会内省、自责，然后悔则改，改则变，变则化，化则进，进则优。

3. 说"忮"与"求"

《论语·子罕》载，孔子曾赞扬子路："衣敝缊袍，与衣狐貉者立，而不耻者，其由也与？'不忮不求，何用不臧？'"（"不忮不求"，即是不嫉妒，也不贪求。"忮（zhì）"，嫉妒。）

曾国藩于此深有心得，且在家书里屡屡开导之教诲之。他曾说："余生平略涉儒（家）先（先人）之书，见圣贤教人修身，千言万语，而要以'不忮不求'为重。忮者，嫉贤害能，妒功争宠，所谓'怠者不能修，忌者畏人修'之类也。求者，贪利贪名，怀土怀惠，所谓'未得患得，既得患失'之类也。'忮'不常见，每发露于名业相侔（móu，相等，相同）、势位相埒（liè，相等）之人；'求'不常见，每发露于货财相接、仕进相访之际。将欲造福，先去忮心，所谓人能充无欲害人之心，而仁不可胜用也。将欲立品，先去求心，所谓人能充无穿（穿墙洞）窬（yú，从墙上爬过去，均喻偷窃行为）之心，而义不可胜用也。'忮'不去，满怀皆是荆棘；'求'不去，满腔日即卑污。余于此二者常加克治，恨尚未能扫除净尽。尔等欲心地干净，宜于此二者痛下工夫，并愿子孙世世戒之。"他还作了《忮求诗》二首教诲之。今人后人，读之思之必受教益。

不忮诗

善莫大于恕，德莫凶于妒。妒者妾妇行，琐琐奚比数。已拙忌人能，已塞忌人遇。已若无事功，忌人得成务。已若无党援，忌人得多助。势位苟相敌，畏逼又相恶。己无好闻望，忌人文名著。己无贤子孙，忌人后嗣裕。争名日夜奔，争利东西骛（wù，追求）。但期一身荣，不惜他人污。闻灾或欣幸，闻祸或悦豫。问渠（他）何以然，不自知其故。尔室神来格（来到），高明鬼所顾。天道常好还，嫉人还自误。幽明丛诟忌，乖气相回互。重者灾汝躬，轻亦减汝祚（zuò，福）。我今告后生，悚（sǒng，恐惧）然大觉寤（通"悟"）。终身让人道，曾不失寸步。终身祝人善，曾不损尺布。消除嫉妒心，普天零甘露。家家获吉祥，我亦无恐怖。

不求诗

知足天地宽，贪得宇宙隘。岂无过人姿，多欲为患害。在约每思丰，居困常求泰。富求千乘车，贵求万钉带。未得求速偿，既得求勿坏。芬馨比椒兰，磐固方泰岱。求荣不知厌，志亢神愈怠（tài，骄纵，奢侈）。岁燠（yù，热、温暖）有时寒，日明有时晦。时来多善缘，运去生灾怪。诸福不可期，百殃纷来会。片言动招尤，举足便有碍。戚戚抱殷忧（深重的忧虑），精爽日凋瘵（zhài，病）。矫首望八荒，乾坤一何大。安荣无遽欣，患难无遽憝（duì，怨恨）。君看十人中，八九无倚赖。人穷多过我，我穷犹可耐。而况处夷涂，奚事先嗟忾（xì，叹息）。于世少所求，俯仰有余快。俟命堪终古，曾不愿乎外。

细细琢磨这两首诗，对于沉湎于滚滚物欲中的一些人来说，或许大有裨益。这也许就是一剂药，能给躁动以恬静，给贪求以清心，可治嫉妒，能疗贪欲，从而洒脱地生活与工作，能动地处世与处事。

六、孝友：其家绵延长

《论语》多论说孝悌之道，曾国藩也极其重视并发扬光大之，如说："吾细思凡天下官宦之家，多只一代享用便尽，其子孙始而骄佚，继而流荡，终而沟壑，能庆延一二代者鲜矣。商贾之家，勤俭者能延三四代。耕读之家，勤朴者能延五六代。孝友之家，则可以延绵十代八代。"（《曾国藩家训》）这是深刻的洞穿世事之论，可堪玩味。

最后可以一说曾国藩的同僚们对他的一段评论："讲求先儒之书，剖析义理，宗旨极为纯正；其清修亮节，已震一时。平时制行甚严，而不事表暴于外；立身甚恕，而不务求备于人。故其道大而能容，通而不迂，无前人讲学之流弊。继乃不轻立说，专务躬行，进德尤猛。""其素所自勖（xù，勉励，勉力）而勖人者，尤以畏难取巧为深戒。虽祸患在前，谤议在后，亦毅然赴之而不顾。与人共事，论功则推以让人，任劳则引为己贵。盛德所感，始而部曲化之，继而同僚谅之，终则各省从而慕效之。所以转移风气者在此，所以宏济艰难亦在此！"此评论虽然有不少溢美的地方，但是也可以反映许多曾国藩的真情实况。

当初梁启超在光绪二十六年三月、四月间写给康有为的信《致南海夫子大人书》里就有说："弟子日间偶读《曾文正公家书》，猛然自省，觉得不如彼处甚多，觉得近年来学识虽稍进，而道心则日浅，似此断不足以任大事。"他又说："前两旬偶读《曾文正集》，瞿然自省，觉事事不如彼，愈益内观则疵累愈益多。"确实，曾国藩从孔子、从儒家那里汲取了人生智慧，而曾国藩之后的许多人又从他那里汲取了智慧，从而鞭策了不少的后来者立志精进。

篇 四

《论语》言行枢机之智慧

孔子曰："侍于君子有三愆：言未及之而言谓之躁，言及之而不言谓之隐，未见颜色而言谓之瞽。"

——《论语·季氏》

孔子说："陪着君子说话容易犯三种过失：没轮到他说话，却先说，叫做急躁；该说话了，却不说，叫做隐瞒；不看看君子的脸色便贸然开口，叫做瞎了眼睛。"

这仅是孔子言行枢机智慧之一端，而有关法语、巽言、雅言、达辞等智慧，真是缤纷而至，络绎不绝。

《圣迹之图》之俎豆礼容

枢机：谨言慎行·三缄其口

人生在世，言行不能疏放不检点，因不谨言慎行而自取耻辱，因任情骄物而遭遇不幸者，真不知几多。孔子十分重视人生在世的言与行，指出"言行"就是"君子之枢机"。《周易·系辞上》有载，孔子曰："言行，君子之枢机；枢机之发，荣辱之主也。言行，君子之所以动天地也，可不慎乎？"

"枢机"，是"枢"与"机"，比喻事物的关键部分。王弼注："枢机，制动之主。"孔颖达疏："枢谓户枢，机谓弩牙。""枢"就是门的转轴，也指转轴下面的臼，是开闭门户的关键所在，真所谓"无枢易拔，无轴易脱"（清代唐甄《潜书·六善》）。"机"是弩牙，即弩弓的扳机，是发射弩箭的关键所在。孔子将"言行"比作"君子之枢机"，说明言行是君子立身处世的关键所在，不可无知，更不可掉以轻心。此意思是，言与行是君子的关键，关键一旦发动，或荣或辱就定下来了。言行也是君子之所以感动天地的东西，可以不谨慎吗？这真是永不过时的人生大智慧。

因有孔子此言，后人就把"枢机"喻指为语言、说话了。如唐代刘知几《史通·浮词》："夫人枢机之发，霭霭（同'娓娓'）不穷，必有徐音足句，为其始末。"（'徐'，或作'余'。意思是，人的语言发出，就会言谈不倦，必定有其他的音节来补足句子，成为句首句尾的语助词）"枢机之发"，便是言语、文辞出口。再如《三国志·蜀志·来敏传》："前后数贬削，皆以语言不节，举动违常也。时孟光亦以枢机不慎，议论干时。"这里说到的古人均因"语言不节"、"枢机不慎"，而没有带来好处。此亦然可见孔子教诲的深刻！

孔子曾经到周都洛邑去，拜访了老子，还参观了周朝的祖庙。在太庙的台阶前，有一个青铜铸成的人像，"三缄其口"，嘴巴被封了三层封条，背上还有一篇铭文，这就是有名的《金人铭》。孔子观看《金人铭》后，深有感触，并谆谆对弟子教导了一番。

《金人铭》流传中，也有不同的记录，如《孔子家语》、《说苑》等，在文字上有些不同。汉代刘向《说苑·敬慎》所载：

　　孔子之周，观于太庙。右陛之前，有金人焉，三缄其口，而铭其背曰：

古之慎言人也。戒之哉！戒之哉！无多言，多言多败；无多事，多事
多患。安乐必戒，无行所悔。勿谓何伤，其祸将长；勿谓何害，其祸将大；
勿谓何残，其祸将然（通"燃"）；勿谓莫闻，天妖伺人。荧荧不灭，炎炎
奈何；涓涓不壅，将成江河；绵绵不绝，将成网罗；青青不伐，将寻斧柯。
诚不能慎之，祸之根也；曰是何伤，祸之门也。强梁者不得其死，好胜者
必遇其敌。盗怨主人，民害其贵。君子知天下之不可盖也，故后之下之，
使人慕之，执雌持下，莫能与之争者。人皆趋彼，我独守此；众人惑惑，
我独不从；内藏我知（通"智"），不与人论技；我虽尊高，人莫害我。夫
江河长百谷者，以其卑下也。天道无亲，常与善人。戒之哉！戒之哉！

　　孔子顾谓弟子曰："记之！此言虽鄙，而中事情。《诗》曰：'战战兢
兢，如临深渊，如履薄冰。'行身如此，岂以口遇祸哉！"

　　《金人铭》的意思是：此为古代的慎言之人。警戒啊！警戒啊！不要多言，
多言就多败；不要多事，多事就多祸患。安乐舒适的人必定要警戒，不要去做
后悔的事。不要说这有何伤害，它的祸患将很长；不要说这有何伤害，它的祸
患将很大；不要说这有何残害，它的祸患将燃烧；不要认为听不见，天妖在窥
伺着人。小火荧荧不灭，大火炎炎怎么办呢；涓涓细流不堵塞，就将成为浩荡
江河；长线绵绵不绝，就将编织成网罗；青青树苗不伐除，将寻利斧砍大树。
假使说话不谨慎，便是祸患之根；假使说有何伤害，便是祸患之门。强横的人
不得好死，好胜的人必遇敌手。盗贼怨恨主人，民众欲害权贵。君子知天下不

曲阜周公庙正殿

可遮盖，所以处后处下，使他人仰慕；守住雌柔，坚持处下，就没有人与他争。人人皆趋奔于彼，而我独守于此；众人迷惑不明，我独不变易；内心藏有我之智，不与他人论小技；我虽地位尊高，他人却不害我。江河汇集百谷之流水，是因为它能处下。天道没有亲疏之分，但常常帮助善人。警戒啊！警戒啊！

孔子看到这篇《金人铭》，触动不小，便回头对弟子们说："你们要记住这铭文！这些话虽然有点粗鄙，但合乎事理。《诗经》上说：'战战兢兢小心谨慎，就像临近深渊一样，就像行走在薄冰上一般。'一个人立身处世能这样子，难道还会因为说话遭遇祸患吗？"这些方面足见孔子对"三缄其口"之会心深深，教诲谆谆。

"三缄其口"，封口三重。"缄（jiān）"，本指捆扎器物的绳子，因而又有了封、封闭的意思。为什么要三层封口？这就凸现这样的主旨：言语要谨慎、谨慎、再谨慎，要少说、少说、再少说；或者干脆就沉默不说，要层层封着口，不让祸从口出。此种教导对后世影响深远，还有"三缄"、"三缄之戒"等说流传。晋葛洪《抱朴子外篇·疾谬》："昔陈灵之被矢，灌氏之泯族，匪降自天，口实为之。枢机之发，荣辱之主，三缄之戒，岂欺我哉？"这里又看到历史上因为言行不戒、枢机不慎而遭祸遇患的。《左传》载，陈灵公和孔宁、礼行父私通于夏姬，结果夏姬的儿子震怒，射杀了灵公。又西汉初著名将领灌夫，本来平定七国之乱有大功，为人刚直不阿。但是因为他多次酒宴骂坐，辱骂武安侯、宰相田蚡，结果被田蚡弹劾，以"使酒骂不敬"之罪名全家被诛杀。"灌夫骂坐"也成为一个成语，形容人耿直敢言。（《史记·魏其武安侯列传》）然而言行之不节、言行之不慎，危害如此之甚，能不警戒吗？孔子的"言行，君子之枢机；枢机之发，荣辱之主也"，足以让后人拳拳服膺。

再如汉蔡邕《铭论》："周庙金人，缄口以慎。"此又有"缄口"、"缄口不言"、"缄口结舌"、"缄唇"等之说。又如"缄默"，就是闭口不言的意思。清钱泳《履园丛话·臆论·谨言》："遇富贵人切勿论声色货利，遇庸俗人切勿谈语言文字，宁缄默而不言，毋驶舌以取戾。"此说也富机趣。

2009年秋，笔者得游曲阜周公庙。秋风飒飒，步踏落叶，寻见周公庙大殿前面之《金人铭》碑，此乃道光年间曲阜孔宪彝所书，其文字有不同于上文的地方。这时忽然想起孔子于弟子既是诲人不倦，但是又对子贡说过"予欲无言"（《论语·阳货》）。此又为孔子"不言"之智。张居正有说："故孔子前既以无行不与之教示门人，此又以天道不言之妙喻子贡，其开示学者，可谓切矣。"（《张居正讲评〈论语〉》）我一手抚摸斑驳之碑刻，一面默念碑文，晚霞夕照，岁月沧桑，箴惟德轨，虽是不语，而思接千载，开示后来者，洵为良多！

孔子阐述的言论智慧

孔子因其重视言行之枢机，由此也留下了不少的论说，《论语》就记载了很多孔子的名言，见诸于或交际，或讲授，或评说之间，琳琅满目，不可胜收。这里试解读孔子阐述的言论智慧。

一、知言知人

《论语·尧曰》载，孔子曰："不知言，无以知人也。"（20.3）这是整部《论语》的最后一句话，以此煞尾，余韵袅袅，语重心长。为什么这样说？言为心声，是内心世界的表露。若知其言，便能知其心志、心迹、心思、心机、心计；知其言，便能知其人之美恶、智愚、高下、真伪、邪正；知其言，便不迷于淆乱、不惑于取舍、不困于得失、不盲于折中、不难于明察。

二、慎言讷言

子曰："敏于事而慎于言。"（1.14）子曰："多闻阙疑，慎言其余，则寡尤（过错）。"（2.18）人若慎言，必收其效。又曰："君子欲讷（迟钝）于言而敏于行。"（4.24）子曰："刚毅木讷近仁。"（13.27）子曰："仁者，其言也讱(rèn，指言语迟钝)。"（12.3）子曰："古者言之不出（指不轻易出口），耻躬（自己）之不逮（指做不到）也。"（4.22）此又见孔子以古人为榜样。如此等等，孔子真是教之不息，诲之不倦。

三、先行其言

《论语·为政》："子贡问君子。子曰：'先行其言，而后从之。'"（2.13）意思是，君子是口里想要说的，必定先去付诸行动，要做到后这才说。君子不要未行先言，言行不符。

四、言思忠信

《论语·季氏》载，子曰："言思忠。"（16.10）《论语·卫灵公》载，子曰："言忠信，行笃敬，虽蛮貊（指少数民族）之邦，行（通）矣。言不忠信，行不笃敬，虽州里，行乎哉？"（15.6）此可见言之"忠信"与否，对于人的生存与处世非常重要。

五、斥巧言令色

《论语·卫灵公》载，子曰："巧言乱德。"（15.27）又《论语·学而》载，子曰:"巧言令色,鲜矣仁。"(1.3)一个人的辞气、容色最容易认识其人,凡是花言巧语伪装出善良者,必定缺少仁德。此为一针见血之论。

六、斥言不及义

《论语·卫灵公》载,子曰:"群居终日,言不及义,好行小慧,难矣哉!"(15.17)说话全不顾及道义者,孔子斥责之。

七、言不怍,为之难

《论语·宪问》载:子曰:"其言之不怍(zuò,惭愧),则为之也难。"(14.20)考察一个人的言语,就可以推知他的品行。比如一个人如果大言不惭,常好高调放言,每作轻肆大言,那么可以推断这个人实行起来就很难。这样的人是言不顾行的,只妄言而不力行,是欺人也是自欺,也是不知道什么是羞耻的。

八、听言观行

《论语·颜渊》载,子曰:"察言而观色。"(12.20)察他人之言语,观他人的脸色,既然可以验证他人,也可以反过来验证自己的作为。此言后来成为了成语。又《论语·公冶长》载,孔子曰:"始吾于人也,听其言而信其行;今吾于人也,听其言而观其行。"人们常常是听其言而信其行,连孔子都曾经是这样,但是孔子终于悟到要真正认识一个人必须"听其言而观其行"。确实,听其言便信其人的情况时常发生,在每个人的身边大概就有很多例子,所以人不可轻信他人之言,否则最后往往被人欺骗,必定要听言观行,而领导用人更当深警!

唐玄宗时,李林甫为宰相,"尤忌文学之士,或阳与之善,啗(dàn,引诱)以甘言而阴陷之。世谓李林甫'口有蜜,腹有剑'"。(《资治通鉴·唐玄宗天宝元年》)如果人们只知"口蜜"不知其"腹剑",只知"口甜"不知其"心毒",或只知天花乱坠,不知其甘言骗人,那上当受骗又能怪谁呢?

九、言与举荐

《论语·卫灵公》载,子曰:"君子不以言举人,不以人废言。"(15.23)听言贵审察,其言虽善,其人未必能举用;其人虽不善,其言未必无道理。此条智慧极富辩证法。

十、非礼勿言

《论语·颜渊》载,子曰:"非礼勿言。"(12.1)言必循礼,不作非礼之言,要将此禁止之于心而勿言。《论语·微子》载,孔子就赞扬柳下惠、少连,曰:"言中(符合)伦(伦理),行中虑。"(18.8)

十一、有德有言

《论语·宪问》载，子曰："有德者必有言，有言者不必有德。"（14.4）张居正说："如行道而有得于心者谓之德。有德者虽不尚夫言，然和顺积中，而英华发外，敷之议论，必然顺理成章而可听，是言乃德之符也。若夫有言者则未必其有德，盖言一也，有君子之言，有色庄（面色严肃）之言，若但听其言而取之，则君子、色庄，何从而辨别之乎？故未可遽信其为有德也。"（《张居正讲评〈论语〉》）孔子其言甚美，而美言真堪深味。

十二、言之与邦

《论语·子路》载，孔子曾评论"一言丧邦"、"一言兴邦"之说（13.15），认为虽然"言不可以若是其几（指期望其效果）"，但是也有接近这样的情况的。

当然《论语》里还记载着孔子的弟子有关阐论言说的智慧。举例如，子夏曰："与朋友交，言而有信。"（《论语·学而》）此可由朋友之交推广开去：人生在世之言说就得有信用，无信则不立。

再看有子曰："信近于义，言可复也。"（《论语·学而》）"复"，践言的意思。此指与他人言语相约，一定要合乎义理，这样说出的诺言才可以兑现。这里面的智慧很深刻：凡与他人有诚信不欺的信约，有所承诺，必定先要对此进行谨慎的思量，必要能接近道义，符合事理。这以后才可以切实去实行，从而不至于失信、违约，先前说的话也就因此而可以践行、兑现了。从古至今，无数事告诉人们，要警惕大大咧咧地签约，要留心没有深思熟虑的承诺，要舍弃信口开河的担当，要避开信口雌黄的誓言，否则到头来不仅招来耻辱，还会招来不必要的损失。

孔子及其弟子的这些有关论说，让后人看到他们是怎样看重人生言论的重要的。读《论语》中那些以其丰富的阅历、广博的学识积淀并绅绎出来的一条条智慧，垂范后世，启迪来者，真令人高山仰止。

交往：法语与巽言·三愆与二失

在人际交往方面的言论智慧，孔子还有"法语"与"巽言"以及"三愆"与"二失"等著名之论说，这里再作解读。

一、"法语"与"巽言"

人与人交往，免不了会遇到如何批评规劝他人，以及如何接受他人批评规劝的问题，《论语·子罕》（9.24）就记载了孔子的智慧。

1. "法语之言，能无从乎？改之为贵。"

其一，什么是"法语之言"？就是符合法则的对人告诫的言语。"法语"，也称为"法言"，"法"是法则；"语"是言语，钱穆认为是告诫的意思。这是一种直言规谏，即用直切的言语明白地规正。朱熹注："法语，正言之也。"其二，孔子说"法语之言"，能不听从接受吗？但是要能改正过失才为可贵。朱熹注："法言人所敬惮，故必从；然不改，则面从而已。"因此孔子又说，如果"从而不改""吾末（无，没有）如之何也已矣"，我没有法子对待他了。

2. "巽与之言，能无说（悦）乎？绎之为贵。说（悦）而不绎，从而不改，吾末如之何也已矣。"

其一，什么是"巽言"？即"巽与之言"，此指顺从赞许的话。这是委婉开导的言语，用情意婉转、语气平和的言语规劝。"巽（xùn）"，顺从、恭顺。"与"，赞许、许与。朱熹注："巽言者，婉而导之也。"其二，孔子说"巽与之言"，能不喜悦吗？但是要寻绎分析这些话的内在意思才可贵。"绎"，就是寻找其端绪。朱熹注："巽言无所乖忤，故必说（悦）；然不绎，则又不足以知其微意之所在也。"因此孔子又说，如果"说而不绎""吾末（无，没有）如之何也已矣"，我也没有法子对付他了。

孔子的智慧可从两方面来汲取：一是，对人而言，要依据不同人之不同情况选择不同的规劝方法。比如或适合用直截了当、道理明快、急切犀利的"法语"来批评规劝，或适合用委婉引导、顺耳中听、平和柔绵的"巽言"，如此才能收到良好的效果。二是，对己而言，面对来自他人的规劝，比如"法语之言"之直接、激切，往往会接受不了，因此首先要能接受，再能一一反求，随即改正，不可畏难苟安，此为做人的一种可贵。如果面对他人的"巽与之言"，如此顺耳、中听，会有所接受，但是不能细细寻思其中的微意所在，不能体贴玩味，从而开己昏迷，救己过失，则不是一个乐闻善言的人。

再看张居正又有引申解读，说："按孔子之言，乃人君听言之法。盖人臣进言最难，若过于切直，则危言激论，徒以干不测之威，若过于和缓，则微文隐语，无以动君上之听。是以圣帝明王，虚怀求谏，和颜色而受之。视法言则如良药，虽苦口而利于病，视巽言则如五谷，虽冲淡而味无穷，岂有不能改绎者乎？人主能如舜之好察迩言，如成汤之从谏弗（不）咈（fú，违背，违逆），则盛德日新，而万世称圣矣。"（《张居正讲评〈论语〉》）孔子这话虽不是只对人君说的，但是张居正的此种分析却也值得各类各级领导者深思一番，或许都可以从中汲取智慧。

二、"三愆"与"二失"

1. 说话之"三愆"

《论语·季氏》载,孔子曰:"侍于君子有三愆(qiān):言未及之而言谓之躁,言及之而不言谓之隐,未见颜色而言谓之瞽。"这是说侍候君子,比如作为一个下级对上级、幼者对长者,说话容易犯三种过失。"愆",过失、错误;"三愆",就是三种过失的意思。这三种情况其实在今天也不失为一种智者之言。

其一,躁之"愆"。这就是"言未及之而言谓之躁",还没有轮到说话就抢着说话,是犯了急躁的毛病。

其二,隐之"愆"。这就是"言及之而不言谓之隐",轮到了说话却不说,是犯了隐瞒的毛病。

其三,瞽之"愆"。这就是"未见颜色而言谓之瞽",不观察脸色就说话,是犯了瞎了眼的毛病。

其实不用再多演绎其意,只要想想自己或身边的事情,一定会恍然大悟。人或语或默,贵在得当,懂得时机。当然,不仅要时机得当,还有是否说到点子上的问题。

2. 交往之"失人"与"失言"

《论语·卫灵公》载,子曰:"可与言而不与之言,失人;不可与言而与之言,失言。知者不失人,亦不失言。"(15.8)

其一,可与言谈而不与之言谈,这是"失人",失去了一个值得交流的人、可以取长补短的人。比如对方是造诣精深、事理通达者,不主动去交谈,岂不是错过了良机?

其二,不可与之言谈而与之言谈,这是"失言"了,白白浪费了自己的言论。比如对方昏愚无知,或造诣未到,谈了也是白谈,岂不是错失了言谈?因此,孔子说,只有"知者不失人,亦不失言",因为聪明人能判断、品鉴、权衡、看准情况。·

篇末,我感叹《论语》里每每能见到孔子如此人情洞悉、世事练达的智慧。我又想起《礼记·杂记》有言:"君子有三患:未之闻,患弗得闻也;既闻之,患弗得学也;既学之,患弗能行也。"在人际交往的言论方面,如能从孔子那里由"未之闻"而"闻之",再进而"学之",终至"能行",这是何等美妙的智慧!

言行：时势 · 世事 · 五谏

人生因有时间与空间的坐标系统之不同，便会有种种生存状态之各异。于是孔子又教导人们如何在不同的时势、世事、上下关系之间卓越地运用言论之智慧，既有所作为，又能悠然进退，游刃有余。这方面的智慧可以再往深广处拓展论说之。

一、世事：危言 · 危行 · 言孙

《论语 · 宪问》载，子曰："邦有道，危言危行；邦无道，危行言孙。"（14.3）朱熹《集注》："危，高峻也。孙，卑顺也。尹氏曰：'君子之持身不可变也，至于言则有时而不敢尽，以避祸也。然则为国者使士言孙，岂不殆哉？'"此种解读值得体味。

孔子的智慧是，个人的言行还要与国家的时势、世事相契合：如果治国清明得道，那么应该说话正直，行为正直，这就是"危言危行"。如果政治昏暗无道，那么就得"危行言孙"，行为依然应该正直，而说话要留神了，不能正说、直说、顶撞地说了，而要谦逊、谦顺、婉转一点。这就是孔子的大智慧。

张居正的解释也值得一读："君子处世，其言行固当一出于正，不可少贬以徇人，然也看时势何如。如君明臣良，公道大行，此邦家有道之时也；则当高峻其言，明是非，辨邪正，而侃然正论之不屈，高峻其行，慎取与，洁去就，而挺然劲气之不回。盖道与时合，无所顾忌，故言行俱高而无害也。若夫君骄臣谄，公道不明，此邦家无道之时也。当此之时，其行固当仍旧高峻，不可少屈以失己之常，言则不妨于卑顺，不可太直以取人之祸。盖道与时违，不得不为此委曲以避害耳。此可见行无时而不危，君子守身之节也；言有时而可孙，君子保身之智也。然有国者而使人孙言以苟容，岂国之福也哉！"（《张居正讲评〈论语〉》）

孔子的智慧很深邃，放眼古今中外之历史，比如无数人士在"邦无道"时，依然"危言危行"，而不遵从孔子当审度而行"危言言孙"之智慧，结果惨遭报复，且性命不存，让后人扼腕感慨，歔欷不已！也许读者脱口就可以举出不少这方面的事例来，在此不再枚举。下面还要再进一步讲孔子进谏的问题。

二、五谏：批评的智慧与艺术

再看，今天在官场、职场、单位里办事、相处，往往免不了要去规劝或批

评他人，尤其是怎样出于忠诚而去驳正上司、上级、领导与尊者呢？有时候人们非常忠诚、精诚地去规劝，但是往往好心没有好报。这是为什么？

且看"忠谏"者，即那些衷心规劝者，汉贾谊《惜誓》："比干忠谏而剖心兮，箕子被发而佯狂。"比干是商纣王的叔父，相传曾屡次忠谏纣王，却被剖心而死。箕子也屡次忠谏纣王，也只能被发而佯狂，但还被囚禁过。再看"忠谏"之屈原，也没有善终。古往今来无数"忠谏"者下场并不好，真是发人深省。因此《庄子·至乐》："忠谏不听，蹲循勿争。"诸葛亮则明智地在《前出师表》告诫："不宜妄自菲薄，引喻失义，以塞忠谏之路。"那么，孔子在这方面又有哪些智慧呢？此不妨听听他的"五谏"之说，若能活观之，化用之，则能启今人心智，且获事半功倍之效。

《孔子家语·辩政》载，孔子曰："忠臣之谏君，有五义（意义、意思）焉：一曰谲谏，二曰戆谏，三曰降谏，四曰直谏，五曰风谏。唯度主而行之，吾从其风谏乎！"汉代刘向《说苑·正谏》也有相似之说："是故谏有五：一曰正谏，二曰降谏，三曰忠谏，四曰戆谏，五曰讽谏。"其中"忠谏"，也见上文之说。"正谏"，也就是"直谏"。下面对此略为解析。

谲（jué）谏——这是委婉、婉曲地劝谏，说者不直言，但要让对方自己能领悟。"谲"，是委婉、婉转的意思；"谏"，是规劝君上、尊长与朋友等，使之改正错误和过失。王肃注："正其事，以谲谏其君。"比如《诗·周南·关雎序》："上以风化下，下以风刺上，主文而谲谏，言之者无罪，闻之者足以戒，故曰风。"郑玄笺："谲谏，咏歌依违不直谏。"我们可以从《诗经》之"国风"去体会所谓"谲谏"的智慧与艺术。如郭绍虞在《中国文学批评史》（六七）说："由温柔敦厚言，所以重在比兴，重在蕴蓄，重在反复唱叹，重在婉陈，重在主文谲谏。"

戆（zhuàng）谏——这是刚直、强硬地进谏。王肃注："戆谏，无文饰也。"

降谏——这是指降低自己的身份，和颜悦色、平心静气地劝谏。王肃注："卑降其体，所以谏也。"

直谏——这是不拐弯抹角，而是直言规劝。此也称为"正谏"。汉代晁错《举贤良对策》曾说："救主之失，补主之过，扬主之美，明主之功，使主内无邪辟之行，外无骞污（损害侮辱；'骞'，损）之名。事君若此，可谓直言极谏之士。"然而直言无讳、直言无隐，固然是一种正直敢言的好做法，但是直谏必须有智慧，否则直说则招殃，直言则贾祸，这在历史与现实生活里出现了很多。这里又记起朱自清《论老实话》："直说遭怨，直言遭忌，就如刺了别人的心——小之被人骂为'臭嘴'，大之可以杀身。所以不折不扣的'直言极谏'之臣，到底是寥寥可数的。"然而有意思的是，唐代就有"直言极谏科"，为唐科举常选之外的制科，宋代还沿袭了。

风（fěng）谏——这是用委婉曲折的言辞，通过比喻、暗示等方法来劝谏。王肃注："风谏，依违远罪避害者也。""风"，通"讽"。比如《史记·司马相如列传》载，"其卒章归之于节俭，因以风谏。奏之天子，天之大说（yuè，喜悦）"。这就是智慧与艺术。再看孔子的选择，就觉得其睿智了。一是，"唯度主而行之"，要具体测度、分析君主的心思等具体情况而灵活加以抉择。二是，"吾从其风谏乎"，比较下来孔子最赞许的是此种方法。孔子为什么主张"风谏"呢？

先看《管子·形势解》："正谏死节，臣下之则（法则）也。"此种做法固然是风采磊落，但是孔子高明的地方却是不会死死地采用这样的方法。《孔子家语·子路初见》载，子贡曾问孔子："陈灵公宣淫（公开宣扬自己的淫荡之事）于朝（朝廷上），泄冶（陈国大夫）正谏而杀（被杀）之，是与比干谏而死同，可谓仁乎？"孔子回答说：比干谏而死，是属于仁，因为"其本（原本）志情在于仁者也"。然而泄冶不同，"位在大夫，无骨肉之亲，怀宠不去，仕于乱朝，以区区一身，欲正一国之淫昏，死而无益，可谓狷（指固执、耿直）矣"。

今天读来令人顿醒，孔子真的好厉害啊！表面上看来都是"正谏死节"，但因其诸多因素不同，所以性质之归属也完全相异。泄冶之"正谏死节"，非但不属于仁，且死得也毫无价值，"死而无益"，便是白死。此仅仅属于狂狷之所为，不值得倡导！读到这里，人们真的该长个心眼，"正谏死节"必当细细分别对待，而孔子是绝不会去做泄冶那样的傻事的。因此，当鲁国季桓氏接受齐国的"女乐"，不理朝政后，孔子选择了悄悄地远离而去，而不是"死节"之"正谏"。

孔子选择的"风谏"，与其余的劝谏相比，不是直接挑明的，是旁敲侧击的，又是在不引发双方冲突的情况下去启发对方，开悟对方，而不是强硬的灌输式的进谏。这是孔子教育上的启发式移植到进谏一道上来了。另外，这种做法既给他人留足了面子，也使得自己能远离罪过，避开灾难。

当然最后还要再说一点，如《论语·宪问》载，子路问事君。子曰："勿欺也，而犯之。"这又是一切进谏技巧之上的总原则：一是抱着"勿欺"的诚意去进谏，绝无欺骗之心、欺罔之意。二是为了大局与国家的利益敢于犯颜谏诤，甚至甘遭罪谴而不顾。——孔子实在是真正的大智者!

孔子：雅言·辞达·修辞

孔子平时说什么话？他又是怎样看看待说话的技巧的？这也是深入了解孔子智慧的有趣味的问题。

一、孔子：方言·雅言

孔子是鲁国人，当然说的是鲁方言，但是他还讲雅言。《论语·述而》："子所雅言，《诗》、《书》、执礼，皆雅言也。"（7.18）这是说，孔子有时候就说雅言，在《诗》、《书》的讲读时，在执行礼仪的宣唱时，都用雅言。这也告诉人们，平时日常生活中孔子一般讲的是鲁方言。

什么叫"雅言"？春秋时期，各国的语言不统一，而能为当时中国所通用的语言就称为"雅言"。"雅"有正的意思，"雅言"就是雅正之言，即正言、正音。有的学者，比如刘宝楠等还认为"雅"与"夏"古字相通。《荀子·荣辱》说："越人安越，楚人安楚，君子安雅。"这句话描写了当时的风俗。《荀子·儒效》又说："居楚而楚，居越而越，居夏而夏。"此两句贯通起来看，即是"雅"与"夏"字古相通的一个例证，"雅言"或说就是"夏言"了。

关于何地属于雅言、夏言，说者不一。不过认为周代以秦音为雅音的比较多。（洪诚《中国历代语言文字学文选》）雅言，其实就是周王朝的官话。周王朝在今天的陕西地区，其建都在西部，当以西部音为正，即周王朝的官话以陕西语音为标准音。当然雅言不仅作为标准之语音，还具标准之语义。

不过也有不同看法，如今有学者考证认为，"雅言"准确地讲是"夏言"。"雅""夏"通假。夏朝太康以后建都洛阳，洛阳地区的语音成为全国的标准音。殷商都城也在洛阳周边，在语音上继承夏言；周朝又是向殷商学习的文字。夏、商、周三朝文人知识分子所学一脉相传，在学习的过程中，夏言强大的凝聚力让古华夏人成为汉族的核心。华夏帝国分分合合，十五朝定都洛阳，雅言以古代洛阳音为准沿袭了近四千年。（李郁《中国历代的'普通话'》，载于《中国剪报》2010年8月23日）这些问题还是可以讨论的，但是孔子能将"雅言"使用到交际、教育与执礼，是有其智慧的。

简单说来，孔子说的就是当时的"官话"、"普通话"。今天我们都知道什么叫普通话，这是现代汉语的标准语，以北京语音为标准音，以北方话为基础方言，以典范的现代白话文著作作为语法规范的。此前没有"普通话"之说，而有"官话"一语，元明以来泛指通行较广的北方方言，其中心是北京话；因在官场中广泛使用，所以称为"官话"，也有了"打官腔"的说法。由此再往前追溯，孔子那时也没有"官话"之名称，而称为"雅言"。刘宝楠《论语正义》："居官临民，必说官话，即雅言矣。"

孔子重视"雅言"，是与他的理想、社会交往及其事业有关的。

其一，说"雅言"，显现出孔子的心志所在。孔子的理想是"周监于二代，郁郁乎文哉！吾从周。"（《论语·八佾》）孔子特别重视周代文化，且唯周是从，理所当然要学"雅言"。有学者认为，孔子"唯诵《诗》读《书》执礼必正言其言，所以重先王之训典，谨末学之流失也"。（杨树达《论语疏证》）这是延续传承华夏经典文化的生命与血肉。

其二，说"雅言"，是孔子相礼、任官、交际之必需的。孔子做过襄礼，做过官员，且长期流浪在各国，如此广泛而频繁地进行各种社会活动与交际，当然是离不开雅言的。

其三，说"雅言"，在孔子教育中有特定的意义。一是，要让来自四面八方的各方言地区的弟子听得懂，彼此之间需要用雅言来交流。二是，教学要用标准的音义来诵读经典与讲解，当然不能不用雅言。三是，让各地的弟子们学会"雅言"，便于彼此之间的交流，并为他们将来的出仕、干事业做好充分准备。这些学生要干一番事业，游走天下，也缺不了雅言的帮助。写到这里，我想起清代俞正燮《癸巳存稿·官话》里的一则记载："雍正六年，奉旨以福建、广东人多不谙官话，著地方官训导，廷臣议以八年为限，举人、生员、贡、监、童生不谙官话者，不准送试。"这或许可以透视到重视"普通话"对于哪个时代的社交、仕途、官场、教育都是十分重要的。

一、孔子：辞达·修辞

1. 孔子辞达的理念

《论语·卫灵公》："子曰：辞达而已矣。"（15.41）孔子的意思是，言辞的作用就在于言说事情，在于达意表情，能表达得清楚到位就可以了。因此言辞不在于多少，也不在乎美与不美，亦不在乎奇与不奇，不能言过其实，也不能言不及义，更不能花言巧语。如何晏《论语集解》引孔安国注："凡事莫过于实，辞达则足矣，不烦文艳之辞。"皇侃《论语义疏》："言语之法，使辞足宜达其事而已，不烦美奇其言以过事实也。"

2. 言之无文，行之不远

"辞达而已矣"，是说话总的基本要求，然而孔子的思维又是辩证的，他又讲究说话的文采。《左传·襄公二十五年》记载，郑国的子产向晋国奉献战利品，作为盟主的晋国质问郑国为什么要侵略陈国，子产回答得非常到位，说得合情合理，且巧妙婉转，文采斐然。晋国因此没有惩罚郑国，还接受了郑国敬献的战功。孔子对此有段评论："《志》（指古书）有之：'言以足志，文以足言。'不言，谁知其志？言之无文，行而不远。晋为伯（通'霸'，指诸侯的盟主），郑入（入侵）陈，非文辞（不善于辞令）不为功（不能成为功劳）。慎辞哉！"这里看到孔子言语的智慧：一是"慎辞"，要谨慎地对待言语；二是提出一个重要的理念："言之无文，行而不远"；三是孔子的言语智慧也是有所继承，但又是有所拓展的。

孔子非常赞赏郑国子产在为政辞令尤其在外交辞令上的做法。孔子说："为命，裨谌（bì chén）草创之，世叔讨论之，行人子羽修饰之，东里子产润色之。"（《论语·宪问》）这是说，郑国的文件、政令的拟定，先由大夫裨谌起草，又有大夫世叔提意见，比如从命意到谋篇的导论，然后又由外交官子羽做文辞上的修饰，最后由子产润色加工。这里不仅有观点、内容上的完善到位，还有文句上修饰、润色的修辞过程。

孔子说的"言之无文，行而不远"，这是说言辞没有文采，就流传得不久远。此已成为了成语，又作"言之不文，行之不远"，"言而无文，行之不远"。孔子不仅这样说，而且自己身体力行，于是打开《论语》就发觉其中的美言美语琳琅满目，美不胜收。其中的名言警句，不仅"言以足志"，且是"文以足言"，也唯其言而有文，因此行之极远；其时间上的极远，乃至2500多年来人们还在传诵不息；其空间上的极远，乃至于世界各地而流传不止。

关于孔子与修辞，周振甫《中国修辞学史》说："中国修辞学的开创期包括先秦两汉。开创中国修辞学的是春秋时代的孔子。"虽然这一说法或许还可以斟酌推敲，但是孔子于修辞学贡献确实极大，对后世影响深远。周振甫分析了六个方面：（1）孔子开始提出修辞的要求是"辞达而已矣"。（2）孔子讲修辞，除文件的起草外，从讨论命意谋篇到文辞修饰加工都包括在内。（3）孔子讲修辞，还注意到说话的环境、对象和说话时的态度，注意说话所用的语言即"雅言"。（4）孔子讲修辞还注意文质，即文辞的美好和内容的正确配合。（5）孔子讲修辞，又注意到诗的兴观群怨，即包括修辞的比兴手法，又结合品德修养来谈。（6）孔子在修辞上的突出成就，即"春秋笔法"。钱钟书曾说："但修词之法，在我国最先拈出者为史家而未为文家，所谓'书法'。"这是指

论 语 智 慧

"春秋笔法"说的。此供读者参考之。

面面观：言说·性情·机趣·多彩

《论语》以及其他文献里记载的圣人孔子是多元的，比如他说话的情景，乃至他的戏言、自嘲，甚至也骂人，也说刻薄的话、俏皮话、违心之言，有时也失言。这些方面也可稍作透视，也愈发见其人生之性情、机趣与多彩。

一、《论语·乡党》里的孔子言谈

1. 据时、地、人、事之异而变

（1）说话之恂恂如。孔子"于乡党（乡里），恂（xún）恂如（恭顺的样子）也，似不能言者。"（10.1）孔子在本乡本土，面对尊长，恭顺谦逊诚实，就像不会说话的样子。

（2）说话之便便言。孔子"其在宗庙朝廷，便（pián）便言，唯谨尔"。（10.1）朱熹《集注》："便便，辩（指明辨）也。"他在宗庙里参与祭祀、在朝廷上居官，说话就明辨流畅，只是很谨慎。吕坤《呻吟语》有评："辨学术，谈治理，直须穷到至处，让人不得。所谓'宗庙朝廷便便言'者，盖道理古今之道理，政事国家之政事，务须求是乃已。我两人皆置之度外，非求伸我也，非求胜人也，何让人之有？只是平心易气，为辨家第一法，才（仅，只）声高色厉，便是没有涵养。"此评值得一读而思。

（3）说话之侃侃如。孔子"朝，与下大夫言，侃侃（kǎn，刚直）如也"。（10.2）在朝廷上，孔子与下大夫讲话是"侃侃如也"，刚直地说话，当说就说，直说不隐。

（4）说话之訚訚如。孔子朝"与上大夫言，訚訚（yín，和悦而诤）如也"。（10.2）在朝廷上，孔子与上大夫讲话是"訚訚如也"，温和正直恭敬，说话尊重而不径情，持正而从容。

2. 不语·不言·不疾言

孔子说话还有很多有意趣的事情。孔子吃饭时不交谈，一是面对着他人恐怕不太卫生，二是专心吃饭对养生不无益处。孔子睡觉时不说话，或可有益于尽快入睡。即孔子"食不语，寝不言"。（10.10）

孔子乘车时，说话也很注意。孔子"升车，必正立，执绥。车中，不内顾，不疾言，不亲指"。（10.26）孔子乘车，必定先端正站立好，然后拉着扶手带登车。在车上，不向后回看，不很快地说话，不用手指指画画。

说到孔子的"不语"，又联想到《论语·述而》："子不语：怪、力、乱、神。"（7.21）张居正有个解读："夫怪者诡异无据，虚诞不经，最能骇人之听闻，惑人之心志者也。力者以强凌弱，以众暴寡，专用血气而不顾义理者也。乱者臣子叛君父，妻妾弃其夫，乃人伦之大变，天理所不容者也。鬼神者视之而弗见，听之而弗闻，其感应之理幽远而难测者也。前三件非理之正，后一件非理之常。言之，则有以启人好奇不道之心、渺昧荒唐之想，故夫子绝不以为言。"再说孔子作《春秋》，也不写鬼神的内容，如《淮南子·主术》："孔子作《春秋》，不道鬼神。"更有意思的是清代著名诗人袁枚，写了一本小说，里面的内容都是些孔子不语的怪、力、乱、神，因此他就把这书取名为《子不语》。

二、美言·戏言·骂言·咒言·失言

1. 孔子的美言例析

《论语·公冶长》载，子曰："道不行，乘桴浮于海。从我者，其由与！"子路闻之喜。子曰："由也好勇过我，无所取材。"（5.7）——孔子说，我的大道行不通，就乘木筏飘游到海外去；跟随我的，大概是子路吧？子路闻此而欣喜。于是孔子又说：子路，好勇超过了我，其他没有什么可取的了。"材"，此解释为"哉"，或解释为桴之材料，或解释为裁度。

钱穆称赞这一章"当视作一首散文诗玩味之"：孔子伤道不行，言欲乘桴浮海；子路勇决，故谓其能从己，此亦假托之微辞耳。此后"无所取材"乃孔子更深一层慨叹。既无心以逃世，而其无所凭借以行道之感，则曲折而更显矣。此章辞旨深隐，寄慨甚遥。嬉笑婉转，极文章之妙趣。两千五百年前圣门师弟子之心胸音貌，如在人耳目前，至情至文，在《论语》中别成一格调。钱穆又说，读者当取此章与"居夷"章参读，既知因文考事，明其实际，亦当就文论文，玩其神旨。如此读书，乃有深悟。若专以"居夷"释此章之浮海，转成呆板。义理、考据、辞章，得其一，丧其二，不得谓能读书。（《论语新解》）钱穆此鉴评也很到位，可以导引读者去欣赏孔子之美言、此章之美文。

2. 孔子的戏言

《论语·阳货》载，一次孔子来到鲁国的武城，听得处处是"弦歌之声"，弹奏琴瑟而咏唱诗歌，这是孔子的学生子游为武城宰（县令），教百姓学习礼乐。于是夫子莞尔（微笑模样）而笑，曰："割鸡焉用牛刀？"这意思是，治理这样的小县城是用不着礼乐教化的大道的，譬如杀鸡何必用屠牛的大刀子呢？若再细细体味，那么子游能够做到这样，孔子大概深怀一种喜悦赞扬之情。当然也可能还有一种遗憾可惜之情，以子游之才去治理一个小城邑，不也是割鸡用了牛刀吗？

子游对答说：我从前听您夫子说过，"君子学道则爱人，小人学道则易使也"。孔子说："二三子（指弟子们）！偃（言偃，即子游）之言是也。前言戏之耳。"——这里孔子就是开个玩笑，用上了戏言。孔子常被人们认为是语默有常节，不戏言苟笑的，其实并非如此，此即是一例，然而也愈见夫子风采之一斑。弟子之所以和孔子在一起能感到如沐春风，其中还当孔子的言语间有种种的风趣、幽默、调侃、戏言在，如果老是一脸冰霜，句句严厉指责，动辄不离教训，一定不是孔子的原样了。

3. 孔子的骂言

原壤是孔子的一位老朋友，不拘泥礼法。据说他母亲死了，孔子去帮助他治丧，他还站在棺材上唱歌（《礼记·檀弓》）。一次，孔子见到原壤用一种很不礼貌的坐姿等候他，就是古代东方夷人所坐的蹲踞式样，所以称为"夷"（钱穆《论语新解》）；或说是箕踞的样子，双腿分开来坐在地上。孔子对他说：你年幼时候不懂得孝悌，长大了又没有可以称述的成就，老了还不死，真是一个害人精。说完就用拐杖敲敲他的小腿。如《论语·宪问》："原壤夷俟（等候）。子曰：'幼而不孙（逊）弟（悌），长而无述焉，老而不死，是为贼。'以杖叩其胫。"（14.43）这里孔子终于忍不住而发怒了，历数原壤的不是，并破口骂人了，骂他"老不死"，骂他"是为贼"，骂得也够厉害了。

4. 孔子的咒言

这是指孔子也会发誓赌咒。孔子曾去拜见卫灵公的夫人南子，此人有淫乱行为，且左右着国政，名声不好。《史记·孔子世家》："灵公夫人有南子者，使人谓孔子曰：'四方之君子不辱，欲与寡君为兄弟者，必见寡小君（指国君的夫人）。寡小君愿见。'孔子辞谢，不得已而见之。"子路因此很不高兴。《论语·雍也》载："夫子矢（同'誓'）之曰：'予所（如果）否（不对）者，天厌之！天厌之！'"孔子就发誓："我如果做了什么不对的事的话，上天将会厌恶弃绝我！上天将会厌恶弃绝我！"面对学生的不理解，一个老师能这样发誓，可见孔子的真情性了。同时孔子之所以重复地说，也希望子路能笃信其所行，并又能深思自得之。

5. 孔子的失言

有这样一个记载，孔子曾失言于晏子。《晏子春秋·不合经术者》：孔子出游齐国，拜见齐景公，但不会见晏子。子贡说："见君不见其从政者，可乎？"孔子说："吾闻晏子事三君（齐灵公、庄公、景公）而顺（顺利）焉，吾疑其为人。"

晏子闻之曰："婴（晏婴，即晏子）则齐之世民（指自己一生一世为齐国之民）也，不维（维持）其行（好品行），不识其过（过错），不能自立也。""以一心事三君者，所以顺焉；以三心事一君者，不顺也。""始吾望儒而贵之，今吾望儒而疑之。"

孔子闻之曰："语有之，言发于尔（指近处），不可（不可能）止（止息）于远也；行（品行）存于身，不可掩（掩盖）于众也。吾窃论晏子，而不中夫人之过，吾罪几（几乎犯过错）矣。丘闻君子过人以为友，不及人以为师。"孔子于是先由宰我去向晏子道歉，然后自己再亲自去拜见晏子。

当然，事实怎样不得而知，然而这种传闻也很符合孔子的性格逻辑的。孔子因怀疑而失言，因知其原因而改正自己的做法，这不就正是孔子的性格逻辑？！

九事：不可忽视的办事之智

人活着就得干一番事业，而且还应该有志干一番大事业。《论语》从修身进德至于历练砥砺，都有很多的智慧。如果再就从具体干一件件事情来说，《论语》中也有许多的智慧，或可以提纲挈领地简括为"九事"。

一、从事

一个人如果不"从事"，不投身于事业中去，则何以成就事业？如果不"好从事"，则何以能成就大好事业？阳货曾评价孔子是"好从事而亟失时"者（《论语·阳货》），确实孔子"好从事"，好作为，这一点评论是对的，但是"亟失时"则不确。相反，如孔子评论自己说："用之则行，舍之则藏。"（《论语·述而》）孟子评价孔子是"圣之时者"。这就是既"好从事"，且能够不失时机地"用行舍藏"。

二、临事

事情来到之际，面临其事，必须要凛然而惧，不可有懈怠之意，不可玩忽而掉以轻心。孔子说："必也临事而惧。"（《论语·述而》）孔子说："暴虎冯河，死而无悔者，吾不与也。"（《论语·述而》）

三、慎事

不仅临事之际要"惧"，而且整个办事过程中都要落实一个"慎"字。孔子给人们作出了表率，如《论语·述而》："子之所慎：齐、战、疾。"其实孔子不仅对待斋戒、战争、疾病等事情特别谨慎，于事君、事父母、事鬼神，以及于政事、丧事等等，无不谨之慎之。

四、敬事

做事，孔子反复强调一个"敬"。如孔子所说："敬事而信。"（《论语·学而》）又说："事思敬。"（《论语·季氏》）他还说："执事敬。"（《论语·子路》）"敬"就是敬业精神，对事业严肃认真，兢兢业业，即使有一念不敬，一时不敬，都有可能影响当下的或以后的事业。

五、谋事

办事必须要做好谋划、谋略，预先充分斟酌，周全考虑。孔子说："好谋而成者也。"（《论语·述而》）另外，若给他人谋事，则必要尽忠，如孔子说："为人谋而不忠乎？"（《论语·学而》）

六、善事

孔子说："工欲善其事，必先利其器。"（《论语·卫灵公》）这也是谋事之必要一端，这就像百工技艺之工匠，想要把自己的活儿干好、干得出色，必须要有那锐利的工具。这就是工匠的"利器"。其他事情也无不如此，欲办好、办妥善其事，也无不有待那"利器"。

七、敏事

《说文》："敏，疾也。""敏"就是急速、快捷。"敏"还要聪，所以称为"聪敏"；"敏"要勤，所以称"勤敏"；"敏"要捷，所以称为"敏捷"。相反的，就称为"不敏"，如"回（颜回）虽不敏"（12.1）、"雍（仲弓）虽不敏"（12.2）之说。

孔子关于"敏"之教诲如下：

（1）"敏"是仁德之一，且揭示出"敏则有功"（17.6）。张居正说："行事勤敏快当，则所为无不成就，而动必有功矣。"（《张居正讲评〈论语〉》）

（2）敏事、敏行、敏学之智，孔子又曰："敏于事而慎于言。"（《论语·学而》）他又说："讷于言而敏于行。"（《论语·里仁》）再如子曰："敏而好学，不耻下问。"（5.15）这里的内涵：一是，办事行动要敏捷、勤敏，要讲究效率，自强不息，汲汲行事，不能错过了时机。二是，办事要聪敏，要有智慧，不可愚蠢，更不可愚不可及。三是还要勤敏地爱好学习，无有厌心，无有懈怠，其实人要聪敏，离不开"敏学"。

孔子给我们树立了极好的榜样。其一，子曰："我非生而知之者，好古敏以求之者也。"（7.20）这是说他爱好古代的文化典籍，并且是通过勤奋的敏求而得来的。其二，子曰："苟有用我者，期月（一个月）而已可（指小成）也，三年有成（指大成）。"（13.10）孔子就是敏事、敏行、敏学、敏求的光辉典范。宋代秦观曾说："古之所谓社稷之臣者至矣，忠足以竭才性之分，敏足以应事物之变。"（《拟郡学试近世社稷之臣论》）确实，人生于"敏"之智，不可不关注，不可不讲求。

这里联想到普京在奥伦堡市举行的地方自治发展委员会主席团会议上，对俄罗斯目前存在的官僚主义和腐败问题提出的严厉批评。他说："贪腐受贿和官僚作风是我国的一个慢性疾病，不论在沙皇年代，还是在苏联时期都一样。"为了证实自己说的话，普京还讲了苏联时期一个外国间谍到克格勃总部投案自首的笑话：一名美国间谍来到卢比杨卡（克格勃总部所在地），说："我是间谍，我想自首。"克格勃人员问："您是哪个国家的间谍？""美国的？那么您去5号办公室吧。"间谍来到5号办公室后，克格勃人员又问："有武器吗？有的话您就到7号办公室。"7号办公室里，工作人员又问："有通信联络设备吗？如果有的话就到20号办公室。"来到20号办公室，工作人员说："您有任务吗？如果有的话，那就去执行任务吧，不要妨碍他人工作。"——普金强调，必须尽快克服官僚主义作风。公民来到官员办公室，应当得到高质量的服务，而不是来跑腿的。（柳玉鹏文，见《环球时报》2011年1月30日）拖沓、慵懒、敷衍了事、办事效率差，其实这种情况在我们的身边经常见到。如此再来反观孔子教诲我们的"敏事"智慧，也许就又有一番新滋味了。

八、恒事

"恒事"，一般指通常的事情，这里借指办事、干事业一定要有恒心。孔子的智慧是，处世立身行事欲求成功，一定要有恒心，要守常不变，始终如一，坚忍不拔。然而要能做到这一点，那就必须真诚。《论语·子路》载，子曰："圣人，吾不得而见之矣，得见君子者，斯可矣。"（7.26）这是说，圣人我不可能看到了，能看到君子就可以了。孔子又曰："善人，吾不得而见之矣；得见有恒者，斯可矣。亡而为有，虚而为盈，约而为泰，难乎有恒矣。"善人，我不可能看到了，能看到有恒心的，也就可以了。没有却要装出有，空虚却要装出充实，困穷却要装出安泰，这样的人难乎有恒心。——孔子睿智地指出，有恒心、能持之以恒，这需要一种真诚无伪，如果存心虚伪的便是"难乎有恒"。从这里也就可以联想到《中庸》为什么要对"诚"进行反复阐述的道理了。再如《孟子·梁惠王上》:"苟无恒心,放辟邪侈,无不为已。"相反,若有恒心,那么可以进而做善人,再进而做个君子,甚至也可能进而再做圣人!

《论语·子路》载,子曰:"南人有言曰:'人而无恒,不可以作巫(巫祝,若不恒则诚意不足,而不能沟通鬼神)医(医生,若不恒则诚意不足,而医术不精,便医治无效)。'善夫!(意思是,这句话说得真好)'不恒其德,或承之羞。'(指《周易》说,不能恒守其德,免不了要遭遇耻辱)"子曰:"不占而已矣。"(13.22)孔子说,《周易》里讲,没有恒心的人用不着去占卜了。——所以,孔子告诫人们必须具有恒心,方能成就事业,否则百事无成,百为不成。

九、成事

如何能最后成其事?《论语》除了上面的这些智慧,又集中再提醒几点:其一,子夏曰:"百工居其肆(工匠制作的所在)以成其事。"(19.7)选择哪个所在很重要,很关键。试想要完成各种各样的化学的、物理的实验,必须要配有相应的所在。再如要完成幼儿教育、大学教育,也必须各有不同的相应的处所。其二,孔子曰:"成事不说,遂事不谏,既往不咎。"(3.21)事情没有办成,还可以言说;如果事情已经办得那样了,再进谏已经没用了,那就来个既往不咎,不过还得吸取教训,亡羊补牢吧。其三,孔子重视正名分,子曰:"名不正,则言不顺;言不顺,则事不成。"(13.3)其四,子曰:"见小利,则大事不成。"(13.17)

我想,不管是在当今还是将来,不管你想去成就何事,有此《论语》的"九事"智慧在心胸之中,工作面貌定能焕然一新,办事功效必能来个翻番吧!

篇 五

《论语》政治、管理、法制智慧

子张问于孔子曰："何如斯可以从政矣？"

子曰："尊五美，屏四恶，斯可以从政矣。"

——《论语·尧曰》

子张向孔子问道："怎样才可以治理政事呢？"

孔子道："尊贵五种美德，排除四种恶政，这就可以治理政事了。"

孔子是一个圣人，同时又是一位大政治家，且有丰富的政治与管理的实践，而此中又积淀了极其卓越的智慧。千载之后，今人读之，每每犹似醍醐灌顶一般。

《圣迹之图》之晏婴沮封

为政与管理："五美四恶"之智

孔子是个卓越的政治家、管理学家，关于治政、执政、管理的智慧有著名的"五美四恶"之论。此见于《论语·尧曰》（20.2）：

> 子张问于孔子曰："何如斯可以从政矣？"子曰："尊五美，屏四恶，斯可以从政矣。"
>
> 子张曰："何谓五美？"子曰"君子惠而不费，劳而不怨，欲而不贪，泰而不骄，威而不猛。"
>
> 子张曰："何谓惠而不费？"子曰："因民之所利而利之，斯不亦惠而不费乎？择可劳而劳之，又谁怨？欲仁而得仁，又焉贪？君子无众寡，无小大，无敢慢，斯不亦泰而不骄乎？君子正其衣冠，尊其瞻视，俨然人望而畏之，斯不亦威而不猛乎？"
>
> 子张曰："何谓四恶？"子曰："不教而杀谓之虐，不戒视成谓之暴；慢令致期谓之贼；犹之与人也，出纳之吝谓之有司。"

《论语》里孔子回答问政的记录不少，但是此乃孔子论治政与管理最为详细的一章；其论将美政与恶政并说，法令与戒饬兼述，明切深刻，充满智慧。现代人细细体察，必定获益良多。这里分而阐述之。

一、为政与管理的"五美"之智

1. 惠而不费。——"因民之所利而利之，斯不亦惠而不费乎？"

（1）这是为政的原则：为政必须惠民、利民，惠民是给民众实惠，利民是给民众切实的利益。

（2）这是为政的智慧：为政者要有一种本领，即是自己不用掏腰包的"惠而不费"。

（3）略说具体的方法：其一，为政者要充分相信民众自有获利、增利的办法、途径、热情、创造力，为政者只要"顺因"其"民之所利利之"，而不是用自己的长官意志去乱指挥，瞎引导，甚至阻挠、压制"民之所利"。其二，为政者在"分利"上，比如在税赋上也要"顺因"民之利益，不要只顾自己的利益，而损害了"民之利"。其三，为政者还要在民众求利时一旦发生了偏差，又能及时"顺因"至于正确轨道上来，给予正确的指引。为政者能做到这些，便是一种"美政"。其实，看看历史以及现实，不能"因民之所利而利之"的事例太多、教训太深，若能反思、深思便会真切感受孔子的这种智慧。

2. 劳而不怨。——"择可劳而劳之，又谁怨？"

这是为政者使用民力的原则与智慧。具体说，首先，是应当选择他们中应该服役的、可以服役的去使用他们的民力，如此则劳而不怨。其次，使用民力还要与他们的力量相称相符，民若不堪重负，则必怨恨之。再者，使用民力还要与其时相合，不能剥夺民时农事，这也就是孔子所说的"使民以时"，如此"劳之"也就会"不怨"。历史上"劳而怨"的事例太多，秦始皇筑长城便是一例，孟姜女哭倒长城虽是传说，但是其中自有合理的内核，便是让百姓"劳而怨"了。孔子此教诲，为政者、管理者能不听乎？

3. 欲而不贪。——"欲仁而得仁，又焉贪？"

什么是贪欲？那就是欲得其所不当欲，若是符合道义的、正常的欲望，那便不是贪欲。如有说："志不在仁而别求所得者，贪也。君子之欲仁也，以天下为一家，中国为一人，求无歉（不足）于仁之中也。其得仁也，正德厚生无不和，柔远能迩无不服，慰其行仁之意也，盖始终一于仁而已。"（黄式三《论语后案》，见《论语集释》）此说可参考。再说，为政者有志于仁，便会对百姓仁爱，那么还会去贪欲、贪名、贪利、贪功、贪色、贪污吗？还会去做一个贪官污吏吗？现在之所以每年爆出这么多的问题官员，若据此条来看，便是"欲而贪"，违背了"欲仁而得仁"。

4. 泰而不骄。——"君子无众寡，无小大，无敢慢，斯不亦泰而不骄乎？"

（1）君子为政"三无"："无众寡"，没有人的多少之分；"无小大"，没有势位、事情的小大之分；"无敢慢"，即为政要对上面的"二无"均不敢怠慢、玩忽，而是兢兢业业，谨慎处置。这便是一种安泰坦然而不骄不矜不傲。

（2）如果"以寡为可慢，讵（jù，难道，哪里）知怨不在众，匹夫能胜予也。以小为可慢，讵知事变所生，不踬（zhì，绊倒）山而踬埕（dié，小土堆）也。此其故由于骄，而其终至于不泰"。（黄式三《论语后案》）此种解读也有深意。

5. 威而不猛。——"君子正其衣冠，尊其瞻视，俨然（指庄重）人望而畏之，斯不亦威而不猛乎？"

为政者的仪表气度，应该衣冠必齐正，瞻视（目光）必肃正，态度必俨然，使得他人望而敬畏，这就能威严而不凶猛。此种情况也就是子夏所说的，"望之俨然，即之也温，听其言也厉"（19.9）。望而畏之，是其威也；即之也温，是不猛也；如此也便能服而畏之也。又有说："君子口无戏谑之言，言必有防。身无戏谑之行，行必有检。""大人正己而物自正者。"（《论语集释》）

二、为政与管理的"四恶"之揭

1. 虐——"不教而杀谓之虐"。这是为政之一"恶"。孔子有教诲：为政之道必不可缺少教导，如果不经常教导民众该如何走正道，而等到犯法犯罪便滥用刑杀，此就称为"虐"，就是残酷。

2. 暴——"不戒视成谓之暴"。这也是为政之一"恶"。孔子教诲：要民众去做事，不预先有告诫而后来又立盼成功，此就称为"暴"，就是暴躁。

3. 贼——"慢令致期谓之贼"。此又是为政之一"恶"。孔子教诲：不是事先出令让人周知，而是诏令迟缓发出，却又突然要求严限时期完成，此就称为"贼"，就是伤害。

4. 有司——"犹（同样）之与（给予）人也，出纳（一说偏义复词，'纳'字无义，如俞樾）之吝谓之有司"。此亦是为政之一"恶"。孔子教诲：有功当赏赐的，马上断然行赏，人家就会感知受惠。相反，最后同样是要给予人的，但是吞吞吐吐地又想给、又想不给的样子，那么即使最后还是给了他，对方也不会感怀其惠的。这种出手的吝啬，就称为"有司"，原本是那些职务卑微的办事者所干出来的，然而作为君长、领导，绝不可以这样小家子气。

李光地《论语札记》说："不教而杀、不戒视成、慢令致期，盖不但无躬行之先，而且无法制禁令之常。'虐'、'暴'、'贼'正与'骄'、'猛'字相应，欲其无怨，不可得已。欲出则吝其利，欲纳则又吝其名，无大德，而屑屑计较于小惠之间，是有司之事也。'吝'字、'有司'字正与'贪'字相应，欲其无费，不可得已。此皆起于霸者尚力任法，小补骅虞（骅娱，欢乐）之所为，而其流弊，则有不可胜言者，与虞夏商周之道远矣。"此说依然可供参考。

写到此间，脑海里突然闪出一个楚霸王项羽的形象出来，他固然有力拔山兮之猛、暗恶叱咤之威，但最终还是输给了刘邦。此中原因如果仅就此为政的"费"、"怨"、"贪"、"骄"、"猛"之"五弊"以及"四恶"来一番比照，那么也可以发现，原来这许多东西几乎都聚集于项羽一身了。既然如此，还会不败吗？如此再反思孔子之论说，也许更警悟孔子之智慧永远值得为政者、管理者借鉴之。

孔子的惠民理念与智慧

孔子为政、管理的又一条大智慧，那就是必须惠民，而惠民也必须落到实处，让民众得到实实在在的实惠。

一、说惠字与历史智慧

1. 惠字的结构与涵义

《说文》："惠，仁也。从心，从叀。"惠，有仁爱之意。徐锴《说文系传》：从心，从叀(zhuān)，"为惠者心专也"。《尚书·皋陶谟》："安民则惠，黎民怀之。"蔡沈《集传》："惠，仁之爱也。"惠，还有恩惠、给以好处、宽厚、柔顺、善、聪明等意思。

2. 先哲于"惠"的智慧

惠之重要、惠之智慧，古人早有认识。比如为政必须行"惠政"，即是推行仁政、德政。举例如：其一，仁爱和谐之"惠和"，是"惠政"的重要内核，《左传·昭公四年》："纣作淫虐，文王惠和，殷是以陨，周是以兴。"一陨一兴，值得深思。其二，为政必须"惠民"，施恩惠于民。《尚书·泰誓中》："惟天惠民，惟辟奉天。"《韩非子·外储说右上》："景公问政于师旷曰：'太师将奚以教寡人？'师旷曰：'君必惠民而已。'"此可见"惠民"之重要与必要。其三，惠民又必须有"惠心"，即是具有利民之心。如《周易·益》："有孚惠心，勿问元吉。"意思是，怀有诚信施惠天下之心，毫无疑问是最吉祥的。王弼注："惠之大者，莫大于心，因民所利而利之焉。"

二、孔子"惠""惠民"之智

1. "惠"与"仁"

孔子把"惠"视为"仁"之"总德"的一部分，他由总而分地去考察"惠"，又由分而总地再思"仁"。

2. "惠"之辨识人

孔子教人洞察人心，认识君子与小人之分别。《论语·里仁》载，子曰："君子怀德，小人怀土；君子怀刑，小人怀惠。"（4.11）君子怀念、思念、念念不忘的是道德、法度。而小人则是聚焦于乡土、恩惠，乡土是他们赖以居住生存的地方，因此也当然就依依于此，流连于是；小人不懂道义，不晓法律，只是思考实惠，能适合自己的利益便行，哪怕违背道义、触犯刑法也不顾及。执此来观察世人，那么只要看他心中所怀念的是什么，就能区分出其人是何种人了。

3. 惠与使用人

《论语·阳货》记载，孔子说："惠则足以使人。"（17.6）恩惠、慈惠足以使用他人。比如你能体恤他人的饥饿冻馁而接济，怜悯他人的辛劳困苦而救助，同情他人的穷途潦倒而资助，看到他人的劳苦功高而奖励，认识人才的前途无量而提拔，如此等等，恩惠施及人，而人也必感恩不尽，而莫不尽心竭力地乐为用了。

4. "口惠"与"实惠"

孔子关于"惠"还有深层的智慧：施惠，一定要让他们得到真正的"实惠"，而不能仅是"口惠"，即只是口头承诺给他人好处，而没有实际的行动。《礼记·表记》载，子曰："口惠而实不至，怨灾及其身。是故君子与其有诺（承诺）责（指他人的请求）也，宁有已（指拒绝）怨。"孔颖达疏："言口施恩惠于人而实行不至。"仅仅口头上给人家好处而实际不能兑现，那么他人的怨恨必定会招引到自己身上。因此，君子与其先许诺他人的请求，倒不如宁可不许诺而受到埋怨。后来的成语"口惠而实不至"即出于此。

《礼记·表记》载，孔子还曾这样告诫人们：君子不用空话讨人好感，那么民众就会兴起忠实之风气。所以君子询问人家是否寒冷，就要拿衣服给人家穿；询问人家是否饥饿，就要拿东西给人家吃；赞扬人家品德美好，就要给人家爵禄。此说是何等之好！我又记得《淮南子·缪称训》有云："骄溢之君无忠臣，口慧（即'口惠'）之人无必信。"这又真是千古不废的名言了！

5. "惠而不费"之智

《论语·尧曰》里记载了孔子与子张谈论怎样从政的一段对话。子曰："因民之所利而利之，斯不亦惠而不费乎？"（20.2）顺因民众之有利的事情去，这不就是给民众恩惠，而自己无所耗费了吗？此可参见上文之说。

6. 赞扬子产的榜样

《论语·宪问》记载，有人向孔子问子产是怎样一个人，孔子曰："惠人也。"（14.9）"惠人"就是施予他人恩惠的仁慈者。在孔子看来，子产就是这样一个仁惠之人。孔子还赞扬子产，"其养民也惠"，即能让民众获得利益的，则务必为之推行；会给民众带来危害的，则务必为之除去。这都是对民众深厚的恩惠。

我又想起了《隋书·循吏传序》的一段话："若子产之理郑国，子贱之居单父，贾琮之牧冀州，文翁之为蜀郡，皆可以恤其灾患，导以忠厚，因而利之，惠而不费。"这些人大约就是古人心中的"惠而不费"的优秀榜样了。

一代代的从政者、管理者如果真能深层懂得恩惠、实惠、施惠在管理中的巧妙作用，则会给你带来不少的回报。然则，孔子于这方面的智慧就是值得我们悉心体会的了。

辩证智慧：宽猛相济与政通人和

孔子诸多政治的、管理的智慧里极富辩证法，比如其著名之论"为政宽猛相济而臻于政通人和"，即为一典型之例。这已经不仅是智慧，而且是一种管理的艺术，并进入了一种境界。

《左传·昭公二十年》记载了一个故事。郑国大政治家子产有疾，谓子大叔曰："我死，子必为政。唯有德者能以宽服民，其次莫如猛。夫火烈，民望而畏之，故鲜死焉；水懦弱，民狎（xiá，轻忽）而翫（wán，玩弄）之，则多死焉，故宽难。"疾数月而卒。此后真是大叔为政，不忍猛而宽。郑国多盗，取人（此指群盗贼聚集打劫）于萑（huán）苻（湖泽之名）之泽。大叔悔之，曰："吾早从夫子（指子产），不及此。"兴徒兵以攻之盗，尽杀之，盗少止。

孔子对这件事情很有感触。子产死，仲尼闻之，出涕曰："古之遗爱也。"孔子还评论子产之仁爱，有古人之遗风。不仅如此，孔子还用自己的感悟将子产之说升华为管理学上的智慧。仲尼曰："善哉！政宽则民慢，慢则纠之以猛。猛则民残，残则施之以宽。宽以济猛，猛以济宽，政是以和。"《孔子家语·正论》也有说："宽以济猛，猛以济宽，宽猛相济，政是以和。"

孔子又用《诗经》作出了进一步的诠释，这既是他的一种历史的论证，又是历史经验的总结。孔子用《诗经·大雅·民劳》"民亦劳止（指辛苦劳累），汔（qì，祈求）可小康，惠此中国，以绥四方"来说"宽"，"施之以宽也"。孔子又用《诗经·大雅·民劳》"毋从（指放纵）诡随（妄随欺诈者），以谨（谨防）无良，式（指用）遏（遏止）寇虐，惨（或作'憯'cǎn，乃、曾）不畏明（指不畏惧明法者）"来说"猛"，"纠之以猛也"。孔子还用《诗经·大雅·民劳》"柔远（怀柔远方）能迩（安抚近处），以定我王（周王）"来说"和"，"平之以和也"。他还用《诗经·商颂·长发》"不竞（竞争）不绿（qiú，急躁，一说松缓），不刚不柔，布政优优（指平和、和美），百禄是遒（聚拢）"来说"和之至也"。

我这里再把孔子的这一智慧，拓展论述之。

1. "宽"是仁德之一

"宽"字是什么意思？《说文》："宽，屋宽大也。"宽的本义是房屋宽敞。由此而引申生发出宽厚、宽恕、宽松、宽大等意思。

孔子将"宽"作为"仁"的一个具体德行，如《论语·阳货》说了五种品德：恭、宽、信、敏、惠。此种智慧在先秦也多有记载，孔子则智慧地借鉴与汲取。比如《尚书》就有精彩之说。《尚书·仲虺》："克（能够）宽克（能够）仁，彰信兆民。"孔传："言汤宽仁之德明信于天下。"后来就有了"宽仁"一词，广为流传。再如《尚书·舜典》："直而温，宽而栗，刚而无虐，简而无傲。"孔传："教之正直而温和，宽弘而能庄栗。"此后也有"宽栗"一词流传。又如其他典籍论"宽"的智慧，如《逸周书·官人》："微而能发，察而能深，宽顺而恭俭，温柔而能断。""心气宽柔者，其声温和。"又如《管子·形势解》："人主者，温良宽厚则民爱之。"

2. 居上必宽之智

《论语·八佾》载，子曰："居上不宽，为礼不敬，临丧不哀，吾何以观之哉？"（3.26）这里孔子说到了居于上位的人一定要对人宽宏、宽厚、宽恕，这就是要多给他人恩泽。这是一种仁德，此为做人之本，也为做官之本。

3. 宽则得众之智

《论语》的《阳货》（17.6）与《尧曰》（20.1）里曾两次说到这一深层的效用，即是"宽则得众"。这是为什么呢？在上者能宽厚、宽容、宽恕、宽豁大度，政治上能宽政、宽松、宽宏、宽慈惠民，那么必定能爱民，也必定能得民。因为能爱民者，则民亦必爱之；民若爱之，则民心也必归之。这是得民心的要事。——古人于这一点均有深邃的体认，比如三国魏刘劭《人物志·材能》云："宽宏之人，宜为郡国，使下得施其功，而总成其事。"明代归有光《六言六蔽》："而夔之典乐，亦不外乎直温宽栗之数语。"

4. "猛"之智

《说文》："猛，健犬也。"猛，本指健壮的狗，后来就引申出凶猛、凶横等意思来。《论语》里孔子说"猛"仅三次，且都说的是"威而不猛"。他强调的是有"威严"而"不猛"。孔子又说过："苛政猛于虎。"（《礼记·檀弓下》）繁细残酷的政令比老虎还凶猛可怕。从这些地方看到，孔子为政、管理的理念不是以"猛"为先为主，而是以"宽"为先为主的。

5. 宽猛相济之智

孔子注重"宽"，但是也要有个度，如果宽大得太松弛了，宽容得太懈怠了，甚至会导致不能掌控局势。这也正如《韩非子·五蠹》所说："如欲以宽缓之政，治急世之民，犹无辔策而御駻马，此不知之患也。"这就像没有了辔头与马鞭，而驾驭不了强悍之马了，孔子当然深知此等情况，他就用驾车来比拟过政治（此可见笔者《孔子的智慧生活》一书）。因此孔子主张："宽猛相济，政是以和。"宽与猛要相济，这便是相互补充、相互救助、相互协调，由此和谐配合，便能臻于政治的和谐。如果再往深层求索，那么便是孔子的中庸之道、中和之说的智慧，便是"叩其两端而竭也"、"执两而用中"、"无过无不及"的杰出思维智慧的体现。

孔子此种智慧也影响深远，试举一例，如唐代李白作《任城县厅壁记》就有道："宽猛相济，弦韦适中。""弦"本指弓弦，因弓弦紧急，故以"弦急"比喻性情急躁；"韦"本指熟牛皮，因韦皮柔缓，故以"韦缓"来比喻性情宽缓。此比喻一般认为指性情的缓急适中，其实我还认为另有一层意思即是为政者不断提醒自己为政的宽猛相济。

顺便提及《韩非子·观行》："西门豹（魏文侯时为邺令，名闻天下）之性急，故佩韦以缓己；董安于（春秋末晋国人，晋卿赵鞅的家臣）之心缓，故佩弦以自急。"后来就有个成语"佩韦佩弦"，佩带韦弦意在警戒自己。再如宋代二程（程颐、程颢）就曾说："急则佩韦，缓则佩弦。"（《二程全书·遗书十五》）又用"弦韦"一词来比喻缓急。此也可增加一闻识矣。

政治与管理的十则要诀

在政治与管理方面，孔子给人们揭示出许多的要则与要诀，如果能汲取其中的智慧且加以活用，必定得益匪浅。此约略说十则。

一、为政以德

此堪称孔子主张的为政与管理的第一要则与要诀，此也即是主张"仁政"，反对"苛政""暴政"。《论语·为政》载，子曰："为政以德，譬如北辰居其所，而众星共之。"（2.1）治政要以德而治，以仁为政。有四层可说：一是执政者应该以仁德治己身，先行正己。二是由此再以德去治理他人、天下人。三是还要选用有德行之人来治理。四是德治的效果，就像作为天旋转之枢纽的北极星那样，别的星辰都围绕着它转动。此含义便是通过德治，而天下均趋归之。

二、为国以礼

以礼治国在《论语》所载甚多，如子曰："为国以礼。"（11.26）子曰："道之以德，齐之以礼，有耻且格（民心归服）。"（2.3）子曰："事君尽礼。"（3.18）子曰："君使臣以礼。"（3.19）子曰："上好礼，则民莫敢不敬。"（13.4）子曰："克己复礼为仁，一日克己复礼，天下归仁焉。"（12.1）有子曰："礼之用，和为贵。"（1.12）如此等等，都是以礼治国的智慧，有关内容后文还有论说。

三、政者正也

《论语·颜渊》载，季康子问政于孔子，子曰："政者，正也。子帅（率，率领）以正，孰敢不正？"（12.17）"政"字有什么含义？《说文》："政，正也。从攴，从正，正亦声。"政，就是正者管理不正者，而使之能正。"攴（pū）"，小击，击打的意思，这就是表示管理、管教的意思。

确实，下之效上，如影之随形、响之应声；所以上位者正了，下焉者谁敢不正？反过来木曲而求影之直，呼缓而求响之疾，绝无此理；所以若上梁不正，下梁必歪；下梁歪了，全部塌了。查阅古今，放眼中外，概莫能外，因此孔子强调正人必先正己，真可谓目光如炬！

四、身正令行

《论语·子路》载，子曰："其身正，不令而行；其身不正，虽令不从。"（13.6）政治必定有政令、法令、号令，然而行不行，收效不收效，有一关键处，便还是看上位者的行为。上位者自己是否能以身先行，是否能做出表率来；如果不能正己，焉能正人，焉能使政令畅行通达？

五、荐举贤才

此说选择人才之要则要诀。孔子曾分析为政之要，其中一条便是"举贤才"。《论语·子路》载，仲弓（即冉雍）为季氏宰，问政，其中孔子就说到了"举贤才"，此可参见后文之论析。

孔子又强调"举直错枉"。《论语·为政》记载：鲁哀公问孔子怎样干，才可以使得民众服从。"子曰：'举直错（放置）诸枉，则民服；举枉错（放置）之直，则民不服。'"（2.19）孔子说必须由正直的人去管理邪曲不正者，那么民服；若倒过来，那么民不服从。此是管理学的用人大智慧。

孔子又感叹"才难"，即人才难得。《论语·泰伯》载，舜有臣五人而天下治。武王曰："予（我）有乱（能治理天下）臣十人。"孔子曰："才难，不其然乎（难道不这样吗）？唐虞之际，于斯（此，即指周，相比较而言）为盛。有妇人焉（武王之十人里，有一个女人），九人（除去女人，便是九个）而已。

三分天下有其二，以服事殷。周之德，其可谓至德也已矣。"（8.20）

孔子又反思人才之重要，《论语·宪问》载，子言卫灵公之无道也。鲁国大夫康子曰："夫如是，奚而不丧？"孔子曰："仲叔圉治（管理）宾客（宾客的接待），祝鮀治宗庙（祭祀之类），王孙贾治军旅（军事武备）。夫如是，奚其丧？"（14.19）既然卫灵公之无道，为什么还没有亡国？孔子回答因为他用了三个人才，所以没有马上灭亡。此话真是深邃，也看到孔子早已深思过原因。由此可以再次体悟人才之重大作用。

六、敬事而信

《论语·学而》载，子曰："道（指治理）千乘之国，敬事而信。"（1.5）"千乘之国"，古时候根据田赋出兵，一定的田地出一辆兵车，所以兵车的多少可以看出邦国的大小。千乘之国，或说拥有井田百里之国，或说为"居地方三百一十六里有畸"之国。（刘宝楠《论语正义》注）一个国家头绪纷繁，不容易治理，但心中要关注两件要事：一是为政者处理事务必须有恭敬之心、真诚之情、谨慎之意、勤勉之为。上不敬则下怠慢，上若无一事不敬、无一时不敬，则下怎敢怠慢！二是必须讲信用，不用权诈之术，不朝令夕改，而是表里如一，始终如一，终究取得民众对自己的信任、信心，即是得了民心。朱熹《集注》："敬者，主一无适之谓。敬事而信者，敬其事而信于民也。"

七、节用爱人

孔子曰："道千乘之国"，"节用而爱人"。（1.5）此又说了两件要事。一是"节用"，要节约用度、节省开支，其实"节用"就是增加财富。再说，"节用"还可以养成由上至下的节俭、质朴、淳朴的好德性。当然，"节用"也不是一味地吝啬，而是当节用者必节用。如果再从今天的情况来说，那么节用地球的有限的资源，这是造福于子孙后代、整个人类的大事了。二是"爱人"，是对人之仁爱，这是管理的核心问题了。管理者如果不爱人，如何会行仁政？

八、使民以时

孔子曰："道千乘之国"，"使民以时"。（1.5）使用民力要依据时节，不要妨碍农事，要注意时节、季节，这就是要不夺农时，如此才会民和而不会怨言四起，年丰而民足国富矣。前人很看重孔子的这些教诲，朱熹《集注》："言治国之要在此五者（按，即敬事、信、节用、爱人、使民以时），亦务本之意也。程子曰：'此言至浅，然当时诸侯果能此，亦足以治其国矣。圣人言虽至近，上下皆通。此三言者，若推其极，尧舜之治亦不过此。若常人之言近，则浅近而已矣。'"

朱熹《集注》又云："杨氏曰：上不敬则下慢，不信则下疑，下慢而疑，事不立矣。敬事而信，以身先之也。《易》曰：'节以制度，不伤财，不害民。'盖侈用则伤财，伤财必至于害民，故爱民必先于节用。然使之不以其时，则力本者不获自尽，虽有爱人之心，而人不被其泽矣。然此特论其所存而已，未及为政也。苟无是心，则虽有政，不行焉。胡氏曰：'凡此数者，又皆以敬为主。'愚谓五者反复相因，各有次第，读者宜细推之。"现代人搞管理，如果能细细琢磨这三句话、五件事也能纲举目张了。

九、无欲速

《论语·子路》载，子曰："无欲速"，"欲速则不达"。（13.17）此也是为政者、管理者之重要戒律。孔子不是不要"速"，而是应取"无过无不及"之"速"，即是可以达到的，而不是空想式的那种"速"。只要回顾一下发生在20世纪50年代的"大跃进"与"人民公社"，过分强调主观意志与主观要求，要用"最高速度发展我国的社会生产力，迅速改变我国经济文化落后的状况"。甚至认为"共产主义在我国的实现，已经不是什么遥远的事情"。但是"片面强调人的主观能动性，强调总路线的'灵魂'是高速度，这就违反了经济规律。其结果不仅欲速不达，还严重挫伤了人民群众建设社会主义的积极性"，并带来了苦果。（见朱宗玉等《中华人民共和国史纲》）如此所经所历所教所训，我们也许会深刻体悟孔子这一智慧的深刻性与经典性。

十、无见小利

《论语·子路》载，子曰："无见小利"，"见小利则大事不成"。（13.17）见小利图浅近，则心易满足，昧于远大；所得者小而所失者大，终究不能大成。志气大、志量广，则远见卓识，所图亦远，规模自别，不为浅近所蔽，故成就宏图大业。

篇末我想起成中英说："管理学不仅是工商企业的发展学，也是政府机构的行政学，更是现代人生活的组织学。"（《中国现代化的哲学省思》）我要接着说的是，孔子的这些管理学的智慧，就可以为现代人生活的组织学、政府的行政学、工商企业的发展学提供优渥的营养。

《论语》之智：听讼·法制·法治

孔子讲究德治、礼治，也讲究法制与法治，此中可借鉴的地方也不少，这里也作一简析。

一、孔子：司寇·法治·政绩

孔子51岁（前501年），鲁定公"以孔子为中都（今山东汶上县西）宰，一年，四方皆则（指取为法则、效法）之"。

孔子在52岁时，由中都宰迁司空，管理建筑。不久再迁升为大司寇，管理司法。再后来孔子还由大司寇"行摄相事"，代理过三个月的相，位列大夫。《史记·孔子世家》是这样描写孔子"与闻国政三月"的政绩：

"粥羔豚者弗饰贾"。——贩卖猪、羊的商人不敢哄抬物价。"粥"，通"鬻（yù）"，卖。"饰"，作伪、伪饰。"贾（jià）"，价格，后来写作"价"。这里给我们的信息是，孔子很快就把商业上的物价、作假等问题控制住了。这一点真了不起！试看今天，我们花了那么多的努力去打假，阻止诈骗，控制物价，就是收效不大。比如居高不下的房价，难道真是这么难抑制吗？

"男女行者别于塗"。——男女都分路行走。这是孔子男女有别、男女之间遵循礼仪理念的实施。此条情况，今天早已过时了，但是男女之间如何以礼相待，也过时了吗？

"塗不拾遗"。——掉在路上的东西没人捡拾。这一条读来也令人十分感慨！不要说路不拾遗，如今天下之贼之多之恶劣，已是令人惴惴不安了。今天就连自行车、助动车的盗窃还解决不了。每到一个地方，密密麻麻的防盗栅栏已成为城市的一道并不"亮丽"的风景线了！

"四方之客至乎邑者，不求有司，皆予之以归"。——四面八方的旅客来到鲁国的城邑，不必去向有关管理官吏（有司）送礼求情，便都给以接待，并满意而归。再看今天不如意的事情很多，贪官污吏几乎每天的媒体都有报道，且屡禁不止。难道这也真的治不了吗？为什么孔子很短时间就能一切摆平了，这不就是孔子的水平吗？！

二、孔子的法制与法治智慧

如果从孔子的这些法制、法治的政绩再往其深层探究，那么真正的水平还在于"内功"。

1. 德主刑辅

孔子强调德治为主，刑法为辅。《孔子家语·刑政》载，孔子曰："圣人之治化也，必刑政相参焉。太上（最上等的）以德教民，而以礼齐（整治）之。其次以政（政治）焉导民，以刑禁之，刑（处罚）不刑（不遵守刑法的人）也。化（教化）之弗变，导（引导）之弗从，伤义以败俗，于是乎用刑矣。"此讲明了刑法与刑罚当处的位置：首先是德治，其次政治，最末是法治。

2. 刑繁刑省

仲弓问古之刑教与今之刑教（刑法的教化），孔子回答说："古之刑省，今之刑繁。其为教，古有礼然后有刑，是以刑省；今无礼以教，而齐之以刑，刑是以繁。"（《孔丛子·刑论》）刑可繁，刑亦可省，关键在于教化、引导，即是要以德治、礼治来教之化之。

3. 不可虐杀

孔子说："不教而杀谓之虐。"（《论语·尧曰》）平时不能教育、教化，不能让民众知道如何去恶、如何从善，一旦犯罪就用刑杀，这就是暴虐。孔子重视事先之教化、平时之教化。

4. 胜残去杀

孔子说："'善人为（治理）邦百年，亦可以胜残去杀矣。'诚哉是言也！"（《论语·子路》）"胜残"，克服并转化残暴之人，而使之也归于善。"去杀"，除去刑罚杀戮。孔子赞扬善人为政之功绩，可以因其世代积累善德，从而能因积而化，终究刑措不用，胜残去杀。

这里可以再读孔子智慧，季康子问孔子："如杀无道，以就有道，何如？"孔子对曰："子为政，焉用杀？子欲善而民善矣。君子之德风，小人之德草。草上之风，必偃。"（《论语·颜渊》）这也就是善人为政，而善行可以化人的智慧。

5. 必使无讼

这是孔子法治的理想，也是他高人一筹、二筹乃至多筹的地方。子曰："听（听断、审理）讼吾犹人也，必也使无讼乎！"（12.13）审理诉讼，我孔子与他人没有什么不一样，但是我必定要让诉讼不再发生。

孔子理念的深刻处是：其一，"听讼"已经是治末不是治本了，而治本便能"无讼"，这要从源头上做起。其二，"听讼"水平最高，能判得曲直分明、毫厘不爽，这也仅仅是塞流的水平，而真正高明的是能正本清源。这就像高明的医生，不是治已病，而是治未病，使其无病发生。其三，如何"无讼"？孔子的理念与做法便是导之以德、齐之以礼，使得民知耻不为，由教化德化而至于向善，由争执纷争而至于礼让无讼。

此又联想及《大学》："子曰：'听讼吾犹人也，必也使其无讼乎！'无情者（没有真情实据的人）不得尽（尽说）其辞（那些狡辩的话），大畏民志（使得民众心志极大地敬畏盛德），此谓知本。"——这是对孔子的智慧做出了延伸解读，是说执法者若能明德盛德在上，那么会使得争讼之人内心畏服，即使有刁诈不实的话也不敢说、不忍心说，如此便化争讼为无讼了。

6. 片言折狱

这是孔子赞扬子路的断案本领。《论语·颜渊》："子曰：'片言可以折（指断）狱者，其由（子路）也与？'子路无宿诺。"（12.12）何晏《论语集解》引孔安国曰："片犹偏也。听讼必须两辞以定是非，偏信一言以折狱者，唯子路可。"这是认为偏听一方之言就能断定案讼，只有子路才能做到。

这又是为什么呢？刘宝楠《论语正义》解释说："言人既信子路，自不敢欺。故虽片言必是直理，即可令依此断狱也。"不过也另有说法，如朱熹《论语集注》："片言，半言；折，断也。子路忠信明决，故言出而人信服之，不待其辞之毕也。"这是说子路简短数语，诉讼双方就信服了，不需等话说完。再说杨伯峻《论语译注》："片言"古人也叫做"单辞"。打官司一定有原告和被告两方面的人，叫做"两造"。自古迄今从没有只根据"一造"的言辞来判决案件的（除掉被告缺席裁判）。孔子说子路"片言可以折狱"，不过表示他的为人诚实直率，别人不愿欺他罢了。杨伯峻又说："子路无宿诺"，这句话与上文有什么关系，从来没有人说得明白（焦循《论语补疏》的解释也不可信）。唐陆德明《经典释文》云："或分此为别章。"不过，我写到这里突然有所悟，"子路无宿诺"与上句不是没有联系，而是对前句的补充、佐证与诠释。"子路无宿诺"，是说他从不拖延自己的诺言，这显示了他的人格品行中守信、真诚的闪光点。惟其如此，人们信任他，不欺瞒他；惟其如此，他能"片言可以折狱"。

7. 虽赏不窃

《论语·颜渊》载，季康子患盗（忧患其国多盗贼），问于孔子。孔子对曰："苟（如果）子（您）之不欲（贪欲），虽赏之不窃。"（12.18）在上位者如果不贪欲，则上行下效，知廉耻明向善，即使引诱他们去盗窃，也因为知道廉耻而不偷不盗。这是通过教化，做出表率，从而改变社会治安的环境。

8. 如得其情，哀矜勿喜

《论语·子张》载：孟氏（孟孙氏）使（任命）阳肤（此人或以为是曾子的弟子）为士师（掌刑狱之官），问于曾子。曾子曰："上失其道，民（指民心）散（离散）久矣。如得其情（指民众犯罪的真实情况），则哀（哀痛）矜（怜悯、同情）而勿喜（沾沾自喜）！"（19.19）这里的内涵也很深刻。曾子指出民众犯罪，有的原因是出于上位者，如或上逼下，或刑政不修，如上梁不正而下梁歪，如此者甚多。因此掌刑狱之官要知道犯法虽在于民，但是导致他们犯法的却还有深层的原因。如此执法者去治罪，便要晓知实情，要有恻隐之意、哀悯之情，而不是一味浅薄地以为自己明察而欣欣自喜。

最后若追问孔子的法制、法治理念与智慧从何而来？简括地说，一是从历史上如《尚书》等经典里传承过来，二是从自己的亲身实践里总结出来，比如他担任过鲁国的大司寇。明乎此，这是否又能给今人一种智慧的启迪呢？

孔子兵学理念与智慧

孔子于兵学也有研究，虽然《论语》及其他文献中收录的并不多，但还是留下了值得借鉴的智慧，值得传承。

一、"足兵"之理念

《论语·颜渊》记载了一段精彩对话。子贡问政。子曰："足食，足兵，民信之矣。"子贡曰："必不得已而去，于斯三者何先？"子曰："去兵。"子贡曰："必不得已而去，于斯二者何先？"子曰："去食。自古皆有死，民无信不立。"（12.7）

孔子认为治国三件要事：足食、足兵、民信之。其中的"足兵"，便是军备的充足，是治国三要事之一。由此可见，孔子是非常重视"足兵"的问题的。然而，孔子的高明处是认为在三者中间"足兵"只能排在最末位，其次序便是：民信、足食、足兵。

二、教民习战

孔子还专门讲到教民习战的问题。关于教战，《左传·僖公二十三年》有说："明耻教战，求杀敌也。"杜预注："明设刑戮，以耻不果。"意为：向士兵申明军纪，使其以怯懦为可耻，而勇于作战。然而孔子的高明处又如《论语·子路》之载，子曰："善人教民七年，亦可以即（走向、从事）戎（当兵打仗）矣。"（13.29）要使用笃实无伪的善人来教民，那么至少会有两种教化：一是民得到了善人的道德品质的教化，一是得到了军事上的教化。如此积累培训七年，就可以"即戎"，使之披坚执锐加入战斗了。孔子又曰："以不教民战，是谓弃之。"（《论语·子路》）如果不教育培训，而就驱赶民众去作战，就等于无谓的牺牲，就是抛弃了他们。

三、文武之事的配合

《史记·孔子世家》记载，孔子曾说："有文事者必有武备，有武事者必有文备。"这是说办理文事者必定要有武备继之辅之，办理武事必定要有文备继之辅之，文武两件事都要具备，且还要有充分的准备。

107

鲁定公十年春（前500年），鲁国与齐国和解，有一次"夹谷之会"。鲁定公没有一点戒备，就要去会盟。当时孔子是大司寇，摄行相事，就揭示了这一理念与智慧："有文事者必有武备，有武者必有文备。"鲁与齐的会盟虽是文事，但必须有武备。终于安排管军事的左右司马随行，而孔子又以其卓越的作为，化解了会盟时候的险难，取得了成功。此可详见笔者《孔子的智慧生活》一书。

这也使我想起，苏东坡曾写过一篇《教战守》，行文中批评了宋初的为政者过于重文而轻武，"畏战太甚"，从而提倡在平时就要教民战守，以便对付突发的战争。此文诚如宗臣所评："文字绝好，词意之玲珑，神髓之融液，势态之翩跹，各臻其妙。"（《三苏文范》卷九引）但是我要说，其内在之理念实也与孔子的"有文事者必有武备，有武者必有文备"相沟通。

四、以礼以义治军

孔子主张以礼治军。如《礼记·仲尼燕居》载，孔子曾对言游说："以之军旅有礼，故武功成也。"相反，治军而无礼，则"军旅武功失（失去）其制（控制）"。

孔子还主张以义治军。孔子要人们发扬作战中以义率勇、见义勇为的精神。《礼记·檀弓下》载，齐与鲁的一次战斗中少年汪踦(yǐ)前往参战而死。鲁国人欲不用殇礼，即是不用孩子的殇礼来为他治丧，问于孔子。孔子曰："能执干戈（武器）以卫社稷，虽欲勿殇也，不亦可乎！"礼之所以变通，就是因为孩子见义勇为地保卫国家。又如《左传·哀公十一年》载，冉有使用矛之利器去对付齐师，故能攻入齐军。孔子曰："义也。"这是符合道义的。

五、关于"仁"与军事

有论者认为，孔子把"仁"贯彻到军事领域，内容至少有三个方面：

用兵要符合"仁"的要求。孔子把"足兵"看做是治国的三件大事之一，重视军事且精通军事，他教出的学生有的还是名将。但是有的当权者为了不正当的目的想使用武力而向他讨教的时候，他就说自己只懂礼乐，不谙军事，给予拒绝，加以规劝。

杀敌要受"仁"的节制。他评价工尹商阳和陈弃疾追杀败逃的吴军过程中节制纵杀，说："杀人之中又有礼焉。"他所说的"礼"，就是"仁"的外部表现形式。

用"义"来限定"勇"。勇敢是军人最为推崇的品质。两军相争，勇者胜。把"勇敢"限制在"义"即适宜的范围内，就能既勇敢作战，又不滥用武力。

（俞正山《先秦兵学和现代国际人道法》，载于《光明日报》2009年8月17日）此说也可供参考。

六、答卫灵公之问

《论语·卫灵公》载，卫灵公问陈（阵，军阵）于孔子。孔子对曰："俎豆（礼器）之事，则尝闻之矣；军旅之事，未之学也。"明日遂行。（15.1）——孔子拒绝回答军阵之事，并在第二天就离开了。其实据上文所说，孔子是很懂得军事的，于文事武备都很有研究，因为既然有志于为政，那么这些也是为政所必需的。然而卫灵公询问的仅仅是军师行伍、攻打杀伐之类所谓战士武夫之事，不是宏观的战略问题。孔子觉得作为一个国君舍大而究小，其志非宏，其见非远，因此已无对话必要，故推托了。

总之，孔子的兵学智慧在大不在小，在远不在近，虽点滴之存，亦然值得发扬光大。

为政：民心·民主·变革·小康·大同

孔子论说为政，还有重要的民心、民主的问题，又有变革的话题，以及人类社会发展的小康与大同的描述，这里也一并说之。

一、民主·民信·民心

1. 民无信不立

在《论语·颜渊》里，孔子说到为政"三要"，便是"足食"、"足兵"、"民信"，而以"民信"最为重要。孔子说："民无信不立。"民众对为政者失去了信任，则君王与国家都立不起来。如欺其民则民不信，欺于天下则天下之民不信。民信之即是得民心，失信于民便是失民心；得民心者得天下，失民心者失天下。因此，从根本看，最后不是君主说了算，起关键作用的还是民意。

试看《反身录》："人心一失，余何足恃？虽有粟，乌得而食诸？兵虽多，适足以阶乱。隋洛口仓、唐琼林库，财货充盈，米积如山，战将林立，甲骑云屯，不免国亡家破者，人心不属故也。善为政者，尚念之哉！"（《论语集释》）其实又何止唐宋，中外历史留给人们的案例很多，足以证明孔子之说的正确与透辟。

2. 近悦远来

怎样观察检验民信与民心？《论语·子路》载，子曰："近者悦，远者来。"（13.16）这是一种好方法，民之就近者能承受到恩泽而喜悦，远者也会闻风而来归。民心很微妙，表面上若愚若迂，其实又精又微：暴政必心知，愚民必心知，实心实政也必心知之，惠民利民也必心知之。

3. 意象：水·君·民

孔子对鲁哀公曰："君者，舟也；庶人者，水也。水则载舟，水则覆舟，君以此思危，则不危焉。"（《艺文类聚》引《孙卿子》）又载，孔子说："夫君者舟也，人者水也。水可载舟，亦可覆舟。君以此思危，则可知也。"（《后汉书·皇甫规传》引此句，李贤注："《家语》孔子曰"云云。）

这里深刻揭示了君与民之关系，以及其中变化的微妙。后来就有了"载舟覆舟"之成语。孔子的智慧也引起后人的重视，如唐代的陆贽曰："故喻君为舟，喻人为水，言水能载舟，亦能覆舟也。舟即君道，水即人情；舟顺水之道乃浮，违则没。君得人之情乃固，失则危。"（《奉天论延访朝臣表》）又《旧唐书·魏征传》："怨不在大，可畏惟人。载舟覆舟，所宜深慎。"

二、变革的理念与智慧

孔子还具有顺天应人的革命、改革、变革的智慧。传说孔子作《易》之"十翼"，其中《易·革卦》之《象传》载："天地革而四时成。汤武革命，顺乎天而应乎人；革之时大矣哉！"古代认为君主是上天所任命的，革除他人所曾经接受的天命，就是"革命"。今天我们不妨把"天"解读为天道、规律。这是说，天地变革，成就了一年四季。商汤和周武王的革命，是顺乎天道而又迎合人心的。变革之时机是非常重要的。

孔子至少告诉人们五点智慧：（1）天不是不变的，是有变革的，体现出四季的变化。（2）社会与历史的发展中革命、变革是需要的，当不能"顺乎天（规律）而应乎人"时候，就会出现革命、变革了。（3）革命、变革必须"顺乎天而应乎人"，这才会成功。（4）把握革命、变革的时机又是十分重要的，不得时机不可能成功。孔子特别重视"时"之关键，所以孟子有赞："孔子时之圣者！"（5）孔子概括出有关社会与历史的重大概念，即"汤武革命"，也标举出了典型与范例。这些也曾经深刻启迪了后世的革命、变革者，孔子的名言也被后来者奉为革命、变革的大宗矣。

三、孔子的小康理想

《礼记·礼运》里孔子描述了小康的蓝图，这是比"大同"世界低一级别的社会。

今大道既隐，天下为家。各亲其亲，各子其子，货力为己。大人世及以为礼，城郭沟池以为固，礼义以为纪，以正君臣，以笃父子，以睦兄弟，以和夫妇，以设制度，以立田里，以贤勇知，以功为己。故谋用是作，而兵由此起。禹、汤、文、武、成王、周公，由此其选也。此六君子者，未有不谨于礼者也，以著其义，以考其信，著有过，刑仁讲让，示民有常。如有不由此者，在势者去，众以为殃，是谓小康。

今天"小康"用语深入人心，"奔小康"已经成为时代的主题了，而"小康"即出典于此。当然，今天人们也已经对"小康"赋予了新的内涵。——再说，古代儒家描绘的这种"小康"社会，政教修明，但是还有私欲、战争、阴谋，需要用礼义、信用、刑法之约束，此是"天下为家"而没有达到"天下为公"。

四、孔子的大同理念

《礼记·礼运》是这样描述"大同"这一古代儒家传说与向往的理想社会的：

大道之行也，天下为公。选贤与能，讲信修睦。故人不独亲其亲，不独子其子，使老有所终，壮有所用，幼有所长，矜（鳏，guān，老而无妻）寡、孤独、废疾者皆有所养，男有分，女有归。货恶其弃于地也，不必藏于己；力恶其不出于身也，不必为己。是故谋闭而不兴，盗窃乱贼而不作，故外户而不闭，是谓大同。

《礼运》所描述的大同社会，古代的儒家是作为历史来回顾的，"大同"之后便是"大道既隐"、"天下为家"了。但是后来者却更加愿意向未来看，把"大同"看做是人类进步的远景、关乎未来的美好愿景。"大同"理念影响深远，如太平天国颁行的《太平诏书》里引用了它；康有为还写出了《大同书》，鼓吹他的那一套理念；孙中山在讲革命的三民主义时候提倡它，"天下为公"也成为著名的革命口号。毛泽东在《论人民民主专政》里也谈到"阶级的消灭和世界的大同"问题。

这里不说别的，就说人们读了"大同"描述，都会产生出一种向往，一种想象，或激发出一种对诗性生活的企望，或激发出一种为之献身的壮志出来，这就是孔子所描绘的瑰丽愿景的无穷魅力！

企业管理：《论语》加算盘·士魂商才

《论语》可以治天下，当然也可以给其他方面的管理带来足够的智慧与力量。企业管理如何与《论语》结合？日本企业家运用《论语》智慧的成功，留下了许多脍炙人口的经典案例，这里选取的涩泽荣一之例就值得企业管理者用心借鉴。

涩泽荣一（1840～1931），在日本家喻户晓，又因其对日本现代化进程作出的卓越贡献，被称誉为"日本企业之父"、"日本资本主义之父"、"日本金融之王"、"日本现代文明的创始者"、"日本产业经济的最高指导者"、"儒家资本主义的代表"，等等。他也是日本现代企业制度——株式会社的创始人。日本明治时期的工业化进程中，涩泽荣一确实业绩非凡，参与创办的企业组织超过500家。这些企业遍布银行、保险、矿山、铁路、机械、印刷、纺织、酿酒、化工等日本当时最重要的产业部门，其中许多至今仍在也由他参与创办的东京证券交易所上市。据说这位企业家随身携带《论语》，并公开宣称他的理念是"把现代化企业建立在算盘和《论语》的基础上"。他著有《论语与算盘》，被美誉为"商务圣经"，其成功经营经验与智慧值得借鉴。

一、《论语》：第一经营哲学

1.《论语》加算盘

涩泽荣一将《论语》作为第一经营哲学。他撰写了《论语与算盘》一书，其中总结自己的成功经验，就是：既讲赚钱之术，也讲儒家之道。他说："算盘要靠《论语》来拨动；同时《论语》也要靠算盘才能从事真正的致富活动。""《论语》与算盘的关系是远在天边，近在咫尺。"他认为，"缩小《论语》与算盘间的距离，是今天最紧要的任务"。他的经验表明《论语》与"算盘"可以一致，并行不悖。他认为一定要把《论语》作为商业上的"经典"，"就是极力采取依靠仁义道德来推进生产，务必确立义利合一的信念"。

2. 富与贵的理念辨析

涩泽荣一指出：其一，《论语》和《大学》有关论述的分析表明，孔子并无鄙视富贵的观点，只是劝诫人们不要见利忘义，不要取不义之财，也就是《论语·泰伯》所说"邦有道，贫且贱焉，耻也；邦无道，富且贵焉，耻也"。其二，后儒对孔子学说法发生了误读误解，把"仁义正道"同"货殖富贵"完全对立起来。

3. 义与利之辨与智

涩泽荣一确有睿识：传统观念总把"义"与"利"对立起来，儒家"为富不仁"之说，古希腊亚里士多德"所有的商业皆是罪恶"之述，以及人们"无商不奸"之谈，如此等等，不一而足。这种观念一经绝对化，对国家和社会的发展会产生极大的害处。他认为，不追求物质的进步和利益，人民、国家和社会都不会富庶，这无疑是种灾难。——这很深刻，他作出了居高临下的俯视与透视，指出治国必定要富，治民也必定要富，否则就是"灾难"。

4. 《论语》智慧：仁义道德·取之有道

涩泽荣一又认为：其一，致富的根源就是要依据"仁义道德"和"正确的道理"，这样才能确保其富能持续下去。其二，用《论语》提高商人的道德，使商人明晓"取之有道"的道理。其三，要让世人知道"求利"其实并不违背"至圣先师"的古训，尽可以放手追求"阳光下的利益"，而不必以为于道德有亏。

二、新理念：士魂商才

涩泽荣一提出了"士魂商才"的新理念。这是说，一个人既要有"士"的操守、道德和理想，又要有"商"的才干与务实。"如果偏于士魂而没有商才，经济上也就会招致自灭。因此，有士魂，还须有商才。"他认为"只有《论语》才是培养士魂的根基"，因为"所谓商才，本来也是要以道德为根基的。离开道德的商才，即不道德、欺瞒、浮华、轻佻的商才，所谓小聪明，决不是真正的商才"。

1. 士魂：士志于道

他提倡工商界人士，应有"士魂"，即是儒家的理想人格"内圣外王"，应该有志于此"道"。他认为，当人们严重误解了孔子的"义利观"，便把"利"与"义"完全对立起来，从而将"农工商阶层人置于道德的规范之外，同时农工商阶层也觉得自己没有去受道义约束的必要"，"使得从事生产事业的实业家们的精神，几乎都变成了利己主义。在他们的心目中，既没有仁义，也没有道德，甚至想尽可能钻法律的空子去达到赚钱的目的"。此后果严重，甚至发生灾难，正如《大学》所说："一人贪戾（贪欲暴戾），一国作乱。"所以，修身养性，提高道德是不能忽视的，此谓商人之灵魂，是一种"士志于道"的"士魂"。

2. 商才：发财致富之才

他又认为，如果"仅仅是空理空论的仁义，也挫伤了国家的元气，减弱物质生产力，最后走向了亡国"。所以"谋利和重视仁义道德只有并行不悖，才能使国家健全发展，个人也才能各行其所，发财致富"。

三、涩泽荣一：中、西、日合璧为一的智慧

1. 深知儒学

涩泽荣一是深知中国儒学的，因为自幼便修习过"汉学"。但是说到涩泽荣一的成功，千万不能只是强调《论语》的智慧，而要关注他能巧妙地将中国儒家的、西方现代的、日本本土的智慧合璧为一。

2. 深知西方经济

1867年，涩泽荣一作为日本使节团成员出席了在法国巴黎举办的万国博览会，后又在欧洲游历将近两年，访问了瑞士、荷兰、比利时、意大利、英国。他还拜访了诸如银行家弗罗里赫拉尔特等人，深入了解西方的经济构成与运行模式比如有关银行、铁路、股份公司企业、公债等，为后来从事工商企业活动和推广普及股份公司企业制度打下了基础。当参观正在开凿施工中的苏伊士运河时，他被其气势之宏伟所激励，从中看到了一种强大的精神力量。这些经历使他大开眼界，也深受工业文明的震撼。涩泽荣一看到了一个与日本完全不同的新世界，深刻地认识到日本别无选择，只能效仿西方走工商立国之路，从而彻底抛弃了以前盘踞在头脑中的攘夷排外思想，确立了以夷为师、以工商振兴日本的宏愿。

3. 三者璧合

他能根据日本本土的实际情况，把这些中西的理念与智慧巧妙地融会贯通，发挥实效。有研究者就指出，他热衷于西方经济制度的引进和企业形态的创新，创办了日本第一家近代银行和股份制企业（第一国立银行），率先发起和创立近代经济团体组织。在实业思想上，他把来自中国的儒家精神与效仿欧美的经济伦理合为一体，奠定了日本经营思想的基础。——这也启示我们，今天的企业家也要关注这一重要智慧，既要兼收儒家智慧，还要与现代智慧相融合。孔子就说："学而时习之，不亦说乎？"这是与时俱进的榜样！

涩泽荣一曾把自己成功经营的经验归结为"公式"，即《论语》是一座智慧之宝库，算盘是一种商业利益，两者融合就可以获得经营企业的成功。这一理念与智慧影响深远，此后如日本传奇式的"经营四圣"——"经营之神"松下幸之助、"创新之王"盛田昭夫、"日本的福特"本田宗一郎、"经营之圣"稻盛和夫，都从涩泽荣一那里汲取了动力、智慧与借鉴。我想，这种智慧的汲取，对于中国企业家来说也许是没有时间与空间的间隔的！

篇 六

《论语》经济与财富智慧

子曰："饭疏食饮水，曲肱而枕之，乐亦在其中矣。不义而富且贵，于我如浮云。"

——《论语·述而》

孔子说："吃粗粮，喝冷水，弯着胳膊做枕头，乐趣也在其中了。干不正当的事而得来的富贵，在我看来好像浮云。"

孔子内心深处因乐道、因真乐、因大志、因弘义，故能够安贫，可以不因贫贱而有慕于外，不求富贵而有动于心。人生若只以那些似浮云一样的浮财、浮名为追逐之目标，那么所得之人生可能就是浮生一世了！

《圣迹之图》之职司乘田

义利：经济与财富之关注点

谈经济与财富都离不开一个"利"，但是也离不开一个"义"，这"义"与"利"就是经济与财富的关注点。《论语》说"义"，也说"利"，不过孔子又"罕言利"。这里就来看看其中的一些智慧。

一、"义"与"利"的字源

"义"是什么？这就是"宜"，一种公正的、合宜的道德、行为或道理，即人的思想行为要符合一定的准则。"义"，是道理之所宜，即是根据道理所适宜、合宜、当宜的。如韩愈《原道》："博爱之谓仁，行而宜之之谓义。"

"义"的繁体字作"義"，上面是"羊"，下面是"我"。《说文》："義，己之威仪也。从我、羊。""義"指自己的威仪，即自我的庄重的仪容举止。威仪出于自己，所以结构之一为"我"；结构另外一部分为"羊"，是因为古人认为羊为美好的吉祥之物，或认为"我"还兼有表声的作用。不过我思量，之所以选择"羊"作为意符，或许不无含义，即先民把羊的善良以及羊的合群、还有幼羊跪而乳之等行为作为"义"的体现。"义"主要用为道义、情义、善、宜（应该）等的意思。

"利"是什么意思？就是利益、实利。《说文》："利，銛（xiān）也，从刀（刂）。和然后利，从和省。""利"字是锋利的意思，所以字形结构一半是刀，另外一半是禾，其实我认为这就是收割庄稼而获利，以禾为庄稼的代表。再看许慎解释：此字来自"和"字的省形；其中的意思是，只有和、和睦、和谐、和顺了才会获利。此说增补了内容，即是通过和睦来获取利益。不过这是拐了个弯，绕了个圈来解释了。

二、"义"之智的面面观

"义"与人生、处世的智慧，《论语》有重要的揭示：

（1）义是君子的立身行事之原则。虽然事无定形，但是必有其定理，办事处世能符合于合宜的事理便是义。此正如孔子曰："君子义以为质（指根本）。"（《论语·卫灵公》）

（2）君子以道义为至高无上。此又如孔子曰："君子义以为上。"（17.23）孔子又说："行义以达其道。"（16.11）

（3）君子才真正懂得义，所以孔子说："君子喻于义。"（4.16）

（4）人之有所取、出仕、富贵均要注重义。孔子说："义然后取。"（14.13）孔子说："不仕无义。"（18.7）孔子说："不义而富且贵，于我如浮云。"（7.16）富是一种利益，贵也是一种利益，但是不义的话，富贵就像天上的浮云。

"义"，在中国历史上影响深远，即如层积在词语里的信息来看，便有"大义灭亲"之举，人顾全大义，甚至可以灭亲。又如"舍生成义"之说，宁可舍弃自身的生命，也要成全正义的事业，相似的又如"舍生取义"，有意思的是成语"杀身成仁"也作"杀身成义"。如《北史·崔鉴等传论》："杀身成义，临难如归，非大丈夫亦何能若此矣。"再如《旧唐书·忠义传序》："有若仲由之结缨，钼麑（chú ní，人名）之触树，纪信之蹈火，豫让之斩衣，此所谓杀身成仁，临难不苟者也。"这些人物不都是把遵循"义"视为自己的至高鹄的，并去"行义以达其道"了吗？又如诸葛亮曾说："昔项籍（即项羽）总一强众，跨州兼土，所务者大，然卒败垓下，死于东城，宗族（焚如），为笑千载，皆不以义，陵上虐下故也。"（《三国志·蜀书·后主传》裴松之注引《诸葛亮集》）项籍的失败，不就是违背了"行义以达其道"？

再要一提的是，儒家关于人伦道德还有"十义"、"人义"之说，并主张要修此"十义"。《礼记·礼运》："父慈、子孝、兄良、弟弟（悌）、夫义、妇听、长惠、幼顺、君仁、臣忠，十者谓之人义。"再看与此相近似的，是唐代孔颖达注疏时曾引《左传·昭公二十六年》："君令、臣共、父慈、子孝、兄爱、弟敬、夫和、妻柔、姑慈、妇听，礼也。"这里把人之"义"与"礼"又相沟通起来了。这里不再一一细说此种种之"义"了。

三、孔子"罕言利"之谜

《论语》里面有好几处说到了"利"，为什么《论语·子罕》还说"子罕言利"？

这或许是比较而言，孔子虽然对弟子殷殷谆谆，言无不尽，教诲不已，但是比较起来，说及"利"的话题还是不多的。这又是为什么？张居正说："利是人情之所欲"，"盖利与义相反，学者而谋利则廉耻之道乖；有国者而好利则争夺之祸起，其端甚微，其害甚大。故夫子罕言之，欲人之知所戒也"。（《张居正讲评〈论语〉》）钱穆说："利者，人所欲，启争端，群道之坏每由此，故孔子罕言之。""盖群道终不可不言利，而言利之风不可长，故少言之。"（《论语新解》）这些解释或有一定的道理。当然，要解开这个谜，还是可以再深入探讨的。我们不妨再来做进一步的诠释。

智与辨："义"与"利"之关系

　　人都希望能获利、赢利、得利、分利，这是人情之所欲求的，也是人的一种本性，但是又必须解决好"利"与"义"的关系。《周易·乾卦·文言》有说："利，义之和也"；"利物足以和义"。利是正义的和谐，利于人便足以使得正义和谐。《左传·襄公九年》也说："利，义之和也。"这就是解决义与利关系的智慧。

　　一、《论语》："义"与"利"之智

　　《论语》在"义"与"利"的关系上更有进一步的引申与发挥，而其聚焦之点，便是要以"义"来驾驭"利"，此有许多有益的教诲。

　　辨喻义与喻利。——子曰："君子喻于义，小人喻于利。"（4.16）判断、辨别君子与小人的一项测试，便是"喻于义"还是"喻于利"。如果只是"唯利是图"、"唯利是视"、"唯利是营"、"唯利是逐"，还是君子吗？毫无疑问，这是十足的小人了。

　　见利思义。——孔子说："见利思义，见危授命（献出生命），久要（通'约'，贫困）不忘平生之言，亦可以为成人（完人）矣。"（14.12）

　　不能依据私利行事。——孔子说："放于利而行，多怨。"（4.12）"放（fǎng）"，依仿、依据。人如果只是依据个人的利益去行事，必定招来怨恨。试想，办事公正，则人多悦服；与之相反，专谋私利，利己而不利人，甚至利己而害人，他人必定多怨恨，甚至带来危害。因此，智者不以利为利，而是以义为利，这是君子之智。

　　不被小利诱惑。——面对利，人当慎择而深辨。孔子曾说："无见小利"，"见小利，则大事不成"。（13.17）历史与现实的无数事例说明了这一点。

　　利民之妙法。——孔子曾言，为政有"五美"，其中之一是"惠而不费"，即是"因民之所利而利之"（20.2），这是"利民"的卓越智慧。

　　二、历史上"义利之辨"一瞥

　　孔子之说"义"与"利"，由此也引发出历史上关于"义利之辨"的论争。"义利之辨"也成为儒家著名的"三辨"之一（其余则是"人禽之辨"、"夷夏之辨"）。就先秦"义利之辨"而言，各家纷说，举例如：

墨子"贵义"。他说："有义则生，无义则死；有义则富，无义则贫。"（《墨子·天志上》）他又认为义就是利，"义，利也"（《墨子·经上》）。

孟子重义轻利。他说："非其义也，非其道也，禄之与天下弗顾也。"（《孟子·万章上》）他又说："王何必曰利？亦有仁义而已矣。"（《孟子·梁惠王上》）

荀子主张义利统一。他说："义与利者，人之所两有也。"又说："义胜利者为治世，利克义者为乱世。"（《荀子·大略》）

韩非子重功利。他说："善为主者，明赏设利以劝之，使民以功赏而不以仁义赐。"（《韩非子·奸劫弑臣》）

历史上"义利之辨"也一直不绝于耳，比如此后汉董仲舒说："正其谊（义）不谋其利，明其道不计其功。"（《汉书·董仲舒传》）但是他也主张圣人应该"为天下兴利"（《春秋繁露·考功名》）。及至宋代尤为突出，程颢甚至说："天下之事，唯义利而已。"（《二程遗书》）张栻还说："学者潜心孔孟，必得其门而入，愚以为莫先于义利之辨。"（《孟子讲义序》）朱熹说："循天理，则不求利而自无不利；殉人欲，则求利未得而害已随之。"（《四书集注》）再如陈亮主张"义利双行"，又注重功利，认为"禹无功，何以成六府？乾无利，何以具四德？"（《宋儒学案》）叶适《习学记言》主张"义"必须通过"利"表现出来，"既无功利，则道义乃无用之虚言耳"。清代颜元则有说："正其宜以谋其利，明其道而计其功。"（《四书正误》）如此等等，不再烦举。

其实，若细细审视，我觉得还是孔子说的最为经典。孔子"义"与"利"上的智慧深邃。如果综合他的财富理念等来看，其实孔子并没有偏废一方，而是兼顾两方，且又自有权衡，自能遵循中庸之道而权之衡之。

财富品质：人心·操守·修炼

孔子关于财富问题有不少论说，虽历尽时光的汩汩滔滔而未被湮灭，大浪淘沙后的智慧真金还在那里熠熠闪光。

一、睿智：直指人心与矫正人心

《论语·里仁》载，孔子曰："富与贵，是人之所欲也；不以其道得之，不处也。贫与贱，是人之所恶也；不以其道得（'得'当为'去'）之，不去也。君子去仁，恶乎成名？君子无终食之间违仁，造次必于是，颠沛必于是。"（4.5）

孔子的睿智：一是直指人心之同，同在都有渴求富与贵的欲望；这就是人欲，而且是正常的欲望。二是矫正人心，揭示"富与贵"获得的途径必须合乎"道"，否则便"不处"、"不去"。三是，此"道"便是仁与义。具体地讲，那就是该得的便得，不该得的不得。故临财不苟，方能显廉；临财苟得，少廉寡耻。

再看看今天，为什么有"仇富"之说？因为那些人是不当得而得之。举例如科学家袁隆平，他在阳光下积累起来的财富使得他早已成为亿万富翁，但是人们不仅不"仇富"，甚至有网民说"仇富不仇袁隆平"。有报道说：袁隆平任湖南杂交水稻研究中心主任，月工资4000元。2001年，他获得了国家首届最高科技奖，奖金500万元，实际上只有50万元归个人所有。袁隆平的财富主要来自"隆平高科"。2000年，中国第一支以科学家名字命名的股票"隆平高科"上市，袁隆平本人持有250万股。就在2008年，作为名誉董事长的袁隆平再次获得70万份股票期权，以市值计算，他的身价已经过亿——袁隆平是一个科学家，但同时也是一个亿万富翁。（见《环球人物》总第60期，欢子等文）人们不厌这样的富者多，而是嫌这样的富者太少了。这又是人心公平正直的可爱之处。

二、儒家的另类财富

1. 另类财富的智慧

孔子认为君子的人生目的不是为了追求富贵，而是使"天下有道"，"道"就是一种另类的最巨大的财富。其实人人都知道，人拥有亲情、知识、健康、智慧等等，不都是财富？又如《礼记·儒行》："不祈多积，多文以为富。"后来"多文为富"成为一个成语。这是儒家的另类财富，不是以金钱，而是以学问的渊博作为人生的财富。

2. 谋道不谋食

子曰："君子谋道不谋食。"（15.32）孔子认为作为君子，人生最紧要的主题，不是"谋食"，即解决饭碗的生存问题，而应该是以"闻道"、"学道"、"弘道"，能使"天下有道"，作为人生的目标与理想境界。当然孔子也认为，如果真能"谋道"，那么衣食等生存问题也会得到解决。

3. 忧道不忧贫

子曰："君子忧道不忧贫。"（15.32）孔子又认为，君子就应该担忧是否"志于道"（7.6）、是否"学以致其道"（19.7）、是否"守死善道"（8.13），而不去担忧贫穷的问题。后来孟子又说："君（君主）不乡（通'向'，向往）道，不志于仁，而求富之，是富桀（此就如使得夏桀富足）也。"（《孟子·告子下》）孔子的理念影响很深远，如晋代陶渊明曾说："先师有遗训，忧道不忧贫。"（《癸卯岁始春怀古田舍》诗）

三、贫贱与富贵之品质

此先述《论语》里有关贫贱内容的论说。

1. 一种可耻的贫贱

孔子曰："邦有道，贫且贱焉，耻也。"（8.13）邦有道，正是国家政治清明用人之时，然而自己却没有被录用的贤德与才能，因此贫困而低贱，这是一种可耻。可耻在天高任鸟飞之时，自己却没有本领；海阔任鱼跃之际，自己却没有才能。这又能怪谁呢？这也只能怨恨自己了。

2. 贫而无怨难

孔子说："贫而无怨难。"（14.10）人一旦贫困，多见其怨恨、埋怨、怨尤之心。如果处于逆境、处于贫困，而心中依旧能安然淡定，这是一种修养。确实，人处于贫困而能不怨，是难能可贵的。

3. "贫而无谄"

子贡说："贫而无谄。"（1.15）贫困者常常是底气不足、骨气不够，因为有求于他人而卑躬屈膝、巴结谄媚，所以也有"人穷志短"之说。贫困而无谄，这已经是很不简单的事了。

4. "贫而乐"

当子贡问孔子："贫而无谄"，何如？孔子回答说："可也，未若贫而乐。"（1.15）"可"，仅仅是"可以"，然而还有未尽的东西在，那就是再高一层的"未若贫而乐"。贫穷而不谄媚他人，已经是一种不简单的处贫心态与做法，但是孔子所说的"贫而乐"则是一种境界了。这也就是所谓的"安贫乐道"。人遭遇了贫困，能够乐处，是因为物质的东西已经不予计较了，心中追求的只是乐于道，乐于学道、乐于守道、乐于行道。这种精神境界也许不是一般人所能达到的，但是历史上自有许多的志士仁人铭记此种教诲，而坚守气节，淡泊名利，不计富贵，为正义的事业奋斗不息，成为民族的中流砥柱！

此再说《论语》里论说的富贵者之智慧。

1. 富而可求否

子曰："富而可求也，虽执鞭之士，吾亦为之。如不可求，从吾所好。"（7.12）假使富可以求取的话，比如执鞭赶车，或执鞭开道的也能够致富，那我孔子也去干。如果求取不到，那我就做自己所喜好的事情。又如子夏曰："商（卜商，即子夏）闻之矣：死生有命，富贵在天。"（12.5）今天人们还说，"小富靠勤，大富靠命"。虽不正确，但也有某种道理，当然此"命"不是宿命的迷信，而是各种客观的机缘巧合而已。

2. 一种可耻的富贵

孔子曰："邦无道，富且贵焉，耻也。"（8.13）邦无道，正是小人得志跋扈之时，走正道者得不了富贵。然而由走歪门邪道、谄媚贿赂所得来的那种富且贵，却是一种可耻；可耻在贪位慕禄，而不能拨乱反正。

3. 富贵如浮云

孔子说："不义而富且贵，于我如浮云。"（7.16）由不义而获取的富与贵，在我孔子看来就像天上的浮云，瞬间就会消失的，是不会羡慕、不会动心的。

4. "富而无骄"与"富而好礼"

子贡问："富而无骄"何如？孔子回答：未若"富而好礼者也"。（1.15）朱熹《集注》："常人溺于贫富之中，而不知所以自守，故必有二者之病。无谄无骄，则知自守矣，而未能超乎贫富之外也。凡曰'可'者，仅可而有所未尽之辞也。乐则心广体胖而忘其贫，好礼则安处善，乐循礼，亦不自知其富矣。子贡货殖，盖先贫后富，而尝用力于自守者，故以此为问。而夫子答之如此，盖许其所已能，而勉其所未至也。"确实，人要做到"富而无骄"并不难，所以孔子说："富而无骄易。"（14.10）但是人要做到"富而好礼"，那是一种境界了，故很难达到。

5. 善人是富

《论语·尧曰》："周有大赉（lài，赏赐），善人是富。"周武王战胜商朝后，首先就散发粮食，赈穷恤困，又特地赏赐给善人，使其富裕起来。这是一种领导智慧，此有两层含义：一是，当局者要关注社会上的善人层面，这是社会安定团结的基础，不应该让这些善人生活匮乏。二是，此种做法本身就在宣传鼓励做人要做善人，做善人则必定会有好报，必定得到富贵，从而善人越来越多，不就促成了长治久安？

四、富与仁：并非两难的选择

1. "为富不仁"与"为仁不富"

这是阳虎（货）所说的"名言"。《孟子·滕文公上》："阳虎曰：为富不仁矣，为仁不富矣。"阳虎认为，仁与富是对立的，仁与富是不相容的。又如《左传·定公九年》："夫阳货有宠于季氏，而将杀季孙，以不利鲁国，而求容（博得他人的欢心）焉。亲富不亲仁，君焉用之？"又《大学》有说："仁者以财发身，不仁者以身发财。"

2. 仁为富，仁为贵

这是另一种声音，仁与富是可以统一的。《荀子·性恶》："仁之所在无贫穷，仁之所亡无富贵。"此说仁就是富，就是贵。《大戴礼记·曾子制言中》："君子以仁为尊。天下之为富，何为富？则仁为富也。天下之为贵，何为贵？则仁为贵也……是故君子将说富贵，必勉于仁也。"周敦颐《通书》："君子以道充为贵，身安为富。故常泰无不足。"这是非物质形态的财富。

3. 富而行仁

再一种声音是，富而行仁。《尸子·贵言》："益天下以财为仁。"《史记·货殖列传》："故曰：'仓廪实而知礼节，衣食足而知荣辱。'礼生于有而废于无，故君子富好行其德，小人富以食其力。渊深而鱼生之，山深而兽往之，人富而仁焉义焉。"（以上参见韦政通《中国哲学辞典》）

其实，我认为有四层可说：（1）富而不仁肯定是不能长久地站立于人世的，无数历史的与现实的案例都可以佐证。（2）反过来看，仁者也并不是一定没有富足的物质财富，仁者拥有财富的也有很多的例证。（3）有些仁者或许是没有多少物质财富，但是确实会拥有很多非物质的精神财富，于此也有举不完的例子。（4）至于说到先富后仁，或先仁后富，历史与现实生活里都有这样的情况，也有举不完的例子。总之，一切还要活的辩证法，如此才是圆通达识，方能流转无碍。

孔子智慧：庶富·均富·富教

《论语》里还有传诵千古的一章，那便是《论语·子路》所载，子适（前往）卫，冉有仆（驾车）。子曰："庶（人多）矣哉！"冉有曰："既庶矣，又何加焉？"曰："富之。"曰："既富矣，又何加焉？"曰："教之。"这里讲述了治国与财富的智慧。

124

一、由庶而富的智慧

一个国家的人口"既庶矣"，即是人口繁多了，再怎样治国？孔子说："富之。"要使得他们富裕起来。确实，治国而不能让国民富裕，甚至连温饱都不能满足的话，那么国家怎么能算治好了呢？

其实真正明智者都懂得富有之道。《周易·系辞》："富有之谓大业，日新之谓盛德。"这句话讲得非常深邃。从治国上来讲，什么是最大的事业？不是别的，就是把国家、人民的富有看做大业。什么是最盛大的德行？不是别的，就是把不断日新月异、与时俱进看做盛德。此两点已经足以警醒后来为政者。

行文至此，人们也会自然想起邓小平的远见卓识。1962 年中国在经历了

"大跃进"和人民公社化运动的挫折后，他主张应当让各种形式的包产到户都"合法起来"，"在生产关系上不能完全采取一种固定不变的形式，看哪种形式能调动群众的积极性就采用哪种形式"。他还借用一句四川谚语说明自己的观点："白（黄）猫、黑猫，只要抓住老鼠的就是好猫。"

时过23年，在经历了"文化大革命"急风暴雨式的洗礼与磨难之后，1985年10月23日，邓小平在会见美国高级企业代表团时第一次提出让一部分人先富起来的想法。他又说过："贫穷不是社会主义"，"发展是硬道理"。如此等等，怎样让一个大国富有起来，是他思考的焦点。——试想，如果这几十年人们还在那里大抓"阶级斗争"，还在哪里"宁要社会主义的草，不要资本主义的苗"，"宁要社会主义的晚点，不要资本主义的准点"，那么中国可能还是那么的贫困、贫穷、贫苦！今天中国人终于渐渐地富有起来了，此中的理念、经验与智慧难道不值得我们反思吗？

二、由富而教的智慧

如果已经富裕了，下一步就如孔子所说的应当"教之"。这两个字真是沉甸甸的！富足而不教，则多见饱暖之后思淫欲、逸居之间虑非分，如此等等，必当教育。今天的谋富者、富有者里有不少人被财富所困所累所害，私欲锢蔽，贪欲无度，欲壑难填，终因道德沦丧、触犯法律而堕落者、入狱者还少吗？

关于教化的重要，汉代的董仲舒如是说："夫万民之从（追逐）利（利益）也，如水之走下，不以教化堤防之，不能止也。是故教化立而奸邪皆止，其堤防完也；教化废而奸邪并出，刑罚不能胜（指禁止）者，其堤防坏也。古之王者明于此，是故南面而治天下，莫不以教化为大务。立太学以教于国，设庠（xiáng）序（古代学校）以化于邑，渐（引导）民以仁，摩（抚育）民以谊（道义），节民以礼，故其刑罚甚轻而禁不犯者，教化行而习俗美也。"（《汉书》卷五十六）此言既揭示出人性里的弱点、丑陋的地方，又指出及时教化的重要性与必要性。尽管时代已经进入了21世纪，但是人性中那些负面的丑陋还是依旧，而教化的重要与必要也还是不可或缺的。

笔者随手翻开一张报纸就看到"富而不教"是个什么样子，而媒体的报道几乎不断。比如报载："显阔"，则如今的炫富者买高档别墅、轿车、奢侈品已经算不了什么。"斗富"，则"你也富，我也富，究竟是谁富，咱们斗一斗"。"发泄"，则一些自诩为"人上人"的富人花钱来发泄当初为"下三流"穷鬼的怨恨。"纵欲"，则不仅"包养人"，还把"天天作皇帝，夜夜当新郎"为追求。有评论说，"大款"畸形消费投下的阴影正笼罩着尚未富起来的国人，享乐主义、拜金主义正侵蚀着越来越多的人。"人生在世，吃喝二字"成了一些人的口头禅。在这些人眼里，显阔、斗富、纵欲是潇洒人生；"大款"、"大亨"、"大腕"是崇拜对象；别墅、轿车、宠物是辉煌人生的标志。"大款"的畸形消费已不是怎么花钱的问题，而是涉及人生观、价值观、道德观的问题。艰苦朴素、艰苦奋斗是我们中华民族的传统美德，是革命事业的传家宝，金钱充斥于人际关系、思想道德领域，铜臭的光环就会吞噬美丽的精神世界，人类的文明将是残缺的。(《江南晚报》2011年2月8日，转引《新世纪周刊》文)这些现实情况也许会让世人更加体认孔子早在2500多年前就强调的富裕之后"教之"的睿智了。

写到这里，不妨再看看"教之"的另一面。媒体曾公布一份统计数据：1990年世界151个国家中，按人口平均经费，依数字大小排列，我国居于第150位，每5个中国人中有一个文盲，而全世界每4个文盲中有一个是中国人。——这使得我们又记起邓小平的语重心长的话："我们要千方百计，在别的方面忍耐一些，甚至于牺牲一点速度，把教育问题解决好。"这是远见卓识的教诲！今天中国的教育事业也渐渐地强大起来了，当然任务还很艰巨。

三、均富：患不均·周急不继富

《论语·季氏》载，孔子曰："丘也闻有国有家者，不患寡（当作'贫'，按俞樾《群经平议》，下同）而患不均，不患贫（当作'寡'）而患不安。盖均无贫，和无寡，安无倾。"(16.1)

孔子指出了财富"患不均"的问题，可谓一针见血。放眼历史，因社会财富不均、贫富差异悬殊而带来的社会动乱，是屡屡有载的。当然，如何均衡财富，这是一个历史性的难题，也是今天的难题，需要研究，需要智慧。

孔子在这方面又有一则重要的智慧，便是"周急不继富"。朱熹《集注》："周者，补不足；继者，续有余。"试看《论语·雍也》载，子华（公西华）使（出使）于齐，冉子（冉有）为其母（公西华之母）请粟。子曰："与之釜（六斗四升）。"请（冉有请求）益（多增加些）。子曰："与之庾（再增加二斗四升）。"冉子与之粟五秉（相当今天的十六石）。子曰："赤（公西华）之适（前往）齐也，乘肥马，衣（穿着）轻裘。吾闻之也：君子周急不继富。"孔子之所以看来很小气地只给很少的粟，是出于"君子周急不继富"的理念，即公西华已经富足了，就不"继富"了，即不再给富足者添富了。

有意思的是，紧接上一章的"少予"，还讲了孔子的"多予"。《论语·雍也》载，原思（孔子弟子）为之宰（任孔子家总管），与（孔子给予）之粟九百，辞（推辞）。子曰："毋（不要推辞）！以与（给予）尔邻里乡党乎！"其实，这就是周济贫苦者、不富者。当时孔子大约担任朝廷司寇之官职，俸禄不低，他能及时施舍，做慈善事业，躬行他的"周急不继富"的理念。孔子的"周急不继富"的理念影响深远，甚至成为古代国家与社会赈济之准则了。

写到这里，笔者自然想起了比尔·盖茨这位世界首富，他捐出了全部家产而变为了一个大慈善家。2010年，他又与"股神"巴菲特联手，推动美国40名顶级富翁立约捐出过半财富。有一个风险投资家曾预言："在遥远的未来，那时或许已经没人记得微软和微软的比尔·盖茨，但是所有人都会记得盖茨的基金以及他对世界所作的贡献。"（《人物周刊》总第222期）其实，世界上的财富巨人，后人能记得他们有多少财富呢？孔子说的真到位，"富贵如浮云"，一瞬即逝，风刮便过。然而，他们为社会、国家作出的善举，却可能永为人们所津津乐道。难道不是这样吗？

四、均无贫的智慧

孔子又指出："盖均无贫，和无寡，安无倾。"（16.1）其中"均无贫"即是说财富平均了，也就没有贫困了。这个理念也值得注意。朱熹《集注》："寡，谓民少。贫，谓财乏。均，谓各得其分。安，谓上下相安。季氏之欲取颛臾，患寡与贫耳。然是时季氏据国，而鲁君无民，则不均矣；君弱臣强，互生嫌隙，则不安矣。均则不患于贫而和，和则不患于寡而安，安则不相疑忌，而无倾覆之患。"

有意思的是，梁启超曾做出过全新的解读。1920年，梁启超说："社会主义，自然是现代最有价值的学说"，"这种精神，不是外来，原是我所固有，孔子讲的'均无贫，和无寡'，孟子讲的'恒产恒心'，就是这主义最精要的论据"。（《欧游心影录》）关于这一点，蔡尚思也有辩驳，说："'均无贫'的问题，与近代意义的社会主义思想，风马牛不相及！"（见《蔡尚思论孔子》，载《十家论孔》）。我以为，孔子"均无贫"之理念还是有深刻智慧的，那是其"均富"理念的延伸。财富均衡了，也就没有了贫富的悬殊。这对于社会、国家的安定团结来说，是不可小看的智慧。

财政智慧：节用·节财·积累

国家的财政也罢，家庭的财富也罢，个人的财富也罢，孔子的"节用"理念与智慧值得重视。

孔子指出，治国必须"节用"。《论语·学而》载，子曰："道（指治理）千乘之国"，"节用而爱人"。"节用"，便是节制财用，不浪费，不奢侈。《易·节》："天地节，而四时成。节以制度，不伤财，不害民。"孔颖达疏："王者以制度为节，使用之有道，役之有时，则不伤财，不害民。"历史上常常见到的伤财害民、国弱民穷的情况就出在不能"节用"的问题上。

我曾读到一位商务部研究院研究员的文章《我们何以不能积累财富》（《南方周末》2008年4月10日，马宇文）颇有感触，觉得可以用来感悟孔子治国"节用"的道理与智慧。此文说了两方面内容。

其一，此文说"美国人善于积累财富"。——"美国人善于积累财富，包括有形的物质财富和无形的非物质财富"。文里讲到华盛顿博物馆之多，然而尽管充其量也才有一百五十多年的历史，"可我们不能不承认，我们的积累，远不能跟美国人的这些博物馆相比，因为他们把自己固有的，以及后来拥有的，基本都收藏积累下来了；而我们，除了古老的皮，几乎没剩下什么。我们自己都羞于提起的就不说了，那些有为的皇帝，英明神武，开疆拓土，轻徭薄赋，强国富民，号称'文景之治'、'康乾盛世'之类而被后世景仰的，最终留下了什么？除了'祖上也盛世过'的阿Q式追忆，就是点断壁残垣了"。

其中原因之一，"改朝换代，争斗杀伐，是大折腾，把此前好不容易创造的财富毁灭一回；一家人坐天下，也是好皇帝少坏皇帝多，一个朝代中间轮流小折腾若干回，社会财富也不过是一个创造再毁坏的过程。故国家强盛时候少衰败时候多，民间财富也得不到积累"。——我想，只要闭上眼睛想象一下，历史上起义的造反的成功者一冲进城市就放火烧掉前一皇朝的旧存，如城郭、宫殿、陵墓等等，这是何等的荒唐！百姓好不容易积累起来的巨大财富往往毁于一旦！

再看美国之生态，文章说"巴掌大的华盛顿，竟然随处可见森林景观"，"老树参天，灌木遍地，群鸟齐鸣，松鼠嬉戏，颇有原始森林的景致。这里都是开放区域，美国人怎么没有把这些地方毁掉呢？这么闹中取静的好地方，美国人怎么不跑到里面盖房子呢？华盛顿为首都也有年头了，要是我们中国人，足够把这些好地方毁灭好多回了。我在北京住了27年，别说市区，郊区我也跑遍了，找棵有点年头的树都不容易，别说是林了"。——我想，"节用"还含生态的"节用"，这又是一种智慧。

再看美国的建筑，"美国的建筑，或许没有多古老，但建好了就一直用着。政府的建筑若建了几年就炸掉，一定会被追究责任；私人建筑用了几年就扒了

论
语
智
慧

盖新的，这样的败家子也少见。高速公路很多是几十年前修的，地铁也不是那么光鲜，街道也没有扒来扒去，这些基础设施建设质量上乘，更重要的是没有政府部门或官员出于门面、政绩甚至是寻租等等冠冕堂皇抑或是上不得台面的理由而翻来覆去地瞎折腾。美国制造的东西，多半粗笨却耐用，也实在体现了财富积累的观念"。——读此可以对比中国今日之情况，近乎每个人都会在自己生活的地方看到种种不"节用"的大量例子，从而形成鲜明的比照。

作者感叹地说："或许美国人真不如我们中国人那么勤劳智慧，可那又怎样？我们祖祖辈辈辛苦劳作，一年三百六十天，一天从早到晚工作，可我们得到相应的财富了吗？我们有与我们的付出相适应的生活质量吗？不说改朝换代和战争时期对于国民财富造成的毁灭性损失，就是一个朝代中间，和平时期，我们的财富就可以顺利创造出来，并且可以积累下来吗？"——这个问题值得拷问。

其二，此文说"浪费工程是国民不够富裕的最好说明"。——"有人做过计算，1950～1970年代，我国国民财富的70%左右是被浪费掉了。而就我的个人研究和观察，这个数据大约还是比较保守的。若再考虑到那段时期国民创造财富积极性的丧失，以及拿国民财富做了不合理投入等等造成的损失，国民财富的浪费将会更加惊人。这也让我们明白，为什么一直到1970年代后期，我们连温饱都没有解决"。我想这是一个好课题、好题目，值得深入研究。

文章又说："美国人或许不如我们素质高且吃苦耐劳，可他们的一点一滴劳动，都可以养家糊口，都可以变成自己的和社会的财富正常地消费、积累下来，所以，人民的富有、国家的强大就是顺理成章的事情了。"

"看看中国人为谋生、为国家投入的时间和劳动，我们就知道中国人不富裕、中国不强大没有道理。可假如我们的制度设计是个漏斗，甚至是个财富毁灭器，国民的努力很大程度上就会被浪费掉。在我们的国土上，遍地可见的浪费工程就是国民不够富裕、国家不够强大原因的最好说明。"

文章揭示出日常发生的那些见怪而不怪的事情："在国民年收入不过3万元左右的情况下，随便一个官员拍拍脑袋就可以浪费掉数万、数十万、数百万、数千万、数亿、数十亿乃至数百亿、上千亿——那是多少国民劳动创造的财富啊，我们就知道一定是哪里出了问题。"

最后作出聚焦之论："国家如同家庭，要过得好就得既能创造财富，又能积累财富。家庭做到这点，勤劳、节俭再加上点智慧就够了；国家要做到这点，则需要好的制度选择和制度设计。"

此文虽短而深刻犀利，中美对比启人心灵。然而我认为固然是"制度选择和制度设计"的问题，但是还应该再深入一层，那就是那些制定制度者的心灵世界问题了。如果那些官员真知百姓财富来之不易、大自然的财富也来之不易，有真正的"节用"及不伤财、不害民之理念，然后才会设计出好制度、好机制来。

当然，孔子不仅于治国讲究"节用"，在个人品德、处理事务上也强调"节用"，那就"俭"。举例如：其一，子贡赞扬"夫子温良恭俭让"(1.10)，此"俭"即是节俭节制，不纵不奢，是孔子的重要一"德"。其二，孔子还毫不客气地批评"管仲之器小哉"、管仲"不俭"，曰："管氏有三归，官事不摄，焉得俭？"(3.22) 其三，子曰："礼，与其奢也，宁俭。"(3.4) 其四，子曰："奢则不孙，俭则固。与其不孙也，宁固。"(7.36) 这些名言，足以警人、醒世。

民富国富：反聚敛·薄赋敛

孔子在经济与财政方面还反对聚敛财产，并主张减轻税收，赋敛要轻薄；然后让老百姓富裕起来，若能藏富于民则民富，民富则国富，否则民穷了国也不会富。

一、孔子反对"聚敛"

"聚敛"就是多方征敛，获取民财。孔子反对这样的做法，《论语》里就记载有严厉批评弟子冉求的做法。

《论语·先进》：季氏富于周公，而求也为之聚敛而附益之。子曰："非吾徒也。小子鸣鼓而攻之，可也。"(11.17) ——周公因其功勋卓著，故食禄最多，赏赐最厚；周公之巨富，是理应所得，是合乎情理的。然而，季氏仅是鲁国的卿大夫，竟然富过周公，这是无情理可说的。他是靠"聚敛"来的，其主要途径不外两条：一是从公家那里夺取过来，这便是祸国；一是从民众那里盘剥而来，这便是殃民。冉求作为他的家臣，理当匡救他，劝谏他，但是反而"附益"之。故孔子怒斥他已经不是自己的弟子，你们可以齐声去攻击他，让他猛然醒悟过来。

《左传·哀公十一年》也有载，季氏欲以田赋（指按田亩征税），使冉有访（征求意见）诸仲尼。仲尼曰："丘不识（不懂）也。"三发（连问三次），卒（最后）曰："子为国老（国家元老），待子（您的意见）而行，若之何子之不言也？"仲尼不对，而私（私下）于冉有曰："君子之行也，度于礼：施取其厚，事举其中，敛从其薄。如是则以丘亦足矣。若不度于礼，而贪冒无厌，则虽以田赋，将又不足。且子季孙若欲行而法，则周公之典在；若欲苟而行，又何访焉？"弗听。——此可以补充《论语》的内容，而"施（施舍）取其厚，事（办事）举其中，敛（赋敛）从其薄"，则孔子又揭明了三种处事智慧。

二、孔子主张薄赋敛

《论语·颜渊》载，鲁哀公问于有若曰："年饥，用不足，如之何？"

孔子的弟子有若对曰："盍（何不）彻乎？""彻"就是周朝田税制度，是十分抽一的税率。

鲁哀公曰："二（十分抽二），吾犹不足（财用不够），如之何其彻也？"有若回答，曰："百姓足，君孰与不足？百姓不足，君孰与足？"——这是多么睿智的财富思想！百姓富足了，你国君还会不富足？相反，百姓不富足，你国君又怎能富足呢？如果绎出一条财富智慧来，那便是：

民富——君富——国富；

民穷——君穷——国穷。

有若的智慧是与其师孔子的理念相应合的。再如《说苑·政理》载，鲁哀公问政于孔子。孔子回答："政在使民富且寿。"哀公说："何谓也？"孔子说："薄赋敛则民富，无事则远罪，远罪则民寿。"鲁哀公说："若是则寡人贫矣。"孔子说："《诗》云'恺悌君子，民之父母。'未见其子富而父母贫者也。"——"薄赋敛则民富"，这是民富也是国富的智慧。孔子还巧妙地用了一个生动的比喻说明其中的道理，子女富裕了父母还会贫困吗？一言中的！孔子之后的荀子也传承了这种智慧。如《荀子·富国》曰："下贫则上贫，下富则上富。"

当然，孔子的智慧也是有所传承的，如《说苑·政理》载，文王问于吕望曰："为（治理）天下若何？"吕望回答说："王国（行王道之国）富民，霸国（称霸之国）富士（指有军功之士），仅存之国（勉强存在之国）富大夫，亡道之国（无道之国）富仓府，是谓上溢（溢满）而下漏（漏光）。"此真是深刻得让人警醒，犹如醍醐灌顶！

虽然时代不同了，但是古人的这些智慧是否还可以借鉴呢？2011年1月我看到转载的《经济日报》的文章，标题是："去年国家税收7.7万亿元，增幅远超GDP，引媒体思考——细算账，百姓税负已占收入一成多"。文章说：国家税务总局今日公布的数据显示，2010年完成税收77390亿元，较2009年上涨约22.6%，远远高于GDP的增幅。这7.7万亿的税收是怎样构成的？在社会财富再分配中，如何让老百姓能共享不断增大的财富"蛋糕"？值得思考。

文中有专家认为，中国的税负总体而言还是比较重的，可以从三个指标上看出：一是居民收入增长速度慢于政府财政收入增长速度；二是从绝对量上看，居民收入在国民收入中所占比重逐年下降，而企业和政府收入逐年上涨；三是居民消费对GDP的贡献率逐年下降。专家还认为，税收政策需要全方位调整。如何进行这种调整，也是对政府执政为民理念的一个考验。

当然，在进行这种调整的时候，那些饱读西方经济学著作的学者、经济学家们再读到孔子等古人的这些财富智慧，不知道又有何感想呢？

魁奈：欧洲的孔子·重农学派领袖

法国的魁奈（1694～1774），被誉称为"欧洲的孔子"，是经济思想史上的重农学派的领袖。1749年，魁奈以御用医生的身份住进了凡尔赛宫。在那里的15年间，宫廷内正风行中国时尚，尤其是国王路易十五的情妇庞巴杜夫人迷恋中国文物，这更加激发了魁奈对中国文化、孔子、儒学的钦慕。魁奈也因此与孔子、儒学结下了深深的缘分。

一、魁奈对孔子的推崇

1. 撰写《孔子简史》与赞扬孔子

魁奈极其赞赏孔子，曾专门以《孔子简史》为题，撰写了有关孔子生平的概要，评价"孔子用传授的方式，在他自己的时代形成一群知识界的灿烂明星"。他还认为，孔子的"荣耀却随着年代的推移而增长。他的学说完全植根于这个世界上最伟大的帝国，而这个帝国的持久与显赫，也正归功于他的学说"。

2. 在其他著作里的敬仰与评价

魁奈说："中国人把孔子看做是所有学者中最伟大的人物，是他们国家从其光辉的古代所流传下来的各种法律、道德和宗教的最伟大的革新者。"

魁奈赞扬：孔子是位"坚贞不渝，忍受着各种非难和压制的著名哲学家"。孔子是具有崇高声望，立法明智，要求在人民中树立公正、坦诚和一切文明风尚的"贤明大师"，中国人对这位哲学家表达了"最崇高的敬意"。孔子是"中华帝国第一位教育家和学者"，其著作具有极大的权威性，连蒙古皇帝亦"对孔子表达了有如对国君一般的敬意"。

3. 高度评价《论语》

魁奈甚至在将孔子的学说与古希腊圣贤的学说对比时，明显地具有褒奖前者而贬抑后者的倾向。如他在评论孔子的《论语》时，认为《论语》"胜过于希腊七圣之语"。一些西方学者据此认为魁奈著作的渊源，"不是如所宣称的古代希腊人，而是古代中国人"，魁奈"对中国哲学的估价高于希腊哲学"。那时在重农派学者的心目中，不了解孔子就像不理解苏格拉底或柏拉图一样，被看做是一个很大的罪过。（以上参见马涛编著《经济思想史教程》）

二、重农学派与孔子、《论语》的理念

重农学派是18世纪法国大革命前夕的启蒙思想的重要派别，是启蒙运动在政治经济学上的表现，它以重农主义的政治经济学为资产阶级论证经济自由的革命原则。其基本观点是：自然法则是人类一切活动必须遵循的规律，它支配着人们的经济活动，人们只有遵循自然秩序才能获得最大的利益。农业最能体现自然秩序、自然法则，所以必须重视农业。这里从重农学派三个主要理念略为一说。

1. 自然法

这是其学说体系的根本。"自然法"，也称为"自然秩序"，到底是指什么？魁奈以为就是中国的天理天则，即中国先哲之所谓的"道"。无疑这主要是他赞赏与尊重的孔子、儒家的"道"了。

2. 租税法

依照自然法则，土地是财产的唯一泉源，所以土地所有者须负担全部租税的责任，而一切加于一般普通人的苛捐杂税均须免除。重农派的这种土地单一税的主张，无疑是受到了中国古代经济思想的影响。有学者说："魁奈对于中国税制甚有研究，其于《周礼》均田贡赋之税尤为推崇，以为田产既有多寡之分，又有肥瘠之别，不能一概而论。以分别抽税是一种理想的税制，当令地主纳粮而使耕作之人免税，唯中国历来税制乃能具有此数种优点云。"（赖赫淮恩《中国与欧洲》）

3. 重农政策

重农学派反对所谓人为法则的重商主义，认为农业为所有财富之唯一泉源。魁奈有说："农人穷困，则国家穷困；国家穷困，则国王亦贫。"这一点，我们马上就会想起《论语·颜渊》之言"百姓足，君孰与不足？百姓不足，君孰与足？"这种深刻的财富思想也影响了魁奈！

三、名著《经济表》与孔子理念

1758年魁奈刊行了著作《经济表》，重农学派均认为是最伟大的科学发明。密拉博曾称赞，"有史以来只有三大发明，第一为信件之发明，第二为货币之发明，第三为前二者之结果的《经济表》之发明"。

马克思在《哲学的贫困》中也极称道此图表，谓魁奈这位法国最末个专制君主和法兰西王朝的代表者路易十五的御医，同时又是法国第一个经济学家。"这位御医，这位经济学家是预言法国资产阶级必然要取得胜利的先知，魁奈医生使政治经济学成为一门科学；他在自己的名著《经济表》中概括地叙述了这门科学。"

魁奈自认为孔子学说的继承人。魁奈去世时，其弟子密拉博发表一段哀辞，认为魁奈的《经济表》是完全继承孔子的。学者博多尊重《经济表》，认为"此表能以寥寥数字将经济原理解析明白，犹之伏羲六十四卦能将哲学要义解析明白"。有人说魁奈的名著《经济表》之构成模仿了"伏羲之六十四卦"，而他的著作《格言》也可以说借用了《论语》的表现法。（以上参见朱谦之《中国哲学与法国革命》）

魁奈与孔子经济理念之间的这一段佳话就这样静静地积淀在史册上了，更成为中法交流，乃至世界经济思想史上不可或缺少的篇章了。

篇 七

《论语》伦理道德与现代智慧

子曰："知者不惑，仁者不忧，勇者不惧。"

——《论语·子罕》

孔子说："聪明的人不致疑惑，仁德的人经常乐观，勇敢的人无所畏惧。"

智、仁、勇被称为天下之达德。能明其理则不惑，能具仁爱则不忧，能有大勇则不惧。如此修身、涵养，如此处世、行事，则可卓立于世。往世是如此，今世难道不也是如此？后世难道不依然如此？

《圣迹之图》之命名荣贶

仁：儒家·精髓·人格·创新

《论语》里记载了孔子及其弟子有关伦理道德的许多阐述，几千年来对儒家、中国文化、中国人产生了不可估量的深刻影响与深层渗透。今天，儒家伦理道德智慧如何与现代结合，即如何进行古代智慧的再转化？这当然先要从知之、晓之、悟之开始。这里先说"仁"。

中国人爱讲仁义道德，关于"仁"的词语可以随口而来，连绵络绎，如"仁人君子"、"仁至义尽"、"仁心仁术"、"一视同仁"、"仁言利博（仁者所言益处很大）"、"仁言利溥（同上）"、"仁民爱物"、"仁义之师"、"仁者无敌"、"宅心仁厚"、"麻木不仁"、"不成功便成仁"、"为仁不富，为富不仁"、"仁者见仁，智者见智"，等等。

如果再深一层，从源头来看，则"仁"之说与孔子以及《论语》密切相关。孔子提倡"仁"，《论语》中说"仁"的记载各处可见，共出现了一百多次。不过在《论语》中，孔子对"仁"做出了不同的解释，让人对仁的认知有点若明若晦。那么，到底什么是仁？到底今人还可以借鉴其中什么智慧呢？

一、"仁"字的结构与字义

《说文》载记录了三种字形。

1. 仁

此字由人、二组成，表示人与人之间亲爱、兼爱，即同时爱别人的意思。所以《说文》："仁，亲也。从人，从二。"徐铉说："仁者兼爱，故从二。"

再如《中庸》、《表记》都说："仁者，人也。"郑玄《中庸注》："人也，读如相人偶之人。"孟子说："仁者，人也；合而言之，道也。"（《孟子·尽心下》）"仁，人心也。"（《孟子·告子上》）梁启超赞扬郑玄的解读，说："相人偶"的"人"字，汉朝有怎样别的读法，虽不可考，但"相人偶"三个字却好极了，就是"人与人相互"的意思。"人与人相互"，才能证现出一个抽象的人格，即仁。曲尽人与人相互之道，人格才算完成，才可以算得一个人。《论语》中有许多仁字；各人问仁，孔子答的都不同。若懂得"仁"字是人格的抽象名词，句句都通了。若从旧说，只是说仁是"爱人"，便到处窒碍。孔子说的仁，只是教人怎样做人，只是教人能尽其性；能尽其性，自然能尽人之性。《论语》中说

出仁的内容有种种，都是完成人格必要的条件。(《梁启超文选》，中国广播电视出版社)

2. 尸

这是古文中的一种写法，"尸"也即是人，只不过"尸"是一个卧着的人形，"人"是站立的形象而已。此字结构的内涵意义与"仁"一样。章太炎还认为此字通"夷"。

3. 忎

这是另一种古文的"仁"字写法，表示千颗心之博爱，徐灏《段注笺》："千心为仁，即取博爱之意。"

仁，是古代的一种道德观念，其含义极广，其核心指人与人相互亲爱。如仁爱，指相亲爱；仁慈，指厚道，行惠施利等。有意思的是，不仅人有仁，古人还移用至于植物、动物上去。比如草中的朱草、萱荚等称为仁草，还以为见到则祥瑞，因此也称为瑞草。朱草，是一种红色的草。晋代葛洪《抱朴子·金丹》："又和以朱草，一服之能乘虚而行云。朱草状似小枣，栽长三四尺，枝叶皆赤，茎如珊瑚。"古人还把鸾凤、凤凰看作仁鸟。《汉书·梅福传》："夫戠(同'鸢'，鸱鹰)鹊遭害，则仁鸟增逝；愚者蒙戮，则智士深退。"颜师古注："仁鸟，鸾凤也。"《宋书·符瑞志中》："凤凰者，仁鸟也。"

再如古人把麒麟称为仁兽，传说它是口不食生物，足不践生草，有王者则至，为仁德之兽。《公羊传·哀公十四年》：这一年的春天，在西部狩猎，获得麟。"麟者，仁兽也，有王(指明王)者则至，无王(明王)者则不至。"孔子知道这事，说："它为谁而来啊！为谁而来啊！"孔子哭泣了，"反袂拭面，涕沾袍"，并说"吾道穷矣"！不久孔子也就去世了。——这是一个仁者与仁兽的一段故事，虽属故事却可以读到人与兽因"仁"而沟通，不仅有情的沟通，且有道义的沟通。呜呼，仁者不仅爱人，还爱物，爱这个地球、整个世界！

二、孔子于"仁"的创新智慧

仁，较早见诸《尚书·金滕》"予仁若考"，意思是我仁而巧。"仁"，指一种好品德。"若"，解释为"而"字。"考"，解释为巧(王引之《经义述闻》)。

在孔子之前，"仁"只是用指一种慈爱的德性，更用指统治者与臣属间的慈爱，而且出现得也不多。孔子则做出了创新式的开拓与提升，在他那里，"仁"作为人生追求的最高道德境界，"仁"体现了多方面的伦理道德原则，是各种善的品德的总括，而其核心是爱人。孔子不仅赋予"仁"新的内涵，而且凸显出"仁"的地位。

《论语》里到处充满关于"仁"的名言警句，但是孔子没有严密、明确地解释"仁"，呈现出来的似乎是纷纭的说解，这让后人读后觉得"仁"的范畴不可琢磨，似有云里雾里之感。我们举一些例句来看看：

（1）仁是爱人。《论语·颜渊》："樊迟问仁。子曰：'爱人。'"（12.22）

（2）仁的根本是孝悌。《论语·学而》载，有子曰："君子务本，本立而道生。孝弟也者，其为仁之本与!"（1.2）

（3）观过知仁。《论语·里仁》载，子曰："人之过也，各于其党。观过，斯知仁矣。"（4.7）

（4）里仁为美。《论语·里仁》载，子曰："里仁为美。择不处仁，焉得知？"（4.1）

（5）安仁与利仁。《论语·里仁》载，子曰："不仁者不可以久处约，不可以长处乐。仁者安仁，知者利仁。"（4.2）

（6）巧言令色者少仁。《论语·学而》载，子曰："巧言令色，鲜矣仁!"（1.3）

（7）不仁则无礼无乐。《论语·八佾》载，子曰："人而不仁，如礼何？人而不仁，如乐何？"（3.3）

（8）只有仁者才能好人恶人。《论语·里仁》载，子曰："唯仁者能好人，能恶人。"（4.3）

（9）志仁无恶。《论语·里仁》载，子曰："苟志于仁矣，无恶也。"（4.4）

（10）君子无终食之间违仁。《论语·里仁》载，子曰："君子去仁，恶乎成名？君子无终食之间违仁，造次必于是，颠沛必于是。"（4.5）

（11）杀身以成仁。《论语·卫灵公》载，子曰："志士仁人，无求生以害仁，有杀身以成仁。"（15.9）

凡此种种，不一而足，但是使人觉得有些头绪纷纭，其实《论语》说"仁"，此中是有内在的理路的。

陈荣捷的《中国哲学文献选编》里曾有过这样的揭示：至孔子时，"仁"的意义乃大为转变。"孔子赋予'仁'新的意义，此一概念后来变为中国哲学的核心问题"。此后中国哲学有关理气问题的讨论，可说都是为了有助于人如何体仁。陈荣捷还有论：

（1）"仁"成为孔子谈论最多的主题，在《论语》的499章中，有58章专门讨论"仁"，出现了105次（或说109次）。其他的主题，甚至包括孝道在内，都未曾受到孔子师生如此之注目。

（2）孔子之前，"仁"被解释为亲，作为百善之一，属于专德、殊德，是诸种德行之一，孔子却将"仁"转化为总德，成为诸德之全。此所谓"尤有甚者，他不像古人将'仁'视作一特殊的德目，而是将之转化成总德。当然，在少数的例子中，孔子仍将仁当成一特殊的德目，其意如同慈爱。但在大多数的例子里，孔子认为仁人即完人，即真正的君子，即金律之人，因为仁者'己欲立而立人，己欲达而达人'"。因此，"仁乃诸德之全，此为孔子破天荒之观念，为我国思想上一绝大贡献"。"盖古时尚无普遍道德之概念。有之则自孔子始也"。

（3）为仁之途径。"为仁要经由'忠'与'恕'，方可达成社会与个人之和谐融合。此是贯穿孔子谠（dǎng，正直之言）训之线索，本质上它是金律，同时也是行仁之最佳途径"。

（4）再从对后来的影响看，"将仁的概念加以扩充，即形成新儒家思想天人合一的理论；也正是因为人心中都有仁，后来的儒者才会坚持人性本善的理论"。

当然，还可以补充一点重要的内容：孔子的又一种创造，即是把当时的以"礼"为重心的理念，努力扭转为以"仁"为核心的理念。此如杨伯峻说："春秋时代重视'礼'，认为'礼'是'天之经也，地之义也，民之行也'，孔子却改以'仁'为核心，认为没有'仁'，便谈不上'礼'。"（《经书浅谈》）这是孔子的一种智慧，有"仁"才能真正有"礼"，人们却把此种关系颠倒了，孔子则要把颠倒的再扭转为正确的理念。

仁：妙义纷披与精神境界

孔子的"仁"之学说，具有浩然沛然的生命力，是如此的强劲且绵延，自古而今，由中而外，真是说不尽，道不完。这里选择辜鸿铭对仁的赞颂、冯友兰对仁的精神境界的解读，以窥测其一斑一隅。

一、辜鸿铭赞扬"仁"之精妙

辜鸿铭（1857～1928），这位学术大师，共获得十三个博士学位，精通英、法、德、日、俄、拉丁、希腊等九种外语，为六国使节当过翻译，孙中山称誉其为"中国第一"。他曾在北京大学任教。辜鸿铭翻译过《论语》、《中庸》、《大学》等，著有《中国的牛津运动》、《中国人的精神》（又称为《春秋大义》）等书。辜鸿铭对西方人影响很大，西方人非常崇拜他的学问与智慧，甚至还有"到

中国可以不看紫禁城，不可不看辜鸿铭"之说。他
曾在《中国人的精神》里如此称扬"仁"的精妙：

辜鸿铭

　　我曾经告诉过诸位，并不是对上帝的信
仰促使人去遵守道德规范。真正使人服从道
德规范的是君子之道——从宗教的角度说，人
们服从的是心中的上帝。因此，宗教真正的生
命所在是君子之道。反之，对上帝的信仰，以
及宗教所规定的各种道德法则都只是宗教的
外在形式。宗教的生命与灵魂是君子之道，君子之道由爱而生。人类首先
自男女之间学到了爱，但人类之爱并不仅限于男女之爱，它包括了人类所
有纯真的感情，这里既有父母与孩子之间的那种亲情，也含有人类对于万
事万物所抱有的慈爱、怜悯、同情和仁义之心。事实上，人类所有纯真的
情感均可以容纳在一个中国字中，这就是"仁"。在欧洲语言中，古老的
基督教术语中的"神性"一词与"仁"的意义最接近。因为"仁"是人所
具有的一种神圣的、超凡的品质。在现代术语中，"仁"相当于仁慈、人
类之爱，或简称爱。简言之，宗教的灵魂、宗教的感化力的源泉便来自于
这个中国字。"仁"来自爱——不管你如何称它，在这个世界上，这种爱
最初是起自夫妇。宗教的感化力就在于此，这也是宗教中的至上之德。正
如我曾说过的那样，宗教正是据此使人服从道德规范或者说是服从"道"
（它构成神圣的宇宙秩序的一部分）。孔子说："君子之道始于夫妻关系，将
其推到极致，君子之道就支配了天地万物——即整个宇宙。"（君子之道，
造端乎夫妇，及其至也，察乎天地。）

141

　　此种论说或可以让人们从一个宗教的角度去体味孔子的"仁"之精妙处。
不过辜鸿铭也曾深深感叹，中国人实际上已经变种，不再是真正的中国人了，
因为几乎丧失了"中国人最美妙的特质：既有着成年人的智慧，又能够过着孩
子般的生活——一种心灵的生活"。（见《改变，从阅读开始：重塑心的文化》，
天津教育出版社）我想此言值得我们深思与反思！

二、冯友兰说仁之妙义与精神境界

　　关于仁，冯友兰在晚年有个总结性的认识，或可说是他一生对"仁"之思
考的结果。在《对于孔子所讲的仁的进一步理解和体会》（《孔子研究》1989年

第 3 期）里有很丰富深刻的内容，值得一读。

1. 关于"仁"最初的认识

冯友兰在他的两卷本《中国哲学史》中提到：《论语》所讲的仁，有些是"四德"（仁、义、礼、智）之一，或是"五常"（仁、义、礼、智、信）之一，是居其首。有些是全德之名，包括诸德。冯友兰说："这个说法，是以蔡元培先生的说法为根据，而加以发挥的。"但是，后来他发现一个问题："这个说法，似乎是解决了问题；其实，并没有解决什么问题，因为照这个说法"，两者的不同，"只是一个名词定义的问题，并没有说出这两种仁在实质上的不同及其内部联系"。

2. 关于"仁"进一步的认识

冯友兰在晚年对于两种"仁"的不同有了深层的认识与体会，并作出了这样的揭示："作为四德之一的仁，是一种道德范畴伦理概念；对于它的讨论，是伦理学范围之内的事。""作为全德之名的仁，是人生的一种精神境界；对于它的讨论，是哲学范围之内的事"。

冯友兰又进而指出："被称为全德之名的仁，不是泛指任何一种精神境界，而是确指最高的境界——天地境界。"此话怎讲？冯友兰著《新原人》，把人的精神境界分为四种：自然境界、功利境界、道德境界、天地境界。此四种境界是一层比一层高。

在"天地境界"里面又有四小层：知天、事天、乐天、同天。冯友兰举例说：（1）"知天"，如孔子"五十而知天命"，是说孔子在五十岁左右就进入"天地境界"了，就是"知天"了。（2）"事天"，孔子"六十而耳顺"，就是顺天命，也就是"事天"。（3）"乐天"，《论语·述而》：孔子"饭蔬食饮水，曲肱而枕之，乐亦在其中矣，不义而富且贵，于我如浮云"。《论语·雍也》记载，子曰："贤哉，回也！一箪食，一瓢饮，在陋巷，人不堪其忧，回也不改其乐。贤哉，回也！"孔子和颜回所乐的，并不是那种贫苦的生活。现代的人们，常说"以苦为乐"，其实苦就是苦，怎么能以之为乐呢！孔子在这两段话中所说的"乐"是指"知天、事天、同天"那种精神境界。后来的道学家周敦颐教他的学生："寻孔颜乐处，所乐何事。"他确是认识到了孔子的要义。（4）"同天"，如孔子"七十从心所欲，不逾矩"，就是说到了七十之年，他的"从心所欲"，就自然合于"四德"的规范，这就是"同天"。——我觉得冯友兰此说值得借鉴。

再透视：仁之精蕴与文化脉络

孔子、《论语》、儒家关于"仁"的理念真是蔚为大观，在2500多年的历史长河里波涛滚滚，既成为儒家的也成为中国文化的一条血脉。孔子时代以及后来者，对于"仁"有着不绝如缕的论说，这里不妨再略为透视。

台湾学者韦政通曾对"仁"之理念进行了细致的梳理，曾如是说：

> 如果说，一个观念的重要和伟大，可以由它在历史上出现和被讨论的次数的多寡来估量的话，无疑的，仁在中国哲学史上，是最重要也是最伟大的观念之一。它活跃的生命一直贯串着两千五百多年来的哲学史，像一个观念的活泉，众多的概念，由它滚滚流出，因此使仁有了丰富而复杂的涵义。这些涵义，大抵可以分三类：（1）伦理的；（2）政治的；（3）宇宙论的。而以伦理方面的为最多。
>
> 尽管仁在哲学史上不断被讨论着，但只有在孔孟的思想中，占有最重要的地位。汉宋两代，仁学虽有一些新的发展，但仁在这两个时代的哲学里，毕竟已不是代表性的观念。这在哲学史上，是很正常的现象，因为一个观念，不论具有如何强大的繁衍力，总有它的限度。探讨宇宙人生的复杂问题，同样也需要复杂的观念。即是同样的问题，在不同的时代，也须要有不同的观念去讨论它，才能一新耳目。一个重要的崭新观念的出现，往往代表着一种哲学的新活力。
>
> 在我们的时代里，如要使仁学有新的发展，运用现代相关的社会科学方面的知识，从事哲学性的讨论，是值得尝试的工作。

韦政通又在其《中国哲学辞典》里把古代"仁"的论说进行了条分缕析，可以透视"仁"之理念、文化与脉络。

一、关于仁的含义

1. 仁的伦理的含义

（1）心之德。如《论语·卫灵公》载，子曰："志士仁人，无求生以害仁，有杀身以成仁。"

（2）爱。如《论语·颜渊》载，樊迟问仁。子曰："爱人。"

（3）博爱。如董仲舒《春秋繁露·为人者天地》："先之以博爱，教之以仁也。"韩愈《原道》："博爱之谓仁。"

（4）爱得分。如《尸子·分》："爱得分（合乎其名分）曰仁，施得分曰义，虑得分曰智，动得分曰适，言得分曰信，皆得其分而后为成人。"

（5）敬。如《左传·僖公三十三年》："敬德之聚也"，"出门如宾，承事如祭，仁之则也"。

（6）孝。如《礼记·祭义》："父母既没，慎行其身，不遗父母恶名，可谓能终矣，仁者仁此者也。"

（7）不背本。《左传·成公九年》："不背本，仁也。"

（8）义之本。《礼记·礼运》："仁者，义之本也。"

（9）以德报怨。《礼记·表记》："以德报怨，则宽身之仁也。"

（10）温润而泽。《礼记·聘义》："夫昔者君子比德于玉焉：温润而泽，仁也。"

（11）恩。《礼记·丧服四制》："恩，仁也。"

（12）恕。《大戴礼记·卫将军文子》："方长不折则恕也，恕则仁。"

（13）不淫于色。《大戴礼记·千乘》："何如之谓仁？子曰：不淫于色。"

（14）不杀。《颜氏家训·归心》："仁者，不杀之禁也。"

（15）人心。《孟子·告子上》："仁，人心也。"朱熹《仁说》："仁，人心也。"

（16）人性。潘平格《求仁录辑要》："孔门之学，以求仁为宗。仁，人性也，求仁所以复性也。"

（17）性心合。李光地《仁说》："性，生理也；心，生机也；生理与生机合之谓仁。"

（18）立人之道。王夫之《读四书大全说》："仁也，义也，礼也，此立人之道，人所当修者。"

（19）忍。《释名》："仁，忍也，性恶杀好善含忍之也。"

（20）吸引之力。康有为《中庸注》："仁从二人，人相偶，有吸引之意，即爱力也。""人具此爱力，故仁即人也。苟无此爱力，即不得为人矣。"

（21）仁有差等。康有为《孟子微》："孔子之三世之法。拨乱世仁不能远，故谓亲亲。升平世仁及人类，故能仁民。太平世众生如一，故兼爱物。仁既有差等，亦因世为进退大小。"

2. 仁的政治的含义

（1）让国。《左传·僖公八年》载，宋公生病，太子兹父再三请求，曰："目夷（子鱼）年长且仁爱，君王应该立他为国君。"宋公就命令立子鱼为国君。但是子鱼推辞了，曰："能以国让，仁孰大焉（没有比这更大的仁爱了）。"

（2）利国。如《国语·晋语一》："为国者，利国之谓仁。"

3. 仁的宇宙论的含义

（1）与万物为一体。如《程颢语录》："仁者，浑然与物同体。"

（2）生。如《管子·禁藏》："春仁夏忠。"朱熹《仁说》："盖仁之为道，乃天地生物之心，即物而在。"戴震《孟子字义疏·仁》："仁者生生之德也。"

二、关于仁涵众德

仁涵盖了众多德行，如《论语·阳货》载，子张问仁于孔子。孔子曰："能行五者于天下，为仁矣。"再请问之。子再曰："恭，宽，信，敏，惠。"又如朱熹《仁说》："故人之为心，其德亦有四，曰仁、义、礼、智，而仁无不包。"

三、关于践仁的工夫

如《论语·里仁》："君子无终食之间违仁，造次必于是，颠沛必于是。"再如《论语·雍也》："回也，其心三月不违仁，其余则日月至焉而已矣。"又如《论语·颜渊》载，颜渊问仁。子曰："克己复礼为仁。一日克己复礼，天下归仁焉。为仁由己，而由人乎哉？"又如《中庸》："力行近乎仁。""肫（zhūn）肫（诚恳、恳切）其仁，渊渊其渊，浩浩其天。"

四、关于仁的功能

1. 社会功能

举例如《论语·里仁》："里仁为美。"《孟子·公孙丑上》："仁则荣，不仁则辱。"《大学》："一家仁，一国仁。"

2. 政治功能

如《论语·泰伯》："君子笃于亲，则民兴于仁。"《孟子·离娄上》："三代之得天下也以仁，其失天下也以不仁，国之所以废兴存亡者亦然。"

3. 宇宙功能

如《周易·系辞传》："显诸仁，藏诸用，鼓万物而不与圣人同忧，盛德大业至矣哉。"《尸子·处道》："德者，天地万物得也。义者，天地万物宜也。礼者，天地万物体也。使天地万物皆得其宜，当其体者，谓之大仁。"

另外，对于仁的体认，如果要再精简一些，那么可取郭齐勇编著的《中国哲学史》中的说法，将"仁"学的主要内涵以及层次概括为五个方面：

（1）以"爱人"为仁。这是仁的主旨。

（2）以"克己复礼"为仁。

（3）"忠"与"恕"接近于"仁"。

（4）孔子的仁道是人文主义的价值理想。孔子讲"仁"，主要针对官员和知识分子的要求。

（5）孔子之"仁"有不同层次。

"仁"这个范畴有不同的层次。高一层次的、作为人的最高标准、最高道德原则、最高精神境界和价值理想的"仁"，可以统摄作为社会普遍道德规范的、与义、礼、智、信并列的仁。

再从"仁"所指的"仁人"、"仁者"来说，也有层次。第一层次是仁者的境界，此以至善至美的圣（圣人、圣王）为最高。在特定的语境中，孔子视"圣"与"仁"为同一境界，是最高的人格境界。这是理想的近乎完美无缺的仁人，在现实中是很难达到的。所以，孔子在这一层次上从不轻许人（包括他自己）为仁。第二层次是仁人，叫"成人"（全人）。这是具有现实性的，通过实践可以达到的德才技艺兼备、全面发展的人，也就是贤人。第三层次的仁人，那就叫君子，是超越于自然人的道德人，即与小人儒相区别的君子儒。贤人与君子都是现实的人，都有自然欲求，只是在精神境界的追求上超越了自然与功利。（参见郭齐勇编著《中国哲学史》）

如果我们由此而再去阅读《论语》里频繁出现的"仁"，或许也可以有个头绪了，不至于坠入迷雾里，不识其面目了，也可以自己辨别出一个子丑寅卯来了。

《论语》礼之智慧的现代汲取

孔子重视仁，也重视礼，在《论语》中"礼"字出现了75次之多。春秋时期社会上特别重视礼，而孔子则特别钟情于周礼，欲复归于彼，其理想境界就是"克己复礼"。当然，随着历史之洗汰与演进，周礼等等陈腐的东西也悄然逝去，但是孔子一些有关礼的智慧，直到今天还有很多值得借鉴的地方。

这里我又记起辜鸿铭曾解读孔子"礼"之学说的一段话：

中国人的"礼"在孔子的学说中有着各式各样的含义。它可以是礼仪、礼节和礼貌等，但这个字最好的译法还是"good taste"（文雅、得体、有礼）。当它被运用于道德行为的时候，礼指的就是欧洲语言里的廉耻感。事实上，孔子的君子之道不是别的，正是一种廉耻感。它不像哲学家和伦理学家的道德律令，是关于正确与谬误的形式或程式之枯燥的、没有生命力的死知识，而是像基督教《圣经》中的正直一样，是对是非或公正，对称作廉耻的公正之生命与灵魂，对那种无法名状的绝对本质之一种本能的、活生生的洞察与把握。"（《中国人的精神》）

辜鸿铭的分析有其独到的会心处，可以一读。这里我不再全面展开对孔子之"礼"的评析，就其《论语》说"礼"之今日还足资借鉴的地方约略说之。

一、国家、社会、群体都不能缺少礼

礼，是维护社会秩序的一套社会规范和道德规范，包括政治制度、社会、家庭伦理道德规范、仪式等。孔子曾论说礼、礼制、礼治、礼教之重要。

1. 礼治与礼教之重要

孔子说到一个国家，其治与教的情况就可以察知。比如其为人"恭俭庄敬，礼教也"（《礼记·经解》）。

2. 执政必须"齐之以礼"

《论语·为政》记载，孔子说："道（引导）之以政（政法），齐（整顿）之以刑（刑罚），民免（免于犯罪）而无耻（无知耻之心）；道（引导）之以德（道德），齐（整顿）之以礼（礼教），有耻（有知耻之心）且格（归服）。"邢昺疏："民有愧耻而不犯礼，且能自脩而归正也。"此足见其必要与重要。孔子以及其后的儒家都强调礼，重视礼制、礼治、礼教，其中的智慧很深刻且丰富，今天也值得借鉴之。

二、人要立足社会必须有礼

1. 人若要立足社会，必定要立于礼上。如《论语·泰伯》载，子曰："立于礼。"（8.8）立于礼，则可免遭耻辱。如孔子说："恭近于礼，远耻辱。"（1.13）

2. 要立于礼，必先知礼。如《论语·尧曰》载，子曰："不知礼，无以为立。"（20.3）朱熹《集注》："不知礼，则耳目无所措。"

3. 要知礼，必先学礼。如《论语·季氏》载，孔子教导他的儿子说："不学礼，无以立。"——确实，无论古今、无论中外，如果失去了礼制、礼节、礼仪、礼貌，那么准则既失，便使得交际、进退、周旋茫然一片，这又如何能卓然地立于社会、优雅地立于人群之间呢？

三、有好品德而无礼者，也难以立足社会

1. 博学约礼之智慧

如《论语·雍也》载，子曰："君子博学于文，约之以礼，亦可以弗畔矣夫！"（6.27）"畔"，同"叛"的意思。博学，而且有礼的约束，就不会违背道理了。

2. "无礼"之弊

如《论语·泰伯》载，子曰："恭而无礼则劳，慎而无礼则葸（xǐ，畏惧），勇而无礼则乱，直而无礼则绞。"（8.2）又《礼记·曲礼上》："道德仁义，非礼不成。"孔颖达疏："仁是施恩及物，义是裁断合宜。"但如果不遵循礼，就不能抵达成功彼岸。

四、礼之用，和为贵

1. "和为贵"

礼之"用"，即作用、功用、效用，其价值之"贵"就在于"和"，即能达到平和、和睦、和谐之境地。"礼"真的能调节人际关系，使之达到和谐吗？首先，若自身的行为能遵礼、讲礼、行礼，那么一己之自我，便能从容不迫地处理与他人的关系。如果人人都能讲究礼，人与人之间处处以礼相处相交，事大事小时时以礼相待相融，那么整个社会大约不会不至和谐之境地了吧？

2. "和"之节制

"和"不能没有节制与驾驭，否则一味讲究"和"，如"和稀泥"式的"和"，为"和"而"和"，便不能真正地和谐。这里必须有原则，必定还要用礼来调节。这也是一种"中庸之道"。

由此可以明白《论语·学而》记载，孔子的学生有子曰："礼之用，和为贵。先王之道，斯为美，小大由之。有所不行，知和而和，不以礼节之，亦不可行也。"（1.12）这里还歌颂了先王制礼之道，为美为善，小则衣食住行，大则纲常伦理，都可遵循此道行之。其实，冷静思考一下，这不就是中华先祖留给子孙后代的一份智慧的遗产？

五、"克己复礼"与"四勿"之教诲

《论语·颜渊》载，颜渊向孔子请教"仁"的问题。孔子说："克己复礼为仁，一日克己复礼，天下归仁焉。为仁由己，而由人乎哉？"颜渊说："请问其目（条目，细目）。"孔子说："非礼勿视，非礼勿听，非礼勿言，非礼勿动。"颜渊说："回虽不敏，请事斯语矣。"（12.1）——"克己复礼"、"四勿"曾被后人特别是现代人严厉地批判过，然而冷静下来一想，如果不是从孔子复归周礼

这一维度来看，那么其中未必没有今人可以汲取的智慧。

1. 遵礼与克己

要遵礼，必然要克己，克制自己，约束自我，不能放任、放纵、放肆。从细小事说，如今人驾车，你能由着自己的性子来乱闯红灯、乱开车？这就得"克己"，比如不喝酒，不飙车，不开赌气车。再如一个官员也如此，他对百姓不"克己"，而是十足的骄气、傲气、蛮气、霸气，能礼待百姓吗？

2. 礼让与克己

要遵礼，必定要"克己"，必须学会礼让。《论语》就说到"礼让为国"、"三让天下"之智，孔子自己就能"温良恭俭让"。曹操还有一篇《让礼令》说到"礼让"，云："里谚曰'让礼一寸，得礼一尺'，斯合经之要矣。"当然，"让"也有原则，如何"让"，如何"寸土不让"，这都是大智慧。

3. "四勿"之智

一个人的视、听、言、动都能合乎礼，大概不会是一个没有教养、不懂规矩、被人讨厌的人了。如果我们能做到"四勿"，那么许多青少年就不会贪恋于网上的黄色之"视"与"听"，许多官员也许就会"非礼勿言"、"非礼勿动"，而不是面对社会、媒体、群众而在花言巧语，面对着权位与钱财则蠢蠢欲动。

六、"礼者制中"的智慧

1. 礼与中庸

《礼记·仲尼燕居》："夫礼，所以制中也。""制中"，便是执中，即是恪守中正之道，也即是遵守中庸之道。

2. 反对烦琐

孔子特别重视礼，但是又很辩证地反对烦琐的礼。他反对"礼之失烦"，而主张达到"恭俭庄敬而不烦，则深于礼者也。"（《孔子家语》，又见《礼记·经解》）因此，孔子是反对烦琐细碎的礼教的。

3. 反对束缚人性

束缚人性的礼教，孔子也是不同意，且是反对的。后代所谓礼教杀人，那更不是孔子的本意了。后来有的儒学者将孔子的礼教主张变质了，变味了，异化了。其实，守礼而又当有圆通之智；礼不可拘泥、拘束、拘谨，而当圆融、圆通、圆智。对待礼，亦应该如子夏所说："大德不逾闲，小德出入可也。"（《论语·子张》）

《论语》以及儒家的"礼"之智慧，是中华文化传统的重要组成部分，一个礼仪之邦，不可缺少礼，一个向世界开放的国家更加要传承这份遗产发扬光大。

达德之说：爱知·爱智·讲勇

孔子曾指出做人当有三种德行，也称为"三达德"：知（智）、仁、勇。《论语·子罕》："子曰：知（智）者不惑，仁者不忧，勇者不惧。"《中庸》有云："知（智）、仁、勇三者，天下之达德。"郑玄注："达者常行，百王所不变也。"所谓"达德"，就是通达通行于天下古今的美好德行。前文已经解析过"仁"，此再说孔子的"知"、"智"与"勇"的智慧。

一、知、智是人道之必具者

人之所以为人，必具人道。《礼记·丧服四制》："恩者仁也，理者义也，节者礼也，权者知也。仁义礼知，人道具矣。"人道之一，便是知，也是智。

1. 知、智：构字与释义

许慎《说文》："知，词也。从口，从矢。"许慎的这一解释是什么意思？这也引出后人不同的解读：（1）有学者认为这里的"知，词也"，当依《玉篇》作"知，识也。""知"就是知识，认识等。（2）"知"为什么"从口，从矢"？此指由口的陈述，而可以晓其意思。"知"字是会意结构：从口，表示口的陈述；从矢，本指弓箭，如徐锴《说文系传》："凡知理之速，如矢之疾也，会意。"当然也有人认为矢不仅表意，还表声。（3）或认为"知，词也"不必改动，意思就是说"知"也作助词。它用在句子内起调节音节的作用。如王筠《说文系传校录》："凡许（慎）所谓词，即语助也。"古书有这样的用法，如《尚书·召诰》："知今我初服。"孙星衍、俞樾均认为"知"是语助词。

再说"智"字。《说文》："智，识词也。"智，是表示聪慧的词。小篆形体由"白"（隶书变为"曰"）、"亏"（隶书省略了）、"知"三者会意构成。此字后来减省而写作"智"。段玉裁注："从知会意，知亦声。"徐灏："知、智本一字。"

"智"，就是智慧、聪明的意思。《释名》："智，知也，无所不知也。"《孟子·公孙丑上》："是非之心，智之端。""智"，也是知识的意思。《荀子·正名》："所以知之在人者谓之知，知有所合谓之智。"杨倞注："知有所合，谓所知能合于物也。"

再说"知"字与"智"字。"知"同"智"，指智慧。清代徐灏《说文注笺》："知，智慧即知识之引申，故古祗（只）作知。"《集韵》："智，或作知。"徐灏此言说得很具哲学意味，智慧不就是指辨析判断、发明创造的能力吗？不就是在知识基础上作出的引申、延伸、归纳、演绎、转化吗？

二、《论语》说"知"与"智"

《论语》只出现"知"字，不出现"智"字，但是"知"字中也含有了"智"字，只不过读音有其别，或作"知（zhī）"，或作"智（zhì）"。

1. 智来自知

孔子好学不倦，惟其好学才获得了渊博的知识、学问。他又能运用这些知识、学问，便由知识至于才智、智慧。《论语》提及"闻一知二"、"闻一知十"、"举一反三"、"告往知来"等等，既是认知，也已是进层抵达智慧了。

2. 孔子将"仁"与"知（智）"并提并言

翻开《论语》会发现"仁"与"知（智）"的并说连说，而且出现的还不少。有学者说："仁智并言，始于孔子。"《论语》诸篇所载诸如：

子曰："里仁为美，择不处仁，焉得知？"（4.1）

子曰："仁者安仁，知者利人。"（4.2）

子曰："知者乐水，仁者乐山。知者动，仁者静。知者乐，仁者寿。"（6.23）

樊迟问仁，子曰："爱人。"问知，子曰："知人。"（12.22）

子曰："知及之，仁不能守之，虽得之，必失之。知及之，仁能守之。不庄以莅之，则民不敬。知及之，仁能守之，庄以莅之，动之不以礼，未善也。"（15.33）

这些名言均可体味之，即如仁者"爱人"，知者"知人"，便是意趣盎然。"知人"才可以"利人"，如《礼记·祭统》说："仁足以与之，知足以利之。"为何在"爱人"的同时，又要强调"知人"？"知"才能具有判别是非的能力，爱他人固然仁爱，但是实际生活里，如果缺乏判别是非的能力，很可能被人陷害、欺骗，结果好心还没有好报。这样的事情不就常常发生在我们的身边？

《论语·雍也》里就记有这样的故事。宰我问孔子：一个仁者，如果有人告诉他，有人掉到井里面了，是否就不顾一切跳下去救人？孔子回答说不可以，因为那样做不但不能救出井中之人，反而白赔了一条性命。如"子曰：何为其然也，君子可逝也（可使往救），不可陷也；可欺也，不可罔也。"这则内容说明仁者固然应当爱人，但要面对实际情况，审辨对方的为人与意图，以免为人所害。如果这样爱人，反而带来危害，此为仁者所不取，所以说唯"知足以利之"。因此，落到行为上，仁必摄知，爱人必同时知人，如此方能不惑。亦如孔子说："盖有不知而作之者，我无是也。"（《论语·述而》）

再说，照孔子的想法，一个仁者，当然是爱好他人的，这是仁；同时也要能厌恶不仁的人，这是智。好仁者固然是仁，恶不仁者也是仁。所以说："唯仁者能好人，能恶人"（《论语·里仁》）。这样的仁者，才是仁智双修的人。

子贡、荀子等都曾用"仁且智"来评价孔子。《孟子·公孙丑上》："孔子曰：'圣则吾不能，我学不厌，而教不倦也。'子贡曰：'学不厌，智也；教不倦，仁也。仁且智，夫子既圣矣。'"《荀子·解蔽》："孔子仁知且不蔽，故学乱术（指治乱之术），足以为（指辅助）先王者也。"又《荀子·君道》："知（智）而不仁，不可；仁而不知（智），不可；既知（智）且仁，是人主（圣王）之宝也，而王霸之佐也。"

其实，"仁且智"就是一种卓越智慧：仁能爱，但智却能使人爱得明白，爱得有分寸。清代李光地《仁说》："仁非智无由动，故曰：智在仁之先。"仁并不是没有智就不能行动，而是没有智，仁就不能有恰如其分的表现。

三、勇的智慧

一个人能勇敢，是一种美好的德行，"见义勇为"就出自《论语》，孔子说："见义不为，无勇也。"（2.24）世间也常赞扬那些"智勇双全"、"智勇兼全"的人，当然也贬斥那些"匹夫之勇"、"有勇无谋"者，又常闻"重赏之下，必有勇夫"者，然而这些勇也就不值得一提了。勇敢也需要智慧，孔子揭示的"勇"之智慧就很深刻。

1. 勇是"成人"的要素

孔子曾把具有"知（智）"、"不欲"、"勇"、"艺"、"礼乐"等看做"成人"，即成为一个完美人生的要素，其中孔子还特地赞扬了卞庄子之勇。（《论语·宪问》）卞庄子是鲁国的大夫，封地在卞邑（今山东泗水县东），据说他独身打虎，以勇著称。这可以看到，孔子很重视勇之德。

2. 仁与勇、仁者与勇者

人必须有仁作为立身之本，那么不仅要勇敢，而且要使勇敢具有美德的向度。孔子说："仁者必有勇，勇敢者不必有仁。"（《论语·宪问》）前者是有仁有勇，后者是有勇而无仁。

3. 勇者必须有礼的约束

孔子说："勇而无礼则乱。"（《论语·泰伯》）勇猛、勇敢、勇毅，不可屈服、阻挠、就范，此固然是美德；但是一旦没有礼来自守、没有礼来裁度，则可能因此而不顾法规、名分，由此而逞其血气之刚，泄其不屈之傲，则可能终至于悖乱、狂乱、作乱了。

4. 勇敢必须遵循义

子路是一个好勇的人，孔子既欣赏他的勇敢，但也担心他的勇敢失去制约，因此常引导教诲之。

子路曾经说：一个拥有千辆兵车的国家，夹在两国的中间，常受到别国的侵犯，再加上国内有饥荒，如果让我去治理，只要三年，就可以使得民众能勇敢作战，且懂得遵守礼仪。（《论语·先进》）——孔子对此只是"哂（shěn，讥讽地微笑）之"。

孔子又曾评论"由（子路）也好勇过我，无所取材"。（《论语·公冶长》）《论语·阳货》里还有一段记载，子路曾提出一个问题："君子尚勇乎？"君子崇尚勇敢吗？孔子回答说："君子义以为上。君子有勇而无义为乱，小人有勇无义为盗。"崇尚勇敢并非坏事，但是有几点值得注意：一是好勇不属首位，道义才是第一位的。二是勇敢必须由道义来驾驭与掌控。三是，不用道义来驾驭，那么即使是君子也会最后陷入作乱里去，小人最后可能就变成了盗贼。

张居正有段评论说得很好："盖义者，事物之权衡、立身之宰，是以君子尚之。义所当为，则必为；义所不当为，则不为。虽万钟千驷，有弗能诱；虽刀锯鼎镬，有所弗避，乃天下之大勇也。至于血气之勇，岂君子之所尚者乎？盖以血气为勇，非勇也。使在位的君子徒知有勇，而无义以裁制之，则必将倚其强梁，逆理犯分，或无故而自启衅端，或任情而妄生暴横，不至于悖乱不止矣。使在下的小人徒知有勇，而无义以裁制之，则必将逞其凶狠，放荡为非，小而草窃奸宄，大而贼杀剽夺，不流于盗贼不止矣。是人之大小尊卑虽不同，苟不义而勇，无一可者也，然则勇何足尚乎哉？孔子因子路好勇而无所取裁，故深救其失如此！"（《张居正讲评〈论语〉》）此段评说也值得今人体会一番。

5. "勇"必须用学习来驾驭

孔子还强调勇者一定要学习，有勇而不学习，则生出的弊病即可能因勇而作乱。孔子说"好勇不好学，则蔽也乱"（《论语·阳货》）。

最后我想起孙中山于"智仁勇"这"三达德"的活用。他在《军人精神教育》第一课里说："所谓精神，非泛泛言之，智、仁、勇三者即军人精神三要素。能发扬此三种精神，始可以教民，始可以救国。"在第五课又说：军人精神，"第一之要素为智，能别是非，明利害，识时势，知彼己，然后左右逢源，无不如志。""第二之要素为仁，而所以行仁之方法则在实行三民主义。""第三之要素为勇。军人须有技能，始足应敌，而又须明于生死之辨，乃不至临事依违（指依从，或违背，犹疑不决），有所顾忌。"古代经典能活用，前人智慧能转化，这或许也不失为一个例证。

信、忠、孝、悌、恕之智

《论语》里还讲到德行修养里的"信"、"忠"、"孝"、"悌"、"忠信"、"忠孝"、"忠恕"等。儒家的这些道德规范，又有哪些理念与智慧呢？

一、《论语》"信"之释义与释智

"信"，《说文》："信，诚也。从人，从言，会意。"金文有从人、从口，而会意的。言为心声，出言必须信实不欺。"信"，就是诚实不欺。因此人言为信，非信则不成其为言，非信则不成其为人。比如《谷梁传·僖公二十二年》："言之所以为言者，信也。言而不信，何以为言？"

《论语》里"信"字出现接近40次，这也足见圣贤殷殷叮嘱之郑重、谆谆告诫之深意。《论语·为政》："殷因于夏礼，所损益，可知也。"何晏《集解》："马融曰：'所因三纲五常也。'""三纲"，即是父为子纲，君为臣纲，夫为妻纲。"五常"，即是仁、义、礼、智、信。作为"五常"之一的"信"，值得深说。

1. "信"是总德"仁"之一端

孔子谆谆教导之：（1）"敬事而信"（《论语·学而》）。（2）"谨而信"（《论语·学而》）。（3）"信则人任焉"（《论语·阳货》）。（4）"上好信，则民莫敢不用情"（《论语·子路》）。另外，《论语》载，曾子曰："与朋友交而不信乎？"（《论语·学而》）子夏曰："与朋友交，言而有信。"（《论语·学而》）

2. 做人必须讲信用

孔子说："人而无信，不知其可（不知是否可以算人）也。"（《论语·为政》）"信"，是本心之德，是做人的基础、根本。唯此人道之基石夯实，才能建构事业之大厦；唯此人道之根蒂深固，才能人生枝繁叶茂。

3. 民众与为政者都必须有信用

孔子说："自古皆有死，民无信不立。"（《论语·颜渊》）此有两层意思：一是，如果民众没有信用，尔虞我诈，那么如何区别于禽兽，怎能自立于天地之间？二是，为政者如果欺骗、欺瞒、欺诈民众，那么民众就失去了对他们的信任，如此则国何以立、政治如何立？朱熹《集注》："民无食必死，然死者人之所必不免，无信则虽生而无以自立，不若死之为安。故宁死而不失信于民，使民亦宁死而不失信于我也。"确实，一个人无信不能自立，一个企业无信不能自立，一个国家无信用也不能自立。因此，讲信、守信之重要与必要也可以晓谕了。如果不论常或变，久或暂，生或死，能守定信用，不无丝毫之失守，则必能自立、立民、立国了。古谚云"巧诈不如拙诚"，诚哉此言，信哉斯语！

那么，孔子为什么又反对一种"言必信，行必果"呢？《论语·子路》载，孔子曰："言必信，行必果，硁硁（kēng，浅陋固执）然小人哉！"（13.20）这意思不是教人言而无信，行而无果，而是说如果有人不考虑是非曲直之道理，而说话必期于有信用；不考虑事情是否当行与否，而办事必期于有结果，这就是器量浅狭、固执不化之小人。这里又显示出孔子的卓越智慧。

《论语》还有一个现象值得一说，虽然"信"与"诚"相联系，比如《说文》就互相解释，此称为互训。《说文》："信，诚也。"《说文》："诚，信也。""信"就是诚，"诚"就是信。然而，《论语》说"信"常见，说"诚"少见。但是在《大学》、《中庸》里则多说"诚"，对于"诚"有深刻的发挥与阐述。此可参见笔者所著之《大学智慧》与《中庸智慧》。

儒家的这些"信"之智，在今天仍然值得借鉴。我们从媒体报道、从身边发生的事情来看，21世纪的国人于"信"、"诚"、"诚信"、"信用"还是那么的欠缺，诈骗、欺诈之报道不绝于耳。世人似乎并不是不知道信用、诚信是美好的，但是又往往认为它是无足轻重的、可忽略的。其实，一个人要自立、自强，千万不能忘记"信"与"诚"之必要与重要。

二、《论语》"忠"之释义与释智

什么是"忠"？《说文》："忠，敬也。从心，中声。"其实，"中"也当表义，即忠是尽从心中而出，尽由内心而来。贾谊《新书·道术》："爱利出中谓之忠。"再说"敬"，就是肃敬。如果没有做到尽心，那是会不肃敬的，所以能尽心也就是"忠"。"忠"，是尽心地、诚恳地、积极地、无私地为人。有意思的是，《说文》段注就添加了数字，变为："忠，敬也，尽心曰忠。从心，中声。"之所以加上"尽心曰忠"，除了显示"忠"字意义的完整明了外，段玉裁还认为唐代元行冲的《孝经疏》有此句，故"唐本如此"。再看《论语》里"忠"的理念与智慧。

1. "忠"是"仁"之总德里的一种德行

《论语·子路》载，樊迟问仁。子曰："居处恭，执事敬，与人忠。虽之夷狄，不可弃也。"再如古代还有"六德"之说，"忠"即是其中一德。《周礼·地官·大司徒》："以乡（指乡学）三物（三项教学内容，即六德、六行、六艺）

教万民而宾（像宾客那样）兴之（指礼待贤者），一曰六德：知、仁、圣、义、忠、和。"贾公彦疏："中下从心，谓言出于心，皆有忠实也；云和不刚不柔，谓宽猛相济者也。"

"忠"，《论语》里的诠释有所谓"己欲立而立人，己欲达而达人"。（《论语·雍也》）"忠"，也即如《左传·成公九年》所谓的"无私，忠也"。

2. 人际关系之"忠"

这就是忠诚老实，能尽自己之心，对他人不欺。孔子说："与人忠。"（13.19）又如曾子说："为人谋而不忠乎？"（1.4）为自己谋事都会尽心尽力，但是为他人谋事马马虎虎、敷衍了事，不肯尽心竭诚，这就是不忠了。再如子贡问交友之事，孔子说："忠告而善道之。"（12.23）"忠告"就是真诚劝告。再如孔子又说："忠焉，能勿诲乎？"（14.7）忠于别人，但是不能缺少对他人必要的教诲。

3. 执政之忠

《论语·颜渊》载，子张问政。子曰："居之无倦，行之以忠。"行政必须忠诚。孔子又说："臣事君以忠。"（3.19）季康子问怎样才能做到"使民敬（恭敬）、忠（尽忠）以劝（互相勉励）"时，孔子说："孝慈则忠。"（2.20）意思是，你自己做到了孝与慈，那么民众就会忠于你。

4. 忠有"九知"

《大戴礼记·用兵》有载，孔子说："丘闻之忠有九知：知忠必知中，知中必知恕，知恕必知外，知外必知德，知德必知政，知政必知官，知官必知事，知事必知患，知患必知备。"此智慧丰足，值得三思。

三、《论语》"忠"与"信"的连缀

《论语》将"忠信"连用，即是强调人的忠诚、诚信的德行。

1. "忠信"是人们常见的好品德

孔子说："十室之邑，必有忠信如丘者焉，不如丘之好学也。"（5.28）

2. 做人"主忠信"

这意思是做人要以忠信两种德行为主。孔子说："主忠信。"（《论语·学而》）朱熹《论语集注》引程子曰："人道唯在忠信，不诚则无物。"《论语》里曾三次提到"主忠信"，此又见于《论语·子罕》（9.25），又《论语·颜渊》："子张问崇德辨惑。子曰：'主忠信，徙义，崇德也。'"（12.10）

3. 说话必须强调忠信

《论语》载，子曰："言忠信，行笃敬，虽蛮貊（mò，指古代的少数民族）

之邦, 行矣。言不忠信, 行不笃敬, 虽州里, 行乎哉？"（15.6）孔子还说过:
"言思忠。"（16.10）

4."忠"与"信"为孔子"四教"之"二教"

《论语·述而》:"子以四教: 文, 行, 忠, 信。"此可见孔子十分重视"忠"
与"信"之教育对于"成人"的意义与价值。

关于"忠信",《易·乾》也有说:"君子进德修业, 忠信所以进德也。"再
如欧阳修《朋党论》也有说:"君子则不然, 所守者道义, 所行者忠信, 所惜
者名节。"此种种名言, 教诲人生处世不可不"忠信"！

四、《论语》"孝"、"悌"、"忠孝"之理念与智慧

关于《论语》孝与悌的内容,
笔者在《孝经智慧》里已有比较详
细之论说, 可参考, 此不赘述。此
略说"忠"与"孝"连缀起来的"忠
孝"。孔子说:"孝慈则忠。"（《论
语·为政》）人能孝慈便能做到忠。
孔子还强调这样的理念, 如《论语·
泰伯》:"君子（在上位者）笃于亲
（即是行孝悌之道）, 则民兴于仁;
故旧不遗, 则民不偷。"何晏《论

孝子闵子骞·武梁祠画像

语集解》:"君能厚于亲属, 不遗忘其故旧, 行之美者, 则民皆化之, 民起仁厚
之行, 不偷薄。"如果上位者不能这样, 那么就不能反过来获得民众的忠心了！

后来"忠"与"孝"开始混合、混同、混一起来。如《大学》:"孝者, 所
以事君也。"《吕氏春秋·孝行览》:"人臣孝, 则事君忠。"《礼记·祭统》:"忠
臣以事其君, 孝子以事其亲, 其本一也。"历史上"忠孝"对中国人的影响真
是牢不可破。韦政通分析忠孝混同的原因说:"首先, 忠、孝混同的思想, 很
可能与君位的世袭制度有关。其次, 后来随着孝道思想的演变, 孝的价值已经
逐渐升高到取代一切价值的地位, 而忠君也是最高的价值, 解决这冲突的方法
就是使两者混同起来。再次, 因为齐家可以通于治国, 事父可以通于事君, 所
以不需要曲折的转换, 两者便通融、混而为一了。"（《中国哲学辞典》）此说亦
可供参考。

五、《论语》"恕"、"忠恕"理念与智慧

1."恕"之释义与释智

什么是"恕"？此所谓推己及人。陈淳《说文》："恕，仁也。从心，如声。"其实"如"也当表义，我心如他心，他心如我心，这不就是仁、仁爱了？为什么用"仁"来解释"恕"？这就是说，能够做到"恕"，也就是践行仁了。戴侗说："推己及物谓之恕。"《说文》段注："为仁不外于恕，析言之（指仁、恕二字若细析其义）则有别，浑言之（指笼统地说）则不别也。"又如潘任《粹言疏证》："恕为如己之心，如人之心。恕当兼人我为说矣。"

2.《论语》之说"恕"

《论语·卫灵公》："有一言而可以终身行之者乎？子曰：'其恕乎！己所不欲，勿施于人。'""恕"的要义，即"我不欲人之加诸我也，吾亦不欲加诸人。"（《论语·公冶长》）

3.《论语》之说"忠恕"

《论语·里仁》记载了一次深刻的对话，子曰："参（曾参）乎！吾道一以贯之。"曾子曰："唯。"子出，门人问曰："何谓也？"曾子曰："夫子之道，忠恕而已矣。"

孔子评论自己的道是"一以贯之"，曾子应答"是"。但是其他门人还没有搞懂其中的意思，待孔子出去后，询问曾子是什么意思。曾子说，贯穿夫子之道的就是"忠恕"罢了。曾子认为此中的"一以贯之"的"一"就是"忠恕"。朱熹注："尽己之谓忠，推己之谓恕。"陈淳《北溪字义》："忠是就心说，是尽己之心无不真实者。恕是就待人接物说，只是推己心之真实以及人物而已。"另外"忠"在《论语·雍也》里，也即所谓的"己欲立而立人，己欲达而达人"。"忠"，又如《左传·成公九年》所谓的"无私，忠也"。

关于"忠恕"与治政，苏轼说过这样的话："夫以忠恕为心，而以平易为政，则上易知而下易达，虽有卖国之奸，无所投其隙，仓卒之变，无自发焉。"（《东坡志林·赵高李斯》）此说也有理。

4. 联观《大学》之"絜矩之道"

"忠恕"，在《大学》里的阐发就是"絜矩之道"。"絜（xié）"，朱熹注："度也。""矩"，朱熹注："所以为方也。"《大学》："所恶于上，毋以使下。所恶于下，毋以事上。所恶于前，毋以先后。所恶于后，毋以从前。所恶于右，毋以交于左。所恶于左，毋以交于右。此之谓絜矩之道。"

《中庸》又云："忠恕违道不远。施诸己而不愿，亦勿施于人"，"所求乎子，以事父"，"所求乎臣，以事君"，"所求乎弟，以事兄"，"所求乎朋友，先施之"。

冯友兰曾说："忠恕之道同时就是仁道，所以行忠恕就是行仁。行仁就必须履行在社会中的责任和义务，这就包括了义的性质。因而忠恕之道就是人的道德生活的开端和终结。"他又说絜矩之道："这种道是以本人自身为尺度，来调节本人的行为"。《大学》所举的例证，强调忠恕之道的否定方面；《中庸》所举的例证，强调忠恕之道的肯定方面。不论在哪个方面，决定行为的"絜矩"都在本人自身，而不在其他东西之中。每个人在自己心里都有行为的"絜矩"，随时可以用它。实行仁的方法既然如此简单，所以孔子说："仁远乎哉？我欲仁，斯仁至矣。"(《中国哲学简史》6卷)

梁漱溟也有说："忠恕之道（见《论语》），亦云'絜矩之道'（见《大学》）。孝、弟、慈以至一切伦理情谊皆原出此心，其以对方为重（或顾及对方）是不期而然的。而与此相反的自我中心倾向，则是来从此身而入于意识中往往蔽塞此心者。为免于心为身蔽，就要加一番思量，所谓'己所不欲勿施于人'是已。'矩'者，以我为标准；'絜'者，则以我量彼也。竭诚尽己为忠，推己度人为恕。忠恕在儒家固所谓终身可行，一贯不易者，正为其看人都是人，不问他是什么阶级，彼此总在人伦关系中。"(《梁漱溟全集》第4卷)这些说法可供人们参考。

最后要说的是，"忠"的传统智慧是特别丰富的。稍微举例如《荀子·致士》："忠言、忠说、忠事、忠谋、忠誉、忠愬，莫不明通。"这里就说了一连串的"忠"："忠言"，忠诚的言辞；"忠说"，忠诚的言说；"忠事"，忠诚的事情；"忠谋"，忠诚的谋划；"忠誉"，忠诚的赞誉；"忠愬"，忠诚的诉说。如此等等之类"忠"，则"莫不明通"，即是没有不明畅通达的。再试举例，如《申鉴·杂言》："进忠有三术：一曰防，二曰救，三曰戒。先其未然谓之防，发而止之谓之救，行而责之谓之戒。""防"，是事先的预防、防止，对未发生之事要防患于未然。"救"，是挽救、抢救，对已经发生之事则要救患于已然。"戒"，是警戒、戒惕，对施行后的事情，要惩前毖后地加以处置。

总之，《论语》里以及其他典籍里记载的那些"忠"的理念与智慧，在中国人的伦理道德里留下了极深的烙印。试看层积在词语的情况就可有所会心，诸如"忠诚"、"效忠"、"精忠"、"忠贞"、"忠心"、"忠正"、"忠厚"、"忠贤"、"忠恳"、"忠臣"、"忠仆"、"忠孝"、"忠骨"、"忠魂"、"忠灵"、"忠顺"、"忠烈"、"忠良"、"忠论"、"忠谏"、"忠贯日月"、"忠言逆耳"、"忠心赤胆"、"忠心耿耿"、"忠心贯日"、"忠肝义胆"等等，真所谓绵绵不绝。

确实，一个国家、一个民族、一个社会、一个人都是不能缺少"忠"的，但要警惕的是决不能将"忠"偏颇、泛滥至于失去了理智的"愚忠"。如果效

159

忠而至于愚笨、愚蠢，愚昧无知到瞎了眼、盲了目、迷了心窍，这种"忠"就是"愚忠"了。古今中外的历史上曾有过许多的"愚忠"之举，所带来的危害难道还少吗？

《论语》伦理·道德·传统·拓展

《论语》里建构的伦理道德系统，既有对先前传统的历史继承，也凸显出孔子当时的创新精神，比如对"仁"之开掘、丰富与出新便是如此。这里再把《论语》里出现的一些较成系列的"德"加以简析，再度体会孔子以及弟子在伦理道德方面的智慧，值得今人借鉴一番，并做出智慧的转换与拓展。

一、举隅：传统的"九德"之说

孔子之前有"九德"之说，是指古代贤人所具备的九种优良的品德。如《尚书·皋陶谟》记载，皋陶对大禹说到"九德"："宽而栗，柔而立，愿而恭，乱而敬，扰而毅，直而温，简而廉，刚而塞，彊而义，彰厥有常，吉哉。"再如《逸周书·常训》载："九德：忠、信、敬、刚、柔、和、固、贞、顺"。

当然在《左传·昭公二十八年》里还有这样的"九德"说："心能制义曰度，德正应和曰莫，照临四方曰明，勤施无私曰类，教诲不倦曰长，赏庆刑威曰君，慈和徧服曰顺，择善而从之曰比，经纬天地曰文。九德不愆，做事无悔。"此可见作为社会伦理的信条，古籍中看到的那些内容也往往随文而异。

二、孔子及其弟子的传承与拓展

1. 系列之一：温、良、恭、俭、让

子贡赞扬孔子："夫子温、良、恭、俭、让以得之。"（1.10）这里讲到孔子具有五种德行。

（1）"温"。这是温和、温存的意思。孔子之教诲：其一，君子当"色思温。"（16.10）孔子自己就能让人"即之也温"。（19.9）其二，君子又应当能"温而厉"。如"子温而厉，威而不猛，恭而安。"（7.38）子夏也曰："君子有三变：望之俨然，即之也温，听其言也厉。"（19.9）

（2）"良"。这是善良、易直的意思。朱熹《集注》："良，易直。""易直"，就是平易正直、和易质直的意思。此可参见下文关于"直"之德行的分析。

（3）"恭"。这是恭敬、肃穆、庄重的意思。《说文》："恭，肃也。从心，共声。""肃"是指办事奋勉恭敬，而且小心翼翼、战战兢兢地就像处在深水回流的边上。如《说文》："肃，持事振敬也。""振（通'袛'）敬"，就是"袛（zhī）敬"，也就是恭敬的意思。

再说孔子之教诲：其一，恭是仁德之一。孔子说："能行五者于天下为仁矣。"（17.6）"恭"，即是五者之一。其二，君子体貌要"恭"。孔子曰："貌思恭。"（16.10）其三，君子居处也不忘"恭"。孔子曰："居处恭。"（13.19）孔子就是"恭而安"之榜样。儒家又有"居易（平和、平安）"之说，"处恭"与"居易"可以参悟互通。《中庸》："故君子居易以俟（sì，等待）命。"其四，恭必须讲究礼。孔子说："恭而无礼则劳。"（8.2）其五，对他人恭，则自己就不会被侮。孔子说："恭则不侮。"（17.6）其六，孔子厌恶"足恭"，即是过分伪装的恭敬。子曰："巧言、令色、足恭，左丘明耻之，丘亦耻之。"（5.25）

（4）"俭"。这是节俭、俭朴的意思。孔子之教诲：其一，孔子重节俭，且自身行之。其二，礼的奢与俭之比较。林放问礼之本。孔子曰："大哉问！礼，与其奢也，宁俭。"（3.4）。孔子又说："奢（奢侈）则不孙（不逊顺，不循其理），俭则固（悭吝小气）。与其不孙也，宁固。"（7.36）其三，孔子曾批评管仲不俭。有人问孔子："管仲俭乎？"孔子说："焉得俭？"（3.22）

（5）"让"。这是谦让、礼让。孔子之教诲：其一，君子必须能"让"，若有争也是君子之争。孔子说："君子无所争。必也射乎！揖让而升，下而饮。其争也君子。"（3.7）孔子还曾批评：子路"其言不让"。（11.26）其二，君子还必具"不让"之德。孔子说："当仁不让于师。"（15.36）其三，"礼让为国"。孔子说："不能以礼让为国，如礼何？"（4.13）其四，"三让天下"之榜样。孔子说："泰伯，其可谓至德也已矣。三以天下让，民无得而称焉。"（8.1）

2. 系列之二：恭、宽、信、敏、惠

《论语》记载，子张问仁于孔子。孔子曰："能行五者于天下，为仁矣。""请问之。"曰："恭，宽，信，敏，惠。恭则不侮，宽则得众，信则人任焉，敏则有功，惠则足以使人。"（17.6）

其中"恭"、"信"、"敏"、"惠"于上文已经有说，可参见，此不赘述。此说"宽"。关于"宽"之德，孔子教诲之：其一，居上者必须德性宽厚、宽宏大量；相反刻薄、苛政、残民，不能治下。如孔子说："居上不宽"，"吾何以观之哉"？（3.26）其二，宽厚、宽宏、大度才能得到众人拥护。孔子说："宽则得众。"（17.6，20.1）其三，"宽"必须有"猛"，此即是"宽猛相济"。孔子曾说："政宽则民慢，慢则纠之以猛。猛则民残，残则施之以宽。宽以济猛，猛

以济宽，政以是和。"（《左传·昭公二十年》）

3. 系列之三：刚、毅、木、讷

孔子说："刚、毅、木、讷，近仁。"（13.27）此分说之。

（1）刚。此指刚强、质直；"刚谓质直而理者也"，见诸《论语》邢昺疏。孔子教导的智慧是：其一，人必须刚强，不能柔佞，这才接近于仁之德行了。因此，孔子说"刚""近仁"。但是孔子有深长喟叹，子曰："吾未见刚者。"（5.11）这是说没有见到真正的刚者，而世俗所谓的刚者很多，但均不是孔子心目中的接近仁德的刚者。其二，有欲无刚，无欲则刚。《论语·公冶长》记载，有人认为鲁国人申枨是个刚者。子曰："枨也欲，焉得刚？"其三，性格之刚，必须能驾驭，这就必须学习。孔子说："好刚不好学，其蔽也狂。"（17.8）其四，孔子于刚中也有中庸之道，孔子之"刚"而能"温"即是温柔，又孔子行"宽柔以教"也即是一种柔。

（2）毅。"毅"，是强忍、坚忍、坚忍不拔。孔子的智慧是：人，尤其是士人必须坚毅，这才接近于仁之德行。孔子说，"毅""近仁"。曾子也有说：士人必须弘毅，因为任重道远，"士不可不弘毅，任重而道远"。（8.7）"刚"与"毅"连缀在一起便成"刚毅"，如此便是有刚能毅，不屈服于物欲，而能强劲不挠，坚忍不馁，自强不息。

（3）木。此指质朴，朴实无华。孔子的智慧是："木"，"近仁"。他反对做人华而不实。

（4）讷。此指迟钝，言辞迟钝。孔子教导的智慧是："讷""近仁"。他反对花言巧语，厌恶巧言令色之人，因此说："巧言令色，鲜（xiǎn，少）矣仁。"（1.3）后来"木""讷"连缀为"木讷"，从正面来诠释就是正直而不阿，质朴而不佞。当然，孔子也自有其中庸之道，比如他的"四科"里就有"言语"一科，而子贡、宰我就是他培养出来的佼佼者，那是能言善辩者，且在外交上发挥了应有的作用。

4. 系列之四：恭、慎、勇、直

孔子曾说："恭而无礼则劳，慎而无礼则葸（xǐ，胆怯，害怕），勇而无礼则乱，直而无礼则绞。"（8.2）关于"恭"、"勇"前文已有阐述，这里再说说"慎"与"直"之智慧。

（1）"慎"，是谨慎、慎重的意思。孔子教诲人们的智慧是：其一，人生在世，言行要"慎"。子曰："敏于事而慎于言。"（1.4）他又说："言不可不慎也。"（19.25）其二，对于自己不知道的要"多闻"、"多见"，并"阙疑"、

"阙殆"，然后"慎言其余"、"慎行其余"。如子曰："多闻阙疑，慎言其余，则寡尤；多见阙殆，慎行其余，则寡悔。"（2.18）其三，孔子对斋戒、战争、疾病等很谨慎。如《论语·述而》："子之所慎：齐（同'斋'），战，疾。"曾子还曰："慎终（父母的死亡），追远（追念先祖），民德归厚矣。"（1.9）其四，孔子指出慎也要用礼去驾驭，否则就会胆怯。此所谓"慎而无礼则葸"。

（2）"直"之德行。"直"，是中国古代的道德规范之一，是孔子倡导的又一德行。《说文》："直，正见也。"直，本指正视的意思。徐中舒《甲骨文字典》认为甲骨文字形就是"从目上一竖，会以目视悬（悬锤），测得直立之意"。"直"也引申出正直、耿直、正派的意思。"直"作为德行，其渊源可以追溯到夏代，并被列为"九德"之一。《尚书·舜典》：帝曰："夔，命汝典乐，教胄子，直而温，宽而栗。"此"直而温"，也称"直温"，即正直而温和。孔子则又加以阐扬并开掘。

其一，"直"之德与古今之评。孔子说"直道而行"，就是按照正道而行事。《论语·卫灵公》载，子曰："斯民也，三代之所以直道而行也。"朱熹注："直道，无私曲也。"夏商周时代的民众，若要赞誉别人必定经过考察，正因为有这样的民众，所以三代才能够"直道而行"。又《论语·阳货》载，子曰："古之愚也直，今之愚也诈而已矣。"古人还有虽愚而还能直率的，今人之愚却只是欺诈而已了。

其二，"直"之德与人生智慧。首先，孔子深刻揭示："人之生也直，罔之生也幸而免。"（6.19）人能在社会上立足生存是由于能直、正直、真实、公正，而虚罔不直之人，存心虚妄，干事邪伪，本已深愧为人，但是还能勉强生存，则是幸免于祸害罢了。其次，孔子还说，若要处世通达，就要品质正直且爱好道义，能察言观色，考虑对他人的处下。如孔子说："夫达也者，质直而好义，察言而观色，虑以下人。"（12.20）再次，孔子指出交友一定要交正直的朋友。如孔子说："友直。"（16.4）然后，孔子说："狂而不直"，"吾不知之矣"。（8.16）狂妄而不直率，我不知道为什么会这样。孔子认为性情疏狂的人，虽有所偏颇，但还是可以陶冶的，因此行事直率一点才好，千万不能不直。最后，孔子认为处世要"以直报怨"，用正直之道来报答怨恨。孔子说："何以报德？以直报怨，以德报德。"（14.34）而《老子·六十三章》有云："大小多少，报怨以德。"据此也可比较两者人生哲学之异同。

其三，"直"之德与驾驭智慧。孔子说必须用学习来驾驭正直，"好直不好学，其蔽也绞"（17.8）。此可参见本书前面之说解。

其四，"直"之德的"活观"与"活用"智慧。叶公告诉孔子："吾党（乡党）有直躬者，其父攘（偷窃）羊，而子（他的儿子）证（告发）之。""直躬"，正直而躬行的人。孔子有不同的看法，曰："吾党（乡党）之直者异于是：父为子隐，子为父隐，直在其中矣。"（《论语·子路》）为什么父子之间互相隐瞒，其中就有"直"呢？张居正说："夫父子相隐，虽不得为直，然于天理为顺，于人情为安，迹虽枉而理则直，虽不求为直，而直自在其中矣。若父子相证，则于天理、人情两有所乖，岂得为直哉！此可见道不远于人情，事必求夫当理。矫情以沽誉，立异以为高，流俗之所慕，而圣人之所不取也。后世论道与论人者，宜以孔子之言为准。"（《张居正讲评〈论语〉》）我想张居正所说也有道理，但是绝不能全按孔子所说的做，我们也要活观与活用。如果都这样包庇之，社会治安不就乱套了吗？今天我们法律还设有包庇之罪，这是完全正当的。

《论语》里提到德行的不少，与传统"九德"稍加比较，就可以看到孔子在继承前人提倡的种种德行基础上又加以了丰富与创新。这也给现代人以启迪：今天时代不同了，视野不同了，为什么不可以在继承儒家道德系统的同时，又能像孔子那样拓展，用现代的智慧去开拓与发展更广阔的路径呢？

篇 八

《论语》教育智慧

子曰："德之不修，学之不讲，闻义不能徙，不善不能改，是吾忧也。"

——《论语·述而》

孔子说："品德不能修养；学问不能讲习；听到了道义，不能迁徙而遵循；有缺点不能改正，这些都是我的忧虑！"

在孔子是自谦之辞，记录在《论语》中则是教育、勉励人们必修德，必讲学，必定要听到道义能改变自己，必定要改正自己的错误。这些都是诲人成德、明学、积善、去恶，终可造就人才的智慧。

《圣迹之图》之学琴师襄

孔子卓越的办学理念

孔子在历史上被尊称为"孔夫子"、"先师"、"至圣先师"、"万世师表"等，他称得上是中国的教师之"最"了。《论语》也被誉为中国"最早的教育学专著"，这是因为它记载了中国最为杰出的教育家的丰富而深刻的教育智慧。这里先从他的办学理念说起。

一、有教无类

孔子招收学生的原则是教育平等，无类别之分，只要前来求学，便来者不拒，均可受教。孔子说："自行束脩（十条干肉为拜师的见面礼）以上，吾未尝无诲焉。"（《论语·述而》）这里抹平了地位之贵贱、财富之多寡、地域之各异、年龄之大小、身体之差别、资质之高下等等。孔子的教育开放与一律平等的理念与实践，打破了以往"学在官府"的官学垄断，推行了一次历史性的改革。这是何等的气派，又是何等深厚的人文关怀！

二、性相近，习相远

《论语·阳货》载，子曰："性相近也，习相远也。"（17.2）孔子既宣扬教育面前人人平等，又阐扬天赋面前人人平等，这是何等的卓识！孔子指出，人生下来的天性、天赋是相接近的，差异并不大，但是后天的"习"却使得人品、性情、素质、才能等等相差甚远。一个人从小的教化与习惯很重要，孔子曾说："少成若性，习贯（通'惯'）之为常。"（《大戴礼记·保傅》）少年时养成的习惯，就像天性一样了。——由此也足见后天教育的重要与必要了，所以从教育者来说，要通过教习、熏习来变化人；从受教育者来说，要通过自己学习、修习去砥砺成材。

三、培养君子式人才

孔子要培养的是君子式的人才，这是他教育的最高目标。《论语》里，孔子从许多方面揭示了君子与小人的鲜明对比、对照、对立的地方，凸显君子的卓越，反衬小人的卑贱。他把儒分为两类，并教导弟子，"为君子儒，不为小人儒"（《论语·雍也》）。孔子这种人才培养的理念，其智慧之深层：一是让弟子们通过学习改变命运，卓然立于社会；二是通过他们去改造社会，期盼蔚成风气；三是为国家造就人才，促成国家振兴。

四、标杆：志士仁人·朝闻夕死

孔子教育弟子要成为君子式的人才，必须做志士仁人，具有仁、智、勇之"达德"。孔子还指出了"志士仁人"与"朝闻夕死"的宏愿与标杆。《论语·卫灵公》载，子曰："志士仁人，无求生以害仁，有杀身以成仁。"（15.9）孔子还指出要培养君子一生能坚定不移地追求崇高的真理与道义，甚至朝闻夕死都无所遗憾。《论语·里仁》载：子曰："朝闻道，夕死可矣。"（4.8）顾炎武《日知录》解释"朝闻夕死"说："吾见其进也，未见其止也。有一日未死之身，则有一日未闻之道。"他的这一解读，也颇有机趣。

五、君子不器

孔子要造就的人才向度，是"君子不器"（《论语·为政》），这是一种通才式的大境界的教育理念。试看眼前的器物，各有各的用处，如锅、碗、筷等，笔、墨、砚等，刀、枪、炮等，它们这些"器"彼此不能相通。但是君子"成德之士，体无不具，故用无不周，非特为一才一艺而已"。（朱熹《集注》）有此通才、全才，便可以担当大任，当然有一才一艺的，也可成就某些事业，也不可过于求全责备。

六、禄在其中·学而优则仕

孔子也关注弟子生存的物质层面，讲究现实的生活问题，也传授这方面的学问。《论语·卫灵公》载，子曰："君子谋道不谋食。耕也，馁在其中；学也，禄在其中。"（15.32）孔子指出三点：其一，君子贵在谋道，而不贵在谋食，当然也不是不要谋食。其二，"耕也"，虽能谋食，但是还不免"馁在其中"，比如歉收、饥荒之年便如此。其三，如果"学也"，且学成了，那么"禄在其中"。再看《论语·为政》载，子张向孔子问学"干禄"，即是如何求取官职俸禄。孔子教诲曰："多闻阙疑，慎言其余，则寡尤；多见阙殆，慎行其余，则寡悔。言寡尤，行寡悔，禄在其中矣。"（2.18）孔子若不精于此道，恐怕也不能如此深刻地透视至此。后来子夏也说过："学而优则仕。"（《论语·子张》）此可与孔子的理念通观。

七、教育"四不"之忧

《论语·述而》载，子曰："德之不修，学之不讲，闻义不能徙，不善不能改，是吾忧也。"（7.3）这就是孔子的"四不"之忧，当然不仅是对自己的要求，也是他对弟子教育理念的重要部分。孔子担忧弟子"德之不修"，是因为德行必待修炼而后能成就。这是涵养道德之本源。孔子担忧弟子"学之不讲"，是因为学问待研讲而后能晓明。这是要抵达学问的精奥。孔子担忧弟子"闻义不能徙"，是因为闻道义能迁徙，才能更新自己。这是不断地日新自我。孔子担忧弟子"不善不能改"，是因为改去不善，才能除恶改过。这是主动地从善如流。这些也可以说是孔子教育理念的"四项"原则。

韦政通曾说："孔子是中国平民教育的先驱，后来的诸子中有的在当时的声势并不亚于孔子（如墨子），他们也教授生徒，但没有一个像孔子能标示出伟大的教育宗旨。对传统文化的继承和转化也没有一个能扮演孔子那样重要的角色。"（韦政通《中国思想史》）我想还可以补充的是，孔子培养出大批人才，这些人才不仅在社会上的影响非同一般，而且在学术上的影响也是不同凡响。这也许同样不是他人所能比拟的。

课程智慧：六艺·四教·功效

《史记·孔子世家》："孔子以诗、书、礼、乐教，弟子盖三千焉，身通六艺者七十有二人。"那么，孔子在课程的教育方面又有哪些智慧呢？

一、六艺·六经·功效

孔子教授的"六艺"是：诗、书、礼、乐、周易、春秋。由此六种科目所编定的教科书后来就称为"六经"。

另外，在《周礼》的《大司徒》、《保氏》里所说的"六艺"是：礼、乐、射、御、书、数。有人认为这些是孔子学生游憩、玩索的内容。

孔子选定的"六艺"课程科目自有其卓越的眼光与智慧。在《礼记·经解》里有一段话值得体会。孔子曰：

> 入其国，其教可知也。其为人也温柔敦厚，《诗》教也；疏通知远，《书》教也；广博易良，《乐》教也；洁静精微，《易》教也；恭俭庄敬，《礼》教也；属辞比事，《春秋》教也。故《诗》之失愚，《书》之失诬，《乐》之失奢，《易》之失贼，《礼》之失烦，《春秋》之失乱。
>
> 其为人也，温柔敦厚而不愚，则深于《诗》者也；疏通知远而不诬，则深于《书》者也；广博易良而不奢，则深于《乐》者也；洁静精微而不贼，则深于《易》者也；恭俭庄敬而不烦，则深于《礼》者也；属辞比事而不乱，则深于《春秋》者也。

这"六艺"的教育，竟然可以这样改变一个人、塑造一个人，并且对社会能产生这样大的作用！于此可见孔子在课程选择上的深刻与高明。此段文义的解读，可参见笔者的《礼记译注》一书。再看——

（1）《史记·滑稽列传》引孔子曰："六艺于治一也。《礼》以节人，《乐》以发和，《书》以道事，《诗》以达意，《易》以神化，《春秋》以道义。"

（2）《庄子·天下》："《诗》以道志，《书》以道事，《礼》以道行，《乐》以道和，《易》以道阴阳，《春秋》以道名分。"

（3）《荀子·儒效》："《诗》言是其志也，《书》言是其事也，《礼》言是其行也，《乐》言是其和也，《春秋》言是其微也。"

（4）《淮南子·泰族训》："六艺异科而皆同道。温惠柔良者，《诗》之风也；淳庞敦厚者，《书》之教也；清明条达者，《易》之义也；恭俭尊让者，《礼》之为也；宽裕简易者，《乐》之化也；刺几（通'讥'）辩义者，《春秋》之靡（指美好）也。故《易》之失（指失误，下同）鬼（指尊重鬼神），《乐》之失淫，《诗》之失愚，《书》之失拘，《礼》之失忮（zhì，妒忌，指位卑者妒忌位尊者），《春秋》之失訾（诋毁、非议）。六者圣人兼用财（通'裁'）制之，失本则乱，得本则治。"——从这些材料再次看到"六艺"作为课程教育的魅力与功效。

二、孔子智慧："四教"之善教

孔门有"四教"之说。《论语·述而》："子以四教：文、行、忠、信。"分而说之：

1．"文"之教

此传授《诗》、《书》、《礼》、《乐》等"六艺"之文，为各种专门的知识。

2．"行"之教

此是自我去实行、修行、践行，这是体道于自身，躬行其道。孔子曾评论自己说："文，莫（大概）吾犹人（与别人差不多）也。躬行（亲自实行）君子，则吾未之有得。"（《论语·述而》）此见孔子特别强调"躬行"之教，但是又自谦如此。这既是砥砺自我，也是鞭策他人。关于"行"教之智，韦政通曾说：孔子"和苏格拉底一样都是伟大的教师，但方法、目的和要求的效果都不同。他的方法一方面教人学习古典的知识，一方面随机指证人人都具有普遍性的仁体，借古典知识之助去体证仁体、开发仁体，是成就德性必经的历程，经此历程可超越有限的自我，即所谓'下学上达'。终极的目的是成圣，成圣不能在独体中完成，与外在的世界息息相关，成己与成物、立己与立人，是一件密结互动的关系。因此，孔子学的精髓在实践，而实践是精神领域的问题。"（《中国思想史（上）》）韦氏此说，言之有理。

3. "忠"之教

孔子教人以"忠"，能尽自己之心便是忠，然后由自己心灵发出的便不会虚伪、不会欺诈。

4. "信"之教

立世处事对人都能讲究信用、诚信，不去欺瞒他人。关于"忠""信"之教，可参见本书"篇七"所论。

关于"四教"，张居正说："苟能此四者，则知行并尽，表里如一，而德无不成矣。为学之道，岂有加于此哉？此夫子所以为善教也。"（《张居正讲评〈论语〉》）这就是孔子的"善教"智慧。

三、孔子：教材建设之智慧

《论语·述而》载，子曰："述而不作。"其实孔子是既述又作，有述有作。据文献记载，孔子之所作：

1. 孔子序《诗》

《史记·孔子世家》："古者《诗》三千余篇，及至孔子，去其重（删去重复的），取可施于礼义（教化），上采契（殷代之始祖）后稷（周代的始祖），中述殷周之盛，至幽（周幽王）厉（周厉王）之缺（执政之缺失），始（指《诗经》的开始的第一篇）于衽席（睡觉用的席子，此指男女夫妇关系与感性），故曰《关雎》之乱以为《风》始，《鹿鸣》为《小雅》始，《文王》为《大雅》始，《清庙》为《颂》始。"此说《诗经》是孔子删定的。虽然这一说法遭遇后人的怀疑与否定，未可作为定论，但是孔子整理过《诗经》是一定的。

2. 孔子删《书》

《书》，也称《尚书》，据传曾由孔子编定。孔子将春秋以前历代官方的政治历史文件汇编为一书，相传原来共有百篇。《中庸》载，孔子曰："文（周文王）、武（周武王）之政，布在方策，其人存则其政举，其人亡则其政息。"后来儒者将《书》作为六经之一，也有《书经》之名。

3. 孔子定《礼》

据传今天还留存的《仪礼》，即是孔子当时从周礼里选取出来的让弟子学习礼制的十七篇，也称为《礼》或《士礼》。另外在《周礼》、《礼记》里也保留有孔子有关礼的大量论述。

4. 孔子正《乐》

孔子曾说:"吾自卫返鲁,然后乐正,雅颂各得其所。"(《论语·子罕》)孔子是正过乐的,但孔子是否编过《乐经》,后人已经不太清楚了。或说原有《乐经》,在秦后亡佚;或说根本就没有《乐经》。然而不管怎样说,孔子关于"乐"的传述与智慧,在《礼记·乐记》、《礼记·经解》以及《周礼·大司乐》里都有比较集中的记载。

5. 孔子赞《易》

《易》,也称《周易》、《易经》,传统说法是伏羲画八卦,文王重为六十四卦(或说伏羲重卦,或说神农重卦),孔子作了《易传》。《史记·孔子世家》:"孔子晚而喜《易》,序《彖》、《系》、《象》、《说卦》、《文言》。"《汉书·艺文志》等又把《序卦》等加上,认为"十翼"皆孔子所作。不过也有不同看法,认为孔子没有作《易传》,在此不再讨论。

6. 孔子修《春秋》

《春秋》本是古代各诸侯国编年体国史的通名,按照年月日来记事,以春秋代表一年的四时。如《周春秋》、《燕春秋》、《宋春秋》、《齐春秋》、《鲁春秋》等。后来专指经过孔子删除修撰的鲁国编年史,这是体现儒家思想的重要经典,为我国现存最早的编年史。

《春秋》其记事起自鲁隐公元年(前722),终于鲁哀公十四年(前481)。其中记载有:弑君三十六,亡国五十二,诸侯奔走不保其社稷者,不可胜数。孔子以其睿智卓识笔则笔,削则削,善善恶恶,贤贤贱不肖,存亡国继绝世,补敝起废。据说竟然使得乱臣贼子有所忌惮而不敢放肆,故后世称孔子为素王,而左丘明则为素臣。

关于《春秋》,《左传·成公十四年》有这样的评论:"《春秋》之称,微而显,志而晦,婉而成章,尽而不污,惩恶而劝善,非圣人谁能为之!"孟子又有如是评论:"孔子惧,作《春秋》。《春秋》,天子之事也。是故孔子曰:'知我者,其唯《春秋》乎?罪我者,其唯《春秋》乎?'孔子成《春秋》,而乱臣贼子惧。"(《孟子·滕文公下》)

唐代刘知几《史通》对此予以高度评价:"逮(等到)仲尼之修《春秋》也,乃观周礼之旧法,遵鲁史之遗文;据行事(人物的作为),仍(遵从)人道;就败(败亡)以明罚(表明贬责),因兴(兴盛)以立(肯定)功;假(凭借)日月而定历数(确定天道运行规律),藉(凭借)朝聘而正礼乐,微婉其说,志(记事)晦(隐晦)其文;为不刊(不可更改)之言,著将来之法。故能弥历千载,而其书独行。"

一般人觉得与典籍《春秋》的心理距离很远，其实也不远，有个成语叫"皮里春秋"，就是与孔子作《春秋》有关的。孔子虽然对历史人物与事件有褒贬，但是在《春秋》里不直接说出来写出来。这是一种所谓的"春秋笔法"，就是在"皮里"即在内心深藏褒贬，但在表面上并不直接说出来，所以称为"皮里春秋"。有意思的是，后来又有"皮里阳秋"之说。《晋书·褚裒传》记载，谯国桓彝见到褚裒评论说："季野（褚裒的字）有'皮里春秋'。言其外无臧否，而内有所褒贬也。"后来因为晋简文帝的母亲名春，为避讳"春"字，就改为"皮里阳秋"了。——当然也有人认为孔子没有作《春秋》，但是学界认为这一说法没有有力的反证，在此不再赘述了。

综上所述，孔子说自己"述而不作"，其实是一种自谦之词。确实，从表面上看，《诗》、《书》、《礼》、《乐》、《易》、《春秋》均为前人所创作，非孔子之原创；但是从另一面看，孔子对这些经典进行了或序或删，或定或正，或赞或修，是一种智慧的再创造了，而且进行了系统的阐述，这不也是一种"作"？朱熹《集注》有很好的解读："述，传旧而已。作，则创始也。故作非圣人不能，而述则贤者可及。""孔子删《诗》、《书》，定《礼》、《乐》，赞《周易》，修《春秋》，皆传先王之旧，而未尝有所作也。故其自言如此。盖不唯不敢当作者之圣，而亦不敢显然自附于古之贤人，盖其德愈盛而心愈下，不自知其辞之谦也。然当是时，作者略备，夫子盖集群圣之大成而折中之。其事虽述，而功则倍于作矣，此又不可不知也。"我认为此言评说得比较到位。

孔子施教的六大经典智慧

孔子在具体施行教育时，有许多智慧传承到后代已成为经典，笔者归纳为六大经典智慧。

一、制宜之智：因人·因材·因时·因顺

孔子的教育既是"有教无类"，那是招收学生没有类别之分；但又是必定"有教有类"，那就是教育弟子必有类别之异。孔子的教育智慧，便是因顺、顺应其人之不同、其材之不同、其时之不同等，灵活制宜。

孔子门下有"四科十哲"之说，如《论语·先进》载，"德行：颜渊，闵子骞，冉伯牛，仲弓。言语：宰我，子贡。政事：冉有，季路。文学：子游，子夏"。这"四科"之分类，便有资质、志向、兴趣、专长、能力、性情等的

杏坛（孔子弦歌、弟子读书处）

不同，此亦可窥见孔子因人之异、因材之别，因顺施教之情况。

当然，夫子并不是真的如此分别地设立"四科"行教，而是说孔子能智慧地因材造就，使得这些师门高弟，各有所长。北宋程颐就说："孔子教人，各因其材，有以政事入者，有以言语入者，有以德行入者。"（《二程集》）朱熹《论语集注》："弟子因孔子之言，记此十人，而并目其所长，分为四科。孔子教人各因材，于此可见。"朱熹又说："圣贤施教，各因其材，小以成小，大以成大，无弃人也。"到后来就有了"因材施教"之说，并成为按照受教育者心理的个别差异进行教育的教育原则。

孔子的因材施教还根据水平、程度的不同而区别施教。《论语·雍也》载，孔子曰："中人以上，可以语上也；中人以下，不可以语上也。""上"是一种上等的、高深的、精微的学问与道理，必须具有中等以上的基础和水准，才可以传授，这就像面对一个小学生、初中生怎能教授给他高等数学呢？孔子指出教育也得考虑基础、对话的平台，这是很现实的问题。

孔子的因材施教还有另一方面的智慧，虽然是同一个问题，但是他会因各人的具体情况而不同施教，这是灵活制宜的智慧。《论语》里诸多弟子有时会问同一个问题，但是孔子回答各异，这就是孔子的一种教育智慧。《论语·为政》载"子游问孝"、"子夏问孝"，孔子的回答不同。这是为什么？朱熹《集注》引程颐曰："子游能养而或失于敬，子夏能直义而或少温润之色，各因其材之高下与其所失而告之，故不同也。"

二、识之智：默识心融，深造自得

《论语》载，子曰："默而识之。"（7.2）又曰："多学而识之。"（15.3）一个人学得再多、见闻再广，不能存于心中体认消化，终究没有实际的收效。孔子主张学习必须"默而识之"，朱熹《集注》："默识，谓不言而存诸心。"明代焦竑《焦氏笔乘》："孔子言默而识之，非默于口也，默于心也。默于心者，言思路断，心行处灭，而豁然有契焉，以无情契之也。以无情契之，犹其以无言契之也，故命之曰默。"我想，其实这里有两点可说：一是记忆问题，即是要把所见所闻在内心默默地牢记住，孔子认为教育弟子必须要培养很好的记忆能力。然而，这一点往往被后人的解读忽略了。二是，不仅要默默牢记，还要在内心思考，并努力消化，且能有所新得，达到学问的心契融会，而至于通透贯彻。如此才算是真正地有所"识"，才能深造自得。这是学习的良法与境界，孔子认为颜回就具有这等本领，并达到了这样的高度。

三、启发之智：不愤不启，不悱不发

《论语·述而》载，孔子曰："不愤不启，不悱不发。"（7.8）郑玄注："孔子与人言，必待其人心愤愤，口悱悱，乃后启发为说之。如此则识思之深也。"朱熹《集注》："愤者，心求通而未得之意。悱者，口欲言而未能之貌。启，为开其意。发，为达其辞。"

孔子的教育智慧，是能机智地把握教育的契机，即是在对方处于渴求之时才去启发，然后获得最佳教育效果。"愤"，是心里渴求通晓，但是还未能得到。"不愤"则不去开启，若已至于"愤"，则一开启便豁然贯通了，这岂不是事半功倍矣！同样"不悱"，口里想说出来，又说不出来的时候，不去启发他；相反，他已至于"悱"，则一启发便心通意达了。

《学记》有说："君子之教谕也，开（开启）而弗达（不达到底，指留有余地供受教者思考），开而弗达则思。"《孟子·尽心上》："君子（去教导别人）引（就像拉开弓）而不发（发射），跃如也（作出跃跃欲试的样子）。"这些论说可以与孔子的启发式智慧同观。

四、演绎之智：举一反三·闻一知多

孔子重视在教育中培养弟子的演绎能力。《论语·述而》载，孔子曰："举一隅不以三隅反，则不复也。"（7.8）郑玄注："说则举一隅以语之，其人不思其类，则不复重教之。"朱熹《集注》："物之有四隅者，举一隅可知其三。反者，还以相证之义。复，再告也。"孔子强调类推演绎的智慧，使得弟子学到活知识，而不是些一是一、二是二的化不开来的知识。在现实的教育里，有的是闻一还不知一，有的是闻一知一，有的是闻一知多，比如子贡就能"闻一知二"，而孔子赞扬颜回能"闻一知十"，这就是一种卓越的演绎推理智慧了。

五、归纳条贯："一以贯之"智慧

孔子又强调"一以贯之"，即是将众多的东西用一个东西贯穿起来。《论语》两次说到"一以贯之"。

《论语·里仁》载，孔子曰："吾道一以贯之。"（15.3）皇侃疏："贯，犹统也。吾唯一道以贯统天下万理也。"又《论语·卫灵公》载，孔子对子贡说："赐（子贡）也，女（你）以予（我）为多学而识之者与？"子贡对曰："然，

非与？"子曰："非也，予一以贯之。"（15.3）虽然此"一"没有明说，后世解读者也纷纭其说，但是其中归纳与条贯的智慧启迪心智。

细细绅绎"一以贯之"中的内涵，很有智慧可解读：天下的事物尽管头绪纷纭，千变万殊，但是其中必有一个通贯、贯穿在内里的道理。这就像水流千派万脉，必有一源头；树分千枝万叶，必有一根本。这就是"一以贯之"，虽布散甚广博，而掌控则甚简约。再如"一"与所贯穿的"多"之间的关系，如张岱年《中国哲学大纲》有评："孔子的哲学方法之核心是'一以贯之'，而亦颇注重'博学于文'。可以说，一以贯之是第一原则，博学于文是第二原则。"孔子的"一以贯之"对后世影响深远，张岱年还认为，"孔子所说的一以贯之，是后来直觉法之渊源"。

六、故与新：温故而知新

这是孔子的又一教育智慧。《论语·为政》载，孔子曰："温故而知新，可以为师矣。"（2.11）邢昺疏："温，寻也。言旧所学得者，温寻使不忘，是温故也；素所未知，学使知之，是知新也。"此内涵丰富，略说六点：

（1）"而"联结着"温故"与"知新"，此有两种意义：一是"而"作为并列之意义，那便是既"温故"又"知新"；一是"而"作为推出之意义，那便是由"温故"而得"知新"。但是新知的获得总是离不开原有的知识，所以"温故"总有助于"知新"，"知新"必依赖于"温故"，事实上不可能是绝对的并列关系。（见《孔子大辞典》）

（2）温习旧知而达到知新，由旧知至于新知，由已知获得未知，这是根本的目的。

（3）温故而知新，这又是一个过程，是一个从"已有"到"再有"的过程，是一个艰苦而有智慧的思维过程。

（4）能温故而知新，可以自己做自己的老师了，也可以去为他人之师了。

（5）如从历史视野来看，温习历史之"故"，而可以"知新"，那么既可以对以往历史有新的理解和体会，也能由于温习历史的经验而更加睿智地认识现在及将来。

（6）这也可以联系子夏之智慧并观察。《论语·子张》载，子夏曰："日知其所亡（没有的意思），月无忘其所能，可谓好学也已矣。"（19.5）写到这里，我想起了明代李贽《焚书·龙溪先生文录抄序》："盖先生学问融贯，温故知新，若沧洲瀛海，根于心，发于言，自时出而不可穷，自然不厌而文且理也。"这就是"学问融贯，温故知新"之为学的状态吧。

孔子师生关系之建构

孔子被美誉为"万世师表"，他是怎样处理与建构师生关系的？《论语》中这方面的内容与智慧很丰富，此不胜详说，仅纰绎出几个方面，略为评述。

一、以身立教

孔子为人师表，真正是自我作则，以身立教。孔子自己"学而不厌"（7.2）、"学如不及"（8.17）、"夫子焉不学"（19.22）、"每事问"（10.21）、"不义而富且贵，于我如浮云"（7.16），如此等等，孔子就是矗立在弟子们前面的巍巍高山，令人高山仰止，景行行止。

二、诲人不倦

孔子对于弟子与他人，自况能够"诲人不倦"（7.2、7.34），且在《论语》里两次提到。他还说这是一种尽心尽力地对他人的开导与教诲，也许教诲他人一时一事不是不能，但是要能始终教诲他人，且教到点子上，诲在关键处，尤其能乐此不倦者，这就难能可贵了。因此，他的学生公西华说："正唯弟子不能学也。"（7.34）

三、循循善诱

孔子不仅"诲人不倦"，而且极其善于诲人，长于诱导，"循循善诱"就是一种经典的概括。《论语·子罕》载，颜回曰："夫子循循然善诱人，博我以文，约我以礼，欲罢不能。"（9.11）"循循"，是有次序；"善"，是擅长、善于。"诱"是引而进之。孔子就是能这样有次序、有层次地一步步引导弟子至于深处、高处、远处、大处。其境界的高妙，是这种"循循善诱"竟然可以使人"欲罢不能"，精进不已！

四、有教无隐

《论语·述而》载，子曰："二三子以我为隐乎？吾无隐乎尔。吾无行而不与二三子者，是丘也。"（7.24）孔子告诉学生：我没有对你们有隐讳不言、隐瞒不说的地方；我也没有密而不传的、不给你们公开的地方。"吾无隐乎尔"，就是"有教无隐"的磊落光明，这就是孔子的为人、为师的真正表率！

五、当仁不让于师

孔子对弟子不搞唯我独尊，而是提倡在仁德面前弟子不必谦让，是平等的。《论语·卫灵公》载，子曰："当仁，不让于师。"（15.36）人之求学，为求道理、真理，因此面对仁德，就是对于老师也不必谦让。与今人常说的"在真理面前，人人平等"，"在科学面前，唯有实事求是"可谓殊途同归。孔子当时能说出这样的话来，确实不简单。此又记起亚里士多德之说"我爱吾师，我更爱真理"，中西智慧在巨人那里一下子就沟通了，且互彰互映。

六、师生相长

孔子于弟子不只是单方面的传授、输出，而且又从弟子那里能动地汲取、吸纳，获得有助于自己的各种"营养"。这就是"教学相长"的双向回路。《论语·先进》载，孔子曰："回也非助我者也，于吾言无所不说。"（11.4）从这里也反衬出，孔子希望在与弟子的问辩之中得到启发，发自己所未发，达自己所未知。

七、学无常师

孔子主张并鼓励弟子转益多师，到处可以寻找到老师，或正面的、或反面的。如《论语·述而》载，孔子说："三人行，必有我师焉。择其善者而从之，其不善者而改之。"（7.22）当卫公孙朝问子贡："仲尼焉学（从哪里学来的学问）？"子贡曰："文武之道，未坠于地，在人。贤者识其大者，不贤者识其小者。莫不有文武之道焉。夫子焉不学（何处不学）？而亦何常师之有？"（19.22）这是孔子为弟子树立的又一榜样。

八、至深情谊

孔子与弟子之间的情谊深长。颜回生前视孔子为父（《论语》11.11），颜回死，孔子为之痛哭不已。孔子死，弟子们为其守墓三年，而子贡为之守墓六年。此后弟子们纷纷传承光大孔子学说，而儒家一脉绵绵相传不息。

子贡庐墓处（孔子墓西子贡庐墓处。孔子死后，众弟子守墓三年，
独子贡守墓六年。后人建房立石纪念。）

孔子审美与美育之智慧

我们长期以来在教育上只强调三方面，即德育、智育、体育的发展，而美育却被遗忘与忽略了。其实王国维在百年前就一再强调美育，再如蔡元培也再三强调美育，然而更早在2500多年前孔子就特别关注并推行审美之美育了。孔子丰富而深刻的智慧在《论语》里时闪光辉，频吐馨香，可供吸纳。这里将孔子的审美与美育智慧略为例析。

一、里仁为美之智

《论语·里仁》载，孔子曰："里仁为美。择不处仁，焉得知？"（4.1）孔子认为，选择居处要以风俗仁厚的地方为美。这样的地方，邻居和睦相处，互帮互助，心情舒畅，养性养德，这才是知（智）者的选择；否则何智之有？此衍生出来的智慧，即是社会上的相交不也是这样吗？智者就会与仁之美者打交道。孟子还引用此话解释"择业"的问题（见《孟子·公孙丑上》）。再从美育上讲，有论者认为它指出了审美教育要以"仁"为内容和旨归。

二、"绘事后素"之智

《论语·八佾》载，子夏问曰："'巧笑倩兮，美目盼兮，素以为绚兮。'何谓也？"子曰："绘事后素。"（3.8）郑玄注："喻美女虽有倩盼美质，亦须礼以成之。""绘事后素"，是说描绘必须以质为先为重，文为后为次。引申出来便是审美的本质与文采的关系，是说具有美质，然后才可以文饰加工。

另外如宗白华于"绘事后素"又有这样的体认，说："扬雄云：'丹青初则炳，久则渝。'敝而不渝，纯白之体。魏徐干曰：'故学者求学道也，若有似乎画采，玄黄之色既著，而纯白之体斯亡。敝而不渝，孰知其素与。'（《全三国文·著申论》）求反于朴素，亦有'初日芙蓉，自然可爱'之意。"（《宗白华全集》第三集）此说亦可通。

三、兴于诗，立于礼，成于乐

《论语·泰伯》载，子曰："兴于诗，立于礼，成于乐。"（8.8）这也是孔子的审美与美育智慧。这里有三端可解析：

"诗"本诸性情，且原来还配有音乐，可吟诵可歌咏，在此抑扬顿挫、反复徘徊之间，令人感发，让人兴起。关于"诗教"下文有专论，可参见。

"礼"能让人收敛自己的身心，砥砺自我的德行，能卓立自守，不为外惑所摇夺。再说"礼"也与"乐"有关，因此古代"礼乐"并称，可见关系密切。儒家强调兴礼乐为手段，达到尊卑有序、远近和合的目的。《礼记·乐记》："乐也者，情之不可变者也；礼也者，理之不可易者也。乐统同，礼辨异。礼乐之说，管乎人情矣。"孔颖达疏："乐主和同，则远近皆合；礼主恭敬，则贵贱有序。"再如《吕氏春秋·孟夏》："乃命乐师习合礼乐。"高诱注："礼所以经国家，定社稷，利人民；乐所以移风易俗，荡人之邪，存人之正性。"此可见"礼乐"之关联与美育的重要。

再看"成于乐"之智慧："乐"，是指音乐、舞蹈、诗歌、演奏等。有此《诗》与礼，而再要完善、成就自我，则要从"乐"中获得了。朱熹《集注》："乐有五声十二律，更唱迭和，以为歌舞八音之节，可以养人之性情，而荡涤其邪秽，消融其渣滓。故学者之终，所以至于义精仁熟，而自和顺于道德者，必于此得之，是学之成也。"乐既可以感发人的性情，亦可以陶冶人心，可以成就性情。这是美学，也是美育。孔子重视"乐教"，作为整个教育的重要部分，是心性修养与人格培育所不可或缺的。

再说孔子于"乐"有深邃的审美造诣，本身就是一个光辉的榜样。举例如：其一，孔子概括出音乐的全过程以及条理始终的审美。《论语·八佾》载，孔子对鲁大师解说奏乐之道，曰："乐其可知也：始作（演奏），翕如也（声律全备，繁盛和合的样子；'如'，样子）；从（通'纵'，放开舒展）之，纯如（纯和的样子）也，皦如（明晰的样子）也，绎如（络绎不绝的样子）也，以成。"朱熹注："翕（xī）"，合也；"从"，放也；"纯"，和也；"皦（jiǎo）"，明也；"绎"，相续不绝也；"成"，乐之一终也。其二，孔子欣赏韶乐，竟然"三月不知肉味"。（《论语·八佾》）其三，他深刻评论了乐的"美"与"善"之间的关系。《论语·八佾》："子谓《韶》尽美矣，又尽善也。谓《武》尽美矣，未尽善也。"孔子有"尽善尽美"的美学理念，旨在形式之美与内容之善的和谐一致。这一形式与内容兼美的"尽善尽美"之美学思想对后世影响极其深远。

确实，孔子也罢，其余的儒家也罢，关于"乐教"有深刻的体悟。如《礼记·乐记》："乐必发于声音，形于动静，人之道也。声音动静，性术之变，尽于此矣。"郑玄注："性术，言此出于性也。""性术"，是情性的表现方式。在乐的抑扬抗坠之间，就关联到人心与人性。遗憾的是，后世的儒家以及教育家将孔子所重视音乐之文化与教化的重要理念忽略了，在有意无意之间淡化了、淡忘了。一直到今天，我们的小学、中学、大学、研究生院里真正重视音乐的素质与教化了吗？人人自明！我想，我们之中不少的人还戴着"乐盲"的帽子吧？

四、志于道，据于德，依于仁，游于艺

此是为学的全部功夫、过程与境界。孔子曰："志于道，据于德，依于仁，游于艺。"（《论语·述而》）孔子倡导应该遵行的卓越教育过程、审美途径，便是如此。宗白华有个很好的解读："志于道者，谓圣人成己成物之道。如明明德、亲民、止至善之宏纲。德者本心固有之良能，随时随地而可见之行事者，如入孝出弟，谨信爱众之细目。道大而难成，故志之。德近在己而随事可行，故据之。依仁而是亲仁，游于艺而行有余，则以学文之意。游其心于六艺之文，如鱼得水，生意流畅，而后志道，据德，依仁，事可久而弗倦也。道为所求，艺为所资，志道必据德，以践其实，依仁以端其实，游艺以泳其心，皆所以学也。故曰：'士志于道，而耻恶衣恶食者，未足以与议也。''君子谋道不谋食。耕也，馁在其中矣；学也，禄在其中矣。君子忧道不忧贫。''参乎！吾道一以贯之。''夫子之道，忠恕而已矣。'"（《宗白华全集》第一集）另外，要再说的是这里的"游于艺"，是指游戏、游息在礼、乐、射、御、书、数诸事。此中不仅自有道理，还可颐养性情，也可收敛身心，是不可或缺的。

五、中和、中庸之美

孔子的审美与美育智慧，强调中和、中庸，再举例：其一，君子之美，当文质彬彬。质虽为主，文虽为次，但要达到两者之和谐，即是所说的"彬彬"。《论语·雍也》载，子曰："质胜文则野，文胜质则史。文质彬彬，然后君子。"人要质实，也要有文采，质实胜过文采，则显得粗野；如果文采胜过质实，外表虽客观，却无内质相应，就像掌管文书的那样，仅仅是虚浮罢了。其二，《论语·八佾》载，子曰："《关雎》，乐而不淫，哀而不伤。"后来这便成为一条经典的审美与美育智慧。

181

孔子的"耻育"智慧

孔子重视"耻育"之教，《论语》里记载了他将种种的"耻"揭示出来，昭示给弟子、世人，并进行教育，循循诱导。

一、躬行：行己有耻

这是说自身之躬行必须有知耻之心。《论语·子路》载，子贡问曰："何如斯可谓之士矣？"孔子回答："行己有耻。"（13.20）一个人要立足于人世，必

须有知耻之心，而后可以羞耻之事不为，此不就是立身之要？人人有知耻之心，社会不就形成一种良好的风气了。然而今日报纸媒体天天不断报道的诈骗、拐卖、行贿、贪污、色情等等，人们已经渐渐淡化了知羞耻之心了。若重新反视孔子的教导，真如醍醐灌顶一般。

二、教民：免而无耻·有耻且格

如何教化民众？其中一条便是推行"耻育"。《论语·为政》载，子曰："道（引导）之以政，齐之以刑，民免而无耻；道（引导）之以德，齐之以礼，有耻且格（至于，达到）。"（2.3）孔子极其睿智地分析：一是，用政令来引导，用刑法来整顿，民众可以免除犯规触法，却依然"无耻"，即没有知耻之心，因此其功效也只不过如此而已。二是，深一层则用道德来引导，用礼来整顿，民众不仅有知耻之心，且能"格正"，能至于正矣，能至于善矣。两相对照，一是治末，其功效浅而小；一是治本，其功效深而大。孔子此智慧，今日观之不是依然熠熠生辉？试看今日贪官不断，奸商时出，恶性事件频发，屡禁而不止，读思"免而无耻"与"有耻且格"，不是很令人警醒吗？

三、衣食：耻恶衣恶食，未足与议

《论语·里仁》载，子曰："士志于道，而耻恶（粗劣）衣恶（粗劣）食者，未足与议也。"（4.9）为学之士是有志于对道的不懈追求，如果以恶衣恶食为可耻者，是不值得与他一起论道的。《论语·子罕》载，孔子赞扬子路，曰："衣（yì，穿着）敝（坏）缊袍（贱人所穿的絮麻衣服），与衣（yì，穿着）狐貉（皮裘之衣服）者立，而不耻者，其由（子路）也与？'不忮不求，何用不臧（善）？'"（9.27）确实，人生在世，只是关注口腹身体之欲，而不立志去干一番事业，能卓然立于人世吗？孔子此箴言真是百世而不废的。

四、言行：耻躬之不逮·耻其言而过其行

孔子教诲，君子要言行一致，要内心与外表相一致，否则就是可耻的，且也会给自己招来耻辱。其一，做人若"巧言"（花言巧语）、"令色"（虚伪的容颜）、"足恭"（过分恭敬），"匿怨（深藏怨恨）而友（友好）其人"，这些都是可耻的。如《论语·公冶长》载，子曰："巧言、令色、足恭，左丘明耻之，丘亦耻之。匿怨而友其人，左丘明耻之，丘亦耻之。"（5.25）其二，《论语·里仁》载，子曰："古者言之不出（不轻易出口），耻躬之不逮（及，达到）也。"（4.22）如果一言既出，信口开河，而自己又不去躬行，不能做到，这就是一种可耻。其三，《论语·宪问》载，子曰："君子耻其言而过其行。"（14.27）言过其行，也是一种言行不符，会招来耻辱。因此君子要慎于言，而敏于行，达到

论语智慧

言行相顾，言行一致。

五、为学：不耻下问

孔子于为学曾说："敏而好学，不耻下问。"（5.15）"问"是为学的一个重要环节，而人能够叩问、善问、巧问、常问已属不易，如果能向不及自己的人去请问，去"下问"，这是更不容易做到的事。孔子鼓励"不耻下问"。相反，如果君子不能下问，便成了做人之一"耻"了。

六、获利：邦有道之耻·邦无道之耻

孔子还揭示了邦无道之耻与邦有道之耻，读来觉得他真是目光如炬！其一，《论语·泰伯》载，子曰："邦有道，贫且贱焉，耻也；邦无道，富且贵焉，耻也。"（8.13）其二，《论语·宪问》载，原宪问耻（什么是可耻）。孔子曰："邦有道，谷（做官的俸禄）；邦无道，谷，耻也。"（14.1）这里又讲了一个道理：国家清明有道，做官获得俸禄，这是正常的；国家混浊无道，却做官获得俸禄，这是可耻的。其实，引而申之，则凡是不能据道义去正常获利，或非法牟利，或尸位素餐等等，都是可耻的。

《论语》里也载有孔子的弟子论"耻育"的，有子就说君子要远离耻辱，其办法便是加强自身的修养。有子曰："恭近于礼，远耻辱也。"（1.13）试想，社交时对待他人固然要恭敬，但是还要注意用礼来节之。如果虽恭敬但过了分，那便是"足恭"，反而会招来耻辱。

国学里关于"耻育"的智慧不少，古代智者认为治国有"四纲"，也称"四维"，即是四种道德规范。《管子·牧民》："国有四维"，"一曰礼，二曰义，三曰廉，四曰耻。礼（知礼）不逾节，义（知义）不自进（自我钻营），廉（知廉）不蔽恶（掩饰过错），耻（知耻）不从枉（随从邪曲）。"又有说："然则礼义廉耻不立，人君无以自守也。"（《管子·立政九败解》）汉代贾谊说："四维不张，国乃灭亡。"（《上疏陈政事》）清代顾炎武说："士而不先言耻，则为无本之人。"（《日知录·廉耻》）龚自珍说："士皆知有耻，则国家永无耻矣！"（《明良论二》）呜呼，国家不可无此"四维"，做人不可以是无耻之徒，不可少廉寡耻。如此，不妨听听孔子之"耻育"之论，真可以发人深省！

孔子的"丑育"智慧

现代美学家王朝闻在《授者即受者》里说："不论读者从事什么特殊性质

的工作，几乎可以说时时刻刻都在自觉不自觉地接受着美育或丑育（客观实际里，存在着其实是丑育的'美育'）。"这里提出"丑育"的理念。

其实，孔子是最为提倡"丑育"的先行者，只不过人们较少留心而忽略了。事实上，孔子之"美育"，一端是"美育"，一端便是"丑育"，这便是高明地教诲人们"叩其两端"而能"得其中矣"。因此，孔子既重视心灵的陶冶，关注正面的审美教育，也重视负面的审丑教育。确实，放眼熙熙之人世、攘攘之人事，无处不是美与丑的并存并见。孔子的美育也是让审美与审丑并重，从而孰美孰丑，了然于胸；孰去孰从，抉择于心。

《论语》里就记载了孔子与弟子对"丑"的种种"厌恶"以及鞭挞。孔子就厌恶巧言令色者、小人、乡愿等等。再如《论语·阳货》里记载，孔子赞美美行，如仁、知、信、直、勇、刚，但是也同时厌恶恶行，如愚、荡、贼、绞、乱、狂。此凸显孔子既精于审美，亦长于审丑。这便是"审丑"及其教育。此再举例析之：

一、孔子之"三恶"：三种憎恶

《论语·阳货》载，子曰："恶紫之夺朱也，恶郑声之乱雅乐也，恶利口之覆邦家者。"（17.18）

1. "恶紫之夺朱"。——孔子厌恶用紫色取代了朱色。朱，是大红色，古代称为正色。紫，是红色和蓝色混合而成的颜色，不属于正色，但与正色接近。这也就成为"恶紫夺朱"的成语。

2. "恶郑声之乱雅乐"。——孔子厌恶郑声搞乱了雅乐。

3. "恶利口之覆邦家者"。——孔子厌恶巧言善辩颠覆了国家的人。"利口"就是捷利的口才，《论语》中又称为"口给""巧言"。"恶利口之覆邦家者"，《孟子·尽心下》"恶利口恐其乱信也"，也是同样的意思。

"利口"到底是怎样的一种情况呢？也许我们在现实生活中就会接触到这样的人，再看汉魏时代的徐干在《中论·覈辩》有生动的描述："彼利口者，苟美其声气，繁其辞令，如激风之至，如暴雨之集，不论是非之性，不识曲直之理，期于不穷，务于必胜，以故浅识而好奇者，见其如此也，固以为辩；不知木讷而达道者，虽口屈而心不服也。"

为什么"利口"能行于世间呢？为什么"利口"于世事不利呢？徐干又说："夫利口之所以得行乎世也，盖有由也。且利口者，心足以见小数，言足以尽巧辞，给足以应切问，难足以断俗疑，然而好说而不倦，谍谍如也。夫类族辨物之士者寡，而愚暗不达之人者多，孰知其非乎？此其所以无用而不见废也，至贱而不见遗也。先王之法（此指《礼记·王制》里的必杀之令），析言破律，乱名改作者，杀之；行僻而坚，言伪而辨，记丑而博，顺非而泽者，亦杀之；为其疑众惑民，而溃乱至道也。孔子曰：'巧言乱德'，恶似而非者也。"

二、君子的"四恶"：四种憎恶

《论语·阳货》记载子贡曾问孔子："君子亦有恶乎？"作为君子当是仁爱者，是否也有所厌恶呢？孔子回答说："有恶：恶称人之恶者，恶居下流而讪上者，恶勇而无礼者，恶果敢而窒者。"（17.24）

1. "恶称人之恶者"。——厌恶那种专门喜欢称扬他人过错的人，因为这是一种刻薄的、不仁厚的人。

2. "恶居下流而讪上者"。——厌恶那种身居污下之地而专门毁谤尊上的人。"讪（shàn）"，毁谤，诋毁。"居下流"，或认为晚唐之前的本子没有"流"字，北宋时已误衍了"流"字。

3. "恶勇而无礼者"。——厌恶虽勇敢而不遵循礼的人。

4. "恶果敢而窒者"。——"窒"，阻塞不通的意思。孔子说，厌恶做事虽果敢，但是不顾义理，不念后果，不会变通，不能明达的人。

三、子贡之"三恶"——三种憎恶

《论语·阳货》记载孔子曾问子贡："赐也亦有恶乎？"你也有厌恶的东西吗？子贡说出自己的"三恶"："恶徼以为知者，恶不孙以为勇者，恶讦以为直者。"（17.24）

1. "恶徼以为知者"。——这里的"徼"怎样解释？是一个难解的问题。一说"徼（jiāo）"是窃取、偷窃、抄袭，此句的意思便是厌恶抄袭他人的成绩成果为己有的人。（杨伯峻《论语译注》）另一说根据郑本"徼"作"绞"，此所谓"绞"即是《论语·泰伯》"直而无礼则绞"、《论语·阳货》"好直不好学，其蔽也绞"，"绞"就是刺、急的意思。（赵纪彬《论语新探》）这意思即是厌恶"直而无礼"、"好直不好学"而以为智者的人。再一种是"徼"为伺察，朱熹注："徼，伺察也。"此句意思如张居正所说："恶那样苛刻的人，本无照物之明，乃窃窃焉伺察人之动静，而自以为智耳。"笔者认为，此种解释颇可取。

2. "恶不孙以为勇者"。——子贡说，厌恶那种不谦逊而自以为勇敢者。如张居正解释："恶那样刚愎的人，本无兼人之勇，徒悻悻然凌人傲物，而自以为勇者"。

3. "恶讦以为直者"。——"讦（jié）"，攻击或揭发别人的短处。子贡说，厌恶那种攻讦而自以为正直者。如张居正解释："恶那样偏急的人，本无正直之心，专好攻讦人之阴私（别人不知道的过错），而自以为直者。"

刘殿爵《孔子的〈论语〉》说："应该注意到，孔子厌恶的事物都同好的事物表面上相似，正因为这种表面的相似性，假才能乱真。孔子憎恶的正是这种假冒，郑声和佞人连在一起，如果我们放松警惕，郑声就会为佞人开辟道路。"（引自安乐哲《孔子哲学思维》）这一点说得很准，孔子把美的与丑的并显，把正面的反面出示出来，让人们清晰地辨识真伪，这是一种智慧。当然我还想起另外一方面，那就是孔子所说的"唯仁者能好人，能恶人"（《论语·里仁》），这一点说得好深刻啊！

世上唯有真能审美者，也最能审丑；反过来则唯其能审丑，也最能懂得美。孔子便是如是之人，也是如此去进行教育的。

诗教：剖析孔子的教育智慧

孔子的每一门功课到底是怎样教学的，已经不可知晓，但是也可以从《论语》来管窥蠡测。这里就《论语》里的"诗教"，即是《诗经》之教学（原只是称《诗》，后来儒家尊之为经，故称《诗经》），例析之、谛察之，或亦可举一隅而反三隅了。

一、"诗教"之深厚积储

今人常说教师要给学生"一杯水"，必须自己有"一桶水"，孔子就是这样的杰出典范。孔子从卫国返回鲁国，整理了《诗经》，音乐得其正，《雅》诗与《颂》诗各得其所。《史记·孔子世家》："三百五篇，孔子皆弦歌（指配乐歌唱）之，以求合《韶》《武》《雅》《颂》之音（乐曲的音调）。礼乐自此可得（得到恢复）而述（可以称述），以备（完备了）王道，成（完成了编修）六艺。"正因为孔子在《诗经》上的造诣是深湛与广博的，所以他于"诗教"的积储绝不是"一桶水"了，或可以说是如同江河湖泊一般了。因此，他的"诗教"当然能驾轻就熟，厚积薄发，点铁成金了。

二、"诗教"于《诗》具睿识

孔子不仅长期整理研究过《诗经》，且具真知灼见。用今人的话来说，这就是一个教者对教材的通透识见，或称"吃透"教材了。《论语·阳货》载，孔子曰："小子何莫学夫《诗》？《诗》，可以兴，可以观，可以群，可以怨。迩之事父，远之事君；多识于鸟兽草木之名。"（17.9）朱熹在《集注》赞扬说：

"学《诗》之法，此章尽之，读是经者，所宜尽心也。"这里孔子揭示出《诗》"可以"在七个方面起作用：

1. "兴"。朱熹《集注》："感发意志。"或说"引譬连类"（孔安国注），即是引譬设喻于某一事物，而连带及于同类的其他事物。

2. "观"。朱熹《集注》："考见得失。"或说"观风俗之盛衰"（郑玄注）。

3. "群"。朱熹《集注》："和而不流。"或说"群居相切磋"（孔安国注）。

4. "怨"。朱熹《集注》："怨而不怒。"或说"怨刺上政"（孔安国注）。

5. "迩之事父"。近可以侍奉父母。

6. "远之事君"。远可以侍奉君上。

7. "多识于鸟兽草木之名"。多多认识鸟

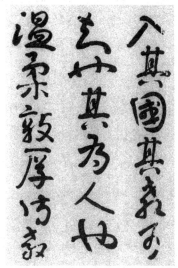

李后主（李煜）书法

兽草木之名实。据清代顾栋高《毛诗类释》作出统计，《诗经》鸟名有43种，兽名有40种，草名有37种，木名有43种。朱熹《集注》："其绪余又足以资多识。"

《诗经》是审美的，孔子赞美"思无邪"，而且非常擅长借助《诗》的审美思维进行审美的再思维，即是用《诗》来发酵自己的思想、理念，并用以教诲他人，显示出一种高超的境界。孔子所说的"兴观群怨"，即是一种高超的审美智慧。此后"兴观群怨"也由对《诗经》的审美评论，推演为中国文艺批评的重要原则。在《礼记·经解》里孔子还说："诗教"之"温柔敦厚。"这也对后世影响很大。

三、"诗教"与人生之要

1. 人不学诗，正墙面而立

孔子揭示出"诗教"对于人生的必要与重要，曾谆谆教诲要其子孔鲤学诗。《论语·阳货》载，孔子对儿子孔鲤曰："女（汝，你）为（学习）《周南》、《召南》矣乎？人而不为《周南》、《召南》，其犹正墙面而立也与？"（17.10）《诗经》里的《周南》《召南》是十五国风里的前两篇，所说的都是修身齐家之事，如果这些不学，那么就像正对着墙面，"即其至近之地，而一物无所见，一步不可行"（朱熹《集注》）。

2. 不学诗，无以言

《论语·季氏》又载，孔子对孔鲤说："不学诗，无以言。"（16.13）于是"鲤退而学诗。"朱熹《集注》："事理通达，而心气和平，故能言。"

3. 兴于诗，陶冶情性

《论语·泰伯》载，子曰："兴于诗，立于礼，成于乐。"（8.8）学《诗》则使人于吟咏之间，抑扬反复，则好美善之心，厌丑恶之情，油然而生，感发顿时兴起，久而久之，于此必获良好的陶冶。

四、"诗教"与为政才能

《论语·子路》载，孔子曰："诵《诗》三百，授之以政，不达（通达，指会运用）；使于四方，不能专对（独自对答，指独立地办交涉），虽多，亦奚以为？"（13.5）孔子的意思是：其一，学好了《诗经》，接受政务就能通达而抵达目的。其二，学好了《诗经》，接受出使外交要务就能独对而圆通。其三，学习《诗经》必须会运用、活用，即使学得很多，但不能在实际生活里应用，那么又有什么意义呢？孔子重视《诗经》之教学，尤其关注启发弟子们能活用《诗经》且用活《诗经》。

为什么学习《诗经》对于政治有这样的功效呢？如朱熹《集注》："《诗》本人情，该（完备、包括）物理，可以验风俗之盛衰，见政治之得失。其言温厚和平，长于风喻。故诵之者，必达于政而能言也。程子曰：'穷经将以致用也。世之诵《诗》者，果能从政而专对乎？然则其所学者，章句之末耳，此学者之大患也。'"这就是《诗经》之学问、功效与魅力。

五、"诗教"：教学内容的丰富与深刻性

孔子"诗教"的内容是极其丰富与深刻的。再如《孔丛子·记义》就记载了孔子读《诗》，及至《小雅》，喟然而叹，说出了自己对此一系列诗篇的感兴：

（1）吾于《周南》、《召南》，见周道之所以盛也。

（2）于《柏舟》，见匹夫执志之不可易也。

（3）于《淇奥》，见学之可以为君子也。

（4）于《考槃》，见遁世之士而不闷也。

（5）于《木瓜》，见苞苴之礼行也。

（6）于《缁衣》，见好贤之心至也。

（7）于《鸡鸣》，见古之君子不忘其敬也。

（8）于《伐檀》，见贤者之先事之后食也。

（9）于《蟋蟀》，见陶唐俭德之大也。

（10）于《下泉》，见乱世之思明君也。

（11）于《七月》，见豳公之所以造周也。

（12）于《东山》，见周公之先公而后私也。

（13）于《狼跋》，见周公之远志所以为圣也。

（14）于《鹿鸣》，见君臣之有礼也。

（15）于《彤弓》，见有功之必报也。

（16）于《羔羊》，见善政之有应也。

（17）于《节南山》，见忠臣之忧世也。

（18）于《蓼莪》，见孝子之思养也。

（19）于《楚茨》，见孝子之思祭也。

（20）于《裳裳者华》，见古之贤者世保其禄也。

（21）于《采菽》，见古之明王所以敬诸侯也。

以上可以触悟，《诗经》给了孔子多大的心灵启迪！此还仅仅是三百篇《诗经》的一小部分，竟然就有如此丰富而深刻的内容，更何况整个《诗经》的智慧蕴藏了！有这样的教材，且有这样睿识的教学者、传播者，其教学质量的卓越也可以推而知之了。

六、"诗教"：生动深刻的"答疑课"

1. 孔子答子贡之疑

《论语·学而》载，子贡问曰："贫而无谄，富而无骄，何如？"孔子回答，曰："可也；未若贫而乐，富而好礼者也。"（1.15）孔子肯定了子贡"已知"的理解，但是又为他指出了更深一层的"未知"的含义，这是孔子的高明引领。

子贡再问，曰："《诗》云：'如切如磋，如琢如磨'，其斯之谓与？"孔子再答："赐也，始可与言《诗》已矣，告诸往而知来者。"（1.15）子贡聪敏地联系《诗》来解读，孔子为他能活用《诗》、能告往知来的演绎推论而肯定之、称赞之、激励之。

2. 孔子答子夏之疑

《论语·八佾》载，子夏问曰："'巧笑倩兮，美目盼兮，素以为绚兮。'何谓也？"孔子回答："绘事后素。"子夏再问："礼后乎？"孔子再答："起予者商也！始可与言《诗》已矣。"（3.8）

这就如今日所谓的"答疑课"，弟子问得很深入，孔子回答得很到位，且既是点到为止，又引其深入再发现更深一层的问题，然后给出更深一层的解答。此即是孔子"不愤不启，不悱不发"的启发式教学之例证，也是他循循善诱之风采。

孔子这样"诗教"，当然会收获极佳的教学效果。这些弟子以此修身、以此治政、以此审美，甚至临终还不忘记《诗》的精义。试看曾子作为孔子的重要弟子之一，在自己病重之时，还结合自身的实例用《诗经》来教育他的门弟子。《论语·泰伯》记载，曾子有疾，召门弟子曰："启予足！启予手！《诗》云，'战战兢兢，如临深渊，如履薄冰。'而今而后，吾知免夫！小子！"（8.3）

最后要说的是，上海博物馆1994年从香港文物市场上购回了一批战国竹简，其中一部分被学者称为是《诗论》，有1006字，论及《诗经》60多篇，比较系统地记述了孔子对《诗》的观点，代表了早期儒家的《诗》学，弥足珍贵。《诗论》随《上海博物馆藏战国楚竹书》发表以来，引起了学术界的广泛关注与热烈讨论。这必将渐深渐入地推动孔子"诗学"与"诗教"深入的再研究。

篇
九

《论语》孔门弟子风采与智慧

孔门弟子三千，有七十二贤之说。这里人才济济，风华超然，有安贫好学的颜渊，有生性好斗、好勇力的子路，有聪敏精明的子贡，还有被孔子称为"纯孝"的闵子骞……

　　在此我们就走近他们，一一领略其风采！

《圣迹之图》之杏坛礼乐

颜回·颜乐·孔颜乐处

颜回（前521～或前481、或前490），孔子最赏识的弟子。姓颜，名回，字渊，亦作子渊。后世也称为颜叔、颜生。鲁国人，比孔子小30岁。《论语》里的称谓是颜渊、颜回、回。世人还以"孔颜"并称，可见颜回的崇高地位。唐代吴兢《贞观政要·论崇儒学》有说"以仲尼为先圣，以颜子为先师"。清代冯云鹓(yuān)辑校的《圣门十六子书》中有《颜子书》，辑录了他的言行、事迹。这里就《论语》所载略说颜回之人生境界。

颜回

一、德行高洁，励志修身

在孔门"四科"里，"德行"一科位列最先，而"德行"一科里颜渊又名居榜首。"德行：颜渊，闵子骞，冉伯牛，仲弓。"（《论语·先进》11.3）孔子曾多次赞扬颜渊的德行，举例如：

1. 颜回与仁

颜渊曾问孔子什么是仁，孔子回答说："克己复礼为仁。一日克己复礼，天下归仁焉。为仁由己，而由人乎哉？"颜渊再追问仁的细目是哪些。孔子回答说："非礼勿视，非礼勿听，非礼勿言，非礼勿动。"颜渊曰："回虽不敏，请事斯语矣。"（12.1）颜回听到以后，便下决心"事（奉行、践行）斯（此）语矣"，这就是问道、闻道，便行道。

那么，颜回行道又怎样呢？孔子评论："回也，其心三月不违仁，其余则日月至焉而已矣。"（6.7）孔门弟子中有志于仁者很多，但是比较下来，唯独颜回能坚持得最好，故孔子只是独赞颜回。当然孔子也暗喻颜回前面的仁之路还远着呢。

2. 颜回重视身心性情的修养

孔子赞扬他，"不迁怒，不贰过"（6.3）。颜回也会发怒，但是不像其他的人，血气用事，一触即发，既不能控制，还要由此怒而迁移于彼怒。颜回不重复犯错误，因为他能悔改，随即省悟，不再重违。再如颜回曾自述志向："愿无伐善，无施劳。"（5.26）此意思是：其一，我若有善德，不愿意自以为善，而矜持夸大于人，因为这是人本该具有的善。其二，我若有功劳，不愿意自以为有功劳，而张大表白于人，因为这不过是尽了自己的责。

二、好学深思，闻一知十

颜回深潜于学，且用心克己，务求纯粹，而臻于极高境界。他认识到孔子就像是一座巍巍高山，"仰之弥高，钻之弥坚。瞻之在前，忽焉在后"（9.11），因此不断地攀登，不懈地钻研。

1. 孔门颜回，最为好学

《论语》中孔子曾两次说到在众弟子中间颜回是最好学的，没有人超过他。

一次，鲁哀公问："弟子孰为好学？"孔子回答："有颜回者好学，不迁怒，不贰过。不幸短命死矣，今也则亡，未闻好学者也。"（6.3）又一次，季康子问："弟子孰为好学？"孔子回答："有颜回者好学，不幸短命死矣，今也则亡。"（11.7）这里可以看到孔子对颜回好学的推崇，是孔门弟子中最为好学的。

2. 不怠不惰，进而不止

这是颜回的进取精神，孔子曾赞扬说："语之而不惰者，其回也与！"（9.20）孔子诲人的道理，能够听之不怠惰，且行之也不怠惰者，大概就是颜回了吧？《论语·子罕》："子谓颜渊，曰：惜乎！吾见其进也，未见其止也。"（9.21）可惜的是颜回死得太早了！试比较冉求虽多艺，但孔子曾批评他中道而止，画而不进。再如子贡虽多识，但还会产生厌倦欲息的念头。

3. 极高天赋，睿智之资

颜回天资聪明，学而能融会，闻而能贯通，有"闻一知十"之誉。此中就因其资禀极其卓越，再加上他学力深湛，好学深思，故能默识而心通，比类而演绎，由此而及彼，从头而彻尾。子贡曾比较："回（颜回）也闻一以知十。赐（子贡）也闻一以知二。"（5.9）甚至孔子也说："弗如也，吾与女（汝）弗如也。""闻一知十"，此正是颜回的妙悟之道。

4. 勤学绎思，务求深潜

如孔子教诲颜回"博文约礼"，颜回便精进不已，"欲罢不能"。（9.11）"博文"是广博地学习文献，"约礼"是用礼节来约束，这是今人的一般解释。再看张居正的解释也很有意思：道理散见于天地间的叫做"文"；道理散殊中，各有个天理自然的节文，叫做"礼"。文不博，则无以见道之万殊而得其真；礼不约，则无以会道之一本而体其实。"博"以开"约"之始，既非径"约"者之无得；"约"以收"博"之功，又非徒"博"者之无归。（《张居正讲评〈论

5. 大智若愚，足以发挥

孔子曾评论："吾与回言终日，不违，如愚。退而省其私，亦足以发，回也不愚。"（2.9）孔子与颜回谈话终日，颜回只是默默地听着记着，没有一句问难的，也没有提出相反的意见的，看上去就像一个愚者。然而孔子暗下考察，颜回退回去后，能自己研究，而且在他日常的言语举止行为方面也都能躬行这些道理，并发挥出来，所以"回也不愚"。其实，在孔子弟子里，大约唯颜回最能悟道了。此可知颜回"愚"之气象即是"大智若愚"之"愚"了！

三、有志用世，关注治政

尽管颜回没有出仕，这可能是遇与不遇的问题，但是他关注并钻研这些学问。《论语·卫灵公》就记载，颜渊问"为邦"，即是如何治理国家。孔子曰："行夏（朝）之时（历法），乘殷（朝）之辂（大车），服周（朝）之冕（冠冕），乐则（舜之）韶舞。放（排斥、禁止）郑声，远（远离）佞人。郑声淫，佞人殆（危险）。"（15.11）孔子认为颜回有王佐之才，便告诉他应该历史地借鉴三代，斟酌三代的礼法，取法该效法的，防止该防止的，警戒该警戒的，这就是"为邦"的大道了。

四、师生深情，亲如父子

颜回十分敬仰孔子，于其师之所说所诲都能默契相通，心融而乐，亦步亦趋。颜渊曾喟然叹曰："仰之弥高，钻之弥坚。瞻之在前，忽焉在后。夫子循循然善诱人，博我以文，约我以礼，欲罢不能。既竭吾才，如有所立卓尔。虽欲从之，末由也已。"（9.11）这就像《庄子·田子方》里所说的，颜回是"夫子步亦步，夫子趋而趋。"

《论语·先进》："子曰：'回也非助我者也，于吾言无所不说。'"（11.4）正因为他能默识，所以领受而无惑，心悦而诚服，也就无所问了。孔子虽说"回也非助我者也"，而其内心实在又是非常欣赏他。

孔子被拘禁在匡地之时，颜渊走失了，孔子担心他被匡人所害。颜渊最后终于来到，孔子曰："吾以女（汝）为死矣。"颜回曰："子在，回何敢死？"（11.23）这意思是，如果老师不幸遇难，我颜回必定捐躯以赴斗；如今老师还在，我颜回怎敢轻易赴斗而死呢，必定好好侍候您。张居正说："于此不独见其师生相与，恩谊甚深，抑且死生在前，审处不苟。盖由平日涵养纯粹，见理分明故耳。所谓笃信、好学、守死、善道，若颜渊者，真其人也。"

孔子对颜回则不仅看做弟子，还视为同志者、同道者。此如《孟子·公孙丑上》有赞，颜回是圣人之"具体而微"者，即是已经具有总体的各部分了，而仅在形态、规模上还较微小罢了。《论语·述而》："子谓颜渊曰：'用之则行，舍之则藏，惟我与尔有是夫！'（7.11）"张居正曾说："盖孔子为时中之圣，自然合乎仕止久速之宜。颜子具圣人之体，能不失乎出处进退之正。观孔子有东周之志，而疏食饮水，乐在其中。颜子有为邦之问，而箪瓢陋巷，不改其乐，盖可见矣。"此亦然可体味。

孔子曾说："回也视予犹父也。"（11.11）颜回虽是孔子的弟子，但是他看待我孔子真是恩义兼尽了，就像父亲一样。但是，颜回不幸短命而死，一颗光耀的明星陨落了，一个卓越的传道者消逝了，孔子为之极其悲伤！孔子曰："噫！天丧予！天丧予！"（11.9）《论语·先进》："颜渊死，子哭之恸（悲哀过度）。从者曰：'子恸矣！'曰有恸乎？非夫人之为恸而谁为？"（11.10）颜渊死后，孔子的弟子欲行厚葬时，孔子却没有同意这种做法，因为颜回家里贫穷却要厚葬，这是不合乎当时的礼的。再说孔子之子孔鲤死了，也没有厚葬。最后（孔子的）学生们仍然厚葬了颜回，于是孔子感叹地说："予不得视犹子也。"（11.11）——我不能对待你颜回就像我的儿子一样，把丧事办得事事合礼；那厚葬的事是不合礼的，是你那些同学干出来的。

五、孔颜乐处，千古传诵

《论语·述而》："子曰：饭疏食饮水，曲肱而枕之，乐亦在其中矣。不义而富且贵，于我如浮云。"（7.16）这是孔子的乐处。

《论语·雍也》："子曰：'贤哉，回也！一箪食，一瓢饮，在陋巷，人不堪其忧，回也不改其乐。贤哉，回也！'"（6.11）这是颜回的乐处。在曲阜孔庙的陋巷，曾有世传的"颜井"，上面还筑有亭，宋代苏东坡还撰写过《颜乐亭记》，司马光还撰写了《颜乐亭颂并序》。

颜路

孔子乐处与颜回乐处，成为激励人们的典型，"孔颜乐处"正是北宋理学家所竭力推崇的。其实，我们今人不必再局限于理学的角度去察悟，每一代人都可以直接从中体悟到一种高尚的生活理念，哪怕面对着红尘的日益喧嚣，照样能潇洒、优雅、自由地生活着。

最后再说颜路，即颜无繇（前545~？），姓颜，名无繇（yáo），字路，亦称颜由，少孔子6岁。

他是颜回的父亲，又是孔子早期的弟子。他们父子俩同出孔门，也是极有意趣之事。颜路在《论语》里仅出现一次。颜渊死，颜路请求孔子卖掉车子，为颜渊置办套在内棺外边的椁。孔子曰："才不才，亦各言其子也。鲤也死，有棺而无椁。吾不徒行以为之椁。以吾从大夫之后，不可徒行也。"（11.8）人之生子或有才，或不才，但都一样称为子，也都有一样的深情。孔子儿子孔鲤之死，是有棺而无椁，也没有为他卖车置办外椁。我孔子也有爱子之情，难道与你颜路不一样吗？再说作为大夫，也不能卖掉车而步行，这不合乎礼，也有失体统，因此不能应允此事。孔子讲仁、尊礼、重情、守义，但是极有理智、识分寸、善驾驭，掌控得有理有据、无过无不及。这就是孔子表现出来的大智慧。

子路：人才难得·难能可贵

　　孔子门下的子路，是人们较为熟悉的人物。子路（前542～前480），姓仲，名由，字子路，一字季路。比孔子小9岁，鲁国人。《论语》里有38次提及他，其称谓是仲由、子路、季路、由。他是与孔子最亲近、师生情谊最深厚的弟子之一。清代冯云鹓辑校的《圣门十六子书》中有《仲子书》，辑录了仲由的言行、事迹。这里就《论语》所载略说子路。

一、性格·气质·教诲

　　子路头角峥嵘，初见孔子时候，被称为"戴鸡佩豚"之人，即是头戴公鸡形状的帽子，身佩野猪形状的饰物；公鸡与野猪都是好斗的，而子路也是这样粗鄙无礼、好勇力的人。然而经过孔子的精心教诲，子路不仅在政治上作出了一番贡献，而且就在遇难临死之前，在卫国的内乱中被人以戈击断了冠之缨，还想起了孔子的礼教"君子死，冠不免"，于是"结缨而死"。（《左传·哀公十五年》）《论语》里多次评论子路，并记载了孔子对他的许多谆谆教诲。

　　1. "由也喭(yǎn)"（11.18）

　　这是说子路的性格气质之偏，在于粗俗、粗鄙、浅陋，缺少温润尔雅之美质，如要改变这种气质，必须虚心学习文化礼乐，然后可进于人生之正道。

子路

2. "由也兼人"（11.22）

孔子指出子路的性格上还有一点就是"兼人"，即是喜好胜过他人，孔子就教导他要学会"退之"。

3. "由也好勇过我，无所取材"（5.7）

孔子指出子路的性格特点是好勇，勇于为义，临难不避。孔子也勇，但那是能循中庸之道之勇，故子路之"好勇过我"，那么就"无所取材"了。

4. "野哉，由也！君子于其所不知，盖阙如也"（13.3）

孔子说如果去卫国治政的话，必定先正名分，遭到子路的讥刺"有是哉，子之迂"。孔子狠狠批评了子路的"野"，这便是心气粗野、识见鄙陋、说话粗鲁。孔子还教诲他，不知道的东西要阙疑，而不要乱说。

5. "子路行行（hàng）如也"，"若由也，不得其死然"（11.13）

子路有一种"行行如"的性格与气象，这便是刚强有勇，而缺少含蓄温和。孔子评论：像子路那样过于刚强而好勇，恐怕就会不得好死。不幸的是，孔子的预言最后被证实了，尽管孔子不断陶冶他，然而子路还是死于非命，死于孔悝（kuī）之难。此足见孔子知人之睿智！

6. 忠诚不渝

子路对孔子是绝对的忠诚，如孔子曰："道不行，乘桴（竹木扎成的排筏）浮于海。从我者，其由与！"子路闻之喜。（5.7）这是对子路的高度信任，也彰显子路的忠诚不渝。

7. "由也果"（6.8）

孔子赞扬子路之"果"，即是遇到事情能果断、决断，而不是优柔寡断，当断不断。

8. 子路兴趣广泛，好学且好问

他曾问孔子"何如斯可以谓之士矣"（13.28）；问怎样才是个"成人"即完人（14.12）；问管仲仁否（14.16）；问怎样才算个"君子"（14.42）；问"君子亦有穷乎"（15.2）；问"君子尚勇乎"（17.23）；问怎样"事鬼神"，又问"死"（11.12）；如此等等，不一而足。孔子一一回答，谆谆教导，且留下很多名言警句，如"六言六蔽"（17.8），"知之为知之，不知为不知，是知也"（2.17），等等。

9. 重视实践

比如《论语·先进》记载，子路曾经推荐子羔去做费邑之宰，孔子认为子羔还没有很好地学习而去做官，则是"贼（害）夫（那）人之子（指子羔）"。但是子路却对孔子说："有民人焉，有社稷焉，何必读书，然后为学？"（11.25）那个地方有民众者，有社稷在，能从中求得治理民众的道理，能从中求得事奉神灵的道理，何必要读书，此后才算是学习呢？——子路就是这样看重实践中的学习。不过孔子还是批评了他，说："是故恶夫佞人。"

10. 闻道而能力行

《论语·公冶长》："子路有闻，未之能行，唯恐有闻。"（5.14）子路闻道而能身体力行，这是何等的可爱，而且可爱到甚至还害怕再听到好的道理，而自己来不及实行。

11. "无宿诺"之诚信

《论语·颜渊》："子路无宿诺。"（12.12）子路没有拖延不兑现的承诺。《左传·哀公十四年》记载，小邾（zhū）国的大夫射献出句绎之地而来投奔鲁国，说："使（派）季路要（约，指口头约定）我，吾无盟（可以不必再用盟誓）矣。"这位大夫宁可与子路口头上相约定，而可以不再与鲁国用盟誓。——这里可以体会子路诚信之声誉素著，且远播他国。于是鲁国就派子路去处理，子路推辞了。季康子使冉有谓之曰："千乘之国（鲁国），不信其盟（盟誓），而信子（您子路）之言，子何辱（屈辱）焉？"子路回答："鲁有（若有）事（战事）于小邾，不敢问故，死（战死）其城下可也。彼不臣（不尽臣道），而济（实现）其言，是义之（指本来的不臣却变成正义了）也，由弗能。"子路重视道义，之所以没有出使，是因为彼不能尽其为臣之道，而却使得他的话能实行，这是错把他的不尽臣道当做正义了，所以我不能去干这事。这里又进一步显示子路的智慧，人是要讲究信诺，但是必须有"义"之准则，否则是不行的。

12. 直爽、善交友、具浩然之气

子路曾言自己之志，曰："愿车马衣（轻，此字系后人所加）裘，与朋友共，敝之而无憾。"（5.26）又孔子曾赞扬子路，曰："衣敝缊袍，与衣狐貉者立，而不耻者，其由也与？'不忮（zhì，嫉妒）不求，何用（为什么）不臧（zàng，善、好）？'子路终身诵之。"（9.27）然而孔子接着又告诫他，曰："是道也，何足以臧？"（9.27）孔子对子路往往就是这样又赞许，又及时批评教育。

13. "佞"与"诈"之评

《论语》里多次记载子路对孔子的辩驳、诘难。孔子曾批评子路之"佞"："是故恶夫佞者"。（11.25）孔子还批评过子路的欺诈、不实："由之行诈也"（9.12）。孔子一次病得很厉害，子路就私下让自己的学生去做孔子的家臣，准备治丧。但是此时孔子已不在大夫之位，就不该有家臣了。这样的做法，子路是越礼了。因此，孔子说："久矣哉，由之行诈也。无臣而为有臣。吾谁欺？

欺天乎？"（9.12）当然子路之"诈"，其实也是好心，为了替孔子的丧事办得庄重些体面一些，但是他没有征求孔子的意见，也忘记了据礼办事的宗旨。

14. 升堂未入室

《论语·先进》载，子曰："由（子路）之瑟（弹瑟）奚为（何为）于丘之门？"门人不敬（敬重）子路。子曰："由也升堂矣，未入于室也。"（11.15）这虽然说的是子路的音乐造诣未深，但其实也指出了子路为学所达到的大体情况，即是已经入了门，也升了堂，但是还没有臻于抵达内室的境界。

二、子路的政治才能与智慧

在《论语·先进》所载的"四科"里，子路名列"政事"之排行榜，"政事：冉有、季路"。这里不妨看看他的政治才能、业绩与智慧。

1. 子路之"果"，足以治政

季康子问："仲由可使从政也与？"子曰："由也果，于从政乎何有？"（6.8）孔子看到子路刚强果毅，故能抉择疑惑，勇于为义，故能振起不懈，因此认定他必可从政。

2. 治政之才：自许与赞许

《论语·先进》载，子路率尔而对曰："千乘之国，摄（夹、管束）乎大国之间，加之以师旅（侵犯），因之以饥馑，由（子路）也为之，比及（等到）三年，可使有勇，且知方也。"这是子路的自许，不过也招来"夫子哂（笑）之"。（11.26）孔子之笑，笑其说话草率，大大咧咧，而于其心志孔子也是默许的。孔子就称许过他，说："由也，千乘之国，可使治其赋（兵赋，指军政事务）也。"（5.8）不过孔子又说他："不知其仁也。"（5.8）

3. 孔子教育子路为政

子路问政。子曰："先之劳之。"请益。曰："无倦。"（13.1）又《论语·宪问》记载，子路问事君。孔子曰："勿欺也，而犯之。"

4. 子路治理蒲地的业绩

《韩诗外传》卷六载，子路曾担任过卫国蒲地的大夫，他牢记了孔子给他的教导："蒲多壮士，又难治。然吾语汝：恭以敬，可以执勇；宽以正，可以比众；恭正以静，可以报上。"等到他治理蒲地三年后，又是怎样的情况呢？

子路治蒲三年，孔子过之。入其境而善之，曰："善哉！由（仲由）恭敬以信矣。"入其邑，曰："善哉！由忠信以宽矣。"至其庭，曰："善哉！由明察以断矣。"

子贡执辔（马缰绳）而问曰："夫子未见由（仲由），而三称善，可得闻乎？"孔子曰："我入其境，田畴甚易（整治），草莱（指荒地）甚辟；此恭敬以信，故其民尽力。入其邑，墉（墙头）屋甚尊（高），树木甚茂；此忠信以宽，故其民不偷（苟且）；入其庭，甚闲，故其民不扰也。"

这里不仅看到子路治政的业绩，也看到孔子观察政治与指导治政的杰出才能，也给今天的治政者提供了一个生动的范例。善于汲取治政智慧者是不会有时空的间隔的。

5. 子路办案的本领

子曰："片言可以折（剖析、决断）狱（争讼、案件）者，其由（仲由）也与？子路无宿诺。"（12.12）孔子赞扬他，根据一方的话就可以剖析是非曲直、明决断案的，大概只有子路了吧？有时评说，子路没有不及时兑现的诺言。正因为子路有信用，必践行自己的诺言，甚至没有迟留过宿而不行的，所以人不忍心欺他，他也不会被人欺，故能办案如此，民众服从如许。此可参见本书前文之解析。

6. 孔子的"具臣"评价

孔子看好子路的治政之才能，但是又曾将其定格在非"大臣"之位，而只是"具臣"之档次。《论语·季氏》载，季氏将伐颛臾，但是冉有、季路作为他的家臣却不能制止他，因此孔子说他是"具臣"，即是充数备位之臣。

苏轼曾说："子路之勇、子贡之辩、冉有之智，此三子者，皆天下之难能可贵者也。"（《荀卿论》）"难能"者，不易做到而做到了，这也就是"可贵"了，而且是"天下之难能可贵者"，那就是极其不容易了。这就是后世一代代人读了子路，之所以会觉得他特别可亲、可爱、可敬、可味的地方吧！

子贡卓越的人生智慧

子贡，即端木赐（前520~前456），姓端木，名赐，字子贡，或称子赣、卫赐。他是春秋末卫国人，比孔子小31岁。在《论语》中的称谓是子贡、赐。清代冯云鹓辑校的《圣门十六子书》中有《端木子书》，辑录了他的言行、事迹。这里就《论语》及《史记》所载稍作论析，略说子贡。

一、卓越的品质与孔子的教诲

子贡

子贡是个聪敏之人，他曾自我评价为"闻一知二"。若与"闻一知一"者比较，便见他是高明者。子贡又有知人之明，认为颜回是"闻一知十"，自己与他的差距还很大。

子贡的聪敏，孔子不仅认可而且加于赞扬。孔子赞其："告诸往而知来者。"（1.15）孔子还用"瑚琏"（宗庙祭器，极其珍贵）之器（5.4）来赞誉他。孔子甚至还说："赐之敏贤于丘也。"（《说苑·杂言》）

孔子赞扬过子贡的辩才。或问孔子："子贡何人也？"孔子说："辩（能言善辩）人也，丘弗如也。"（《论衡·定贤篇》）子贡果然口齿伶俐，巧为言辞，但是孔子也因此会打断他的辩辞。如《史记·弟子列传》："子贡利口巧辞，孔子常黜其辩。"这其实是教导他，一个人该辩则辩，不该辩则不妨讷言。孔子就说自己能"辩且讪（qū，此指言语迟钝）"（《论衡·定贤篇》），这就是一种高妙的中庸智慧了。

二、杰出的经商才能与财富智慧

在拜孔子为师之前，子贡就曾经商，如《尸子》云："子贡卫之贾（商贾）人。"他特别善于、精于经商，其智慧有几点可汲取。

1. 把脉市场，猜中行情

孔子评论子贡："赐不受命，而货殖焉，亿则屡中。"（11.19）孔子认为子贡从事"货殖"，生聚财富，没能像颜回那样承受乐天知命，甘愿安贫乐道。然而，子贡才智明敏，亿度其事则每每切中，市场行情屡屡猜中。

2. 变贱为贵，逐时取利

子贡"好废举，与时转货赀（zī，资财）"（《史记·仲尼弟子列传》）。意思是，爱好贱买贵卖的生意，随时转移货物资财。如《史记集解》："'废举'谓停贮也，'与时'谓逐时也。夫物贱则买而停贮，值贵即逐时转易，货卖取资利也。"《史记索隐》王肃云："'废举'谓买贱卖贵也，'转化（货）'谓随时转货以殖其资也。"刘氏云："'废'谓物贵而卖之，'举'谓物贱而收买之，'转货'谓转贵收贱也。"这些智慧也值得今天的经商者体会一番。

3. 锐于贸易，开拓市场

《史记·货殖列传》：子贡曾"鬻财于曹、鲁之间"。这里的信息是，子贡还做国际贸易的大生意。

子贡既做官，又因经商而变得非常富有，"常（曾经）相（担任相国）鲁（国）卫（国），家累千金"（《史记·仲尼弟子列传》）。如果从深层看，子贡的经商活动，不仅是财富的增加，而且让他深入到社会的各个空间去了，接触到社会上方方面面的世事、人情、风土、智慧、计谋等信息，这对他从事政治与外交是不可低估的宝贵资源。

三、杰出的政治与外交才智

子贡经商，但也关切为政治国之道，尤其长于外交。孔子睿识子贡外交才能。例如，孔子曾派他出使楚国，结果"楚昭王兴师迎孔子"（《史记·孔子世家》）。再例如，田常想在齐国叛乱，但又顾忌齐国的各方势力，便想先来攻打鲁国。孔子希望他的学生能挺身而出保卫鲁国，子路、子张、子石请求出行，孔子都没有答应，但子贡一请出行，孔子马上同意了。

且看子贡卓越的外交之行：其一，子贡先至齐国，晓之以理，动之以情，终于说服田常不攻打鲁国，而建议可先攻打吴国。其二，子贡然后再至吴国，劝说吴王救鲁伐齐，又自告奋勇去会见越王，让越王出兵随从吴王去攻打齐国。其三，子贡然后又至越国，劝说越王救鲁伐齐。其四，子贡然后又至晋国，劝说国君做好各种战争准备。然后子贡结束游说返回鲁国。子贡游说的结果是：吴国果真与齐国交战，且吴国取胜，齐国遭乱。吴国又转而与晋国争强斗胜，结果吴国大败，晋国强盛。越王又乘机与吴国作战，结果大胜，吴国被灭，越国因此在东方称霸。

司马迁说："故子贡一出，存鲁、乱齐、破吴，强晋而霸越。子贡一使，使势相破，十年之中，五国各有变。"（《史记·仲尼弟子列传》）子贡真是外交奇才！子贡的外交智慧略加概括，有此几端：（1）洞悉各国国情，深晓国际形势。子贡据此而游说，便能切中关键，说到要害，点准穴位。（2）善于巧说雄辩。子贡能言善辩，既能摸透对方的心理，又能立足于他方之利益，还能揭示出他方未知的利益与途径，再顺着对方的思路而加以引导，最后让对方终于进入自己预设的目标。（3）机智利用矛盾，巧妙互为牵制。子贡善于利用鲁国、齐国、吴国、越国、晋国之间的矛盾，从容周旋。子贡还能利用五国间的利益之链，使得各国的一环与五国之间的利益环扣链接，于是巧妙地使其互为牵制，而终至游说成功。

四、师道尊严，尊师典范

子贡可以说是尊师的典范了，竭尽全力地维护孔子的尊严。《论语·子张》

记载的例子都很感人：

叔孙武叔（鲁国大夫）语大夫（对大夫们说）于朝曰："子贡贤于仲尼。"子服景伯（鲁国大夫）以告子贡。子贡曰："譬之宫墙（指围墙），赐（子贡）之墙也及肩（只到肩头的高度），窥见（指通过围墙看到里面）室家（房屋）之好。夫子之墙数仞（指几丈高），不得其门而入，不见宗庙之美，百官（指房舍）之富。得其门者或（大概）寡矣。夫子（指叔孙武叔）之云，不亦宜（指自然）乎！"（19.23）

叔孙武叔毁仲尼。子贡曰："无以为（没什么用）也！仲尼不可毁也。他人之贤者，丘陵也，犹可逾（逾越）也；仲尼，日月也，无得而逾焉。人虽欲自绝（于太阳月亮），其何伤于日月乎？多见其不知量（指不自量力）也。"（19.24）

陈子禽谓子贡曰："子（您）为恭（对孔子太恭敬了）也，仲尼岂贤于子乎？"子贡曰："君子一言以为（可以表现）知（聪明），一言以为（可以表现）不知，言不可不慎也。夫子之不可及也，犹天之不可阶（阶梯）而升也。夫子之得邦家者，所谓立之斯立，道之斯行，绥之斯来，动之斯和。其生也荣，其死也哀，如之何其可及也？"（19.25）——读读这些记载，我们会被子贡的那种尊师爱师的精神所感动的。

孔子去世后，其他的弟子为师守墓三年，而子贡却为孔子守墓六年，今天在曲阜孔林里孔子墓边上还保留着子贡守墓之庐。子贡这份沉甸甸的情义就被这座庐舍永远物化并定格下来了，默默地传承着、诉说着。

闵子骞的孝行与才智

闵子骞（前536~？），孔子的弟子。姓闵，名损，字子骞，鲁国人，比孔子小15岁。《论语》里的称谓是闵子、闵子骞。清代冯云鹓辑校的《圣门十六子书》，有《闵子书》，辑录了他的言行、事迹。

一、孝子的标杆式人物

《论语·先进》载，子曰："孝哉，闵子骞！人不间（指挑剔）于其父母昆弟之言。"孔子说：闵子骞真是孝顺啊！人们对于他的父母兄弟称赞他的话并无异议。这是孔子对一种纯孝的高度评价。

《孝经》："百行莫大于孝。"然而能达到纯孝的不太多。孝子有的只是在家里知道，有的却能在乡里流传，有的孝名却能广为流传，闵子骞以其纯孝而成为历史上有名的大孝子，并载录在《二十四孝》里，影响可谓深远。《二十四孝》第四则"闵子骞单衣顺母"载："闵损，字子骞，孔子弟子。早丧母，父娶后母，生二子，衣以棉絮。妒损，衣以芦花。父令损御车，体寒失靷（yǐn，驾车用的皮带）。父察知故，欲出后母。损曰：'母在一子寒，母去三子单。'母闻改悔。"此可参见笔者的《孝经智慧》一书。

二、闵子"誾誾如"的气度

《论语·先进》有极具意趣的记载，孔子弟子"侍侧"，也就是陪伴在孔子身旁的时候，各有气象，而描述生动。

闵子骞

"闵子侍侧，誾誾如也"。"誾誾（yín）如"，和悦而又正直的样子。即谓闵子骞外貌平和而内在刚直，含蓄内敛，可谓德器深厚。

试比较："子路，行行（hàng）如也"，子路是刚强而勇敢的样子，外露而少含蓄。"冉有、子贡，侃侃（kǎn）如也"，冉有与子贡是温和而快乐的样子。孔子看到各有气象，很高兴，不过他对子路却评论说："若由也，不得其死然。"（11.13）

三、《论语》记载的事迹与智慧

《论语·先进》载，鲁人为长府。闵子骞曰："仍旧贯，如之何？何必改作？"子曰："夫人不言，言必有中。"（11.14）鲁国人要重新改建长府，那是鲁国贮藏财货的国库。闵子骞见此长府并未大坏，只要因袭旧制，稍加修整就可以了，何必要消耗财力、人力推倒重建呢。因此闵子骞说：一仍旧贯，怎么样？何必一定要改建呢？孔子对此评论说：闵子骞此人不太爱说话，一说话必定合乎道理。

《论语·雍也》载，季氏使闵子骞为费宰。闵子骞曰："善为我辞焉！如有复我者，则吾必在汶上矣。"（6.9）季氏想要招闵子骞为费宰，即担任费县的县长。费，是季氏的封邑，故城在今天山东平邑东南七十里。闵子骞说："妥善替我推辞掉吧！如果还来找我，那么我必定在汶上了。"汶，即山东的大汶河，曾是鲁国的南边、齐国的北边的交界地方。"汶上"，就是大汶河的北边，也就指齐国。这意思是说再来招我，我就跑到齐国去了。——闵子骞坚决拒绝出任季氏的费地之宰，大抵是因为季氏不忠于鲁国国君，有叛逆之心，这不符合闵子之道，所以道不同则不相为谋了。

朱熹《集注》赞闵子："言不妄发，发必当理，唯有德者能之。"明代吕坤在《呻吟语》里有评："费宰之辞，长府之止，看闵子议论，全是一个机轴，便见他和悦而诤。处人论事之法，莫妙于闵子，天生底一段中平之气。"这意思是，闵子待人处事议论的智慧"全是一个机轴"，即全落到一个关键重要的地方。"机轴"，"机"是弩机之牙（发箭的装置），"轴"是车轴，都在物体的要害地方。这一关键之巧妙就是以和悦的态度去"诤（zhèng）"，去规劝，去建议，并最后达到能妥善处置的目的。吕坤的"诤"字用得很好，"诤"便是以直言劝告，让他人改正错误。但是，他赞扬闵子"处人论事"之妙法，全靠来自"天生底一段中平之气"，这也不确切，有部分的天性，但归根结底也不是天生就的，而是通过修炼内涵得其中正平和之气质。内蕴"中平之气"，外发则能如此巧妙处事处世，留给后人的是高风亮节的榜样。

冉耕、冉雍、冉有之"三哲"

孔子弟子里这几位都姓冉，有意思的是此"三冉"都是"四科十哲"里的哲人。冉耕（伯牛）、冉雍（仲弓），是"德行"科之哲；冉有是"政事"科之哲。这里略说此"三哲"。

一、冉耕"德行"之哲

冉耕（前544～？），孔子弟子。姓冉，名耕，字伯牛，春秋鲁国人，他比孔子小7岁。《论语》里称谓是冉伯牛、伯牛。清代冯云鹓辑校的《圣门十六子书》，有《冉子书》，辑录了他的言行、事迹。然而遗憾的是，《论语》仅提及两次，此略说冉耕。

冉耕

1. 名列德行排行榜

孔门高弟各有所长，冉伯牛在德行方面很优秀，所以名列于德行之中。《论语·先进》："德行：颜渊、闵子骞、冉伯牛、仲弓。"据《文献通考》记载，孔子为鲁国司寇时，曾经让冉耕担任中都宰。

2. 孔子的深长叹息

《论语·雍也》记载，伯牛有重病，孔子前去探望慰问他，从牖（yǒu，窗户）执其手。孔子感叹地说："亡之，命矣夫！斯人也而有斯疾也！斯人也而有斯疾也！"（6.10）意思是，病情很重，恐怕要丧亡了，这是天命啊！孔子又反复说，这样的人却得了这样的病啊！一个无德行的人，或许会不谨慎而招来重病，而有德行的伯牛，为何有此重病呢？孔子只得将此归之为上天安排的命运了。孔子痛惜之深于此可见。朱熹《集注》引侯氏说："伯牛以德行称，亚于颜、闵。故其将死也，孔子尤痛惜之。"

二、冉雍"德行"之哲

冉雍（前522～？），孔子弟子。姓冉，名雍，字仲弓，鲁国人，他比孔子小29岁。《论语》里称为冉子、冉求、冉有、求。

1. 赞扬其为南面之才

冉雍名列德行榜，但是他的出身并非高贵，据说其父低贱且行恶。孔子则"有教无类"，而且还给予他高度的评价。《论语·雍也》："子谓仲弓，曰：'犁牛之子骍且角，虽欲勿用，山川其舍诸？'"（6.6）周代祭祀用牛，要挑选赤色的头角周正的牛，孔子就此取譬。"犁牛"是耕田的杂色牛，固然不能用于祭祀，但是如果生下的是"骍（xīng）且角"，即是纯然赤色且头角周正，虽然人们不想要用它来祭祀，但是山川之神难道会拒绝它吗？冉雍之父就像犁牛，而仲弓就像"骍且角"。

冉雍不仅名列德行排行榜，而且还被孔子赞扬为南面之才。《论语·雍也》："子曰：'雍也可使南面。'"（6.1）古代以坐北朝南为尊位，所以帝王、诸侯见群臣，或卿大夫见僚属，皆南面而坐。"南面"指居帝王或诸侯、卿大夫之位，也指官位。孔子观察冉雍之器宇、识量、德行，认为他可以去做官。

2. "仁而不佞"之辩

关于冉雍，当时还有"仁而不佞"之评。《论语·公冶长》载，或曰："雍也仁而不佞。"（5.5）这是有人评论冉雍有仁德，但是没有口才辩才。春秋时期，人们崇尚有口才辩才之人，而冉雍厚重简默，与时俗不同，因此便有此说。孔子则辩曰："焉用佞？御人以口给（jǐ，能言善辩），屡憎于人。不知其仁，焉用佞？"能说会道有什么用呢？用强嘴利舌来抵御他人，屡屡被他人憎恨。虽不知冉雍是否仁，但是哪里用得到口才辩才呢？读孔子此言，则知道那些人既不能真识冉雍其人，也不能真识仁德。

3. 冉雍与孔子对话的智慧

（1）冉雍是个好问善问者。冉雍曾担任过鲁国大

冉雍

夫季氏属邑之宰，即是一邑之长。《论语·子路》记载，仲弓为季氏宰，问政。孔子揭示了三条：一是"先有司（负责具体事务的官吏）"，这是说先要授予有司任务，使他们各自分头去治理，然后要考察他们的成绩。二是"赦（赦免）小过"，即要能宽恕他们的小过错。三是"举贤才"，此最为重要，必定要推举贤而有德、才而有能者用之。仲弓抓住这一问题再追问，曰："焉知贤才而举之？"怎样才能辨知贤才而举用呢？孔子回答，曰："举尔所知；尔所不知，人其舍诸？"（13.2）这是巧妙且智慧的回答，孔子说当你真能推举自己所知道的贤才用之，那么他人会被你的真诚所感动，那些不被你知道的人才也因此而被举荐出来了，人们难道会舍弃他们吗？

（2）冉雍是个善于思辨者。《论语·雍也》记载，仲弓曾问孔子鲁国的子桑伯子这个人怎样。孔子曰："可也，简。"这个人还可以，简易不繁。

仲弓却追问，曰："居敬而行简，以临其民，不亦可乎？居简而行简，无乃大简乎？"子曰："雍之言然。"（6.2）仲弓善于思辨，他敏感地将"简"区分为两种：一种是"居敬行简"，由自处肃敬庄重，而去行事简要，这样去居上临民，这是可取之"简"；另一种是"居简行简"，内心不肃敬不庄重，而去行事简要，这是不可取的"简"。孔子赞同说："雍之言然。"

确实，人们立身处事往往过于烦琐，而给自己与他人都带来困扰，所以一个"简"字值得反思；但是又有当简之"简"与不当简之"简"，这又是一种驾驭的智慧。如果从治政维度来看，张居正则说："若能自处以敬，兢兢业业，无一息惰放肆之心，则中有主而自治严矣。如是而行简以临其民，凡事只举大纲，存大体，不至于琐屑纷更，则事有要而不烦，民相安而不扰，这才是简当之简，岂不为可贵乎！若先自处以简，恣意任情，无矜持收敛之意，则中无主而自治疏矣。而所行又概从简略，不分缓急，不论重轻，一味只是纵弛，则事无可据之规，民无可守之法，是则苟简之简而已，岂不失之过甚而为太简乎！"（《张居正讲评〈论语〉》）

（3）冉雍是个闻善而行者。《论语·颜渊》载，仲弓问仁。子曰："出门如见大宾（有德位的宾客），使民如承大祭（郊祭、庙祭之类）。己所不欲，勿施于人。在邦无怨，在家无怨。"仲弓曰："雍虽不敏，请事斯语矣。"（12.2）孔子教诲他三点：其一，先立仁之体，即是要为仁，必存于心，心必主敬。这就如出门要像见到大宾那样肃然起敬，使用百姓就像祭祀那样无不致敬。其二，再行仁之用，即是要为仁，必能行恕，推己之心而度人之心。这就要"己所不欲，勿施于人"。其三，然后结果是相安而无怨，"在邦无怨，在家无怨"。

仲弓马上反应过来，曰："雍虽不敏，请事斯语矣。"他决定去实行。闻善而行，这大约就是仲弓能成功的原因之一吧。

三、冉求"政事"之哲

冉求（前522～？），孔子弟子。姓冉，名求，字子有，也称冉子、有子，鲁国人，小孔子29岁。《论语》里称为冉求、冉有、冉子、求。

1. 冉求名列政事排名榜

《论语·先进》："政事：冉有、季路。"冉求的志向就是从政。他又曾说："方六七十，如五六十，求也为之，比及三年，可使足民。如其礼乐，以俟君子。"（11.26）

冉有

孔子曾赞扬冉求之"艺"，并认为有了这些，要从政是没有困难的。《论语·雍也》载，有人问孔子："求也可使从政也与？"孔子回答："求也艺，于从政乎何有（有何难）？"什么是"艺"？这是才能、技能、本领的意思。孔子自己就说："吾不试（用）故艺（才能）。"（9.7）

《论语》两次提及冉求之"艺"，另一次是子路曾问孔子，怎样才能算一个完美的人即"成人"。孔子说要有"知"、"不欲"、"勇"、"艺"、"文之以礼乐"这些方面，才可以为"成人"。（14.12）其中"艺"的榜样，便举出冉求，即是冉求的多才多艺。

2. 好心肠的冉有

《论语·雍也》记载，子华出使于齐国，冉子为子华之母"请粟"，孔子只给了一釜，冉子"请益"，请求增加。孔子就答应给一庾。结果是"冉子与之粟五秉"。孔子给他的教诲是，"君子周急不继富"。（6.4）

3. 侃侃如的冉有

《论语·先进》记载，弟子"侍侧"，冉有"侃侃如也"。下面我们再说说《论语》里记载的孔子对冉有的谆谆教导与屡次批评。

（1）鼓励冉有变退为进。冉有的性格里有怯懦的一面，遇事会畏缩不前，孔子就教导他要知勇力行，引导其由不及而至于中。如《论语·先进》记载，冉有问孔子："闻斯行诸？"孔子说："闻斯行之。"正如孔子说："求也退，故进之。"（11.22）

（2）点拨冉有治政之道。《论语·子路》载，子适卫，冉有仆。了曰："庶

矣哉！"冉有曰："既庶矣，又何加焉？"子曰："富之。"冉有曰："既富矣，又何加焉？"子曰："教之。"（13.9）

（3）教诲冉子"政"与"事"之不同。《论语·子路》载，冉子退朝（指鲁大夫季氏私家之朝）。子曰："何晏（晚）也？"对曰："有政。"子驳正曰："其事（那是季氏私家之事，不是国政）也。如有政，虽不吾以（指自己虽已经致仕，即退休），吾其（还是能）与闻之。"（13.14）孔子这里正名分，贬抑季氏，给了冉有一次深刻的教育。

（4）批评冉有"中道而废"。《论语·雍也》载，冉求曰："非不说（悦，喜欢）子之道，力不足也。"子曰："力不足者，中道（半途）而废。今女（汝，你）画（停止）。"（6.12）孔子抓住其"力不足"的辩说，狠加针砭。

（5）批评冉有不能阻止季氏祭祀泰山。《论语·八佾》载，季氏旅（祭名，此为祭祀）于泰山。子谓冉有曰："女弗能救与？"冉有对曰："不能。"子曰："呜呼！曾（竟然）谓泰山不如林放乎？"（3.6）季孙氏祭祀泰山，这种做法是违背礼的，因为只有天子才能如此。孔子对当时担任季氏家宰的冉有说，你不能去进谏挽救吗？冉有说，不能。孔子感叹地说，啊，难道泰山之神还不如林放知礼吗？林放是鲁国人，懂得礼仪，《论语·八佾》曾有林放向孔子"问礼之本"之事。

（6）严厉批评冉有不能劝阻季氏伐颛臾。季氏将伐颛臾，冉有、季路去征求孔子的意见，并与孔子展开不同意见的"交锋"。孔子严厉地指责冉有："求，无乃尔是过与"。子曰："求！周任有言曰：'陈力就列，不能者止。'危而不持，颠而不扶，则将焉用彼相矣？且尔言过矣，虎兕出于柙，龟玉毁于椟中，是谁之过与？""求，君子疾夫舍曰欲之而必为之辞"。（《论语·季氏》16.1）

（7）指出冉求不是"大臣"，而是"具臣"。《论语·先进》记载，当鲁国大夫季氏的子弟季子然问孔子，仲由、冉求可以称为"大臣"吗？孔子回答说，他们不是"大臣"，而是"具臣"。"所谓大臣者，以道事君，不可则止"；然而仲由、冉求，"可谓具臣矣"。（11.24）之所以这样说，是因为冉求与仲由都是季氏的家臣，但是对季氏许多越礼的做法却不能劝止、阻止。

宰予、子游、子夏之"三哲"

孔门"四科"，宰予属于"言语"科，而子游与子夏以"文学"列名其上，此为"四科"之三哲。这里略说之。

一、宰予之哲

宰予（前522~?），孔子弟子。姓宰，名予，字
子我，亦称宰我，鲁国人，他比孔子小29岁。《论语》
里的称谓是宰我、宰予、予。清代冯云鹓辑校的《圣门
十六子书》中有《宰子书》，辑录了他的言行、事迹。这
里就《论语》所载略作论析。

宰予

1. 名留"言语"排行榜

在孔门的"德行"、"言语"、"政事"、"文学"等"四
科"里，宰予因能言善辩，应对明敏，而名列"言语"
排行榜。《论语·先进》："语言：宰我，子贡。"《孔丛
子》里也有关于宰予的记载，可以看到他的口才不凡。
孔子与他还有一段有意趣的对话：

> 宰我问："君子尚（崇尚）辞（言辞）乎？"孔子曰："君子以理为尚。
> 博而不要（不得要领），非所察（不是所要关注的）也。繁辞富（多）说，
> 非所听也。唯知者不失理。"孔子曰："吾于予（宰予），取其言之近类（可
> 以类比）也。于赐（子贡），取其言之切（切合）事也。近类则足以喻（明
> 白通晓）之，切事则足以惧（因为击中要害而使人惧怕）之。"（《孔丛子·
> 嘉言》）

这里再一次看到孔子对口才言辞的观点，又把同样属于"言语"科的宰予、
子贡进行了比较，细析出两人不同的特点。此可悟孔子既于言辞有知言之明，
而于人更有知人之明。

2. 宰予对孔子的诘难

宰予脑筋活络，善于发现问题，有时提出的问题很尖锐，很具挑战性。他
曾对孔子进行"井有仁焉"的诘难。《论语·雍也》记载，宰我问曰："仁者，
虽告之曰'井有仁焉'，其从之也？"子曰："何为其然也？君子可逝也，不可
陷也；可欺也，不可罔也。"在两难的问题面前，孔子表现出大智慧，并教育
了宰予：一是仁还得有智慧，不能愚仁；一是不能愚弄仁者。

3. 孔子对宰予的教诲与批评

其一，改革"三年之丧"的批评。宰我曾对孔子说：为父母三年之居丧，

期限太长久了。君子三年不为礼、不为乐，那么礼必坏、乐必崩。因此改为一年就可以了。孔子针锋相对地反诘并狠狠地批评了他，说："予（宰予）之不仁也！子（子女）生三年，然后免（脱离）于父母之怀（怀抱）。夫三年之丧，天下之通丧也，予（宰予）也有三年之爱于其父母乎！"（17.21）

其二，关于昼寝的批评。《论语·公冶长》载，宰予"昼寝"，即是白天睡觉。孔子曰："朽木不可雕也，粪土之墙不可杇（wū，粉刷）也；于予与何诛？"子曰："始吾于人也，听其言而信其行；今吾于人也，听其言而观其行。于予与改是。"此虽是"昼寝"一件小事，却招来孔子一番严厉责备，引出许多深邃道理，令人深思。此可参见前文之述。

其三，孔子用不责备的方法转化为严厉的深层责备。《论语·八佾》记载，鲁哀公问宰我，社主（指祭祀土地神之牌位）该用什么木。宰我对曰："夏后氏（夏代）以松，殷人（殷代）以柏，周人（周代）以栗，曰，使民战栗（战战栗栗）。"孔子闻之，曰："成事不说，遂事不谏，既往不咎。"（3.21）宰我不仅在那里不懂而乱说，而且很可能带来不好的后果，即因为他说"周人以栗（木）"，"使民战栗（害怕、畏惧）"，而恐怕要开启出君王欲使民众战栗、乃至杀伐百姓之心。因此孔子严厉地说：事情已经做了就不必说了，因为再说也无用了；事情已经完成了就不必再进谏了，因为再谏也没意思了；已经过去的事情，就不必再去追究了。现在你宰我的话已经出口了，已经让国君听到了，这就是"成事"、"遂事"、"既往"了，我孔子还有什么可以说呢？还有什么可以责备你呢？这就是很严厉的责备，是用表面的不责备转化为深层的责备，警动对方之心，今后务必出言谨慎、办事小心了。

二、子游之哲

言偃（前506～？），是孔子晚期的著名弟子，是孔门"十哲"之一。姓言，名偃，字子游，亦称言游，春秋末吴国人，比孔子小45岁。《论语》里称谓是言游、子游、偃。清代冯云鹓辑校的《圣门十六子书》中有《言子书》，辑录了他的言行、事迹。这里就《论语》所载略说言子。

他在孔门学习，以文学著称，擅长于文献典籍，但是又有为政之才能与智慧。学成之后，他曾去做了鲁国武城宰（县令），并且以礼乐治政。《论语·阳货》有这样一段记载：

子游

212

子之（往）武城，闻弦歌之声。夫子莞尔（微笑样子）而笑，曰："割鸡焉用牛刀？"子游对曰："昔者偃（言偃）也闻诸夫子曰：'君子学道则爱人，小人学道则易使也。'"子曰："二三子，偃之言是也。前言戏之耳。"

这里记载了子游传承孔子的教诲，弦歌不绝，以礼乐来治国，发扬并实践了"君子学道则爱人，小人学道则易（容易）使（驱使）也"的智慧。

关于言偃还有一个籍贯的争论：或以为他就是当时的吴国人，如《史记》所言，一般学者也认定为今常熟人；但也或如《孔子家语》认为他当是鲁国人，如崔述、钱穆等均如此认同。我屡次登上常熟虞山之巅，一览山水秀色，也多次低回言子墓道，瞻仰言子之遗迹。遥想当年言子千里迢迢，远去曲阜拜师孔子，其路途之艰难不可设想，还有他的一口软侬吴语，怎样与孔子交流呢？登斯山也，临斯遗迹，常常为江南有这样一位孔门"十哲"之一哲、"七十二贤"之一贤感到自傲。

三、子夏之哲

子夏（前507～？），姓卜，名商，字子夏，也称卜子夏、卜先生。晋国温（今天河南温县西南）人。或说卫国人，或说魏人。他比孔子小44岁。曾任鲁国莒父（今山东莒县）之宰。《论语》多见其记载，称谓是子夏、商。清代冯云鹓辑校的《圣门十六子书》中有《卜子书》，辑录了卜商的言行、事迹。这里就《论语》所载，稍微论析子夏。

1. 君子儒："四科"榜上有名

孔子对子夏的期望与教诲见诸《论语·雍也》之载，子谓子夏曰："女为君子儒，无为小人儒！"（6.13）孔子还指出他的性格与气质特点是笃信谨守，但偏在"不及"。《论语·先进》载，子贡问："师（颛孙师）与商（子夏）也孰贤？"子曰："师也过，商也不及。"曰："然则师愈与？"子曰："过犹不及。"（11.16）在孔子的引导下，子夏终"有圣人之一体"。（《孟子·公孙丑上》）

再说子夏精通《诗》、《易》、《礼》，才思敏捷，深得孔子赏识。《论语·八佾》记载，子夏问曰："'巧笑倩兮，美目盼兮，素以为绚兮。'何谓也？"子曰："绘

子夏

事后素。"曰:"礼后乎?"子曰:"起予者商也! 始可与言《诗》已矣。"(3.8)

汉以来的学者多以为子夏是大部分儒家经典的传授者。其一,子夏于《春秋》的传授居功至伟。他曾经从孔子学《春秋》,"至于为《春秋》,笔则笔,削则削,子夏之徒不能赞一辞"(《史记·孔子世家》)。子夏之说《春秋》也,则见诸《韩非子·外储说右上》。又相传公羊高、谷梁赤均为子夏之门人。其二,有说"《诗》《书》《礼》《乐》,定自孔子,分明章句,始于子夏"。(《后汉书·徐防传》)又相传子夏作《易传》、《诗序》、《仪礼·丧服》等。虽未必可信,但也可体悟如果子夏没有在文学上的造诣,也不会与他牵连在一起的。

2. 好学、勤问、多闻、敏思

(1) 问孝。《论语·为政》载,子夏向孔子问孝。孔子曰:"色难。有事,弟子服其劳; 有酒食,先生馔,曾是以为孝乎? "(2.8)

(2) 问政。《论语·子路》载,子夏为莒父宰,问政。孔子曰:"无欲速,无见小利。欲速则不达,见小利则大事不成。"(13.17)

(3) 闻与辨。《论语·颜渊》载,司马牛忧曰:"人皆有兄弟,我独亡。"子夏曰:"商闻之矣:死生有命,富贵在天。君子敬而无失,与人恭而有礼。四海之内,皆兄弟也——君子何患乎无兄弟也? "(12.5)

(4) 思敏。《论语·颜渊》记载,樊迟见子夏:"乡也吾见于夫子而问知,子曰,'举直错诸枉,能使枉者直',何谓也? "子夏思维敏捷且深刻,马上回答,曰:"富哉言乎! 舜有天下,选于众,举皋陶,不仁者远矣。汤有天下,选于众,举伊尹,不仁者远矣。"(12.22)

(5) 善辩。《论语·子张》载,子游曰:"子夏之门人小子,当洒扫应对进退,则可矣,抑(只是)末(细枝末节)也。本(根本)之则无,如之何? "子夏闻之,曰:"噫! 言游过矣! 君子之道,孰先传焉? 孰后倦(或认为作'传')焉? 譬诸草木,区以别(指有区别的)矣。君子之道,焉可诬(歪曲)也? 有始有卒者,其惟圣人乎! "(19.12)

3. 子夏留下的名言警句

(1) 子夏曰:"贤贤易色;事父母,能竭其力;事君,能致其身;与朋友交,言而有信。虽曰未学,吾必谓之学矣。"(1.7)

(2) 子夏曰:"虽小道,必有可观者焉; 致远恐泥,是以君子不为也。"(19.4)

(3) 子夏曰:"日知其所亡,月无忘其所能,可谓好学也已矣。"(19.5)

（4）子夏曰："博学而笃志，切问而近思，仁在其中矣。"（19.6）

（5）子夏曰："百工居肆以成其事，君子学以致其道。"（19.7）

（6）子夏曰："小人之过也必文。"（19.8）

（7）子夏曰："君子有三变：望之俨然，即之也温，听其言也厉。"（19.9）

（8）子夏曰："君子信而后劳其民；未信，则以为厉己也（指民众以为在虐待自己）。信而后谏；未信，则以为谤己也（指君王以为在毁谤自己）。"（19.10）

（9）子夏曰："大德不逾闲（木栏，指界限），小德出入可也。"（19.11）

（10）子夏曰："仕而优则学，学而优则仕。"（19.13）

今天人们熟知的那些"仕而优则学，学而优则仕"，"百工居肆以成其事，君子学以致其道"，"大德不逾闲，小德出入可矣"等等，原来都出自子夏。

4. 子夏留下的谜

孔子死后，子夏自立门户，曾授徒讲学于魏国西河（济水、黄河间）。《史记·仲尼弟子列传》："孔子既殁。子夏居西河教授，为魏文侯师。其子死，哭之失明。"又有说"如田子方、段干木、吴起、禽滑厘之属，皆受业于子夏之伦，为王者师"。（《史记·儒林列传》）他声势显赫，甚至西河之民疑其为孔子。

子夏留下的一个谜，是最后儒家分为八派，为什么没能列入其中一派呢？郭沫若有个解释，认为子夏具有"法家精神"，是先期法家李悝、吴起、商鞅的思想之源头。他说："八派中把子夏氏之儒除外了，这里有一个重要的关键。这是韩非承认法家出于子夏，也就是自己的宗师，故把他从儒家中剔除了。"是否确实是这样呢？这一个谜，还有待研究与破解。

215

有若与子张智慧之评说

孔子的弟子著名者又如有若与子张，他们虽然都是孔子晚年的弟子，但是学业出众，影响很大。这里略为评说。

一、有若之解读

有若（前518～？），孔子晚年的著名弟子。姓有，名若，字子有，鲁国人，他比孔子小33岁，也有如《史记》说小43岁。《论语》有4章提及，称谓是有子、有若。清代冯云鹓辑校的《圣门十六子书》中有《有子书》，辑录了他的

有若

言行、事迹。这里就《论语》所载稍微作论析，略说有子。

1. 《论语》里的有子

（1）君子·孝弟·仁。《论语》第一篇的第二章便记载有子的语录。有子曰："其为人也孝弟，而好犯上者，鲜矣；不好犯上，而好作乱者，未之有也。君子务本，本立而道生。孝弟也者，其为仁之本与！"（1.2）他重视孝悌为仁之本，倡导君子必须务本。

（2）礼之用，和为贵。有子曰："礼之用，和为贵。先王之道，斯为美；小大由之。有所不行，知和而和，不以礼节之，亦不可行也。"（1.12）他指出礼之用应该"和为贵"，此影响深远。

（3）有子曰："信近于义，言可复也。恭近于礼，远耻辱也。因不失其亲，亦可宗也。"（1.13）他提倡信近于义，恭近于礼，且不失其亲。

（4）哀公问于有若曰："年饥，用不足，如之何？"有若对曰：盍（何不）彻（指税收十分之一）乎？"曰："二（指税收十分之二），吾犹不足，如之何其彻也？"对曰："百姓足，君孰与不足？百姓不足，君孰与足？"（12.9）他揭示了：只有百姓富足了，然后国君才会富足。此智慧值得深味之。此可参见本书前文内容。

2. 司马迁的描述

《史记·仲尼弟子列传》里司马迁对有若这样写道——

孔子既没，弟子思慕，有若状似孔子，弟子相与共立为师，师之如夫子时也。他日，弟子进问曰："昔夫子当行，使弟子持雨具，已而（后来）果（果真）雨。弟子问曰：'夫子何以知之？'夫子曰：《诗》（《诗·小雅·渐渐之石》）不云乎？月离（靠近）于毕（星宿名），俾（bǐ，使）滂沱（大雨）矣。昨暮月不宿（停留）毕乎？'他日，月宿（停留）毕（宿），竟不雨。商瞿（孔子弟子）年长无子，其母为取室（妻室）。孔子使之齐，瞿母请之（向孔子求情）。孔子曰：无忧，瞿年四十后当有五（个）丈夫子（指男孩）。已而（后来）果然。敢问夫子何以知此？"有若默然无以应。弟子起曰："有子避之，此非子之座（位子）也！"

216

论 语 智 慧

有子相貌似孔子，当然也有一定的才智，于是众弟子在孔子去世后因思慕其师，而共同推举有子为老师，并像孔子在世那样师事他。但是当他们向他提出一些问题时，有子却回答不出来，因此众弟子又请他离开此位子。这个故事告诉我们很多信息：比起孔子那种渊博来，有子还有很大差距。孔子的位置不是一般人所能代替的，那一帮弟子也不是一般人所能教得了的。这也反衬出孔子的威望以及这种威望背后深不可测的本质内涵。

二、子张之解读

颛孙师（前503～？），孔子晚年的著名弟子。姓颛孙，名师，字子张，亦简称张。陈国人，比孔子小48岁。《论语》里称谓子张、张、师。《论语》共二十篇，而第十九篇就命名为《论语·子张篇》。清代冯云鹓辑校的《圣门十六子书》中有《颛孙子书》，辑录了他的言行、事迹。这里就《论语》所载略说颛孙师。

1. 孔子以及同门评论子张之性格

子张出身低微，曾为马市经纪人。他师从孔子，跟随孔子周游列国，曾困于陈、蔡之间。子张终生未出仕，学业出众，与子夏、子游齐名。《孟子·公孙丑上》有载，"昔者窃闻之：子夏、子游、子张皆有圣人之体。"

孔子曾指出子张之性格特点：一是"辟"，即是偏激。《论语·先进》载，"师（颛孙师）也辟。"二是"过"，过了头、过了分。子曰："师也过。"（11.16）三是"庄而不能同"。《说苑·杂言》载，子夏曾问孔子"子张之为人也，何若？"孔子回答说："师之庄（端庄），贤于丘也。"但是接着又说："师能庄而不能同（和同）。"

同门对子张的评论，如子游评论："吾友张也为难能（很难得）也，然而未仁。"（19.15）曾子评论："堂堂乎（派头很大）张也，难与并为仁矣。"（19.16）

2. 孔子对他的教诲与批评

子张勤学好问，《论语》中记述子张向孔子问学的内容较多，夫子则每每诱导之。

（1）子张学干禄。"干禄"，追求官职。"干"，求，求取；"禄"，官吏俸禄。孔子回答曰："多闻阙疑，慎言其余，则寡尤；多见阙殆，慎行其余，则寡悔。言寡尤，行寡悔，禄在其中矣。"（2.18）不过，他

子张

虽学干禄，但是终身没有出仕。

（2）子张问："十世可知也？"孔子曰："殷因于夏礼，所损益可知也；周因于殷礼，所损益可知也。其或继周者，虽百世，可知也。"（2.23）

（3）子张问："令尹子文三仕为令尹，无喜色；三已之，无愠色。旧令尹之政，必以告新令尹。何如？"孔子回答："忠矣。"子张又问："仁矣乎？"孔子再回答："未知。焉得仁？"（5.19）

（4）子张问："崔子弑齐君，陈文子（齐国大夫）有马十乘，弃（车马）而违之（离开齐国）。至于他邦，则曰，'犹吾大夫崔子也。'违之，之一邦，则又曰：'犹吾大夫崔子也。'违之。何如？"孔子回答："清矣。"子张追问："仁矣乎？"曰："未知。焉得仁？"（5.19）

（5）子张问善人之道。孔子回答："不践迹（踏着千人足迹），亦不入于室（指修养不到家）。"（11.20）

（6）子张问明。子曰："浸润（像水渗透）之谮（谗言），肤受（像皮肤感受疼痛）之愬（诬告），不行焉，可谓明也已矣。浸润之谮，肤受之愬，不行焉，可谓远也已矣。"（12.6）

（7）子张问崇德辨惑。子曰："主忠信，徙义，崇德也。爱之欲其生，恶之欲其死。既欲其生，又欲其死，是惑也。'诚（即使）不以富（指不是嫌贫爱富），亦祇（zhǐ，只）以异（指喜新厌旧）。'"（12.10）

（8）子张问政。孔子回答："居之无倦，行之以忠。"（12.14）

（9）子张问："士何如斯可谓之达矣？"子曰："何哉，尔所谓达者？"子张对曰："在邦必闻，在家必闻。"子曰："是闻也，非达也。夫达也者，质直而好义，察言而观色，虑以下人。在邦必达，在家必达。夫闻也者，色取仁而行违，居之不疑。在邦必闻，在家必闻。"（12.20）

（10）子张曰："《书》云：'高宗（商王武丁）谅阴（指天子守孝），三年不言。'何谓也？"孔子回答："何必高宗，古之人皆然。君薨（hōng，死），百官总己（总揽己事）以听于冢宰（类似宰相）三年。"（14.40）

（11）子张问行。子曰："言忠信，行笃敬，虽蛮貊之邦，行矣。言不忠信，行不笃敬，虽州里，行乎哉？立则见其参于前也，在舆则见其倚于衡也，夫然后行。"子张书（书写）诸绅（腰间的衣带）。（15.6）

（12）师冕见，及阶，子曰："阶也。"及席，子曰："席也。"皆坐，子告之曰："某在斯，某在斯。"师冕出。子张问曰："与师言之道与？"子曰："然；固相师之道也。"（15.42）

（13）子张问仁于孔子。子曰："能行五者于天下为仁矣。"子张"请问之。"孔子回答："恭，宽，信，敏，惠。恭则不侮，宽则得众，信则人任焉，敏则有功，惠则足以使人。"（17.6）

（14）子张问于孔子曰："何如斯可以从政矣？"孔子回答："尊五美，屏四恶，斯可以从政矣。"子张又多次追问，孔子又多次回答。（20.2）此可详见本书前篇五之解析。

3. 子张的名言警句

（1）子张曰："士见危致命，见得思义，祭思敬，丧思哀，其可已矣。"（19.1）

（2）子张曰："执德不弘，信道不笃，焉能为有？焉能为亡？"（19.2）

（3）子夏之门人问交于子张。子张曰："子夏云何？"对曰："子夏曰：'可者与之，其不可者拒之。'"子张曰："异乎吾所闻：君子尊贤而容众，嘉善而矜不能。我之大贤与，于人何所不容？我之不贤与，人将拒我，如之何其拒人也？"（19.3）

子张在《论语》里出现的次数多，与孔子的对话也多，孔子详细回答的亦多，记载他本人的名言又多，这大概不会没有原因的。此至少可以见其学业不凡，造诣卓越，又想起前人评论子张有"圣人之体"，或许可开悟不见得是虚誉，而当是被许多人认可的美誉。

宓子贱与巫马施的启示

宓子贱与巫马施均为孔子的弟子，都是君子式的人物，也都经历了治政，凑巧的是还治理过同一个地方，并且巫马施还特地向宓子贱请教过治政的经验。这里把两人一并解读，或许可以做出智慧的比较。

一、宓子贱的才智

宓不齐（前521~？），孔子弟子。姓宓，名不齐，字子贱，鲁国人，比孔子小30岁，或说小49岁。《论语》里的称谓是子贱。《汉书·艺文志》说有《宓子》十六篇，久佚；清代马国翰《玉函山房辑佚书》辑有《宓子》一卷。

1. 孔子赞扬的君子

《论语·公冶长》："子谓子贱：'君子哉若人！鲁无君子者，斯焉取斯？'"（5.3）《孔子家语·弟子解》："仕为单父宰。有才智，仁爱，百姓不忍欺，孔子

宓子贱

大（看重、赞扬）之。"

2. 极其聪敏的宓子贱

亶（dàn）父，即是单父，是鲁国的一个地名，孔子的弟子宓子贱、巫马期均做过单父宰。宓子贱将要去赴任时，担心鲁国国君听信谗言而不能推行自己的管理方法，便请求鲁君派他身边的人与他同去。

《吕氏春秋·具备》："邑吏皆朝，宓子贱令吏二人书。吏方将书，宓子贱从旁时掣摇其肘。吏书之不善，则宓子贱为之怒。吏甚患之，辞而请归。"这就是"掣肘"的典故。鲁君终于悟出其中的道理："宓子以此谏寡人之不肖也。寡人之乱子（搞乱了宓子贱），而令宓子不得行其术，必数（数次）有之矣。微（若无）二人，寡人之几过（犯过错）。"鲁君还告诉宓子："自今以来，亶父非寡人之有也，子之有也。有便于亶父者，子决为之矣。五岁（年）而言（回报）其要（治政大要）。"最后在这样宽松的环境下宓子贱"乃得行其术于亶父"。

3. 宓子贱治单父之智慧

宓子贱是怎样治理单父的？一是，善于用人，善汲智慧。他曾对孔子说："此国有贤不齐者五人，教不齐所以治者。"（《史记·仲尼弟子列传》）二是，重视教化，提高素质。《说苑·政理》就记载他重视"教孝"、"教弟（悌）"、"教学"。三是关心民生，周济民众。《韩诗外传》："时发仓廪，振困穷，补不足。"

试看一例，巫马期曾去那里"观（观看）化（宓子贱之教化）"，看到在亶父夜里捕鱼者都听从宓子贱之叮嘱，把捉到的小鱼又都放回去了。巫马期回来告诉了孔子。孔子说："宓子之德至矣。使民闇（夜里）行（行捕鱼之事），若（好像）有严刑于旁。"孔子又曰："丘尝与之言曰，'诚乎此者，刑乎彼'。宓子必行此术于亶父也。"这是宓子贱的智慧，又来自孔子的智慧。

又《吕氏春秋·察贤》："宓子贱治单父，弹鸣琴，身不下堂而单父治。"然而巫马期治单父则劳心又劳力，当他去请问宓子贱其中缘故时，宓子贱曰："我之谓任人，子之谓任力。任力者故劳，任人者故逸。"有评论曰："宓子则君子矣，逸四肢，全耳目，平心气，而百官以治义矣（或疑此句作'而百官以治，人民以义矣'），任其数（指用了正确的术、方法）而已矣。巫马期则不然。"

二、巫马施的才智

巫马施（前521～？），孔子弟子。姓巫马，名施，字子旗，又作子期，故称巫马旗、巫马期。或说鲁国人，或说陈国人。小孔子30岁。《论语》里称为巫马期。

1. 《论语》里的巫马期

巫马期在《论语》里只有一条记载。《论语·述而》载，陈司败问："昭公知礼乎？"子曰："知礼。"孔子退，揖（作揖）巫马期而进之，曰："吾闻君子不党（庇护），君子亦党（庇护）乎？君取于吴，为同姓，谓之吴孟子。君而知礼，孰不知礼？"巫马期以告。子曰："丘也幸，苟有过，人必知之。"（7.31）

陈司败，此人详情已不可考。他曾问孔子鲁国的昭公知礼否，孔子回答知礼。孔子走后，陈司败向巫马期作揖，让他靠近自己，并对他说：吾闻君子是不该庇护的，现在看来君子亦会庇护吗？鲁国国君娶妻于吴国，为同姓，谓之吴孟子。君而知礼，孰不知礼？

这是什么意思？鲁国国君是周公的后代，姓姬；吴国国君是泰伯的后代，也姓姬，因此他们是同姓。按照当时的礼制，同姓是不能结婚的。鲁君娶吴国之女为夫人，按照国君夫人的称号一般是所生长之国名加上她的本姓，即本应该称吴姬，即由国名之"吴"，再加上姓之"姬"。但是为了避开"姬"字，不外露双方同姓的尴尬，而改称为"吴孟子"，"孟子"也可能是这位夫人的字。鲁国国君这样的做法还"知礼"吗？然而作为孔子这样的君子还要说鲁国国君"知礼"，这不是"君子亦党乎"？这孔子还算个"君子"吗？陈司败把问题抓得很准，提问得很尖锐，反诘得很有力，在这样的事实面前真是无可辩驳。

巫马期就把这番话转告给自己的老师孔子了。孔子说：我孔丘很幸运，如果有过错，人必定知道。——孔子承认自己的过失，不掩饰，也不怨恨，而是坦然接受，并为有人能指出他的过失而感到幸运。当然，孔子也不是不知道此中的道理，而其做法的目的就是为尊者讳，而这又符合了另一种"知礼"，即"臣不可言君亲之恶，为讳者礼

巫马施

也"。巫马期大约就是这样在孔子身边一点一滴地汲取了智慧。

2. 巫马期治单父

巫马期也做过单父宰，他是怎样治理的？《吕氏春秋·察贤》："巫马期以星出，以星入，日夜不居（居息，休息），以身亲之，而单父亦治"，不过"弊（损害）生（性，天性）事（同'使'）精，劳手足，烦教诏，虽治犹未至（最好）也"。——巫马期的管理方法是以身作则，极其勤勉，但是虽得到治理，却不像宓子贱治理单父，"身不下堂而单父治"。

3. 巫马期的心志

《韩诗外传》第二卷：巫马期与子路在韫丘下砍柴。陈国有个姓处师的富人，在山下停车百辆，在山上带着一帮人游荡。子路问巫马期："使（假使）子无忘（你没有忘记）子之所知（知识、道理），亦无进（增进）子之所能（才能），得此富，终身无复见夫子（孔子），子为之乎？"巫马期听见此话，"喟然仰天而叹，阖(tà)然（物体坠地声音，指哗啦一声）投镰于地"，曰："吾尝闻之夫子：'勇士不忘丧其元，志士仁人不忘在沟壑。'子不知予（你是不了解我）？试予与（还是试探我）？意者其志与（或许这就是你自己的意向心志）？"巫马期之举之言，让子路感到很惭愧，于是背负柴草先归回。——这里也可以看到巫马期的高风亮节，也许巫马期的形象也慢慢在我们心中复活起来了吧？

父子同门：曾点与曾子的智慧

曾点与曾子父子均出自孔门，曾子还成为著名的儒家人物。历史上既有"孔颜"之称，可见颜渊的地位；又有"孔曾"之联称，亦显曾子的重要。如清代江藩《〈汉学师承记〉自序》："推武、周达孝之源，究天地明察之理，故能心契孔曾，权衡醇驳也。"曾子（前505～前434），孔子弟子。姓曾，名参，字子舆，鲁国人。《论语》里称为曾子、参。清代冯云鹓辑校的《圣门十六子书》中有《曾子书》，辑录了他的言行、事迹。这里就《论语》所载，先略说曾子。

一、性格与典范

1. "鲁"与"非鲁"

曾子的性格，《论语·先进》有云："参也鲁。"（11.18）"鲁"就是迟钝，反应不快捷、不警敏，缺少明睿之智的意思。曾子跟颜回的闻一知十、子贡的闻一知二相比较，也许是鲁钝些，但是也不尽然。比如《论语·里仁》载，孔子曰："参乎！吾道一以贯之。"曾子马上心领神会，触悟出其中的意思，故答曰："唯。"孔子出去后，门人问曰："何谓也？"这是说其他门人却体会不出孔子之言的意思。曾子曰："夫子之道，忠恕而已矣。"（4.15）以此来看，曾子又是"非鲁"。

曾子

2. 修身典范

曾子堪称是一位修身的典范，如《大学》所说"壹是（一切）皆以修身为本"。《论语·学而》载，曾子曰："吾日三省吾身——为人谋而不忠乎？与朋友交而不信乎？传不习乎？"（1.4）其一，为他人谋事是否尽心了，不能苟且敷衍。其二，与朋友往来是否讲信用了，不能虚情假意。其三，受业于师是否着实修习了，不能因循怠惰。张居正说："以此三者，自省察其身，有则改之，无则加勉，盖未尝敢以一日而少懈也。盖曾子之学，随事精察而力行之，故其用功之密如此。然古之帝王，若尧之兢兢，舜之业业，成汤之日新又新，检身不及，亦此心也，此学也。故《大学》曰：'自天子以至于庶人，壹是皆以修身为本。'从事于圣学者，可不知所务哉！"（《张居正讲评〈论语〉》）曾子的内省之道影响深远。

3. 孝子与《孝经》

曾子是一个大孝子，流传着许多故事，还有《论语》、《大戴礼记》等文献记载了曾子关于孝的论说。据说孔子还专门传授孝道于曾子，如《史记·仲尼弟子列传》："孔子以为能通孝道，故授之业。"《孝经》或认为是曾参撰写的。这些方面的内容，可以详见笔者的《孝经智慧》，此不再赘述。

二、曾子的名言

《论语》里记载曾子的名言不少，显示了他的智慧。

（1）曾子曰："慎终，追远，民德归厚矣。"（1.9）

（2）曾子有疾，孟敬子问之。曾子言曰："鸟之将死，其鸣也哀；人之将死，其言也善。君子所贵乎道者三：动容貌，斯远暴慢矣；正颜色，斯近信矣；出辞气，斯远鄙倍矣。笾豆之事，则有司存。"（8.4）

（3）曾子曰："以能问于不能，以多问于寡；有若无，实若虚，犯而不校

曾点

——昔者吾友尝从事于斯矣。"（8.5）

（4）曾子曰："可以托六尺之孤，可以寄百里之命，临大节而不可夺也——君子人与？君子人也。"（8.6）

（5）曾子曰："士不可以不弘毅，任重而道远。仁以为己任，不亦重乎？死而后已，不亦远乎？"（8.7）

（6）曾子曰："君子以文会友，以友辅仁。"（12.24）

（7）曾子曰："君子思不出其位。"（14.26）

（8）曾子曰："堂堂乎张也，难与并为仁矣。"（19.16）

（9）曾子曰："吾闻诸夫子：人未有自致者也，必也亲丧乎！"（19.17）

（10）曾子曰："吾闻诸夫子：孟庄子之孝也，其他可能也；其不改父之臣与父之政，是难能也。"（19.18）

（11）孟氏使阳肤为士师，问于曾子。曾子曰："上失其道，民散久矣。如得其情，则哀矜而勿喜！"（19.19）

——这些已成为儒家的经典名言，对中国人影响深远。

三、开创思孟学派

曾子后来授徒讲学，弟子众多，根据弟子沈犹行称"从先生者七十人"（《孟子·离娄下》）。相传他为思孟学派的创始人；思孟学派是子思与孟子为代表的儒家学派，孟子曾受业于子思的门人。

吕坤在《呻吟语》里曾说："孔门心传唯有颜子一人，曾子便属第二等。""颜渊透彻，曾子敦朴，子思缜细，孟子豪爽。"其中颜子、曾子同属优秀，但颜渊又优于曾子。

最后还要说一下，曾子的父亲曾皙，名点，字子皙，他也是孔子的弟子。《论语·先进》记载，孔子很欣赏曾皙的心志，"莫春者，春服既成，冠者五六人，童子六七人，浴乎沂，风乎舞雩，咏而归。"夫子喟然叹曰："吾与点也！"（11.26）这也成为一个深具魅力的典故了。在笔者的《孝经智慧》里还分析过曾子与其父曾点的一些事迹，可以参见。

孔子择婿：公冶长与南宫适

公冶长

在儿女的婚姻上，孔子曾为自己的女儿与侄女挑选了两弟子作为女婿，看看优选出来的是怎样的两位人物。

一、孔子的女婿公冶长

公冶长，生卒年不详，孔子弟子。姓公冶，名长，又作苌；字子长，又作子芝、子之。一说齐国人，或说鲁国人。《论语》里的称谓是公冶长。历史上关于他的记载也不多，主要有：一是，他"为人能忍耻"（《孔子家语·弟子解》）。二是，相传他能通鸟语（见皇侃《论语义疏》）。三是，流传一个故事说，有虎负羊于山，有鸟告之，使其取之，丧羊者以为偷窃，告发他，而陷入牢房。当然，最后这个说法也是故事而已。

《论语》里公冶长只出现一次。《论语·公冶长》："子谓公冶长：'可妻也。虽在缧绁（léi xiè，捆绑罪犯的绳索，指牢房）之中，非其罪也。'以其子妻之。"（5.1）公冶长虽曾被拘禁于狱，但那是被人连累的，不是他的罪过，这并不该影响他是一位贤人。于是孔子将自己的女儿嫁给了他。于此，孔子留下的智慧是婚姻不是先看门第、财富、地位等，而最重要的是先看其人，尤其是要深看其人之德行。

二、孔子的侄女婿南宫适

南宫适，生卒年不详，孔子弟子，又为孔子的侄女婿。姓南宫，名适（kuò），又作括，字子容，故又称南容，也有称南宫绦（tāo），鲁国人。《论语》里称为南宫适、南容。孔子很欣赏他，并有评论。

1. 南容处世有智慧

《论语·公冶长》载，孔子曾评论南容："邦有道，不废；邦无道，免于刑戮。"如果遇到邦国有道，这正是君子出来发挥自己才能的时候，南容必

南宫适

225

定不会被废置不用，也必定有人会举荐他。如果遇到邦国无道，小人得志猖狂，南容就会谨慎处世，全其身而远其祸，也必能免除刑罚杀戮。于是孔子"以其兄之子妻（qì，嫁女）之"。(5.2)

2. 三复白圭的深意

《论语·先进》："南容三复白圭，孔子以其兄之子妻之。"（11.6）"白圭（guī）"，是指《诗经·大雅·抑》的四句诗："白圭（白玉圭）之玷（斑点），尚可磨（磨掉）也；斯言（言语）之玷（污点），不可为（去掉）也。"南容再三反复诵读此诗句，孔子觉得君子当慎言，而南容能如此深度关注慎言，也便是君子式的人物了，于是以其兄之女嫁给他。

3. 一个尚德之君子

《论语·宪问》记载，南宫适曾问孔子这样一个问题："羿善射，奡（ào）荡舟，俱不得其死然。禹、稷躬稼而有天下。"（14.5）羿是夏代有穷国的君主，善于射箭，曾夺取了夏太康的王位，后来被他的臣子寒浞（zhuó）杀死了。奡是寒浞的儿子，善于"荡舟"，即是长于水战，据说还能陆地行舟，但最后被夏后少康杀死。为什么他们如此具有武力而不得好死？为什么大禹尽心治水、平正水土，而能为王？为什么后稷播种百谷、躬耕稼穑，而其后代能有天下？——"夫子不答"。这是因为孔子知道，南宫适心中已有"尚力"还是"尚德"的答案在了，这就不必答了；也因为孔子知道，南宫适内心还有以古观今之感叹，这又是不便答了。等到南宫适出去后，孔子曰："君子哉若人！尚德哉若人！"（14.5）孔子赞扬他是个君子，是一个尚德之君子。两次赞美，可见孔子对他的赏识，于是选择南宫适做自己的侄女婿。

《论语》弟子各具智慧色彩

孔子门下弟子众多，个性分明，贤能辈出，各具色彩，也时有纷争。这里再将《论语》所载之公西华、原宪、樊迟、高柴、林放、子服何、公伯寮等弟子，作一简略解析，读之又会令人益知启智，触悟良多。

一、公西华之才智

公西华（前509~？）孔子的弟子，小孔子42岁。姓公西，名赤，字华，又称子华，鲁国人。《论语》里称为公西华、赤、子华。《论语》里关于公西华的事迹与智慧有几点可解读。

1. 谦虚、好学、善问

举例如，《论语·述而》记载，孔子曰："若圣
与仁，则吾岂敢？抑为之不厌，诲人不倦，则可
谓云尔已矣。"公西华曰："正唯弟子不能学也。"
（7.34）例二，如《论语·先进》记载：孔子曾问
公西华的志向，他对答曰："非曰能之，愿学焉。宗
庙之事（祭祀祖先），如会（诸侯会盟）同（诸侯
共同朝见天子），端（指穿上礼服）章甫（指戴上
礼帽），愿为小相（礼仪主持人）焉。"（11.26）礼
乐之事本是他最熟悉拿手的，但谦虚地说不是已经
有才能了，而是要诚愿地去学习，并且只是做个"小
相"。例三，《论语·先进》记载，子路问："闻（听
到）斯行（就实行）诸？"孔子曰："有父兄在，如

公西华

之何其闻斯行之？"冉有问："闻斯行诸？"孔子曰："闻斯行之。"公西华想
到一个问题，为什么问的一样，而有不同的回答。故他问孔子："由也问闻斯
行诸，子曰，'有父兄在'；求也问闻斯行诸，子曰，'闻斯行之'。赤也惑，敢
问。子曰："求也退，故进之，由也兼人，故退之。"（11.22）这就是孔子的巧
妙处，而公西华也因主动追问又学到了一种智慧。

2. 富有外交才智

孔子也曾派遣他出使齐国。孔子还曾评价他的交际才能，比如穿礼服束着
带，在朝廷上应答宾客，接待四方的使臣，必定能沟通两国情况，传达宾主的
旨意，不会失礼。孔子曰："赤也，束带立于朝，可使与宾客言也，不知其仁
也。"（5.8）

3. 极具礼仪才智

《礼记·檀弓上》记载，孔子死后，他还为之设计葬礼，并智慧地综合了
夏、商、周三代的元素："孔子之丧，公西赤为志（职，主办、操办）焉，饰
棺墙（装饰棺材的帷盖），置（设置）翣（shà，此像扇子，用来障饰棺车），设
（设置）披（帛带，用来牵引棺车），周也；设（设置）崇（旌旗的边缘是齿状
装饰），殷也；绸练（用白绢缠绕旗杆），设（设置）旐（zhào，一种旗子），夏
也。"此可见他对于礼仪的深湛修养。

公西华也有其不足，比如他虽能养亲，但是却缺少些肃敬。《淮南子·齐
俗》："故公西华之养亲也，若与朋友处。曾参之养亲也，若事严主烈君。"他

赡养亲人就像与朋友相处那样，能够和睦，但也如原注曰："与朋友处，睦而少敬。"试比较曾参之养亲肃敬，便可知道了。

《论语》里孔子关于公西华的话语很警醒人。其一，公西华很有才智，但孔子认为未必达到了仁的境界。其二，公西华出使齐国时，"乘肥马，衣轻裘"，其家之富足可想而知了。公西华出使在外，冉有唯恐其母亲缺少赡养，于是代请夫子拨给公西华之母一些粮食。孔子只给了很少的一釜，即六斗四升。冉有请求再增加些，孔子说，就再给他一庾（yǔ），即十六斗。增加的不多，表面上看似有点吝啬，实质上内涵了孔子的一个智慧："君子周急不继富。"此为用财之道也！

二、原宪与公皙哀的风采

原宪（前515~？），孔子弟子。姓原，名宪，字子思，亦称原思，有的还称为仲宪（《礼记·檀弓上》），鲁国人，小孔子36岁。《论语》里称为原思、宪。

1. 孔子家宰之狷介风貌

原宪是孔子的弟子，又做过孔子家的家宰，也即是孔子家的总管。《论语·雍也》载，原思为孔子的家宰，孔子给他俸禄粟子九百。原宪素性狷介，也许认为替老师办些事是应该的，因此他推辞了。孔子曰："毋！以与尔邻里乡党乎！"（6.5）此婉转说法，即是不当推辞的不该推辞，也不必推辞，因为这是正常的俸禄，若有多余可以周济乡里之人。

2. 原宪的善问

《论语·宪问》还记载了原宪对孔子的两次请教：其一，"宪问耻。子曰：'邦有道，谷（俸禄）；邦无道，谷，耻也。'"（14.1）其二，问仁。原宪问："克（好胜）、伐（自矜）、怨（愤恨）、欲（贪欲）不行焉，可以为仁矣？"孔子曰："可以为难（指难能可贵）矣，仁则吾不知也。"（14.1）

3. 安贫乐道及针砭子贡

孔子去世之后，原宪就移居卫国，过着"不厌糟糠匿于穷巷"的日子（《史记·货殖列传》）。子贡在卫国为相国，一次"结驷连骑（指车马成群结队），排（推开）藜藋（指蓬草、荒草）入穷阎（里巷之门）"，前来探望同学原宪。原宪"摄敝衣冠"见子贡。"子贡耻之（为他感到可耻），曰：'夫子岂病乎？'"原宪曰："吾闻之，无财者谓之贫，学道而不能行者谓之病。若宪，贫也，非病也。"——原宪回答得很出

原宪

论 语 智 慧

色：何谓贫，何谓病？我是贫而不是病，但是有的人虽不贫，却"学道而不能行"，那是真病了。这话深深刺痛了子贡，于是"子贡惭，不怿而去，终身耻其言之过也"。（《史记·仲尼弟子列传》）这也看到子贡的忏悔，自觉言语的过错，而又自认为可耻，终究还是一个可爱的子贡。

公皙哀

公皙哀（生卒不详），姓公皙，名哀（或作"克"、"尅"），字季次，齐国人。不攀附权贵，终身不仕，其安贫乐道之品格与原宪齐名。《仲尼弟子列传》载，孔子赞之曰："天下无行，多为家臣，仕于都，唯季次未尝仕。"又《史记·游侠列传》："季次、原宪，终身空室蓬户，褐衣疏食不厌，死而已。"《晏子春秋》："仲尼居处惰倦，廉隅不正，则季次、原宪侍。"

三、樊迟的形象

樊须（前515~？），孔子弟子。姓樊，名须，字子迟，亦称樊迟。鲁人，或说齐人，少孔子36岁。《论语》里出现多次，称谓是樊迟、樊须。

1. 崇尚学问，好问深思

《论语》里记载了不少樊迟好学善问之事。举例如，其一，问孝。一次他为孔子驾车，孔子告诉他孟懿子问孝，回答"无违"。樊迟马上追问："何谓也？"孔子向他解释："生，事之以礼；死，葬之以礼，祭之以礼。"（2.5）

其二，问知（智）。孔子曰："务民之义，敬鬼神而远之，可谓知矣。"（6.22）

其三，问仁。孔子回答："仁者先难而后获，可谓仁矣。"（6.22）又问仁，子曰："居处恭，执事敬，与人忠。虽之夷狄，不可弃也。"（13.19）

其四，问崇德、修慝、辩惑。一次樊迟从孔子游于舞雩之下，他提出这些问题。孔子赞扬他："善哉问！"孔子曰："先事后得，非崇德与？攻其恶，无攻人之恶，非修慝与？一朝之忿，忘其身，以及其亲，非惑与？"（12.21）

其五，善于反复问与追问。《论语》载，他向孔子问仁就有三次、问知（智）就有两次。比如《论语·颜渊》记载，樊迟又问仁。子曰："爱人。"又问知。子曰："知人。"樊迟没能通达明白。于是孔子又曰："举直错诸枉，能使枉

樊迟

者直。"但是樊迟还是没有明白其中的道理，退下来后，见了子夏，便再问，曰："乡（xiàng，此指刚才）也吾见于夫子而问知，子曰：'举直错诸枉，能使枉者直'，何谓也？"子夏曰："富哉言乎！舜有天下，选于众，举皋陶，不仁者远矣。汤有天下，选于众，举伊尹，不仁者远矣。"（12.22）

2. 樊迟学稼为圃，孔子讥为小人

孔子对樊迟也批评过，曾评说他是志向小、胸襟狭、目光短的"小人哉"。此事见诸《论语·子路》，樊迟向孔子请求"学稼"，学种庄稼。孔子曰："吾不如老农。"请学"为圃"，学种蔬菜。孔子曰："吾不如老圃。"樊迟退出。孔子曰："小人哉，樊须也！上好礼，则民莫敢不敬；上好义，则民莫敢不服；上好信，则民莫敢不用情。夫如是，则四方之民襁负其子而至矣，焉用稼？"（13.4）

关于樊迟，在《左传·哀公十一年》中还有这样的记载：一次鲁军与齐军作战，冉求帅（率领）左师（左军），樊迟为车右，季氏曰："须（樊迟）也弱（年纪太轻了）。"冉求说："就用命焉。"他虽年少，能听从命令。这时鲁军不敢越沟而去迎战，樊迟就对冉有说："非不能也，不信子也，请三刻而逾之。"此意思是，不是不能越沟而战，而是因为不相信您，请您申明号令三次，而您冉有带头越沟。最后依樊迟之言而行，人们都越沟而战，鲁军打败了齐军。这里又看到樊迟性格与智慧的另一个方面了。

四、高柴之"愚"与"智"

高柴（前521～？），孔子弟子。姓高，名柴，字子羔，亦称季羔、子皋、子睾。卫国人，或说是齐、郑、魏国人。少孔子30岁。《论语》仅提及两次，称谓是柴、子羔。其一，《论语·先进》："柴也愚。"高柴为人谨慎厚道，但是聪明才智不足，这就是所谓的"愚"。其二，《论语·先进》："子路使子羔为费宰（费邑之宰）。子曰：'贼（害）夫人之子。'"

关于高柴其人，还有几点可一说：

1. 外形特点

他"长不过六尺，状貌甚恶"（《孔子家语·弟子解》）。或说"长不盈五尺"（《史记·仲尼弟子列传》）。

2. "为人笃孝而有法正"（《孔子家语·弟子解》）

高柴

230

高柴"自见孔子,出入于户,未尝越礼。往来过之,足不履(踩踏)影(他人的影子)。启蛰(春分时节)不杀(杀生),(草木)方长不折。执亲之丧,未尝见齿(不笑)。是高柴之行也。"(《孔子家语·弟子行》)又云"高子皋之执亲之丧也,泣血三年,未尝见齿,君子以为难"。(《礼记·檀弓》)

3. 出仕之智

季羔曾担任过"卫之士师",此专管断狱判刑之事。《孔子家语·致思》记载,一次他"刖(yuè)人之足",砍断了一人之足。不久卫国发生了蒯聩之乱,子路死于内乱,而季羔却逃了出来。出逃至于城门口,正遇到那个被刖足者在守门,竟然三次帮助他出逃。先是刖者对季羔说:"彼有缺(城墙缺口)。"季羔说:"君子不逾(跳墙)。"再是刖者又说:"彼有窦(洞)。"季羔说:"君子不隧(钻地洞)。"最后刖者说:"于此有室(房室)。"季羔于是就进去了。

后来停止追捕了,季羔将要离去,问刖者为什么不乘机报复,还要帮助自己出逃。刖者说:"断足,固我之罪,无可奈何。"他又说出感恩报答之原因:一是,你在治我罪时,表现出想要免除我罪行的意思;二是,在临刑时又表现出偏爱我的脸色。"君岂私(偏私)臣哉?天生君子,其道固然。此臣之所以脱(脱逃)君也。"

孔子闻之,赞扬说:"善哉为吏!其用法一也,思仁恕则树德,加严暴则树怨。公(公道)以行之,其子羔乎!"

五、林放问礼之本

林放,孔子弟子。姓林,名放,字子丘,鲁国人。《论语》里出现了两次。其一,《论语·八佾》:"林放问礼之本。子曰:大哉问!礼,与其奢也,宁俭;丧,与其易也,宁戚。"(3.4)其二,《论语·八佾》:"季氏旅于泰山。子谓冉有曰:'女弗能救与?'对曰'不能。'子曰:'呜呼!曾谓泰山不如林放乎?'"(3.6)

六、澹台灭明

澹台灭明为孔子的门徒,在《论语》里仅出现一次。澹台灭明,姓澹(tán)台,名灭明,字子羽,鲁国武城人。其人行不由径,动必以正,自守端严,不枉己徇人,德行道义可以表正风俗。《论语·雍也》载,子游为武城宰。子

林放

曰："女（汝）得人（人才）焉耳乎？"子游曰："有澹台灭明者，行不由径（小路，指邪路），非公事，未尝至于偃（即言偃）之室也。"（6.14）

七、子牢

子牢，也称为牢，在《论语》里也仅出现一次，为孔子的门徒。《论语·子罕》载，牢曰："子云：'吾不试（任用，即做官），故艺。'"

八、子服何之言行

子服何，孔子弟子。姓子服，名何，字伯，谥号景。又称为子服伯子、子景伯。鲁人，为鲁国大夫。《论语》里出现两次，称谓是子服、景伯。

澹台灭明

其一，《论语·宪问》："公伯寮愬（同"诉"，诬告）子路于季孙。子服景伯以告（转告孔子），曰：'夫子（指季氏）固有惑志（心志迷惑）于公伯寮，吾力犹能肆诸市朝。'"子服景伯表示自己的能力足以诛杀公伯寮，并陈尸于街市。不过孔子回答，曰："道之将行也与，命也；道之将废也与，命也。公伯寮其如命何！"（14.36）

其二，《论语·子张》："叔孙武叔（鲁国大夫）语大夫于朝曰：'子贡贤于仲尼。'子服景伯以告子贡。"（19.23）子服景伯把朝廷上的消息转告给了子贡。看来子服景伯身为大夫，时常能得到内部消息，并转告给孔子或孔门的其他弟子；而在公伯寮诬告子路的那件事上，还能感觉到他大义凛然的一面。

九、公伯寮其人

公伯寮（liáo），孔子弟子。姓公伯，名寮（或作僚、缭、辽），字子周。鲁人。《论语》中出现一次，称为公伯寮。子路刚出仕鲁国季氏宰时，公伯寮曾经向季孙毁谤过子路，而季氏也被他迷惑了。

关于公伯寮，《史记》认为是孔子弟子，但是《孔子家语》没有列其名。唐代司马贞引《古史考》谓其谗愬，非弟子之流。宋儒也有赞同此说者，如见《困学纪闻》所载。不过唐开元时候还封他为"任伯"，宋依然封他为"寿张侯"，到了明代嘉靖九年始罢黜而不再祭祀。清代朱彝尊认为未可以一眚（sheng，过错）掩生平。这是另一种声音与看法。

公伯寮

《论语》孔子弟子之谜

孔门弟子究竟有多少人，有哪些人，是一个谜，就拿《论语》来说，有些人物究竟是否为孔子弟子，也有不同的看法；再如有的或偶然出现一次，一闪而过，却给后人留下了不少的悬念。这里也举例一说。

一、孟懿子与南宫敬叔之谜

孟懿子（前531～前481），孔子弟子。姓仲孙，名何忌，谥号懿。鲁国的大夫，"三桓"之一。他是鲁大夫仲孙貜（jué）即孟僖子之子。孟懿子之弟是南宫敬叔，原姓仲孙，名阅，后因居于南宫，便以此为氏。《世本》把南宫敬叔与南宫适看做一个人，汉宋儒者都承袭此说，至清代崔述《洙泗考信余录》方否定此说。

孟懿子与南宫敬叔曾遵其父之遗嘱去向孔子学礼。《史记·孔子世家》记载，"孟釐（xī，同'僖'）子卒，懿子及南宫敬叔往（前往孔子处）学礼焉。"《左传·昭公七年》载，孟僖子将死，遗嘱曰："我若获没，必嘱说与何忌于夫子，使事之，而学礼焉。"不过在《史记·仲尼弟子列传》与《孔子家语》里没有记载。孟懿子在《论语》里提及两次，称谓是孟懿子、孟孙。《论语·为政》载："孟懿子问孝。子曰：'无违。'樊迟御（驾车），子告之曰：'孟孙问孝于我，我对曰，无违。'樊迟曰：'何谓也？'子曰：'生，事之以礼；死，葬之以礼，祭之以礼。'"（2.5）

二、陈亢之谜

陈亢（前511～？），孔子弟子。姓陈，名亢，字子亢（kàng），一字子禽，陈国人，比孔子小40岁。《论语》里称谓是陈亢、陈子禽、子禽。

陈亢是否为孔子的弟子也是一个谜。郑玄注《论语》和《礼记·檀弓》认为他是孔子的弟子，并认为《礼记·檀弓下》里的陈子亢与陈亢是同一个人。不过《史记·仲尼弟子列传》未载此人。臧庸《拜经日记》说，子禽就是《仲尼弟子列传》的原亢禽，不过

陈亢

简朝亮《论语集注补疏》曾加以反驳。今人杨伯峻《论语译注》说："从《子张篇》所载的事看来，恐怕不是孔子的学生。"

虽然陈亢是否是孔门弟子之谜还不能豁然解开，但是《论语》里记载他的内容值得一读，那就是陈亢的著名"三问"。

1. 问子贡，夫子必闻他邦之政，是什么缘故

《论语·学而》载，子禽问于子贡曰："夫子至于是邦也，必闻其政，求之与？抑与之与？"子贡曰："夫子温、良、恭、俭、让以得之。夫子之求之也，其诸异乎人之求之与？"（1.10）

2. 问子贡，与夫子比较哪个贤

《论语·子张》：陈子禽问子贡曰："子为恭也，仲尼岂贤于子乎？"子贡曰："君子一言以为知，一言以为不知，言不可不慎也。夫子之不可及也，犹天之不可阶而升也。夫子之得邦家者，所谓立之斯立，道之斯行，绥之斯来，动之斯和。其生也荣，其死也哀，如之何其可及也？"（19.25）

3. 问伯鱼之孔子家教

《论语·子张》载，陈亢问于伯鱼曰："子亦有异闻乎？"对曰："未也。尝独立，鲤趋而过庭。曰：'学诗乎？'对曰：'未也。''不学诗，无以言。'鲤退而学诗。他日，又独立，鲤趋而过庭。曰：'学礼乎？'对曰：'未也。''不学礼，无以立。'鲤退而学礼。闻斯二者。"陈亢退而喜曰："问一得三，闻诗，闻礼，又闻君子之远其子也。"（16.13）

三、漆雕开之谜

漆雕开（前540~？），孔子弟子。复姓漆雕（或作"彫"），名开，字子开。《汉志》谓名启。或说原名启，《史记》避汉景帝刘启之讳而改为开。或说自孔安国于《论语》误注开为名，原名就隐没了（宋代学者王应麟有考证）。漆雕开或说是春秋鲁国人，或说是蔡国人，其年龄或说少孔子11岁，或说少孔子41岁（宋凤翔说）。《论语》里称谓是漆雕开。

确实漆雕开的事迹比较模糊，《论语》提到漆雕开仅一次。《论语·公冶长》："子使漆雕开仕。对曰：'吾斯之未能信。'子说。"（5.6）孔子叫漆雕开去做官为政，漆雕开回答说："我对做官为政还没有信心。"孔子闻而喜悦。——在这简短的对话中，漆雕开的人格魅力已凸现出来了。试想，孔子既然

漆雕开

让漆雕开去做官，必定了解他的才能是足以为
官的，然而他却说自己对于做官为政的道理还
没有真知透彻，尚未实有得于心。其材可以出
仕，但其器却不斤斤于小成，此足见漆雕开见
识卓尔不凡，所期之目标远大，必至于精微之
极，而其成就也不可测度，所以孔子悦之。再
如孔子之道："唯仁者能好人，能恶人。"（《论
语·里仁》）而漆雕开也继承发挥了这一理念，
他的主张是：对好人要爱，对坏人要恨；对善

申枨

人要仁，对恶人要义（通"刈"，割，割除）。（《漆雕子》辑本）因此，他最后
能成为"八儒"之一，不是没有深层原因的。

据说漆雕开喜习《尚书》，但不愿做官，以德行著称，还开坛设教。而日
后他又怎样创立了儒家"八派"之一的？这是一个很大的谜，也值得研究。

四、申枨之谜

申枨，或认为是孔子弟子，姓申，名枨（chéng）。《论语》中仅有一次记
载，孔子曰："吾未见刚（刚强）者。"或（有人）对（回答）曰："申枨。"孔
子曰："枨也欲，焉得刚？"（5.11）在一些人看来，申枨是个刚强的人，但是
孔子认为，无欲望才刚强，申枨有欲望还算不得刚强，后来便有无欲则刚之说
了。然而在《史记·仲尼弟子列传》里记载了申党，字周，而不见申枨。唐宋
时代认为这是两个人，明代以来大多认为就是一个人，真实情况也成了一个谜。

五、商瞿之谜

商瞿（前522~？），姓商，名瞿，字子木。或
说鲁国人；或说蜀人，恐不可信，四川双流县东有
其祠堂，可能出自后人附会。《仲尼弟子列传》：商
瞿好《易》，"孔子传《易》于瞿，瞿传楚人馯（hàn）
臂子弘"。后来经六传而至于齐人田何，再经过二传
至于汉武帝中大夫杨何。据说商瞿的造诣超过子
夏，为孔门传道者之一。虽然《史记》多次提及他，
但是《论语》于他却没有记载，因此后世常有人怀
疑其存在之真实性。

商瞿

六、左丘明之谜

左丘明，鲁人，《论语》里出现一次。《论语·公冶长》记载，孔子曰："巧

言、令色、足恭，左丘明耻之，丘亦耻之。匿怨而友其人，左丘明耻之，丘亦耻之。"如清代朱彝尊《孔子弟子考》据刘歆、卢植、杜预等先儒之见解，认为左丘明"受业于孔门"，当是弟子。然而这个左丘明到底是否为孔子弟子，历来都有不同看法，都有怀疑者。

最后，我又想起康有为曾这样赞扬孔门："夫孔子之后，七十弟子各述所闻以为教，支派繁多，以荀子、韩非子所记，儒家大宗有颜氏之儒，有子思之儒，有孟氏之儒，有孙氏之儒，有仲弓之儒，有乐正氏之儒。其他澹台率弟子三百人渡江，田子方、庄周传子贡之学，商瞿传《易》，公孙龙传坚白。而儒家尚有宓子、景子、世硕、公孙尼子及难墨子之董无心等，皆为孔门之大宗。自颜子为孔子具体，子贡传孔子性与天道，子木传孔子阴阳，子游传孔子大同，子思传孔子中庸，公孙龙传孔子坚白，子张则高材奇伟。（参见《大戴礼记·将军文子篇》）孔子以此比颜子者，子弓则以荀子比仲尼。自颜子学说无可考外，今以庄子考子贡之学，以《易》说考子木、商瞿之学，以《礼运》考子游之学，以《中庸》考子思之学，以《春秋》考孟子之学，以正名考公孙龙之学，以荀子考子弓之学，其精深瑰博，穷极人物本末大小精粗，无乎不在，何其伟也！"这就是孔子之后的所谓"儒分八派"，浩浩荡荡的儒学之流几千年间就这样一直在流衍，未尝断脉。

篇 十

《论语》宗教·历史·哲学·思辨

梁启超说:"孔子所建设的是流动的哲学。"我们在这里便将展现孔子的哲学智慧、历史智慧与思辨智慧。孔子的智慧确是深邃且富有的。比如《论语》里经常讲到祭祀、鬼神等有关宗教之事,那么孔子是怎样看待这些的呢?孔子于宗教信仰又有何种智慧呢?孔子的历史情结又是怎样的?孔子的审美意象思维又是怎样的?孔子的逻辑思维又具何种智慧?那里是高华沉实,色声味态、浓淡深浅、奇正开阖,真是不能胜收。

《圣迹之图》之跪受赤虹

孔子之智：鬼神·祭祀·宗教

《论语》里经常讲到祭祀、鬼神等有关宗教之事，那么孔子是怎样看待这些的呢？孔子于宗教信仰又有何种智慧呢？

《论语·八佾》："祭如在，祭神如神在。子曰：'吾不与祭，如不祭。'"（3.12）

《论语·雍也》："樊迟问知。子曰：'务民之义，敬鬼神而远之，可谓知矣。'"（6.22）朱熹注："专用力于人道之所宜，而不惑于鬼神之不可知，知者之事也。"

《论语·述而》："子不语：怪、力、乱、神。"（7.21）孔子不谈论怪异、暴力、叛乱、鬼神。

《论语·先进》："季路问事鬼神，子曰：'未能事人，焉能事鬼？'曰：'敢问死？'曰：'未知生，焉知死。'"（11.12）孔子不谈论"事鬼"、死亡与死后的事情。

在《说苑·辨物》里还记载这样的一段对话："子贡问孔子：'死人有知无知也？'孔子曰：'吾欲言死者有知也，恐孝子顺孙妨（妨害）生（活人的生活）以送死（厚葬祭送）也；欲言无知，恐不孝子孙弃不葬也。赐（子贡）欲知死人有知将（与）无知也，死（死后）徐（慢慢）自（自己）知之，犹未晚也。'"——孔子极其智慧地对子贡解释了为什么不说死后有知还是无知，又极其幽默地说到若要知晓其中的道理，那么死了以后自己就会慢慢知道是无知还是有知的了。

《左传·哀公六年》有这样一则记载：楚国有云彩好像一群红色的鸟，在太阳的两边飞了三天（"有云如众赤鸟，夹日以飞三日"），周太师说："其（恐怕）当（应验正当）王（楚昭王）身乎！若禜(yíng，如果进行禳祭）之，可移（转移）于令尹、司马。"但是楚昭王没有相信这一套，认为自己并没有犯过重大的过错，因此用不着去禳祭。

当初，楚昭王有疾，占卜说："黄河之神在为祟。"昭王也不去祭祀。大臣请求他去郊外祭祀，他就是不同意。他认为自己根本没有得罪过黄河之神，因此不必行祭祀。孔子对此有评论，赞扬曰："楚昭王知大道矣。其不失国也，宜哉！"

当然孔子也没有全部拒绝鬼神之类的东西，但是他怀疑鬼神，也不提倡去探究鬼神。譬如《周易》里就有许多占卜、鬼神等记载。《周易·坤》："龙战于野，其血玄黄。"《周易·睽》："见豕负涂，载鬼一车。"所以后来有"龙血鬼车"之典故。但是，孔子研究《周易》就是另一种向度，他不讲究占卜、不重迷信，不信巫术。

再如《礼记·表记》，孔子曰："夏道尊命，事鬼敬神而远之，近人而忠焉"；"殷人尊神，率民以事神，先鬼而后礼"；"周人尊礼尚施，事鬼敬神而远之，近人而忠焉"。孔子评论三代对鬼神的情况，指出商代"先鬼而后礼"，鬼神第一而把人事置于后面了，此不值得效法；夏、周则均是"事鬼敬神而远之，近人（通达人情）而忠（指竭尽爱心）焉"，但是又有不同，夏代是"尊命"，周代是"尊礼尚施"，比较下来还是周代的理念与做法可取。

后人有评论，如陈独秀曾说："孔子言天言鬼，不过假古说以隆人治，此正孔子之变故，亦正孔子之特识。"（《独秀文存·再答俞颂华》）鲁迅也说过："孔丘先生确是伟大，生在巫鬼势力如此旺盛的时代，偏不肯随俗谈鬼神。"（《鲁迅全集·再论雷峰塔的倒掉》）孔子之所以具有这样的智慧，钱穆又有这样的解释："儒家不提倡宗教信仰，亦不主张死后有灵魂之存在，然极重葬祭之礼，因此乃生死之间一种纯真情之表现，即孔子所谓之仁心与仁道。孔门常以教孝导达人类之仁心。祭葬之礼，乃孝道之最后表现。"（《论语新解》）有论者如匡亚明还认为，"比之后世的墨家论证鬼神的存在，孔子无疑高明得多了。各种宗教在中国难以得逞，和孔子整理文献时排斥鬼神（当然还不彻底）这一点有很大关系"。（《孔子评传》）

我记得《晋书·艺术传赞》有段话说得好："《传》叙灾祥，《书》称龟筮；应如影响，叶若符契。怪力乱神，诡时惑世，崇尚弗已，必致流弊。"难道不是这样吗？如果一个时代、一个社会充斥弥漫了怪力乱神，而且还崇尚不止的话，那么就会招来诡惑之时世，必定带来极大的弊病。

这些解读或许可以从一个方面认识孔子与宗教的关系。下文还会再深入考察孔子、儒教与宗教的一些问题。

儒教：非宗教·宗教境界

孔子、儒家、儒教与宗教之间的关系，我在拙著《中庸智慧》里专有一节即《〈中庸〉：神学家的神学维度之思》中已有所叙说，这里再进一步解读，可以从更多方面观察人们有关于此的认识与评说。

一、宗教及宗教之形成

宗教产生于史前社会的后期，在原始社会宗教的最初形式是自然宗教，如对天神、地祇、祖先崇拜，以及万物有灵论、拜物教、图腾崇拜等。随着阶级社会的产生和发展，陆续出现了多神教、二元神教、一神教等形式。宗教，这是相信并崇拜超自然的神灵的社会意识形态，是自然力量和社会力量在人们意识中的一种虚幻的、歪曲的反映。

人类为什么需要宗教？辜鸿铭在《中国人的精神》里有过这样的解释："宗教最初并非产生于思辨，宗教是一种感情、一种激情的东西，它与人的灵魂相联系。甚至非洲的野蛮人在刚一脱离动物般的生活时，他身上那种称之为心灵的东西刚刚觉醒时，就立刻有了对宗教的需要。"

就大多数人来说，"生活充满了困苦，每时每刻都要经受各种事故的打击，既有来自自然界的恐怖暴力，也有来自同胞的冷酷无情。有什么东西能够帮助人类减轻这个神秘莫测的世界所造成的重压？唯有宗教。但宗教又是如何起作用的呢？我认为宗教给人以安全感和永恒感。在自然力的恫吓下，在冷酷无情的同胞面前，在令人恐怖的大自然的神秘感的驱使下，普通百姓转而求助于宗教——在这个避难所里他们找到了安全感。他们确信有一个超自然之物以绝对权力控制着那些给予他们打击的力量。此外，现实中那些永恒的变换、人生的变故——从出生，经儿童、青年、老年直至死亡，这些神秘的、不确定的现象，同样使人们需要一个避风港——在那里他们得到了永恒感，确定对于来世的信念。在这个意义上，我认为宗教使那些既非诗人、艺术家，也非哲学家和科学家的百姓们得到了安全感和永恒感，从而减轻了这个世界给他们造成的压力。耶稣说过：'我赐给你安宁，这种安宁，世界不能给予你，也无法将它从你身上剥夺。'这就是我所说的宗教给予众生的安全感和永恒感。因此，除非你能找到像宗教那样能给众生以同样的安全感和永恒感的东西，否则芸芸众生将永远需要宗教"。

二、宗教：中国人的感觉

辜鸿铭说："在现代欧洲，宗教拯救人的心却忽略了人的脑；哲学满足了人头脑的需要但又忽视了人心灵的渴望。我们再来看看中国。有人说中国没有宗教。诚然，在中国，即使是一般大众也并不太看重宗教，我指的是欧洲人心目中的宗教。对中国人而言，佛寺道观以及佛教、道教的仪式，其消遣娱乐的作用要远远超过了道德说教的作用。在此，中国人的玩赏意识超过了他们的道德或宗教的意识。事实上，他们往往更多地求助于想象力而不是求助于心灵。因此，与其说中国没有宗教，还不如说中国人不需要——没有感觉到宗教的必要——更确切。""中国人，即使是一般大众也没有宗教需要"，因为虽然"未来世界的生活是不可知的，孔子所阐述的那些简明易懂的道德规范，已全然满足了中国人的需要"。

三、儒教·替代·类似宗教的境界

1. 孔子学说又被为孔教、儒教，这是否就是宗教

春秋时期，孔子学说只是百家之说一家。汉代的董仲舒等今文学家曾以谶纬神学来改造儒学，企图使之宗教化，但遭到古文经学家的反对。宋代程朱理学也极力神化儒学，同样遭到了反对。

近代康有为曾倡导要把儒教作为一种宗教，且与佛教、基督教、回教并列。他说："今天下之教多矣，于中国有孔教。""孔子为创教之圣"，孔子当确立为教主的地位。（《康有为政论集》）光绪二十四年（1898年），康有为曾上奏《请尊孔圣为国教立教部教会以孔子纪年而废淫祀折》，主张尊孔教为国教，废除淫祀，立孔庙，组织孔教会，举讲生，设立大讲师，立大宗师，举祭酒任孔教会长，并任教部尚书，还建议采用孔子纪年。康有为在戊戌变法之前以及辛亥革命之后都在那里宣扬孔教。康有为孔教主张的赞同者，如其门下有谭嗣同、陈焕章等人，其中陈焕章宣扬孔教最力，甚至创办孔教大学，祭天祀孔等。但是康氏的孔教主张也遭到如黄遵宪、严复、梁启超等的反对，后来蔡元培、章太炎、陈独秀等人也极力反对，认为此不适合中国国情与民心。袁世凯统治时期，定孔教为国教；直到"五四运动"，孔教的地位发生了根本的变化。

再说现代儒学里，如任继愈等学者认为儒学是具有中国民族形式的宗教，即儒教。"儒教成为完整形态的宗教，应当从北宋算起，朱熹把它完整化"。因为理学同宗教一样提倡禁欲主义，而且又信奉"天地君亲师"，"就是这样的一种以理性主义为手段，最终把人引向信仰主义的"。（见《具有中国民族形式的宗教——儒教》，载《文史知识》1988年6期）当然也有如冯友兰、张岱年等学者认为儒学并非宗教。如冯友兰指出：宗教的特点是承认有超脱今世的天国或西方的净土，有半人半神的教主，有教规、教义和宗教经典。而儒家注重人世，孔子也不是教主，五经四书是历史文化典籍。张岱年认为儒学根本不重视生死问题，不讲来世彼岸世界，这是它与宗教的根本区别。儒学在发展过程中虽然出现过宗教化倾向，但并未完成过宗教化，儒学仍然是哲学。（《儒家文化辞典》）

笔者也认为儒教不是宗教，但是也应看到在历史上儒教却替代了宗教，还具有类似宗教的境界，比如就民间来说，过去在中国遍处可看孔庙，人们进出其间，且烧香膜拜祈祷，不就是这样？

　　关于儒教与宗教，辜鸿铭说过一段话："有心灵就需要宗教，除非有别的什么东西能够取代宗教。""实质上，中国人之所以没有对于宗教的需要，是因为他们拥有一套儒家的哲学和伦理体系，是这种人类社会与文明的综合体——儒学取代了宗教。人们说儒学不是宗教，的确，儒学不是欧洲人通常所指的那种宗教。但是，我认为儒学的伟大之处也就在于此。儒学不是宗教却能取代宗教，使人们不需要宗教。"（《中国人的精神》）

　　2. 儒学是如何取代宗教的

　　辜鸿铭又说："要搞清儒学是如何取代宗教的，我们就必须首先弄懂人类为什么需要宗教。在我看来，人类需要宗教同需要科学和哲学的原因是一样的，都在于人是有心灵的。"这就"不像野兽仅留意眼前，人类还需要回忆历史、展望未来——这就使人感到有必要懂得大自然的奥秘。在弄清宇宙的性质和自然法则之前，人类就如同处在黑暗之中的孩子，感到危险与恐惧，对任何事情都难以把握。正如一个英国诗人所言，大自然的神秘啊，沉重地压迫着人们。因此，人们需要科学、艺术和哲学，出于同样的原因，也需要宗教，以便减轻神秘的大自然、这个难以理解的世界所带来的重压"。儒学正因为有这样的作用，便可以取代宗教。

　　四、孔子：深刻法则·君子之道

　　儒教里有安全感和永恒感，辜鸿铭说："儒学不是宗教却能取代宗教。因此，在儒学中必定存在像宗教那样能给众生以安全感和永恒感的东西。"比如，"我曾告诉过诸位，孔子整个的教育思想体系或许可以被归纳为一句话：君子之道。同宗教一样，孔子的君子之道也是一种比哲学家和伦理学家的道德法则远为深刻的法则。哲学家和伦理学家的道德法则要求我们必须服从自己的理性和良心。然而，孔子的君子之道则同宗教一样，要求我们服从自己真正的本性。这种本性绝非庸众身上的粗俗、卑劣之性。它是爱默生所说的一种至诚之性。事实上，要懂得何为君子之道，我们就必须首先成为一个君子，具备爱默生所说的至诚之性，并且进一步发挥自身这一天性。因此孔子曰：'人能弘道，非道弘人。'"（同上文）

　　五、儒教：国教·学校·教堂宗教

　　辜鸿铭说："儒教是中国的国教，相当于其他国家的教堂宗教。儒教也利用一种相当于教堂的组织来使人服从道德规范。在中国的儒教里，这个组织就是学校。在中国，学校就是孔子国家宗教里的教堂。正如你们所知，在中文里，宗教与教育所用的是同一个'教'字。事实上，正如教堂在中国就是学校一样，中国的宗教也就意味着教育。与现代欧美的学校不同，中国学校的教育目的和目标不是教人如何谋生、赚钱，而是像教堂宗教那样，传授一些诸如弗劳德先生所说的古老的戒律，如'不要说谎''不要偷窃'。实质上，中国的学校是以教人明辨是非为目标的。约翰逊博士说：'我们为人处世最重要的是要有道、明是非，其次才是知识的学习和运用。'"（同上文）

六、不同：中国国教教堂·宗教的教堂

辜鸿铭又说："然而，我们已经知道，教堂宗教能够使人们服从道德行为规范，靠的是激发人们的热情，即教徒对教主狂热的、无限的个人崇拜。这里，中国的学校——孔子国家宗教里的教堂，与其他国家宗教中的教堂相比，是有所不同的。学校——中国国教里的教堂，同其他宗教里的教堂一样，也是通过唤醒、激发人们的热情，使之服从道德行为规范。但是，中国的学校所唤醒的那份感情，与宗教的教堂所激发出的那种激情相比，是有所不同的。在中国，学校——孔子国教的教堂，它不是靠鼓励、煽动对孔子狂热的、无限的个人崇拜来激发人们的热情。事实上，孔子在世之时，并没有鼓励弟子对他进行狂热的、无限的个人崇拜。直到他死后，才被人们尊奉为至圣先师，并为世人所熟知。然而，无论是生前还是死后，孔子都没有像教主那样，受到过狂热的、无限的个人崇拜。"（同上文）

七、区别：孔子·耶稣·宗教创始者

辜鸿铭又说："中国大众对孔子的尊奉，不同于欧洲的群众对耶稣的崇拜。就此而言，孔子不属于宗教创始者那一类人。要成为欧洲意义上的宗教创始者，一个人就必须有着强烈的、变态的个性特征。孔子的确是中国商王朝贵族的后裔。商族人有着富于激情的特性，就像希伯来民族一样。但是，孔子又生活在周王朝时期，周人如同古希腊人，富于完美的智力。这样孔子，如果可以打个比方，他是生在希伯来，具有希伯来民族激情充沛的特性，又在最完美的古希腊智识文化中受到训育，拥有了这一完美文化所能给予的东西。事实上，正如现代欧洲伟大的歌德终将被欧洲人民视为完美的人格楷模，视为欧洲文明所孕育出的'真正的欧洲人'一样，中国人已经公认孔子为一个有着最完美人格的典型，一个诞生于中国文明的'真正的中国人'。因为孔子具有太高的文化素养，所以他不属于宗教创始者那一类人。实际上，孔子生前除了最亲密的

弟子之外，是鲜为人知的。"（同上文）

最后辜鸿铭对特殊的中国"教堂"进行了颂赞："我认为，学校——中国国教中的教堂，它并不是通过激发人们对孔子的崇拜，来使人服从道德行为规范。那么，中国的学校又是如何激发人们的热情，使之服从道德规范的呢？孔子说：'在教育过程中，是以《诗》进行情感教育，以《礼》进行是非教育，以《乐》完善人的品性。'（兴于诗，立于礼，成于乐。）学校——中国国教中的教堂，教人以诗文，培养人美好的感情，使之服从道德行为规范。事实上，正如我曾说过的那样，所有伟大的文学作品都能像宗教一样使人受到感动。马太·阿诺德在谈及荷马及其《史诗》时说：'《史诗》那高尚的思想内容，可以令读者变换气质、受到陶冶。'实质上，在学校——中国国教的教堂里，一切文雅、有价值的美好东西都得到了传授。学校让学生不断想着这些美好的事物，自然激发出人之向善的情感，从而自觉地遵守道德规范。"（以上均见辜鸿铭《中国人的精神》）——不过，我想这种诗性的歌颂，在今天已经很少能见到了，中国的学校也离开这般情景很远很远了；当然，不仅中国，其他国家也未尝不是如此。这让人感触良多，欲说难尽了！

写到这里，我又想起历史学家吕思勉曾说："孔子非今世所谓宗教家，然而宗教家信仰及慰安之精神，孔子实饶有之，其信天及安命是也。孔子之所谓天，即真理之谓。笃信真理而确守之，尽吾之力而行之；其成与不，则听诸天命焉。虽极热烈之宗教家，何以过此？"（《先秦学术概论》）

不过我也想起了毛泽东在《反对党八股》里说的话，反动统治阶级"都拿孔夫子的道理教学生，把孔夫子的一套当作宗教教条一样强迫人民信奉"。这句话里是有许多的东西可以咀嚼的。

——孔子乎、儒学乎、宗教乎、宗教教条乎、宗教家乎？诸如此类的解释，若有所知，有所晓，有所悟，有所通，则不亦乐乎？不亦智乎！

孔子：历史文化哲学之智慧

钱穆曾赞扬孔子独有一套"历史文化哲学"，我觉得这个话题也值得关注。如果从这个话题入手探索一下，必定又可从中汲取不少孔子的智慧。不过限于篇幅，这里也仅作一鸟瞰而已。

一、孔子情结：信古·好古·敏求

孔子曾自评："信而好古。"（7.1）他又说："我非生而知之者，好古敏以求之者也。"（7.20）这里含有三方面的意蕴，揭示出孔子对于古代历史文化的深层情结：其一，信古，即深信、信服于古；有此诚信，便会汲汲于此，而乐此不疲。其二，好古，即喜好、爱好于古；有此笃好，便会孜孜不倦。其三，敏求，即敏捷、机智、奋勉地去寻求、探求古代的历史文化以及智慧。

二、孔子的历史文献智慧

孔子曾说："夏礼，吾能言之，杞不足征也；殷礼，吾能言之，宋不足征也。文献不足故也。足，则吾能征之矣。"（3.9）这意思是，夏代的礼，我孔子能说得出个大概来，但是必定要有待于文献的证明，人们才会相信，然而今天的杞国虽是夏的后代，已经不足以来证明了。同样，殷商的礼，我也能说得出个大概来，然而今天的宋国虽是殷商的后代，也已经不足以来证明了。之所以不能证明，一是"文"即典籍不足，二是"献"即贤者不足。如果"文"与"献"足够的话，我就能证明了。

这里可以绅绎出许多孔子的历史文化智慧：

（1）孔子确实对于历史文化有一种爱好甚至痴迷的情结。他是春秋时期的人，离开殷商已经很远，离开夏代那更是茫茫远隔了，但是他居然能说出夏礼、殷礼来，实属不易。

（2）孔子有一套本领，那就是从历史典籍上去学习得来，还有就是从活着的贤人那里学习得来。

（3）虽由此而来，但是还必须有证据、证明能让大家相信。然而面对文献不足，孔子发出深长喟叹！

（4）孔子不是为了解而了解，为学习而学习，而是从以往历史文化的借鉴里，去选择那些能推行于当代与后代的可行之法。

钱穆《论语新解》里赞颂孔子的"历史文化哲学"，又于此章独有解读心得。其一，本章的大意，是"孔子自言学夏、殷二代之礼，能心知其意，言其所以然，惜乎杞、宋两国之典籍贤人皆嫌不足，无以证成我说"。其二，孔子是怎样知道夏、殷之礼的？"然孔子生周室东迁之后，既是文献无征，又何从上明夏、殷两代已往之礼？盖夏、殷两代之典籍传述，当孔子时，非全无存。孔子所遇当世贤者，亦非全不能讲夏、殷之往事"。这就是孔子知道夏、殷之礼的基础。其三，孔子的一套独特的"历史文化哲学"，简括地说，即是"孔子博学深思，好古敏求，据所见闻，以会通之于历史演变之全程。上溯尧、舜，下穷周代。举一反三，推一知十，验之于当前之人事，证之以心理之同然。从变得通，从通知变。此乃孔子所独有的一套历史文化哲学，固非无据而来"。其四，孔子为何感叹？"然虽心知其意，而欲语之人人，使得皆能明其意，信其说，则不能不有憾于文献之不足。即在自然科学中，亦时有不能遽获证明之发现。何况人文学科之渊深繁赜。则无怪孔子有虽能言之而证成不足之叹。学者当知学问上有此一境界，唯不可急求而至。"这一解读很深入到位。

三、孔子推知历史的案例

1. 孔子于天下无道、大权下移之剖析

如《论语·季氏》载，孔子曰："天下有道（太平清明），则礼乐征伐自天子出；天下无道（混乱昏暗），则礼乐（制作礼乐）征伐（出兵打仗）自诸侯出。自诸侯出，盖十世希不失矣；自大夫出，五世希不失矣；陪臣执国命，三世希不失矣。天下有道，则政不在大夫。天下有道，则庶人不议。"（16.2）如果天下无道，即政治昏暗混乱，制作礼乐与出兵打仗由诸侯来决定，而不再由天子掌控，那么诸侯大概传到十世，很少有不丧失矣。如果这种权力再下移至由大夫来决定，那么传到五世，很少有不丧失的。如果再下移，由陪臣来执掌国家命运，那么传到三世，很少有不丧失的。

2. 孔子对鲁国历史的反思

如《论语·季氏》载，孔子曰："禄（爵禄，此指政权）之去公室（诸侯的家族）五世矣，政逮于大夫四世矣，故夫三桓之子孙微矣。"（16.3）鲁国经由鲁宣公、成公、襄公、昭公、定公的"五世"中，国家政权已经旁落了；自从鲁国季孙氏把持了政权，也已经由季孙氏文子、武子、平子、桓子四代了；所以鲁国"三桓"，即鲁桓公后代，作为三卿的仲孙、叔孙、季孙至于鲁定公之时也衰微了。此之所以衰微，在孔子看来就是因为违逆了理、违背了道，有此违逆则必失，违逆得愈甚则愈衰。

四、损益之智：虽百世，可知也

我们再看孔子的损益智慧。孔子的学生子张曾问："十世可知也？"（2.23）这里问是否能预知"十世"。"十世"两说，一是从朝代来说的十代，一是从一世为三十年来说的三百年。

孔子回答说："殷因于夏礼，所损益，可知也；周因于殷礼，所损益，可知也。其或继周者，虽百世，可知也。"（《论语·为政》）殷代因袭于夏礼，所减损所增益的，是可考知的；周代因袭于殷礼，所减损所增益的，是可考知的。那些继承周代而兴起的，即使一百世，也是可预知的。

孔子这里启示了怎样预知、预测将来的历史智慧。孔子提出了"损益"的智慧。王夫子曾有解读："裁前代之所已有余者而节去之曰损，补前代之所不及防者而加密焉曰益。"（《四书训义》）如果不细究孔子所说的那些礼仪制度等，那么即从一个民族来说，此必有其值得传承的东西，且世世代代血脉不断地连缀起来。此中必有因循、沿袭，否则不成传统，但是此中也必定有变易、改革，否则不能新生。若能睿知其中的有过则"损"、未及则"益"，损之益之，都与事相宜，与时俱进，顺知其往，预知将来，这便是大智慧。试看，从孔子时代到今天的2500多年来，不就是有些东西虽经悠悠岁月而保存下来了，并有所增益，而一些东西则在传递发展之中永远地被淘汰而弃，减损掉了？

读史使人明智，研史使人深邃，孔子的那些历史文化哲学不失为一份极有价值的遗产，那些智慧值得后人体味，当然也必须灵活地学，也应该变通地用。

《论语》的意象思维智慧

孔子具有一种敏锐的观察力，于天地间之万物每多着意，于六合间之万象常多会心。孔子能深入体味万物万象，并揭出内里的意蕴，摄取出其中的智慧，又能引而申之，旁通远达，晓悟人心。这里将孔子以及弟子的意象思维举隅说之。

一、天地四时的意象

《论语·阳货》记载了孔子与子贡的一次极有意趣的对话。孔子说："予欲无言。"我想不说话了。这是为什么呢？虽然是一个谜，但是其中可能有一个意思就是要纠正弟子们只是从他的言语之间去探求道，而不是从言语之外去体认道。

果然，子贡接着说："子如不言，则小子何述焉？"天下的道理，您如果不说话，那么我们这些学生还能传述些什么呢？

孔子便回答说："天何言哉？四时行焉，百物生焉，天何言哉？"（17.19）此成为名言。上天说了什么呢？它什么都没有说，但是春夏秋冬之四时照样有条不紊地运行，飞潜动植之百物照样井井有条地生息。这里的意象思维是，上天虽寂寞得无言无语，却具万象森然，已列变化端倪。上天虽不言，却胜过有言，胜过喋喋不休之言，所以孔子主张慎言、不言、少言，尤其告诫不要胡言、乱言、空言。这也可联想到老子"大音希声"的智慧。确实天下之道、人世之事，或因有言而明，也或因多言而晦，更因妄言而祸。

张居正有个解释可以一读："昔孔门学者，多求圣人之道于言语之间，而不知体认于身心之实。""今夫天，冲漠（空寂）无朕（征兆、迹象），何尝有言哉？但见其流行而为四时，则春夏秋冬往来代谢，而未尝止息也。发生而为百物，则飞潜动植因物赋形，而无所限量也。是天虽不言，而其所以行，所以生，则冥冥者实主之。盖造化之机械，固已毕露于覆载之间矣，亦何俟于言哉？观天道以无言而显，则我之教人，固亦无俟于言矣。盖圣人一动一静，莫非妙道精义之发，正与天道不言而成化一般，学者熟察而默识之，自有心领而神会者，岂待求之于言语之间乎？"（《张居正讲评〈论语〉》）再如在《中庸》里就有许多对天之道的意象思维，亦可见此中承继之迹。

二、山与水的意象思维

仁者乐山——孔子与山结缘颇深，据说他就出生在尼山的山洞里。《论语·雍也》载，子曰："仁者乐山。"（6.23）仁者喜好山，这是孔子对山与仁者的深层感悟。仁者是全德之人，因此端庄厚重，不会被摇夺，不会被撼动，就如山那样寂静屹立；由此而通感，他便"乐山"。

譬如为山——孔子对堆土为山进行思考。《论语·子罕》载，子曰："譬如为山，未成一篑，止，吾止也。譬如平地，虽覆一篑，进，吾往也。"（9.19）为山或功亏一篑，是因为自己；虽只是堆上一筐土，但继续堆上去，也是由自己来做主。

智者乐水——《论语·雍也》："知（通"智"）者乐水。"（6.23）孔子说，智者喜好水。智者是明理之人，因此明白通融，胸次宽宏，不凝无滞，就如活

夫子洞，又称坤灵洞，相传为孔子出生处，位于尼山脚下，智源溪北岸石壁中

篇十 ◎《论语》宗教·历史·哲学·思辨

249

水流转那样活泼。由此而通感，他便"乐水"。宗白华还说："中国则并不以水为万象之实体（仅五行之一耳）。但爱以水喻道，喻'生生不已'之道体及心性之体，孔子、孟子、荀子、老子、庄子、淮南子等，皆以水喻道。"（《宗白华全集》第一集）

三、草木之意象思维

草上风——《论语·颜渊》："君子之德风，小人之德草。草上之风，必偃。"（12.19）君子之德就像风那样，小人之德就像草，草会随风披靡，顺风倒下。

岁寒松柏——《论语·子罕》："岁寒，然后知松柏之后凋也。"（9.28）孔子赋予了松柏以卓越的人之品性。钱穆说：其喻义是，"道之将废，虽圣贤不能回天而易命，然能守道，不与时俗同流，则其绪有传，其风有继。本章只一语，而义喻无穷，至今通俗皆知，诗人运用此章义者尤广。吾中华文化之历久常新，孔子此章所昭示，其影响尤为不小"。

苗与秀·秀与实——《论语·子罕》载，子曰："苗而不秀者有矣夫！秀而不实者有矣夫！"（9.22）出土为苗，吐花叫秀，结实谓实，此喻人之成长，有的就像"苗而不秀"，或就像"秀而不实"，最后不能成功，这是非常可惜的。为学成才必须精进不已，深造自得，就像有苗而能开花，有开花而能结实。当然此章的含义也有不同的解释。

唐棣之华——《论语·子罕》："'唐棣之华，偏其反而。岂不尔思，室是远而。'子曰：'未之思也，夫何远之有？'"（9.31）"唐棣"，也作"棠棣"。这里"唐棣之华"的意象思维也是耐人寻味，也是一个难解的谜。棠棣（dì），又称"扶栘"、"红栒子"，属于蔷薇科，是落叶小乔木。唐棣，古有二说：一为白杨类树木。一为郁李，或称奥李，《论语》此章说的就是这一种。据陆玑《毛诗草木兽虫鱼疏》：棠棣，"奥李也。一名雀梅，亦曰车下李，所在山皆有。其华或白或赤，六月中熟，大如李子，可食。"此章开头四句或认为可能是"逸诗"，即是不在《诗经》里的已被删除的诗。其意思是棠棣之花，随风翩翩而动。难道不想念你吗？只是你住得太远了。接下来孔子反其意而说：没有去思念罢了，如果真的思念，有什么遥远呢？

棠（唐）棣

这里表现出对《诗》的反用。孔子似乎

在说这样一个道理：最远的东西，如果真心去追求、至诚去努力的话，那么虽远必近，虽艰必易，虽难必获。比如仁这东西似乎很遥远，但其实并不远，正如孔子说："仁远乎哉？我欲仁，斯仁至矣。"（7.30）。这就像石头坚硬很难穿透，但只要坚持则水滴石穿；铁杵很难磨成针，但是只要坚毅则定能成针。

张居正有说："孔子遂借其词而反之说道：天下之事不患其难致，而患其不求。今诗之所言，既云思之，而复以室远为患者，是殆未之思耳。若果有心以思之，则求之而即得，欲之而即至，夫何远之有哉？如诚心以思贤，则虽在千古之前，万里之远，而精神之所感孚，自有潜通而冥会者，何病于时势之相隔乎？如诚心以思道，则其理虽极其精微，至为玄远，而吾之心力既到，自有豁然而贯通者，何病于扞格之难入乎？这是孔子借诗词以勉人之意。然人心至灵，思在于善则为善固不难，思在于恶则为恶亦甚易。故先儒言，哲人知几，诚之于思，学者又不可不审察于念虑之萌也。"（《张居正讲评〈论语〉》）此种解读也可以体味一番。

四、虫鱼鸟兽畜的意象思维

孔子曾教导弟子："多识于鸟兽草木之名。"（17.9）孔子还特别强调学《诗》，原因之一便是其中记载了不少的鸟兽草木。根据顾栋高《毛诗类释》之统计，其中鸟有43种，兽有40种，草有37种，木有43种。

犬马之养——孔子在谈到"孝"的时候，用了一个非常警动人心的意象思维。《论语·为政》载，子游问孝。孔子回答，曰："今之孝者，是谓能养。至于犬马，皆能有养；不敬，何以别乎？"（2.7）养父母，可以像犬马一样畜养吗？养父母当有敬重之心、深厚之情、诚挚之意，缺少了这些而仅仅是衣食的供养，那岂不跟豢养牲畜一回事了？孔子说理真是鞭辟入里！

凤凰·凤鸟——《论语·子罕》载，子曰："凤鸟不至，河不出图，吾已矣夫。"（9.9）"凤鸟"，即凤凰，是祥瑞之象征。《论语·微子》："楚狂接舆歌而过孔子曰：'凤兮凤兮！何德之衰？往者不可谏，来者犹可追。已而，已而！今之从政者殆而！'"（18.5）"凤兮凤兮，何德之衰"，是针对孔子说的，孔子被他人喻为凤凰，然而又被他人惋叹！这就是"叹凤"之典故。

五、宫室等的意象思维

门、墙的意象——《论语·子张》载，子贡曾曰："譬之宫墙，赐之墙也及肩，窥见室家之好。夫子之墙数仞，不得其门而入，不见宗庙之美，百官之富。得其门者或寡矣。"（19.23）子贡把学问本领比喻为宫墙，孔子是"数仞"，因此不进门是看不到内部的美妙的；而自己仅仅"及肩"之墙，在外边就能看到了。

"朽木不可雕也，粪土之墙不可圬也"——《论语·公冶长》记载，宰予昼寝。孔子曾批评他："朽木不可雕也，粪土之墙不可圬（wū，抹灰粉刷）也。"（5.10）

正墙面而立——正面对着墙而站立，如何能看到远处，如何能往前进呢？孔子曾对伯鱼曰："女为《周南》、《召南》矣乎？人而不为《周南》、《召南》，其犹正墙面而立也与？"（17.10）

萧墙的意象——《论语·季氏》："吾恐季氏之忧，不在颛臾，而在萧墙之内。"（16.1）后来便有"祸起萧墙"、"萧墙之患"的典故了。

六、器之意象思维

器之意象思维——孔子对"器"有深邃的会心处，因此对"器"之意象也有深层的智慧思维。器，就是器皿、器物的意思。《说文》："器，皿也。象器之口，犬所以守之。"林义光《文源》："犬守器，非守器之口。四口像物形，以犬守之。"

君子不器——孔子曾说："君子不器。"（2.12）这是什么意思？朱熹《集注》："器者，各适其用而不能相通。成德之士，体无不具，故用无不周，非特为一才一艺而已。"在日常生活中某器只是起某一方面的用途，比如锯子、斧子、锤子各有所用，再如菜刀、砧板、锅子也各有其用，人也是这样各有技能、才能、学问，亦各有各用。孔子教导人们，"器"往往区别之，不能通用，人也不要仅着眼于、局限于一才一艺，只能派上个别的用途，而要具有通才达识，发挥更大的作用。

张居正的解说也可以一读："人有一材一艺的，非无可用，然或宜于小，不宜于大。能于此，不能于彼。譬如器皿一般，虽各有用处，终是不能相通，非全才也。惟是君子的人，识见高明，涵养深邃，其体既无所不具，故其用自无所不周。大之可以任经纶匡济之业，小之可以理钱谷甲兵之事，守常达变，无往不宜，岂若器之各适于用，而不能相通者哉！所以说君子不器。夫此不器之君子，是乃天下之全才。人君得之固当大任，至于一材一艺者，亦必因人而器使之，不可过于求备也。"（《张居正讲评〈论语〉》）又程树德《论语集释》引书说："君子之学德成而上，艺成而下，行成而先，事成而后"；"若以无所不知、无所不能为不器，是犹未离乎器者矣"。此说也可体会。

当然人要成为什么都能的全才，这或许是极少数人的事了，但是全才确实是一种生命的理想境界，鞭策人生要着眼于大处、远处、高处，让生命之"器"

能成为大器、重器、宝器，而这又用得上一个智慧，那便是先哲所说的"大器晚成"。

宗庙祭器——《论语·公冶长》载，孔子曾赞扬子贡："女（汝），器也"，"瑚琏也"。（5.4）"瑚琏之器"，是陈列于宗庙之内的、用玉装饰的贵重而华美的礼器。

玙璠——"玙璠"，又作"璠玙"或"璠与"，鲁之美玉。后成为典故，用以称颂他人，或赞美他人的作品。《说文解字》："玙璠，鲁之宝玉。从玉，番声。孔子曰：美哉玙璠，远而望之，奂若也，近而视之，瑟若也。'"

七、车的意象思维

大车·小车·辄轫——孔子用车子来比喻一个人的信用、诚信。《论语·为政》载，孔子曰："人而无信，不知其可也。大车无辄，小车无轫，其何以行之哉？"（2.22）大车是牛车，小车是马车。人没有信用，就像大车没有了辄（ní），即是缺少了连接车辕与横木的活销，小车没有了轫（yuè），即是缺少了连接车辕与横木的关键，车子都不能行走了。汉代刘向《新序·节士》："信之于人重矣，犹舆之辄轫也。"这一意象思维就源出于孔子之说。

孔子的这些意象思维，是形象的思维，也是直觉的思维，其智慧是善于通过深入观察，而捕捉其中的特征，提炼不同的意象，从而由一个事物联想到另一个事物，开掘内在的沟通点，予人以睿智。孔子的意象思维智慧，是值得我们好好体味的。

鉴赏意象思维的千古妙文

《论语》里有一章可以称得上是意象思维的千古妙文，给后人留下很多的人生哲思、想象空间，以及太多的悬念。

《论语·乡党》："色斯举矣，翔而后集。曰：'山梁雌雉，时哉时哉！'子路共之，三嗅而作。"（10.27）

钱穆有这样的翻译：只见人们有少许颜色不善，鸟便一举身飞了。在空中回翔再四，瞻视详审，才再飞下安集。先生说："不见山梁上那雌雉吗！它也懂得时宜呀！懂得时宜呀！"子路听了，起敬拱手，那雌雉转睛三惊视，张翅飞去了。

此章令后人读来充满疑惑：有阙文，还是没有阙文？为什么解释起来有很多的不同？这里面到底在传达出什么意趣？此略为之一说。

一、文句：怀疑·阙失·倒置

此章不容易解释得通，因此有人认为，此章文字有缺失。或又认为此文前后倒置。此章或当为：夫子见山梁雌雉，时哉时哉。子路去共之，雉三嗅而作，故叹曰："色斯举矣，翔而后集。"（见程树德《论语集释》）当然，是否如此，这也是一个历史之谜吧。不过也有人认为没有阙文。如李安溪、姚秋农云："弟子欲记夫子赞雉之言，而先记此以明时之义。经中记事如此者甚多，无阙文。"（见《论语集释》）

不过我想，有阙文也罢，无阙文也罢，均可活观之。《论语》里面很多语录，其实都是在特定的时间与场合下说的，因此即时的场景、对象、上下文大都是有缺失的，后人理解时作出不同的解读也不是不可以的，因此应该容许多种合理解说的存在。或如朱熹《集注》说："然此必有阙文，不可强为之说。姑记所闻，以俟知者。"此即是孔子教诲的"阙疑"之智慧。

二、文句不同解读举隅

1. 什么叫"色斯举矣，翔而后集"

"色"，是脸色、神色。"举"，鸟飞举起来。"翔"，回旋地飞。《说文》："翔，回飞也"。"集"，鸟之停留。《说文》："群鸟在木上也。"这句话是什么意思？有人认为，孔子在山谷中行走，看见几只野鸡。孔子的脸色一动，野鸡便飞向天空，盘旋一阵，又都停在一处了。（杨伯峻《论语译注》）

朱熹《集注》："言鸟见人之颜色不善，则飞去，回翔审视而后下止。人之见几而作，审择所处，亦当如此。然此上下必有阙文矣。"钱穆说：这里的"色"有两种意思，"言鸟见人颜色不善，或四围色势有异"，所以即举身飞去。钱穆还认为，"此两句殆亦逸诗"。又有认为，这个"色"是"歊"的假借字，是惊骇的样子。如《公羊传·哀公六年》："诸大夫见之色然而骇。"何休注："色，惊骇貌。""色斯举矣"，是说一群野鸡受到惊吓立即飞了起来。句中省略了"一群野鸡"。（古棣等《孔子批判下》）

2. 如何解读"曰：'山梁雌雉，时哉时哉'"

孔子说，山梁上的雌野鸡，得其时啊，得其时啊！——"梁"，是水上架木作渡水之处。或说山梁便是山脊。"雉（zhì）"，野鸡。钱穆说："孔子赞雉，引此以明时哉之义。雉飞仅能辣翅直前，径落草中，不能运翅回翔，然其警觉见几，则与诗辞所咏无殊。""孔子路见一雌雉在山梁之上，神态闲适，因叹曰：时哉时哉！虽雉之微，尚能知时，在此僻所，逍遥自得，叹人或不能

254

然也。”

3. 如何解读"子路共之，三嗅而作"

杨伯峻解释："共"同"拱"；"嗅"当作"臭（jù）"，张两翅之貌。这是说，子路向它们拱拱手，它们又振一振翅膀飞去了。杨伯峻又说："这段文字很费解，自古以来就没有满意的解释，很多人疑它有脱误，我只能取前人的解释之较为平易者翻译出来。"（《论语译注》）钱穆又按："此章异解极多，姑参众说，解之如此，读者如有疑，可寻众说。

再如钱穆说："共字或作拱。子路闻孔子赞叹此雉，竦手上拱作敬意。""嗅，本作臭，当是臭字，从目从犬，乃犬视貌。借作鸟之惊视。雉见子路上拱其手，疑将篡（抓获）己，遂三臭而起飞。言三臭者，惊疑之甚，此即所谓见几而作。"

关于此条说法很多，比如还有解读说，"共"作供。子路听闻孔子的赞美，便投粮以供给雉鸟。雉鸟飞来"三嗅"之，不敢吃又飞走了。还有唐代石经《论语》"嗅"作"戛（jiá）"字，指鸟长鸣之叫声；"三嗅（戛）而作"，便是长叫几声就飞走了。

三、美妙的意象思维智慧

这一章乃是蕴义复杂的意象思维，鸟与人，人与鸟，在互相观察，相互揣摩，鸟在思考，人也在思虑，哲人孔子在深思，孔子弟子子路也在体会，更引来后人的无数猜测、解读，并或化为智慧。上面已经讲了几家之说，再举隅之。

1. 大贤涉世智慧

东汉王充于此章有解释，其中体悟出大贤涉世、处世的智慧。如《论衡·定贤》："大贤之涉世也，'翔而有集''色斯而举'。"王充的意思是，大贤之人经历世事，就要像鸟那样有飞翔，也有止息；既能稳重沉着，又能善于随机应变；既能善处去留，又能保存自己。

2. 人得时与得所的智慧

皇侃《疏》讲此章智慧，是孔子处世能时时察言观色而后决定自己的去就，并谨慎地选择；如观色举动、审观下集、失时与所、得时与所，此均应有其智慧。皇侃《疏》："谓孔子在处观人颜色而举动也。谓孔子所至之处也，必廻翔审观之后乃下集也。此记者记孔子因所见而有叹也。""孔子从山梁间过，见山梁间有此雌雉也。时哉者，言雉逍遥得时所也。所以有叹者，言人遭乱世，翔集不得其所，是失时矣。而不如山梁间之雉，十步一啄木，百步一饮，是得其时，故叹之也。独云雌者，因其所见而言也。"（见《论语集释》）

3. 孔子审察"去"与"就"的智慧

此如邢昺《疏》:"此言孔子审去就也,谓孔子所处,见颜色不善,则于斯举动而去之。将所依就,则必廻翔审观,而后下止。此'翔而后集'一句,以飞鸟喻也。"这意思即是孔子对自己所处的状况,觉得有所不善,则以斯举动而去之,将要有所依就,则必定要回翔审视而后决定是上是下。

4. 君子慎动的智慧

《反身录》:"时哉时哉,即经所谓'鸟兽咸若'也。子路一共,遂三嗅而作,鸟固知几,缘人机动,人无机心,鸟则自若。可见人心一动,斯邪正诚伪终难自掩,鸟微物且然,况人至灵而神乎?物犹不可欺,人岂可欺乎?是故君子慎动,动而无妄,可以孚人物感幽明,一以贯之矣。"(见《论语集释》)

5. 见几而作:人不可不如鸟

张居正说:"鸟之为物,但见人颜色不善,将欲取之,则飞而远去,必回翔审视,择可止之地,而后集焉。盖虽蠢然无知之物,而犹能见几知止如此。"时哉时哉,"言其时饮而饮,时啄而啄,能适其性之自然也"。"故人必见几而作,如鸟之见人而举;审择所处,如鸟之翔而后集,则去就不失其正,而有合于时中之道矣。不然,可以人而不如鸟乎?此记者之深意也。"(《张居正讲评〈论语〉》)

6. 人须警惕:知常而不知变

此章雉之喻也有讲究。如王夫之《读四书大全说》:"古称雉为耿介之禽,守死不移,知常而不知变。故夫子以翔鸟之义警之,徒然介立而不知几,难乎免矣。"

7. 行止久速,无不得乎时中

此章的意蕴可以联想到《孟子·万章下》里孟子对孔子的评论:"可以速而速,可以久而久,可以处而处,可以仕而仕,孔子也。""孔子,圣之时者也。"

钱穆又有说:"此章实千古妙文,而《论语》编者置此于《乡党》篇末,更见深义。孔子一生,车辙马迹环于中国,行止久速,无不得乎时中。而终老死于阙里。其处乡党,言行卧起,饮食衣着,一切以礼自守,可谓谨慎之至,不苟且,不鲁莽之至。学者试取庄子《逍遥游》、《人间世》与此对读,可见圣人之学养意境,至平实,至深细,较之庄生想象,逖(tì,远)乎远矣。然犹疑若琐屑而拘泥。得此一章,画龙点睛,竟体(遍体、全体)灵活,真可谓神而化之也。"(《论语新解》)

论
语
智
慧

当然还可以读出更多的解释来，李泽厚说："此章素来难解或无解"，"但山雉的惊飞，孔子的感叹，仍是一幅上好图画。无解也许就是可供玩味捉摸的解"？（《论语今读》）其实这些表面上的不同，并非不可捉摸，其解读的内里都指向人要知晓时势之变，要见几而作，要慎择去就，要能合乎时中之道。

我想到此章提供给人们意象思维的智慧与启示，或有几点：（1）外物可以提供给人们丰富的意象思维。（2）人与物之间可以进行"思维的对话"、"对话的思维"。（3）意象的思维，是广且深的，可以由此及彼，由表及深，由一维及诸维、由一层及多层地展开。（4）在意象思维的模糊性中未必没有共同的思维向度与聚焦处。（5）孔子擅长于意象思维，而且绝对是一位杰出的意象思维的睿智者。

正名智慧：逻辑思维·价值哲学

孔子那时根本没有"逻辑"、"逻辑学"之名称。虽然没有这样的"名"，但并非没有这样的"实"，更不是没有这样的智慧。相反，孔子具有丰富的逻辑思维智慧。

逻辑，是英文logic的音译，源出希腊文logos。古希腊哲学家，如智者派、斯多葛派等均使用过。1902年严复在翻译约翰·穆勒的《穆勒名学》时，将logic译为"名学"，同时也音译为"逻辑"。为什么翻译成为"名学"呢？一般认为因逻辑学与中国古代着重研究名实关系的名家学说有类似之处而得名。如1824年乐学溪堂刊行佚名翻译的《名学类通》开其端。1900年，严复开"名学会"，并着手翻译约翰·穆勒的著作，并最后定名为《穆勒名学》。后来1917年胡适的博士论文《先秦名学史》，其实就是《先秦逻辑史》。

逻辑学是关于思维的科学，正如恩格斯指出的，逻辑学是"关于思维过程本身的规律的学说"（《马克思恩格斯选集》第4卷）。孔子作为一个大思想家，对思维过程本身的规律也有一定的探索与认识，在《论语》里就显现出许多的智慧。

这里说说孔子"正名"与"为政正名"的智慧。

《论语·子路》载，子路问："卫君（卫国国君）待（等待）子（您）而为政（治政），子将奚先（先干什么）？"孔子曰："必也正名乎！"（13.3）孔子提出了"正名"的理念。"正名"就是正定名分。孔子认为"正名"是治政的先任、要务。

这要略说当时卫国的情势。当初卫国的太子蒯聩与卫灵公夫人南子不和，故卫灵公欲杀太子，于是蒯聩便出逃至晋国。灵公死后，蒯聩的儿子辄被立为卫君，叫卫出公。此后蒯聩欲返回卫国，其子辄坚决拒绝，不接受其父回国。鲁哀公十五年（前480），蒯聩得到其姊伯姬的帮助潜回卫国，并逼迫卫国执政大夫孔悝参与反击卫出公。最后蒯聩终为国君，便是卫庄公，并驱逐了出公，后来卫庄公又死于卫国之内乱。此后卫出公又返回卫国，再为国君，但又因为其政暴虐，结怨很深，最后又被驱逐而出奔越国。——有这等君不君、父不父、子不子的情况，所以孔子说先要正定名分。《论语·子路》记载了孔子与子路间一段著名的谈话：

> 子路曰："有是哉，子之迂也，奚其正？"
> 子曰："野哉，由也！君子于其所不知，盖阙如也。名不正，则言不顺；言不顺，则事不成；事不成，则礼乐不兴；礼乐不兴，则刑罚不中；刑罚不中，则民无所错手足。故君子名之必可言也，言之必可行也。君子于其言，无所苟而已矣。"（13.3）

孔子严肃地批评了子路的鄙野，并运用了连贯的逻辑推理，深刻阐明了"正名"于治政的重大意义：

名正——言顺——事成——礼乐兴——刑罚中——民安——政举

"正名"既是孔子的政治主张，也是孔子的逻辑智慧。有学者作出了很好的解析：

孔子的"正名"思想包括三方面内容，即正名在政治、伦理和社会等方面的内容。孔子虽然把正名的作用夸大到了极点，但他已意识到正名对政治、伦理、刑法所起的重大影响和作用。

孔子又提出了"正名"原则。这就是要先明确"名"的含义，然后通过"正名"以达到"正实"的目的，即要求"实"来符合"名"所规定的要求，或用"名"所规定的要求去纠正已经存在或变化了的"实"。这在逻辑上已经包含了"名"必须具有确定性的正确要求。

此还揭示了"正名"思想中的逻辑价值。孔子的"名不正，则言不顺"，实际上包含了逻辑正名的初步性质。这里的"名"是指语词或概念，"言"则包括了由"名"组成的"辞"(命题)和由"辞"组成的推理。所谓"名不正",即名实不相符,在逻辑上就是指名不具有确定性,使得"名"不能确定地指相应的"实"。这样自然也很难构成确定的言,并通过言来表达确切的思想,这就是"言不顺"。

此外,孔子所言"名之必可言也,言之必可行也",则确定了名、言、行的关系,即有"名"(概念)必可用"言"(命题或定义)来表述其意义;有"言"(命题或推理)必可以指导行事,从而肯定了正名的逻辑价值和明辨的社会作用。

"名正言顺",孔子论名与言的逻辑关系,强调正名对形成正确命题和进行有效推理的关系,从而肯定了正名在逻辑上的意义和价值。再如"言顺事成",孔子论言和事的关系,即强调正确判断和有效推理(言顺)对事业成败的积极影响,从而肯定了名对政治、伦理的社会作用。

孔子在"正名"中运用的有关逻辑方法,又如其能用极精炼的语言来表达一个重要的概念与思想,达到"正名"的目的。孔子又十分善于从不同角度揭示概念的内涵,又从内涵与外延两方面来规定概念。他所运用的这种明确概念和表达思想的方法,就相当于定义的方法了。(以上内容参见周云之等《先秦逻辑史》、张岱年主编的《孔子大辞典》有关条目。)

这里再来说说"正名"与孔子的价值哲学问题。"正名",还可以从孔子价值哲学的角度来审查,便可知在他心目中的分量与重要地位。如有论者认为,名不正会给社会带来重大的影响,所以孔子才认为为政之道,必先正名。正名是孔子价值哲学的重要内涵,其目的即在求名实之一致与名分之合理,以建立合宜的、共同承认的价值观念与价值标准,使人民对于各种思想行为,均能明辨其真伪、是非、善恶,而能作正确的选择。(王民《孔子的形象与思想》,台湾商务印书馆)

确实,孔子的"正名"理念及其逻辑思维智慧,给后人的影响是深远的,而如后世荀子还专门作了《正名篇》,对事物的形成标准、原则、作用、名与实的关系等进行了较为系统详细的论说。

类的智慧:孔子·比较·分类·类比

孔子的思维智慧还体现在能敏感与深邃地对人、物、事等进行比较、分类、类比、类推。孔子极其善于比较对象的共同点与差异点，然后根据同类事物的差异点即类差进行分类，再进而是对不同类事物之间的共同点进行类比，而且进行类推。

一、孔子的"类"的逻辑智慧

孔子在"有教无类"之说里提出了"类"的概念。《论语·卫灵公》："子曰：'有教无类。'"（15.39）有论者说："尽管孔子并没有讨论类的具体划分问题，但这个'无类'是以承认'有类'为前提的。所以，这个有类的思想对于科学'类'的概念的形成和发展具有一定的启蒙价值，包含着对逻辑分类的初步意识。"（《孔子大辞典》）我觉得不仅如此，孔子关于"类"的逻辑思维智慧是丰富的。

孔子将自己的教学内容分为"四教"，《论语·述而》："子四教：文、行、忠、信。"这就是孔子的"类"智慧在教育实践上的运用。

孔子又依据德行将人分为君子与小人两类，其比较、分类、类比就极其深刻，如"君子周而不比，小人比而不周"（2.14）；"君子喻于义，小人喻于利"（4.16）；"君子坦荡荡，小人常戚戚"（7.37）；"君子上达，小人下达"（14.23）；"君子求诸己，小人求诸人"（15.21）；"君子不可小知而可大受，小人不可大受而可小知也"（15.34），如此等等，君子与小人两类人的不同价值取向与生存方式凸现出来了。

再如，孔子又将人的认知划分为四类，且进而分为四个等次："生而知之者，上也。""学而知之者，次也。""困而学之，又其次也。""困而不学，民斯为下矣"。（16.9）这些都是孔子于"类"之逻辑智慧的体现。

二、孔子推理智慧

孔子重视推理，比如能"告诸往而知来"（1.15），再如对于历史不仅可以推知"十世"，甚至还可以推知"百世"。孔子具有卓越的所谓演绎推理的智慧，举例如：

1. "举一反三"的智慧

《论语·述而》载，子曰："举一隅不以三隅反，则不复也。"（7.8）朱熹《集注》："物之有四隅者，举一可知其三。反者，还以相证之义。"这就是知道了一隅，即是一个角，就要能推测其余的三个角，这是同类之间的相推断，是由已知来推断同类的未知。《论语·公冶长》还有"闻一知二"、"闻一知十"（5.9）之说，也就是这种同类之间演绎类推的智慧，只不过类推的智慧也有高下之分罢了。

2. "温故知新" 的智慧

《论语·为政》："温故而知新。"（2.11）孔子提倡由"温故"，温习已知的去推求未知的，从而获得新知。有论者说："而"有并列（既温故又知新）与推出（由温故而得新）两种意义。但新知的获得总是离不开原有知识的，所以"温故"总有助于"知新"，"知新"必依赖于"温故"，事实上不可能是绝对的排列关系。这种由温习原有知识到获得新知的过程，就是一个由已知而推出新知的过程。《论语·子张》载，子夏曰："日知其所亡，月无忘其所能，可谓好学而也已矣。"其义与"温故知新"相近。（参见《孔子大辞典》）我还要说的是，孔子那种杰出的历史智慧不也就是"温故知新"的卓越典型吗？

3. "能近取譬" 的智慧

这也是一种演绎类推方法。《论语·雍也》载，子曰："夫仁者，己欲立而立人，己欲达而达人。能近取譬，可谓仁之方也已。"（6.30）这是说为仁之方法，是"能近取譬"，就是近取自身来比方，此即是将自己之心来比方他人之心，譬如自己欲立、欲达，则便知道他人欲立、欲达之心与我一样。有逻辑学者说，这种类推方法，实际上就是一种以承认类同必然具有共性为前提的演绎类推。"能近取譬"虽没有明确提出类同的观念，但它要求就近取譬，这个"近"就意味着同类的观念，而且要求举属性（共性）相近的同类方可相推。（参见《孔子大辞典》）

孔子也具有归纳推理的智慧。孔子运用了对假言的判断与推理的智慧，也见诸《论语》。举例如：其一，《论语·八佾》："人而不仁，如礼何？人而不仁，如乐何？"（3.3）"人而不仁"是假设之言，意思是如果一个人不仁的话，那么其判断与推理便是"如礼何"，怎么来对待礼呢，就是必然会不合礼；另一判断与推理便是"如乐何"，怎么来对待乐呢，就是必然会不知乐。其二，《论语·八佾》载，孔子曰："如有用我者，吾其为东周乎。"（17.5）假设之言是如果有人任用我，其判断与推理便是我将要在东方复兴周礼。

古人有"触类旁通"之说，大约孔子正因为有如此关于"类"的思维智慧，故其推求众理，也就能因其"触类"之智慧，而水到渠成地旁通了。如果我们从类、比较、类比、类推等逻辑思维的角度去阅读《论语》，那么也必定又有更多的心智被激活。

思维之智：叩其两端之法

孔子的思维智慧里值得关注的还有"叩其两端"之法。

《论语·子罕》载，子曰："吾有知乎哉？无知也。有鄙夫问于我，空空如也。我叩其两端而竭焉。"(9.8) 孔子说，我自己有知识吗？没有知识。有一个农夫问我，我一无所知（"空空如也"），但是我可以"叩其两端而竭焉"。"叩"是击、问的意思；"叩者，反问之也"（刘宝楠《论语正义》）。孔子说，自己能从他人所提问题的两头去发问、追问、分析，然后有所了解，并尽量地告诉他。虽然农夫问了些什么已经不得而知，"叩其两端"的具体内容也无从知晓，不过这已并不重要了，重要的是孔子留下了一条重要智慧，不断激活后人的思维。

那么"叩其两端"，叩问事物的哪两端呢？

（1）事物的开端与终端。如孔安国注："有鄙夫来问于我，其意空空然，我则发事之终始两端以语之。"

（2）除了终始两端，还有如本末、上下、粗细等。如朱熹《集注》："两端犹言两头。言终始、本末、上下、粗细，无所不尽。"

（3）指所疑的两端。焦循《论语补疏》："此两端即《中庸》'舜执其两端，用中于民'之两端也。鄙夫来问，必有所疑；唯有两端，斯有疑也。故先叩发其两端，谓先还问其所疑，而后即其所疑之两端而穷尽其意，使知所向焉。"

（4）其实构成事物的成对的两个方面均是两端，比如构成统一体的两方，或相反、或相成，均是事物的两端。

孔子的"两端"之说，影响极其深远。"两端"成为孔子的哲学范畴，指出凡事都有的两个方面。有论者说：孔子始以"两端"概括事物统一体对立的两个方面，对中国古代辩证法思想有重大影响。孔子以"两端"来概括事物所存在的对立之两面，但是没有说到"阴阳"，不过汉代以来不少学者认为《周易·系辞传》为孔子所作（近代学者考证或认为非孔子所作），那么"阴阳"命题也是孔子所提出。这两者叠加起来，影响更加不小。比如北宋的张载吸取了《周易》和道家有关阴阳的思想，赋予"两端"以这样的含义，其曰："其阴阳两端，循环不已者，立天地之大义"，"天地变化，二端而已"。（《正蒙·太和》）再如南宋朱熹发挥说："统言阴阳，只是两端，而阴中自分阴阳，阳中亦有阴阳。"他认为"两端"即事物的矛盾，矛盾中又有矛盾，任何统一物总是存在对立的两个部分，"'一'是一个道理，却有两端"（《朱子语类》卷九十四、九十八）。又如王夫之肯定事物的对立是气的对立："一气之中，二端既肇，摩之荡之，而变化无穷。"（《张子正蒙注·太和篇》）他又认为两端之间有其统一的关系："两端者，虚实也，动静也，聚散也，清浊也，其究一也。"（《思问录·内篇》）

另外有逻辑学者认为，尽管孔子还没将"叩两端"明确作为一种逻辑的方法提出，但它实际上已是一种思维认识的方法，并包含了逻辑思维的启蒙因素，所以历来受到一些逻辑史家的关注。有学者还认为孔子运用的"两端"法则近似一般逻辑的二难推理法，但也含有辩证法的因素。（《孔子大辞典》）这里所谓的"二难推理"来源于希腊字Dilmma，其含义是双重假设，或者也叫做"双刀论法"。如此等等，均见孔子的"叩其两端"之智于后世影响之深远。

孔子的"无"与"毋"之智

在孔子传于后世的众多的思维智慧里，其辩证法智慧尤其值得关注。这里略说三条。

一、"无可无不可"之智

《论语·微子》里举出"逸民"，即隐逸高尚者有七人，如伯夷、叔齐、虞仲、夷逸、朱张、柳下惠、少连。（18.8）孔子评论：他们有的是"不降其志，不辱其身"，"隐居放言，身中清，废中权"；有的是"降志辱身"，"言中伦，行中虑"。但是这些人都不过如此，"其斯而已矣"。孔子评论自己是"我则异于是，无可无不可。"

这是为什么呢？因为这七个人，虽然志向高远、行为高洁，但是都有偏执一方的弊病，或各自以为是，各是其是，或各以他人之非为非，各非其非。然而孔子与他们不同，可以仕则仕，可以止则止，用之则行，舍之则藏；能因时制宜，随机而行，顺势而动，变通圆融，所以无可无不可。这犹如《孟子·万章下》之评孔子："可以速则速，可以久则久，可以处则处，可以仕则仕，孔子也。"

二、"无适无莫"之智

《论语·里仁》载，孔子曰："君子之于天下也，无适也，无莫也，义之与比。"孔子"无适无莫"的智慧也是一种辩证法。

"无适无莫"，是说没有一定要这样行，也没有一定不这样行。"适（dí）"，是必行的意思。"莫"，是必不行的意思。这是说人生处世处事，不要先在心中有一种固执的成见，而不能灵活变动。因为事情自有一定的道理、规律，这是不以人的主观意志为转移的，所以人要顺应事物的至当不易之理，而不可让事理来屈从自己的私意。

张居正说："适，则凡事之不可行的，都看做可行了，其弊必至于轻率而妄为。""莫，则凡事之可行的，都看做不可行了，其弊必至于拘滞而不通。""故于天下之事，未尝主于必行而失之适也，未尝主于必不行而失之莫。"孔子还指出行与不行就看一个标准，即是否符合道义，即"义之与比（bì，依从，靠近）"。

三、四毋之智

《论语·子罕》："子绝四：毋意，毋必，毋固，勿我。"（9.4）孔子杜绝四种弊病：不臆测，不绝对肯定，不固执，不唯我独是。《朱子文集·答吴晦叔书》："'绝四'有两说：一说孔子自无此四者，一说孔子禁绝学者毋得有此四者。然不若前说之明白平易也。"又钱穆说："本章乃孔子弟子记孔子平日处事立行之态度，而能直探其心以为说，非其知足以知圣人，而又经长期之详审而默识者，不易知。"（《论语新解》）总之，之所以称孔子为圣人，其必已臻于脱俗超凡之难以企及的境界！

这里须点明的是，孔子的这些"无"与"毋"的智慧不是要人们去作乡愿，不是去和稀泥，也不是像墙头上的草可以随风两面倒，更不是什么投机主义，而是要从中选择、寻找那中庸之道。

辩证法：中庸·时中·流动哲学

孔子思维智慧里最具辩证法的便属"中庸"之智了，如上文所说他的"无可无不可"、"无适无莫"、"四毋"并不是永远地没有定准、没有趋归，而最后的选择便是辐辏于"一"，那便是一个"中庸"之道。

一、中庸：道德与思维

《论语·雍也》载，子曰："中庸之为德也，其致矣乎！民鲜久矣。"（6.29）"中庸"既是一种道德，又是一种思维智慧，我在《中庸智慧》一书里已有较详尽的阐发，可参见。此再略为增益说之。

若用简单的话来说，"中"就是无过不及，即是既没有过了头的、也没有够不到的。"庸"，有用的意思，也有常的意思，即是平常、经常、正常的常态化的情况。"中庸"，是既不因太过而再作减损，也不因不及而再作增益，而是既不偏于太过，也不偏于不及，处于一种正常状态，从而经常可行，经久可行。孔子因有感于中庸之道的至精至粹、尽善尽美，所以赞扬说："其至（极致）矣乎！"同时他也感叹："民鲜（xiǎn，少，缺少）久矣。"

关于中庸之道，我又记起明代李坤《呻吟语》里有一段很有味道的话：

> 自中庸之道不明，而人之相病（指责意思，下同）无终已。狷介之人病和易者为熟软，和易之人病狷介者为乖戾。率真之人病慎密者为深险，慎密之人病率真者为粗疏。精明之人病浑厚者为含糊，浑厚之人病精明者为苛刻。使质（问、请教的意思）于孔子，吾知其必有公案（公平的判断）矣。孔子者，合千圣于一身，萃（汇集）万善于一心，随事而时出之，因人而通变之，圆神不滞，化裁无端，其所自为不可以教人者也。何也？难以言传也，见人之为不以备责（求全责备）也，何也？难以速化（迅速变化）也。

这段话可供我们再次咀嚼一番"中庸"的道理与其中的滋味，也看到"中庸"化的孔子所达到的那种"合千圣于一身，萃万善于一心，随事而时出之，因人而通变之，圆神不滞，化裁无端"之境界。

二、"执两用中""允执其中"之智

这两条智慧可与"中庸"之智并观共悟。"执两用中"，即是执持事物之两端，而能用其中。这不就是中庸之智吗？此出自《中庸》记载，孔子曰："舜其大知也与！舜好问而好察迩言，隐恶而扬善，执其两端，用其中于民。"郑玄注："两端，过与不及也。用其中于民，贤与不贤皆能行之也。"朱熹《中庸章句》："两端，谓众论不同之极致。盖凡物皆有两端，如小大、厚薄之类。于善之中又执其两端，而量度以取中，然后用之，则其择之审而行之至矣。"

"允执其中"中"允"是诚实的意思，这句话是说诚实地执行中正之道。这不也就是中庸之智吗？此出自《论语·尧曰》所载，尧曰："咨（表示赞美的感叹词）！尔（你）舜！天之历数（帝王相承的次序）在尔（你）躬（身），允执其中。"这里还可以看出，孔子"中庸"之智也是自有渊源的。

三、"时中"、"权"之智

孟子说："孔子圣之时者也。"一个"时"字抓住了孔子这一圣人与其他圣

人的区别。金景芳曾说："孟子提出这个'时'字，真正抓住了孔子思想中的一个本质特点。"（《孔子思想述略》）

如果把"时"与"中庸"的智慧整合起来看，那么便是孔子"时中"的智慧。这里还要说说梁启超曾经评价孔子的"时"与"中庸"相结合的"时中"，是一种"流动的哲学"。梁启超说：

> 孔子的中庸，还含有时间性，所以说"时中"。《易传》说："随时之义大矣哉！"又说："与时偕行。"全部《易经》，说时字的几于无卦不有。《春秋》的三世，也是把时的关系看得最重要。因为孔子所建设的是流动哲学，那基础是摆在社会的动相上头，自然是移步换形，刻刻不同了。"时中"，就是从前际后际的两端，求出个中来适用。孔子因把"逝者如斯"的现象看得真切，所以对于时的观念，最为明了。"生乎今之世反古之道"，是他所反对的。"虽百世可知"，却是要有所损益。简单说，孔子许多话，都像演电影似的，截头截尾，就教你在白布上颤动的那一段落来注意。若不懂得时间的意味，便觉得他有许多话奇怪了。孟子上他个徽号，说是："圣之时。"真是不错！孔子"中"的观念，容或还有流弊；这"时"的观念，却是好极了。我们能受他"与时偕行"的教训，总不要落在时代的后头，那么，非唯能顺应，而且能向上了。（《梁启超文选下》，中国广播电视出版社）

梁启超说的"孔子所建设的是流动哲学"，这是极其高明的智慧。一切事物都在流动变化，真是"逝者如斯夫"。因此，"中庸"之"中"，即是事物之至当、最宜，也不是固定的、不变的。这亦然如朱熹《中庸章句》所说："中无定体，随时而在，乃平常之理。"

由此再深入思考下去，那么又见孔子的"权"的睿智。《论语·子罕》载，子曰："可与共学，未可与适道；可与适道，未可与立；可与立，未可与权。""权"是一种变化，能够随机应变，所以有"权变"之说；这也是一种智慧，所以也有"权智"之语。再看，中庸之"执中"、"用中"之"中"，并不是固定于一点、一处的，而是位于"两端"中间的某一处、某一点，必须依据不同的时间、地点、社会、人物、事件等等的一系列变化的情况，再寻找到、把握着那个"中"，而遵行中庸之道。

这就像一杆秤，"权"的本义就是秤砣，随着称量不同重量的东西，这个

论 语 智 慧

"权"即秤砣就会相应变化移动，直至在秤杆两端之中间的某一处找到这个"中"点，使其能达到平衡。如果明白了这杆秤、这秤砣，以及其平衡的道理，不也就知晓了"中庸"、"时中"、"权"的基本道理了吗？

四、再读中庸的经典之论与例证

先看孟子的一段话。《孟子·尽心上》载，孟子曰："扬子取（主张的意思）为我，拔一毛（汗毛）而利天下，不为也。墨子兼爱，摩顶（摩光头顶）放踵（走破脚后跟）利天下，为之。子莫（鲁之贤人）执中，执中为近之。执中无权（权变、变通），犹执一（执著一点）也。所恶执一者，为（因为）其贼（损害）道也，举一（一点）而废百（百端）也。"——扬子的极端"为我"是一种偏颇，墨子的极端"兼爱"也是一种偏颇，均不为中庸。子莫虽能"执中"，但只是近似，而并非真正的中庸。真正的中庸之道，是不仅要"执中"，而且要能权变，使所执之"中"不是固定在某一点、某一个地方，而要像秤杆上的"权"，即秤砣那样不断地移动，置于能使其平衡的那一点上。孟子所说被视为解释中庸的经典之论。

先看孔子的例证。孔子于礼的"不丰不杀"属中庸之道，如《礼记·礼器》载：子曰："礼不可不省也，礼不丰，不杀。"孔颖达疏："不丰者，应少不可多，是不丰也；不杀者，应多不可少也，是不杀也。"再如《论语·卫灵公》载，颜渊问如何治国。孔子曰："行夏之时，乘殷之辂，服周之冕，乐则韶舞。"（15.11）这里孔子主张推行夏代的历法，乘坐殷代的车子，戴上周代的冠冕，音乐则采用《韶》与《舞》，他把三代的文化用中庸之道糅合起来了。

再看宋儒的一个例子。程伊川说："行乎中庸，好似穿衣一样，夏天要衣葛，冬天要衣裘，要因应气候变化而改变的。"（《遗书语要》）这个例子很能晓明"时中"的道理，就像今天的人春夏秋冬的衣服要随时而变，此谓合"时"，其变要适宜，此谓适"中"，这不也就是"时中"吗？

再看诸葛亮的一个例子。诸葛亮《便宜十六策·喜怒》里说："故君子威（威严）而不猛（凶狠），忿（生气）而不怒（发怒），忧（担忧）而不惧（恐惧），悦（心中愉悦）而不喜（喜形于色）。"这也是一种中庸之道，即是无过、无不及地驾驭自己的情感、情绪。

再看一个西方哲人的例子。亚里士多德对于中庸之道，也有很明晰的解说。他以发怒为例，认为任何人都会发怒，那是很容易的事；但对适当的人发怒，发到适当的程度，在适当的时候，为适当的理由，且以适当的方式发怒，就很不容易做到了。所以，发怒如果找错了对象，如果理由、时间、程度与方式都不适当，那就是违反了理性原则与中庸之道了。（参见王民《孔子的形象与思想》，台湾商务印书馆）这个例子很生动，慢慢咀嚼之，愈发有回味，且愈发启人心智。

最后要说的是，孔子的思维智慧是丰富的，其余如"一以贯之"、"绎之为贵"、"辨惑"、"阙疑之法"等可再参见拙作《读孔子》（上海辞书出版社）一书有关内容。我又想这中庸之道，真是孔子思维智慧里最具辩证法的了。辩证法，是关于普遍联系与发展的哲学学说。源出自希腊文dialego，其含义是进行谈话、进行论战。后来指与形而上学相对立的世界观和方法论。其特点是认为事物处在不断运动、变化和发展之中，这是由于事物内部的矛盾斗争所引起的。辩证法经历了三种基本的历史形式：古代朴素的辩证法、以黑格尔为代表的唯心辩证法和马克思主义的唯物辩证法。我想孔子的那种法则或许就能说是古代朴素辩证法的一个典型吧！金景芳在《孔子思想述略》中说：比如"无可无不可"、"孔子圣之时者也"，都是他的辩证法。"孔子的哲学思想不但有唯物论，还有辩证法，这也是醉心于批孔的人所最不愿了解的一件事。"这句话讲得很好，可以让人们反思那些曾经对孔子作出的既没有历史辩证法的、又缺乏历史同情的、猛烈的、激烈的批判。

篇十一

《论语》历史之谜

《论语》几乎家喻户晓，但是若要追问《论语》书名的细节、作者的底细、成书的究竟，又真让人很难回答出来，因为这里有太多的谜团……

《圣迹之图》之适卫击磬

《论语》之谜：书名·作者·年代

《论语》几乎家喻户晓，但是若要追问《论语》书名的细节、作者的底细、成书的究竟，又真让人很难回答出来，因为这里有太多的谜团。

一、《论语》书名形成之谜

《论语》的书名，是何时出现的、怎样形成的？这是一个谜，历史上就有众多的解释，此择而说之。

1. 《坊记》最早出现《论语》之名

《论语》之名最早出现在《礼记·坊记》："子云：'君子弛其亲之过而敬其美。'《论语》曰：'三年无改于父之道，可谓孝矣。'"南朝梁代的沈约认为《礼记·坊记》是子思所作，但是此说缺乏足够的证据。杨伯峻《论语译注》认为，《礼记·坊记》的著作年代，目前虽然还不能确定，但不会在汉武帝以后，是可以断言的。但是也有学者指出，《坊记》所引《论语》乃后人所加的。

2. 一说《论语》之名始于汉武帝时的孔安国

东汉王充持此说。《论衡·正说》："说《论》者，皆知说文（解说文字）解语（解释文义）而已，不知《论语》本（原本）几何（多少）篇"。"初，孔子孙孔安国以教鲁人扶卿，官至荆州刺史，始曰《论语》。今时称《论语》二十篇。"这里的信息是，最初有叫《论》的，而《论语》的名称则起始于孔子的十二世孙孔安国，他用来教汉武帝时的鲁人扶卿，才有了这名称。杨伯峻认为，《论衡》的这一说法也未必可靠。今人金建德《〈论语〉名称起源于孔安国考》则认为孔安国始定名《论语》，但是当时还没有普遍流行，后来因为伏生的传授，都用了这个名称，才把《论语》名称确定下来了。

3. 其他说法

如杨伯峻说："'论语'这一书名是当日的编纂者给他命名的，意义是语言的编纂。"（《论语译注》）学者又有说：《论语》之名大约出现于战国末至汉武帝之间。其名称使用的确定，还在汉代以后。比如在汉代，《论语》还被称为《论》、《语》、《传》、《记》、《论语说》等。其中为什么要称为《传》、《记》呢？周予同曾认为，当因为古代《论语》简策的长度较短于经的缘故。（详见《群经概论》）

二、《论语》书名含义之谜

《论语》这两个字是什么意思？解说者也各有所见。

《汉书·艺文志》："《论语》者，孔子应答弟子、时人及弟子相与言而接闻于夫子之语也。当时弟子各有所记，夫子既卒，门人相与辑而论纂，故谓之《论语》。"颜师古曾注曰："辑，与集同。纂，与撰同。"这是说，《论语》就是"语"的"辑而论纂"。"语"主要是孔子之语，还有弟子等人之"语"。"辑"，是集、汇集的意思。关于"论纂"，有不同说法。或认为就一个意思即是编纂。《汉语大辞典》就将"论纂"解释为"编纂"。书证用鲁迅《汉文学史纲要》：孔子"既卒（敬王四十一年＝前四七九），门人又相与辑其言行而论纂之，谓之《论语》"。或认为"论"与"纂"，即是讨论与编纂。

关于《论语》之"语"，有说是孔门弟子辑录的孔子之善言，如刘向《别录》："《鲁论语》二十篇，皆孔子弟子记诸善言也。"有说记述孔子与弟子之有条理的言论，如刘熙《释名·释典艺》："《论语》记孔子与弟子所语之言也。论，伦也，有伦理也。语，叙也，叙己所欲说也。"有细分为几种情况，如何异孙《十一经问对》："《论语》有弟子记夫子之言者，有夫子答弟子问者，有弟子自相答者，又有时人相言者，有臣对君问者，有师弟子对大夫之问者，皆所以讨论文义，故谓之《论语》。"

钱穆说："语，谈说义，如《国语》、《家语》、《新语》之类。此书所收，以孔子应答弟子时人之语为主。《卫灵公篇》载子张问行。孔子告以'言忠信，行笃敬'，而子张书诸绅。则当时诸弟子于孔子之一言一动，无不谨书而备录之可知。论者，讨论编次义。经七十子后学之讨论编次，集为此书，故称《论语》。书中亦附记诸弟子语，要之皆孔门之绪言（指已发而未尽之言论）也。"（《论语新解》）一般认为《汉书·艺文志》所说比较妥切。

三、《论语》最初所属是否为"传""记"之谜

汉代认为《论语》不是属于"经"书遗留下来的，而只是属于"传"、"记"而已。如王充《论衡·正说》："夫《论语》者，弟子共纪孔子之言行，敕（chì，告诫，教导）记之时甚多，数十百篇，以八寸为尺（的竹简记录），（目的为了）纪之约省，怀持之便也。以其遗非经（经书），（作为）传文纪识恐忘，故以但（只是）八寸尺，不（用记载经书的竹简）二尺四寸也。"

杨伯峻也有说：汉代人还没有把《论语》看做经书，而只是看做辅佐"经书"的"传""记"。比如汉代的书用竹简、木简编缀而成，那些经书用汉尺的长二尺四寸的简策，大约相当于今天的55.92厘米；《论语》的竹简则比较短，

据《论衡·正说》，只用八寸为一尺的那种短简。（《经书浅谈》）

四、《论语》的作者与编撰年代之谜

1. 泛指孔子门人为编纂者

东汉班固（32～92）《汉书·艺文志》："夫子既卒，门人相与辑而论纂。"

2. 出自孔子弟子仲弓（冉雍）、子游（言偃）、子夏（卜商）等之手

东汉郑玄（127～200）曰："《论语》乃仲弓、子游、子夏等所撰定。"（陆德明《经典释义·叙录》引、《论语音义》引）或认为子夏等所为，如《论语崇爵谶》："子夏六十四人共撰仲尼微言以（事）素王。"（《文选·刘子骏移让太常博士》李善注引）

3. 出自曾参的弟子，如乐正子春、子思之徒

柳宗元《论语辩》之说影响很大，可以一读：

> 或问曰：儒者称《论语》孔子弟子所记，信乎？曰：未然也。孔子弟子，曾参最少，少孔子四十六岁。曾子老而死，是书记曾子之死，则去孔子也远矣。曾子之死，孔子弟子略无存者矣。吾意曾子弟子之为之也。何哉？且是书载弟子必以字，独曾子、有子不然。由是言之，弟子之号之也。
>
> 然则有子何以称子？曰：孔子之殁也，诸弟子以有子为似夫子，立而师之。其后不能对诸子之问，乃叱避而退，则固尝有师之号矣。今所记独曾子最后死，余是以知之。盖乐正子春、子思之徒，与为之尔。或曰：孔子弟子尝杂记其言，然而卒成其书者，曾氏之徒也。"

此后赞成柳宗元之说的，有宋代的邵博，清代的章学诚、康有为等。今人杨伯峻也认为"由曾参的学生所编定"之说"很有道理"（《论语译注》）。

4. 出自曾参、有若之门人

持此论者有宋代程颐、朱熹。理由如程子说："《论语》之书，成于有子、曾子之门人，故其书独二子以'子'称。"（朱熹《论语序说》引）张岱年也认为"是有若、曾参的门人编纂的"（《中国哲学史史料学》）

5. 或认为还有闵子之弟子所撰

其理由如宋永享认为《论语》对闵子也是称字，而不称名。闵子，即闵损，字子骞。

我们看来，如果宽泛一点说，那么《论语》之编成不是一人、几个人之功，而是孔子的弟子以及再传弟子们集体努力、长期积累而成的。在与孔子以及孔

子门弟子的相处相交中各有所闻所记，有的或出示自己的文字记录，有的或口授自己的所闻所传，有的或直接加入了编纂的讨论，有的或直接参与了最后的编纂成书。当然，其中有主要的编纂者，如上所叙或可供参考。

再如赵纪彬《论语新探》认为，郑玄、柳宗元、程朱"各家说法，可以并存"。此因孔子死后，子游、子夏等七十子之徒，可能拿出个人所记录下来的孔子应答时人以及弟子的言论，相与论撰，这是一种情况。再一种情况是，后来曾参、有若的门人亦似乎另有追记，所以书中对他人都直接称名字，独于曾参、有若尊称为"子"，而且还说到曾参之死。具体地说，仲弓、子游、子夏以及曾参、有若的门人，可能先后参与编撰。（赵纪彬《论语新探》）

关于《论语》成书的年代，或可由其编纂者来推测。比如以孔丘与门弟子并再传弟子的生卒年代推断，则其成书时期，当在公元前479年（孔子死）至公元前402年（子思死），前后约77年，亦即公元前五世纪陆续撰定。（赵纪彬《论语新探》）郭沂则认为曾子之死（前436年）至子思之死（前402年），这34年之间可作为《论语》结集的时段。（《郭店竹简与先秦学术思想》）这些解说也可供参考。

总之，历史往往留下过多的迷雾，云遮雾障之下难见其本真面目。《论语》之来历就是如许模糊斑驳，留给后人不少待解的地方。

再说《论语》之谜：篇·章·编次

《论语》一书有多少篇、多少章？怎样为每篇取名的？又是如何编次的？这也有不少的历史之谜，古人今人都有探索。这里略为之说。

一、《论语》本子与篇数之谜

1. 王充的感叹

《论语》到底有多少篇？这个谜在汉代就已出现了。王充《论衡·正名》就指出当时解说《论语》的人，"不知《论语》本几何篇"，并揭示《论语》"汉兴失亡（散失亡佚），至武帝发取孔子壁中（鲁恭王拆毁孔子旧宅墙壁得到一批古籍）古文（古文《尚书》、《论语》、《孝经》等），得二十一篇（指古文《论语》），齐、鲁、二（此字衍文）河间（今河北献县一带）九篇，三十篇。至昭帝（汉昭帝刘弗陵）女（此字衍文）读二十一篇，宣帝（汉宣帝刘询）下（把古文《论语》交给）太常博士。时尚（当时还）称书（文字）难晓，名之曰传，后更隶写以传诵"。"今时称《论语》二十篇，又失齐、鲁、河间九篇。本（原本）三十篇，分布亡失，或（有的只剩）二十一篇，目（篇目）或多或少，文赞（当为'辞'）或是或误。"于是王充感叹道："说《论语》者，但知以剥解（琐碎）之问，以纤微之难（责难），不知存问本根（指最早的）篇数章目！"

2. 今天通行本是20篇，但是历史上并不一致

（1）《鲁论》，为鲁国人所学，即《鲁论语》，有20篇，篇次与今本同。现已散佚。

（2）《齐论》，为齐国人所学，即《齐论语》，有22篇，多出2篇，根据《汉书·艺文志》之注，"多《问王》、《知道》"二篇。

（3）《古论》，古文论语，即《古文论语》，有21篇，没有《问王》、《知道》两篇，但是将《尧曰》篇的"子张问"的内容分为另一篇，于是出现了"两《子张》"。如何晏《论语集解序》："《古论》分《尧曰》下章'子张问'以为一篇，有两《子张》。凡二十一篇。"其篇次也与《鲁论》、《齐论》不同。

关于此三种文本出现的时间，《古论》可确定为汉武帝时期，而《鲁论》、《齐论》或认为出现在《古论》之前，也有学者认为出现在《古论》之后。另外，关于此三种文本的异同问题、来源问题都有不同的看法，均可再深入研究其中的谜。

（4）《张侯论》，即《张侯论语》也为20篇。西汉末年安昌侯张禹将《鲁论》与《齐论》择善而从，合而为一，称为《张侯论》，也即是《张侯论语》。此本的影响一直绵延至今。

张禹历元帝、成帝、哀帝三朝，做过丞相，封过安昌侯，还出任过帝师。《汉书·张侯传》："初，禹（张禹）为师（汉成帝之师），以（因为）上（皇上）难数对己问经（数次对自己问难经义），为（撰作）《论语章句》献之。始（开始）鲁扶卿及夏侯胜、王阳、萧望之、韦玄成皆说（都讲解）《论语》，篇第或异（仅篇章次第有些不同）。禹（张禹）先事（师事）王阳（王吉），后从（师从）庸生，采获所安（采集各家所安妥的地方），最后出（出名）而尊贵（获得很高地位）。诸儒为之语（对他赞誉）曰：'欲为（研究）《论》，念张文（张禹的撰作）。'由是学者多从张氏，余家（其余诸家）寖(qīn，逐渐）微（衰微）。"（《汉书》八十一卷）此可以看到汉代学习《论语》之一斑，以及《张侯论》的崇高地位。此本《论语》是以鲁人的《鲁论语》为主，篇目次第也按照《鲁论》，又参照了《齐论语》而集成的。此本为世人所看重。东汉末年的《熹平石径》

以及今天所流传的《论语》基本上就是《张侯论》。

二、《论语》篇名之谜

《论语》每一篇的篇名均是从每篇的第一句话里摘取出来的，不过取舍之间也是有选择的，此从今本来解读之。

1. 取该篇首句的开头两字

如《子罕篇第九》就取其句"子罕言利与命与仁"的前两字，又如《颜渊篇第十二》也取首句"颜渊问仁"的前两字，相同的做法则可比较以下的关系，而一目了然：如《子路篇第十三》与首句"子路问政"、《宪问篇第十四》与首句"宪问耻"、《季氏篇第十六》与首句"季氏将伐颛臾"、《阳货篇第十七》就取首句"阳货欲见孔子"、《微子篇第十八》与首句"微子去之"、《子张篇第十九》与首句"子张曰：士见危致命"、《尧曰篇第二十》与首句"尧曰：咨！尔舜"。此种做法的变通，如《卫灵公篇第十五》取首句"卫灵公问陈于孔子"的前三字。

2. 凡是该篇首句开头有"子曰"两字的，就取此后的两字为篇名

如《学而篇第一》与首句"子曰：学而时习之"。如这样关系的有：《为政篇第二》与首句"子曰：为政以德"；《里仁篇第四》与首句"子曰：里仁为美"；《雍也篇第六》与首句"子曰：雍也可使南面"；《述而篇第七》与首句"子曰：述而不作"；《泰伯篇第八》与首句"子曰：泰伯，其可谓至德也已矣"；《先进篇第十一》与首句"子曰：先进于礼乐，野人也"。

3. 另类的变通

如《公冶长篇第五》取首句"子谓公冶长"后三字；《乡党篇第十》取首句"孔子于乡党"的后二字。又《八佾篇第三》的首句"孔子谓季氏：八佾舞于庭"，若取"季氏"便与《季氏篇十六》重复，故用"八佾"为名，且可点醒此篇礼乐是主要内容之一。

4. 篇目或没有含义，或有一定的内涵

比如《学而篇第一》不取"子曰"而用"学而"为名，如朱熹《集注》：此"乃入道之门、积德之基、学者之先务也"。此章就如进入孔学之门，而"学"是最首要的。其实唐代陆德明（556～627）也说过："以学为首者，明人必须学也。"（《学而第一音义》）

三、《论语》章节之谜

《论语》每篇分章，历史上也有同有异，不过也是大同小异。

比如陆德明《经典释文》将《论语》分成四百九十二章。朱熹加以离合整

编，又合并成四百八十二章，其中有一章更细分成十八节；也有人将这些节视为独立的章节，所以总共得到四百九十九章。（见陈荣捷《中国哲学文献选编》）

再如杨伯峻《论语译注》关于每篇的章节有说明，章数不同者也有分析，如：《公冶长篇第五》，何晏分 29 章，朱熹分 27 章，今人杨伯峻《论语译注》分为 28 章。《雍也篇第六》，朱熹分 28 章，杨伯峻分为 30 章。《述而篇第七》，朱熹分 37 章，杨伯峻分为 38 章。《子罕篇第九》，朱熹分 30 章，杨伯峻分为 31 章。《乡党篇第十》，本为一章，朱熹分为 17 节，杨伯峻分为 27 节。《先进篇第十一》，朱熹分 25 章，杨伯峻分为 26 章。《宪问篇第十四》，朱熹分 47 章，杨伯峻分 44 章。《卫灵公篇第十五》，《释文》分 43 章，邢昺分 42 章，朱熹分 41 章，杨伯峻分 42 章。《阳货篇第十七》，汉石经分 26 章，何晏《集解》分 24 章、朱熹、杨伯峻均分为 26 章。

四、《论语》分上下两部分之谜

《论语》又被分为《上论语》、《下论语》，简称《上论》、《下论》。究竟是怎样来分的，也是一个谜，这里略说几点。

1. 《上论》

这是指前十篇，即《学而》、《为政》、《八佾》、《里仁》、《公冶长》、《雍也》、《述而》、《泰伯》、《子罕》、《乡党》。此十篇给人们这样一个感觉，似乎可以独立为一个整体，因为前面九篇都是记载孔子以及门弟子的言论，最后一篇《乡党》转换主题为孔子的日常生活内容，就像全书结束的意味，所以有人就认为《论语》最初编辑成时，只有此十篇。还有人认为，宋代赵普"半部《论语》治天下"一说，其"半部《论语》"即是指《上论》。

宋代的石介又认为，"《上论》成于琴张"（《徂徕新语·徵甲》）。琴张，姓琴，名张，或谓字张，是孔子弟子，春秋末卫国人。《史记·仲尼弟子列传》里未载此人。东汉经学家贾逵、郑众与赵岐都以为即是颛孙师，字子张。《孔子家语·弟子解》以为即是琴牢，晋代的杜预、唐代的孔颖达都赞同此说。不过石介之说也未必可信，因其证据不足。

关于《论语》上篇，钱穆有说："《论语》之编辑，非成于一时。自此以前十篇为上论，终之以《乡党篇》，为第一次之结集，下论十篇为续编。"

2. 《下论》

这是指后十篇，即《先进》、《颜渊》、《子路》、《宪问》、《卫灵公》、《季氏》、《阳货》、《微子》、《子张》、《尧曰》。

宋石介认为，"《下论》成于原思"（《徂徕新语·徵甲》）。原思（前515～？）

即原宪，字子思，亦称原思、仲宪。《下论》是否就是原思所作？学者也认为证据不足，不太可信。

3. 《上论》、《下论》之不同

虽然，石介分别指出了《上论》、《下论》的不同作者不太可信，但是人们确实发现《上论》、《下论》在体例、用语、表达等方面有不同的地方。举例如：（1）《上论》的体例一般只是收录孔子及门弟子的言论，但是《下论》却混杂地记录了古人的言论，这与《礼记·檀弓》相似。（2）《上论》记孔子回答鲁君的问题都称"孔子对曰"，而回答诸位大夫之问皆称"子曰"。朱熹《集注》解释道："尊君也。"（3）《下论》，孔子回答诸位大夫之问也称"孔子对曰"，或认为《上论》编者离开孔子时代尚不远，还明礼制。（4）《上论》记载弟子当面称孔子为"子"，而在对他人言及孔子时称"夫子"，而《下论》的《先进》、《阳货》等皆记载弟子当面称"夫子"。此不是春秋末人的习惯用语，恐怕是战国时代的用语了。（5）从文体上看，《上论》文字简约，超过百字的仅仅两章；而《下论》文字都比较长，且多见排比句。这也说明有时间差异的痕迹。（6）《下论》的最后五篇，清代学者崔述认为末五篇有较多可疑之处。最后要说的是，《上论》、《下论》的概念是在研究《论语》的过程中发现并形成的，进一步研究则有助于探讨《论语》编辑成书的历史过程，其对深入了解《论语》的文本等许多问题很有价值。（参见《孔子大辞典》）

汉代孔安国《古文论语训解》之谜

孔安国，生卒年月不详，鲁（曲阜）人，字子国，孔子的十二世孙。西汉经学家，为博士。相传他曾得到"鲁壁"所藏的古文典籍，这些是用古文字写成的经典，而汉代用的是"今文"即是隶书。孔安国获得"古文"并进行研究的，有以下三种。一是古文《尚书》，他撰作了《尚书孔传》（又称《孔安国尚书传》），形成古文尚书学派。二是得到古文《孝经》，他又撰作了《孝经传》，此可参见笔者的《孝经智慧》所述。三是得到古文《论语》（《古论》），他又撰作了《古文论语训解》。

《古论》孔安国是否作过注，是否存在《古文论语训解》，这曾是一个谜。《史记》、《汉书》都没有说起孔安国作《论语》注之事，《隋志》（《隋书·经籍志》）及两《唐志》也没有著录。《古文论语训解》最早出现在三国王肃（196～

256)《孔子家语后序》："天汉后，鲁恭王坏夫子故宅，得壁中诗书，悉以归子国。子国乃考论古今文字，撰众师之义，为古文《论语训》十一篇，《孝经传》二篇，《尚书传》五十八篇，皆所得壁中科斗文也。"又《孔子家语后序》所载《孔衍上书》："时鲁恭王坏孔子故宅，得古文科斗《尚书》《孝经》《论语》，世人莫有能言者。安国为之今文读而训传其义。又撰《孔子家语》既毕，会值巫蛊事起，遂各废，不行于时。"

　　历史真的很复杂，因果之链往往错连误接者常常出现，比如《孔子家语》曾被认为是"伪书"，也累及《古文论语训解》之真伪考。当然又因同出的古文《尚书》以及孔安国之注也被怀疑其伪，也累及古文《论语注》之真伪考。如清代段玉裁说："何晏《集解》所载孔注甚浅陋，盖亦如《尚书》、《孝经》传，为后人托作，西京（西汉）孔子国（即孔安国）未尝著者也。"（见丁晏《论语孔注证伪》）刘台拱《论语骈枝》也有说："愚谓孔注出魏人依托，不足信。"陈鳣的《论语古训》、沈涛的《论语孔注辨伪》，均怀疑《孔注》为伪作；沈涛还推断为何晏所伪托，其云："盖当途之世，郑（郑玄）学盛行，平叔（何晏，字平叔）思有以难郑，而恐人之不信之也，于是托西京之博士、阙里之裔孙（即指孔安国），以欺天下后世。"丁晏的《论语孔注》还断定为王肃伪作，其云："《论语》孔注，亦系伪书，实出王肃之手，与《书传》一时所为也。"（《尚书余论》）

　　人们会迷惑：究竟孔注是真的还是伪作？地下考古让我们渐渐看清楚了真相。1973年定县西汉墓出土的竹简《儒家者言》，内容与今本《孔子家语》相近，李学勤就将此称为竹简本《孔子家语》，看做是今本《孔子家语》的原型，并指出王肃自序称《家语》得自孔猛，当为可信。《家语》很可能陆续成于孔安国、孔僖、孔季彦、孔猛等孔氏学者之手，有很长的编纂、改动、增补过程，是汉魏孔氏家学的产物。王肃对原书或许作过一些改窜，但要说伪造整部书，恐怕是不可能的。（《竹简〈家语〉与汉魏孔氏家学》）

　　再看何晏《论语集解序》："《古论》唯博士孔安国为之训解，而世不传。"何晏《论语集解》就有引用。此后皇侃《论语义疏序》："《古论》为孔安国所注，无传其学者。"《经典释文叙录》亦云："孔安国所传。"《论语集解》、裴骃《史记集解》、李善《文选注》、李贤《后汉书注》等都还保留着《论语孔氏训解》的一些内容。

　　如此看来，孔安国《古文论语训解》应该不伪吧？若以此推之，则此本当为今日能见到的最古的《论语》注本了。孔安国的《训解》，后来渐渐散佚了。

清代马国翰在《玉函山房辑佚书》中辑有《论语孔氏训解》十一卷，可以参考之。

三国之"最"：何晏《论语集解》

古今中外《论语》的解读注释之作，真是汗牛充栋，其量不可胜数，其蕴不可胜收。学者蒋伯潜曾在《诸子通考》里这样说："《论语》注本，以何晏等之《论语集解》为最古，朱熹之《论语集注》为最精，刘宝楠之《论语正义》为最博。"此评语不是很确切，比如今天能见到的最古的《论语》注本，是何晏等的《论语集解》吗？这就不够确切，因为还有比它更古的注本，那就是汉代孔安国的《古文论语训解》。这里也仅说几个历史时段里的《论语》注本之"最"，即是比较而言收集最广、规模最大、影响最远的那些注解本。此先说三国之"最"，当数何晏之《论语集解》。

汉代解读《论语》的著作不少，即如《汉书·艺文志》记载，便有《鲁论传》19篇、《齐说》29篇、《鲁夏侯说》21篇、《鲁安昌侯说》21篇、《鲁王骏说》20篇、《燕传说》3卷，可惜的是没能流传下来。汉代还有如马融的《论语训说》、郑玄的《论语郑注》、包咸的《论语包咸注》、周氏的《论语周氏章句》、何休的《论语何休注》等。三国魏又有周生烈的《论语周生氏义说》、王弼的《论语释疑》、王肃的《论语王氏义说》、陈群的《论语陈氏说》、王朗的《论语王氏说》等等。然而至于何晏，出现了集大成的《论语集解》，不仅盛行于当时，且影响深远，此可谓之一"最"。

何晏（190～249），三国时魏国南阳宛邑（今河南南阳市）人，字平叔，其祖父为东汉末期大将军何进，其父为何咸，其母为尹氏。何进为宦官所杀，何咸在何晏两岁时就去世了，曹操纳尹氏为侧室，因此何晏幼年时随其母为曹操收养。正始（240～248）初，曹爽秉持朝政时，何晏为其心腹，用为散骑侍郎，迁侍中尚书，典选举。曹爽败，何晏也为司马懿所杀。

何晏少以才秀知名，《何晏别传》有载："魏武帝（曹操）读兵书，有所未解，试以问晏。晏（何晏）分散所疑，无不冰释。"（《太平御览》卷385引）何晏好老庄之言，曾作《道德论》。他又与夏侯玄、王弼等倡导玄学，竞事清谈，开一时风气，为魏晋玄学的主要创始人之一。何晏著有《周易解》，已佚。

何晏的《论语集解》二十卷，有几点可说：

（1）作者问题。署名是何晏，其实是由他汇合了孙邕、郑冲、曹羲、荀顗（yǐ）诸人集体所作；因为以其亲贵，而总领其事，故后来也独称《何晏集解》。

（2）汇集汉魏的研究成果。全书所采注家有孔安国、包咸、周氏、马融、郑玄、陈群、王肃、周生烈等。有学者统计《论语集解》（知不足斋版）所"集"之"解"：孔安国注473条、包咸注194条、马融注133条、郑玄注111条、王肃注36条、周生烈注13条、陈群注3条，另存"一曰"之说5条，合计968条，占其总条目的88%，而何晏等人新注仅为131条，占12%。（唐明贵《〈论语〉学的形成、发展与中衰》）此足见此书名"集解"之含义了。

（3）在前人的注解基础上，或再写下自己的意见。正如其《序》所说："有不安者，颇为改易。"

（4）用玄学之理念来解释《论语》。这一点也遭到学者的批评，如清代陈澧（lǐ）《东塾读书记》："何《注》始有玄虚之言，如'子志于道'注云：'道不可体，故志之而已。''回也其庶乎屡空'注云：'一曰空犹虚中也。'自是以后，玄谈竞起。"更有甚者，如晋代范宁说："时以浮虚相扇，儒雅日替。宁以为其源始于王弼、何晏，二人之罪深于桀纣。"（《晋书·范宁传》）

（5）再说此书的价值。一是，开创了古籍注释里的一种"集注"或称"集解"的模式。二是，保存了汉魏时代《论语》注释与研究的许多珍贵资料。三是，尝试用另一种不同于儒学理念的玄学来解释，我觉得也会给后人以启发。此书很有影响，在唐朝定为《论语》的标准注解。清代钱大昕《何晏论》曾有评："予尝读其疏，以为有大儒之风。使魏主能用斯言，可以长守位而无迁废之祸。此岂徒尚清谈者能知之而能言之者乎？"这里钱氏不仅给予了肯定，而且揭示其中的"大儒"气象，甚至还认为可供资政之用。

南北朝之"最"：《论语集解义疏》

说完了三国何晏《论语集解》之最，再来说说南北朝皇侃《论语集解义疏》之最了。

皇侃（488～545），南朝梁吴郡（今苏州）人，一作皇偘，是皇象的九世孙。少好学，师事名儒贺玚（yáng），精通学业，尤其深晓《三礼》、《论语》、《孝经》，并撰有《礼记讲疏》、《礼记义疏》、《论语义疏》、《孝经义疏》等。初为国子助教，讲说《礼记》，梁武帝萧衍拜为员外散骑侍郎，《南史》、《梁史》

均有其传。

皇侃对何晏《论语集解》作出的《义疏》，共十卷，成为汉魏六朝的集大成的《论语》注本，也是"南学"的主要经注之一，而且还是南北朝时期的《义疏》之类著作至今还留存的唯一一部。《论语义疏》影响深远，如《宋史·艺文志》称赞："博极群书，补诸书之未至，为后学所宗。"此择要略说几点。

1. 解释《论语》诸含义

皇侃《论语集解义疏序》有云：门人痛"微言一绝，景行莫书，于是弟子佥（qiān，都，皆）陈往训，各记旧闻，撰为此书。成而实录，上以尊仰圣师，下则垂轨万代"。他又认为此书既是论难答述之事，宜以论为其名，故名为《论语》也；并且还解释了《论语》每篇篇名的意思，以及20篇排序的道理。

2. 以何晏的《论语集解》为基础，又汲取了江熙《论语集解》等的成果，博采众家并重新作出诠释

自从何晏之后至梁、陈之间，解说《论语》又涌现出许多著家。此书保存了这些成果，并使之流传于后代，其功不可灭。皇侃《义疏》所引甚广甚多，如有学者指出，其书引何晏所集《鲁论》七家，又采《古论》孔注为八家，并采何晏为九家；又引江熙所集十三家，并采江熙为十四家；皇《疏》所引二十八家，并皇本人之说为二十九家；这些通共为五十二家。或指出，去掉重复者等，大约为四十五家或说四十六家。又如清代翟灏《四书考异》指出：其中"所引（指江熙所集）十三家，皆东晋时人，其时崇尚清言，或未免于陈细趣而乖大道；而其博极群言，荟萃周备，足以增发新义，祛释隐惑者，正复夥够，邢疏以外，宜兼取以资会通者"。

3. 此书既疏解《论语》正文，也疏解其注文

其书以何晏《集解》为主干，然后引而申之，阐而述之。如皇侃云："侃今所讲，先通何（何晏）《集》，若江《集》（晋兖州别驾江熙《论语集解》，此中收录十二家所说）中诸人有可采者，亦附而申之。其又别有通儒解释，于何《集》无妨者，亦引取为说，以示广闻也。"

4. 其说解也有特点

皇侃精通"三礼"，喜好玄学，因此其《义疏》颇采华辞以修饰经说，并且好以老庄玄学来解经，体现出当时的学风。

5. 皇侃之注疏还留下那一时代鲜明的佛教盛行之烙印

皇侃用佛教的义理、佛教譬喻诸经的体例来解释《论语》。《黄侃论学杂著》："皇氏《论语义疏》所集，多晋末旧说，自来经生持佛理以解儒书，殆莫

先于是书也。其中所用名言，多由佛籍转化。"再比如《论语·公冶长》："子谓公冶长：'可妻也。虽在缧绁之中，非其罪也。'"传说公冶长懂鸟语，也因此而获罪。皇侃的注释竟然会举出这样一个故事。其《疏》举出一本叫《论释》书上的故事来解释：

> 公冶长从卫还鲁，行至二堺上，闻鸟相呼往清溪食死人肉。须史，见一老妪当道而哭。冶长问之，妪曰："儿前日出行，于今不反，当是儿已死亡，不知所在。"
>
> 冶长曰："向闻鸟相呼往清溪食肉，恐是妪儿也。"妪往看，即得其儿也，已死。即妪告村司，村司问妪："从何得知之？"妪曰："见冶长道如此。"村官曰："冶长不杀人，何缘知之？"因录冶长付狱。
>
> 主问冶长："何以杀人？"冶长曰："解鸟语，不杀人。"主曰："当试之，若必解鸟语，便相放也。若不解，当令偿死。"驻冶长在狱六十日。
>
> 卒日，有雀子缘狱栅上相呼，嗥嗥唯唯，冶长含笑。吏启主："冶长笑雀语，是似解鸟语。"主教问冶长："雀何所道而笑之？"冶长曰："雀鸣嗥嗥唯唯，白莲水边有车翻，复黍粟，牡牛折角，收敛不尽，相呼往啄。"狱主未信，遣人往看，果如其言。后又解猪语及燕语，屡验，于是得放。

这种解读儒家经典的方法，遭到其他注疏家的反对与斥责，如邢昺、刘宝楠等。（参见唐明贵《〈论语〉学的形成、发展与中衰》，中国社会科学出版社）宋代晁公武曾评《皇疏》说："世谓引事虽时诡异。而援证精博，为后学所宗。"（《郡斋读书记》）

陈寅恪在为杨树达《论语疏证》撰写的序言里说过这样一段话："南北朝佛教大行于中国，士大夫治学之法亦有受其薰习者。寅恪尝谓：裴松之《三国志注》、刘孝标《世说新语注》、郦道元《水经注》、杨衒之《洛阳伽蓝记》等，颇似当日佛典中之合本子注。然此诸书皆属乙部，至经部之作，其体例则未见有受释氏之影响者。唯皇侃《论语义疏》引《论释》以解《公冶长章》，殊类天竺《譬喻经》之体；殆六朝儒学之士渐染于佛教者至深，亦尝袭用其法，以诂孔氏之书耶？然此为旧注中所仅见，可知古人不取此法以诂经。盖孔子说世间法，故儒教经典必用史学考据，即实事求是之法治之；彼佛氏譬喻诸经之体例，则形虽似而实不同，固不能取其法以释儒教经典也。"从中我们可以看到时代的风气对皇侃在注疏中的影响，他用佛教的注释方法来解释儒家经典。不过此也仅为昙花一现而已，终究没有被后来的儒家学者所仿效而传承。

最后要说的是，皇侃此书之命运也颇坎坷，大约在南宋时候就在中国佚失了，幸而此书很早就已流传至日本，清代又从日本再流传回中国。据《四科全书总目》云："知其佚在南宋时矣。唯唐时旧本流传，存于海外。康熙九年，日本国山井（重）鼎作《七经孟子考文》，自称其国有是书者，然中国无得其本者。"不过在清代乾隆年间，皇《疏》又从日本重新传入中国。故有云："我皇上右文稽古，经籍道昌，乃发其光于鲸波鲛室之中，借海舶而登秘阁。殆若有神物撝（huī，裂开）河，存汉晋经学之一线。"（卷三十五）现在流行的通用本，是清代乾隆年间，浙江余姚人汪翼沧从日本足利学中获得的。后来于乾隆五十三年（1788）由鲍廷博刻入《知不足斋丛书》。此书重现于中华，是学术史上的一件要事。

邢昺之"最"：宋代的《论语注疏》

这要先从唐代说起，唐于《论语》的研究比较著名的是陆德明的《论语音义》、韩愈与李翱合著的《论语笔解》（存于《四库全书本》）、柳宗元的《论语辩》等。不过唐朝取士特重视"进士科"，非常重视诗赋，而不太看重经学，应"明经科"的是低能人，可能永无做大官的希望。唐太宗、高宗定《五经》（《易》、《诗》、《书》、《左传》、《礼记》）作为考试的标准；应试人不得超越《正义》有所发挥，因之《正义》以外的经说，归于废灭。后世所谓的《十三经注疏》，在唐代只是对"九经"作了《疏》，如：《周易正义》，孔颖达等疏。《尚书正义》，孔颖达等疏。《毛诗正义》，孔颖达等疏。《礼记正义》，孔颖达等疏。《春秋左传正义》，孔颖达等疏。《周礼注疏》，贾公彦疏。《仪礼注疏》，贾公彦疏。《春秋公羊传注疏》，徐彦疏。《春秋谷梁传注疏》，杨士勋疏。另外，唐代于《孝经》有唐玄宗的《注》，但无《疏》。《论语》，据《旧唐书·经籍志》和《新唐书·艺文志》均提到贾公彦的《论语疏》，但是原书早已失传，影响不著。

至宋代，邢昺撰作了《论语正义》（又称《论语注疏》），还撰作了《孝经正义（注疏）》、《尔雅义疏（注疏）》。邢昺（932～1010），北宋经学家，曹州济阴（今山东曹县西北）人。曾授大理评事、知泰州盐城监、国子祭酒、工部尚书、吏部尚书等。他曾在东宫以及内廷讲述《论语》、《孝经》等，又撰作了《论语正义》等。

邢昺的《论语注疏》是由三方面组成的：

（1）借鉴三国魏何晏之《论语集解》，并以此为主；并吸纳皇侃《论语义疏》所采诸儒之说。

（2）唐代陆德明《论语音义》，因何晏的《论语集解》没有音义，陆德明为《论语》作《音义》，除了用反切注音外，还提示篇旨大义。邢昺采纳于自己书中。

（3）宋代邢昺自己对《论语》作出了《疏》。试看一例，《论语·公冶长》："子贡曰：'夫子之文章，可得而闻也；夫子之言性与天道，不可得而闻也。'"《论语正义》："此章言夫子之道深微难知也。"此首先点出章旨。此其一。然后再进一步作出解释："子贡曰'夫子之文章可得而闻也'者，'章'，明也，子贡言夫子之述作、威仪、礼法，有文采形质著明，可以耳听目视，依循学习，故可得而闻。'夫子之言性与天道不可得而闻也'者，天之所命、人所受以生，是性也。自然化育，元亨日新，是天道也。'与'，及也。子贡言若夫子言天命之性及元亨日新之道，其理深微，故不可得而闻也。"此其二。最后《正义》又对前人之"注"作出解释，《正义》曰："云性者，人之所受以生也者，《中庸》云，天命之谓性。""云天道者，元亨日新之道者""以其自然而然，故谓之道；云深微，故不可得而闻也者，言人禀自然之性及天之自然之道皆不知所以然而然，是其理深微，故不可得而闻也。"此其三。

此正如《四库提要》评说："今观其书，大抵剽皇（侃）氏之枝蔓而稍傅以义理，汉学、宋学兹其转关。是《疏》出而皇《疏》微，迨伊洛之说出而是《疏》又微。故《中兴书目》曰：'其书于章句训诂名物之际详矣。'微言其未

《十三经注疏》之《论语注疏》

造精微也。然先有是《疏》而后讲学诸儒。得沿溯以窥其奥。祭先河而后海，亦何可以后来居上，遂尽废其功乎？"

这里的评论值得体味一下，有几点可说。邢昺之《疏》以解释章句训诂名物为主，这是对汉唐学风的继承。不过他也已经注意到从义理这一维度去解释经文了，"稍傅以义理"，一个"稍"字说出了苗头初露。这不是意味着对后来程朱专注于从义理解经开了个头吗？因此，邢昺之《疏》对此以前之《论语》注本是一次最重要的历史性的梳理与总结，对其后的《论语》注本来说是一次全新的转折。

邢昺《论语正义》就是这样一个重要的汉学、宋学的转折点，所以也有说《论语注疏》"其荟萃群言，创通大义，已为程朱开其先路矣"。（《郑堂读书记》）此后便是朱熹的《论语集注》登场，宋学（理学）的《论语》解读一统天下了，《论语》解读的历史长河就在这里悄悄地拐了一个大弯。

朱熹之"最"与《论语集注》

朱熹（1130～1200），南宋哲学家、教育家。宋徽州婺源（今属江西）人，字元晦，别称紫阳。他受业于李侗，得程颢、程颐之传，兼集周敦颐、张载等人学说，集合北宋以来理学之大成，是元明清时期影响最大的思想家。其学派被称为闽学、考亭学派、程朱学派。他撰作的《论语集注》，亦然为历史上之一"最"，不说别的，单从科举史上来看就是影响最巨的。

一、《论语》在朱熹心里的分量

朱熹曾这样评述《论语》的价值："圣人之言，大中至正之极，而后世之标准也。古之学者，其始即以此为学，其卒非离此以为道。穷理尽性，修身齐家，推己及人，内外一致，盖取此而无所不备，亦终吾身而已。"（《论语训蒙大义》）这大概就是朱熹心仪《论语》之心声。

朱熹在《论语集注》的"论语序说"里最后还特地引用了程子的四条语录，揭示《论

朱熹《论语集注》
（清代刻本）

语》的作者问题，彰显《论语》的价值，也表明了此与他的心志相默契者：

程子曰："《论语》之书，成于有子、曾子之门人，故其书独二子以子称。"

程子曰："读《论语》，有读了全然无事者；有读了后，其中得一两句喜者；有读了后，知好之者；有读了后，直有不知手之舞之、足之蹈之者。"

程子曰："今人不会读书。如读《论语》，未读时是此等人，读了后又只是此等人，便是不曾读。"

程子曰："颐自十七八读《论语》，当时已晓文义。读之愈久，但觉意味深长。"

以上第一条，是讲《论语》的作者是谁。其余三条，读之体之悟之，真是深邃通透得很！《论语》阅读的最高境界，大约就是不知不觉会"手之舞之、足之蹈之"吧？这不就是由"好之"而至于密契之后，灵魂翩翩然的"手舞足蹈"吧？如此当然"读之愈久，但觉意味深长"了！当然，学《论语》还有个关键，那就是不仅只是读书，而是要通过读《论语》来改变自我，否则读了也等于没有读。这些话也都成了朱熹的座右铭了吧！

二、一生与《论语》结缘

朱熹与《论语》结缘甚深且久，一路相随，一生相伴。

宋绍兴七年（1137），朱熹八岁启蒙即每日读《论语》无间断。他还曾手抄宋代尹焞(tún)的《论语解》。

宋孝宗隆兴元年（1163），朱熹34岁时就编著成《论语要义》与《论语训蒙口义》。为编著《论语要义》，朱熹先遍求古今诸儒之说，而后仅独取程颢、程颐二先生及其门人朋友数家之说，补缉订正。《论语训蒙口义》，是在《论语要义》基础上顾及启蒙的需要，删录而成。

乾道八年（1172），朱熹撰作《论语精义》二十卷，又《孟子精义》十四卷。朱熹采九家之说以附益之，编成。到43岁时又取程颢、程颐、张载、范祖禹、吕希哲、谢良佐、游酢、杨时、侯仲良、尹焞、周孚先等十二家之说，荟萃条疏。此又和《孟子精义》合称为《论孟精义》。

朱熹撰作《论语集注》十卷、《论语或问》二十卷。朱熹先编辑《论语集义》，其后又约其精粹妙得本旨者为《集注》；又把为什么这样取舍的道理以及与学生们的答问编为《论语或问》，撰成于淳熙四年（1177），此时朱熹48岁。

朱熹后来将他的《论语集注》与《孟子集注》、《大学章句》、《中庸章句》合成《四书章句集注》，并在其后半生倾注大量心血来修改此书。朱熹曾说，于《论语》、《孟子》，"自三十岁便下工夫"，六十七八岁还"改犹未了"，前后经过"四十余年理会"。

三、朱熹撰作《论语集注》

朱熹撰作的《论语集注》，能够从历史上如此众多的《论语》注本里超拔出来，有很多的原因，其中有此书本身的原因。此略说其特色：

1. 《论语集注》之"集"，广博采集

朱熹既能利用此前宋代邢昺《论语正义》收集的材料，又能汇集宋代学者的《论语》研究成果，如在《论孟精义》列出所引十一家，《论语集注》所引有十二家。

2. 《论语集注》之"注"，精警渊深

一是，朱熹不仅集他人之"注"，更有自己的"注"；对他人之注，或择善而从，或并存之。二是，朱熹之注，不仅解释文字，考证名物制度等，还有校勘与版本考订。三是，其更关注义理，阐扬自己的理学观念。

3. 《论语集注》整体上体现出广博、精要、深刻，又简洁、明了、通俗

《论语集注》是朱熹《四书集注》之一，如薛瑄(xuān)说："《四书集注》《章句》、《或问》，皆朱子萃群贤之言议，而折中以义理之权衡，至广至大，至精至密，发挥先贤之心，殆无遗蕴，学者但当依朱子精思熟读，循序渐进。"（《读书录》卷一）这一评价虽有些过头，但大体上是对的，也可用于评论《论语集注》。

四、朱熹身后《论语集注》影响

宋宁宗时发生了"庆元党禁"，朱子之学曾被韩侂(tuō)胄等视为"伪学"加以禁止。当庆元之禁被解除之后，朱熹虽已经逝世，但朱熹其人其书终于受到了南宋统治者的高度重视。朱熹被昭赐谥号曰"文"，世称"朱文公"。又有请求"以朱熹《论语》、《孟子》集注立学"，最终被接受。朱熹以及其学至南宋晚期，甚为推崇，《四书集注》也声誉日隆。

元朝统治者十分重视提倡"朱子之学"。元人修《宋史》还特立道学传，确定朱熹的道统。元代仁宗延祐年间（1314~1320），恢复科举，昭定朱熹《四书章句集注》试士子，将此作为科举考试内容和标准答案。

明初，朱元璋、朱棣都提倡理学。朱元璋诏令天下立学，以朱熹的《四书章句集注》和《五经》命题试士。《明史·选举二》载："后颁科举定试，初场试《四书》义三道，经义四道。《四书》主朱子《集注》，《易》主程《传》，朱子《本义》，《书》主蔡氏《传》及古注疏，《诗》主朱子《集传》，《春秋》主左传、公羊、谷梁三传及胡安国、张洽《传》，《礼记》主古注疏。"此作为科

举必读书和试题范围以及标准，而朱熹之书占有《四书章句集注》、《周易本义》、《诗集传》等好几种。此后，一直到清朝末年，《四书集注》成为必读注本，朝廷选拔人才的考试均离不开《四书》。

五、《论语集注》遭遇的批驳

朱熹《论语集注》遭遇到的批评与驳论也不少。清代学者对《论语集注》持异议者就颇多，举例说之。其一，理学家有攻朱熹者，如颜元（1635～1704），清初思想家、教育家。他少时好陆王书，后又笃信程朱。曾经按照"朱子家礼"居丧，深觉其不合人情，从而走上批评程朱的道路。他著有《四书正误》、《四存篇》等，提出必须"去一分程子，方见一分孔孟"。其二，汉学家如戴震、毛奇龄等尤其攻击朱熹《论语集注》考证之失。如毛奇龄（1623～1716，或1623～1713），原名甡（shēn），字大可，号秋晴、毛西河，浙江萧山人。他作出《论语稽求编》、《四书改错》、《四书賸言》等，对朱熹之注进行驳难。其三，《论语集注》喜贬抑圣门，也遭到王船山《读四书大全说》、毛西河《圣门释非录》等的驳论。或有把这一点看为朱熹"全书最大污点"，"故古来丛谤之深，莫如朱子者，虽系无心之过，究属嗔心过重"。（程树德《论语集释》）其四，如王闿运（1833～1916）著《论语训》，于汉魏六朝诸家之说备列无遗，而就是于《论语集注》一字不提，此汉宋门户之见，隐若划出一道鸿沟。其五，再说到今人杨伯峻之论："虽然他（朱熹）自己也说，'至于训诂皆仔细者'（《朱子语类大全》卷十一），但是，他究竟是个唯心主义者，也有意地利用《论语》的注释来阐述自己的哲学思想，因之有不少主观片面的说法；同时，他那时的考据之学、训诂之学的水平远不及后代，所以必须纠正的地方很多。而他这本书给后代的影响特别大，至今还有许多人'积非成是'，深信不疑。"因此，杨伯峻著《论语译注》就"在某些关节处，著者对其说法，不能不稍加驳正"。

不过我也想起清代纪昀《阅微草堂笔记·滦阳消夏录一》："《论语》、《孟子》，宋儒积一生精力，字斟句酌，亦断非汉儒所及。"此评很有见地。我想，朱熹的《论语集注》、《孟子集注》也许就是这等情况吧。

其实，无论读哪本书、甚至无论读哪本名著，如果能知其是，又能知其非，并能知其所以为是而是其是，知其所以为非而非其非，且知当时之是非，是否就成为今日之是非，权衡之，剖视之，也许就把书读活了。这或许就会想起孔子"无适无莫"之教导，便可对许多事情化作莞尔一笑了。

清代之"最"：刘宝楠与《论语正义》

若说到清代《论语》注本之"最"，当属刘宝楠的《论语正义》。此为清代《论语》的各种注本里最为完备者，而父子相继编辑的时间前后长达38年，又为一"最"。

刘宝楠（1791～1855），江苏宝应人。字楚桢，号念楼。道光进士，历任文安、三和的知县，为清代经学家。他为学不守门户，初治《毛诗》和郑氏（玄）《礼》，后来与当时的学者，如仪征的刘文淇、江都的梅植之、泾县的包慎言、丹徒的柳兴恩、句容的陈立相约，每人各治一经，加以疏证。其分得《论语》，于是后来专精至思地攻治《论语》。

其实，这里也有一定的渊源与传承关系，因为刘宝楠从小即从叔父刘台拱受业，而其叔父也于《论语》有湛深之研究，著有《论语骈枝》一卷。刘台拱（1751～1805），是清代的一位学术名家，字端临，人称端临先生。年幼时有神童之称，后来也中举，但是会试不遇。其学自六书、九数以至天文、律吕，无不穷极，而考证文字、音韵尤为精审。曾寓于京师，与朱筠、程晋芳、戴震、邵晋涵、王念孙、任大椿等学术名家相交相善，稽经考古，为诸老所推服。

再说刘宝楠对以往的《论语》注疏自有卓越的眼光与识见。他对于皇侃《论语义疏》有批评，认为"多涉清玄，于宫室衣服诸礼，阙而不言"。他对邢昺的《论语注疏》也不满意，认为"邢昺又本皇氏，别为之疏，依文衍义，益无足取"。他是从皖派过来的学者，对《论语》的解释与宋学不同，反映出乾嘉学派的理念，因此于朱熹的《论语集注》也不满意。于是刘宝楠以何晏的《论语集解》为主，收集汉儒旧说，兼采宋人注疏，以及清代诸家考订训释的成果，仿照焦循撰作《孟子正义》体例，先为长编，然后荟萃折中诸家之说而作此书。其子刘恭冕在《论语正义》的"凡例"与"后序"里作出了评述。但是刘宝楠未及完成而卒，最后由刘恭冕继续用十年时间，终于撰成。此书撰作前后历时达38年之久。

此《论语正义》共二十四卷，基本是以《论语》二十篇的每篇为一卷，只是《八佾》一篇分作两卷，《乡党》一篇分成三卷，又加上注疏何晏的《论语序》为一卷。此书先录《论语》经文，注则首先列出何晏《论语集解》，次列邢昺《论语注疏》。他的解说则不专注一家，于注义之完备者，则据注以释经；注义缺略者，则依经以补疏；注文有遗失，则先疏经文，次及注义。此书考据、义理并重，资料丰富，既辑汉儒旧说，又采宋儒及清代诸儒研究成果。此书于名物制度考证尤详。若父子之作相比较的话，那么其子刘恭冕所采取者不及其父之广博。

关于《论语》之研究，刘宝楠还撰作了《论孟集注附考》。其子刘恭冕不仅花十年之精力完成父业，最终完成《论语正义》，而且自己也有研究《论语》之著作，如《何休论语注训述》。

笔者写到这里，心中深受感动：叔父刘台拱——刘宝楠——其子刘恭冕，一本《论语》经典紧紧系连着刘氏家族祖孙三代人，父子相继的38年心血共同浇灌出一朵《论语》之学的奇葩。

康有为与《论语注》

康有为（1858～1927），原名祖诒，字广厦，号长素，又号更生，广东南海人，人称南海先生。他与"公车上书"、"戊戌变法"、"百日维新"的种种史迹，永远地镌刻在近代史中。康有为曾师事粤中大儒朱次琦，后独立研究儒家、佛教经典和诸子百家学说，博通经史，并接触西方近代自然科学和社会政治学说，兼有旧学与新学于一身。梁启超评说他："以孔学、佛学、宋明学（陆王心学）为体，以史学、西学为用。"（《南海先生传》）他是今文经学的殿军人物。

康有为对孔子、《论语》、儒学当然是研究得很通透了，并且又拿来为己所用，从其著作《新学伪经考》、《孔子改制考》、《春秋董氏学》、《春秋笔削大义微言考》、《大同书》、《礼运注》、《论语为公羊学考》、《论语注》、《大学注》、《中庸注》、《孟子为公羊学考》、《孟子微》等，都可以感受到这一点。这里仅说其《论语注》。

此《论语注》成书于清光绪二十八年（1902），时年康有为45岁。其时变法已经失败，他已经逃亡海外，当然那些惊心动魄的岁月涛声还在心胸中回荡不已，因此他写《论语注》已经不是客观地就《论语》而注《论语》了，而多从自己的思想出发、从更为广阔的中西文化之视野去钻研与联想、反思与总结、鼓吹与宣扬汇聚在一起了。此书刊刻于1917年。

一、康有为对《论语》的认识

1.《论语》作者的辨正

其《序》说:"《论语》二十篇,记孔门师弟之言行,而曾子后学辑之。""盖出于曾子门人弟子后学所纂辑也。"

2. 解释曾子一系的特点

此派系是"专主守约",不宏阔,未闻孔学大道。其《序》说:"《论语》既辑自曾门,而曾子之学专主守约。观其临没,郑重言君子之道,而乃仅在颜色容貌辞气之粗,及启手足之时,亦不过战兢于守身免毁之戒。所辑曾子之言凡十八章,皆约身笃谨之言,与《戴记·曾子》十篇相符合。宋叶水心以曾子未尝闻孔子之大道,殆非过也。"康有为由此推论曾子弟子"宗旨学识狭隘如彼,而乃操采择辑纂之权",那么编出来的"必谬陋粗略,不得其精尽,而遗其千万,不待言矣"。

其《序》又进而言:"故夫《论语》之学,实曾学也,不足以尽孔子之学也。盖当其时,《六经》之口说犹传,《论语》不过附传记之末,不足大彰孔道也。然而孔门之圣师若弟子之言论行事,藉以考其大略。司马迁撰述《仲尼弟子列传》,其所据引,不能外《论语》。凡人道所以修身待人,天下国家之义,择精语详,他传记无能比焉。"

二、《论语注》撰作目的与向度

1. 旨在阐发精微

康有为既然认为《论语》的编纂显示出曾子未达宏阔的"守约"缺陷,而不能彰显孔子的大同之微妙之精义,因此他的《注》就要在这方面阐发精微之处。

2. 对前人的批评

康有为批评晋何晏的《论语集解》:"并采九家,古今杂沓,益无取焉"。他评说朱熹的《论语集注》:"有宋朱子,后千载而发明之,其为意至精勤,其诵于学宫至久远。盖千年以来,实为曾(参)、朱(熹)二圣之范围焉"。

3. 有志创新说

正因为《论语》"上蔽于守约之曾(参)之学,下蔽于杂伪之刘(歆)说,于大同神明仁命之微义,皆未有发焉"。康有为便逐篇作章句评注,就是要发前人注疏之未发,遵循此向度进行新的诠释。

4. 阐发大同理念

康有为用《论语注》阐发其"大同之渐"理念。康有为的那一套理念是将

《春秋公羊传》里的"三世说"与《礼运》里的"大同说"结合起来，即认为社会发展有"据乱世"即是文教未明、"升平世"即是小康之道、"太平世"即是大同之道。当时中国还处在"据乱世"，而欧美国家则已经进入了"升平世"，所以中国必须向西方学习，变法维新，进入"升平世"，然后达到"太平世"。在《论语注》里比如《为政篇》的"子张问十世可知也"章注、《雍也篇》的"子曰，齐一变至于鲁，鲁一变至于道"等章注，便成了他酣畅淋漓、泼墨重彩地铺陈他这种学说的好地方了。

5. 阐发"仁"与"命"之精义微言，是康氏之《注》又一个重点

比如在《论语·子罕》注里说："圣人言论虽多，通达考之，'命'与'仁'二者为最。""仁者，人道交偶之极则。"他还用近代西方的"博爱"理念来解释"仁"，在《论语·八佾》注里说："仁也以博爱为本，故为善之长。"

6. 发掘出政治、经济、自由、平等诸新理念

比如《论语·卫灵公》："无为而治者，其舜也与"之章注，康有为便宣扬西方的"民主之治"、"君主立宪"等，还夸张地说"今欧人行之，为孔子预言之大义也"。又如《论语·八佾》："君子无所争"，"其争也君子"。在此章注里，他还联系到西方"议院以立两党，而成法治，真孔子意哉"！康氏说："御侮图存，尚耻求胜，两党迭进，人道之大义，孔子之微意也"；"两党之胜负迭进立于是。以争而国治日进而不敢退，以争而人才日进而不敢退"。再如《论语·公冶长》："子贡曰，我不欲人之加诸我也，吾亦欲无加诸人。"此章注，康氏说子贡讲的是"自立自由"与"不侵犯人之自立自由也"，并又联系到"近者，世近升平，自由之义渐明，实子贡为之祖，而皆孔学之一支一体也"。

如此等等，我们或许可以体会到康有为之《论语注》的某些特点了。《论语》原来还可以如此来读！——康有为充分借题发挥，而可以不顾及原有的旨意，并从《论语》的解读里寻找出其维新派改良主义理论的基石。

如果再深入源头来看，那么康有为的这种诠释理念与方法就直接来自清代《春秋》研究的"公羊学派"，深受常州的庄存与（1719～1788）及其外甥刘逢禄（1774～1829，或1776～1829）的影响。如刘逢禄解读《论语》便是用《春秋公羊传》的理念来解释的。再说在康有为之前，常州学派的继承人戴望（1837～1873），曾从宋翔凤学《公羊春秋》，就用"公羊学"的义例即孔子改制、微言大义这些撰作了《论语注》二十卷。虽然今人读康有为此书或许觉得有些离谱，但是他又确实读出了另一番新意。

近代《论语集释》之"最"

若要说到近代《论语》注本之"最"，当数程树德之《论语集释》，共40卷。此为近代于《论语》的注释体量最大、资料最完备者。

程树德（1877～1944），字郁庭，福建福州人。清末进士，不愿入仕宦之途，曾公费留学日本，学习法律。回国后又任北京大学、清华大学教授，所任课程有中国法制史、比较宪法、九朝律考等科目。1925年出版了他的名著《九朝律考》，不断被重版与翻译出版。

七七事变后，程树德隐居著述，贫病交加，患上脑血栓，而终至瘫痪。他说："昔太史公身废不用，乃作《史记》，其《报任安书》列举左丘明失明、虞卿穷愁诸例。余自癸酉冬，身患舌强痿痹之疾，足不能行、口不能言者七年于兹矣。""以风烛残年，不惜汗蒸指皲之劳，穷年矻矻（kū，勤劳不倦的样子）以为此者。"他以"目难睁不能视，手颤抖不能书"的病弱残躯，自己口述，由亲戚笔录，历时九年，终于1942年脱稿。程树德撰《论语集释》的缘由，自云：

> 《论语集释》何为而作也？曰：举古圣哲王所揭治乱兴亡之故，至今日而适若相反，古人真欺我哉！愤而欲取少时所读之书，拉杂摧烧之。客闻而阻之曰："世之剥（剥落，指时运不利）也必不终剥，道之穷也必不终穷，子姑待之！"余笑而应之曰："诺。"今不幸言中，而世乱滋迫，数年以来，糜沸云扰，万方荡析，余犹得蜷伏故都，幸免颠沛流离之惨，此《论语集释》四十卷即于劫罅（xià，缝隙）偷息中所掇辑而成者也。

此可一见作者当时的心志、情意与坚忍不拔的精神。他又说：

> 夫文化者国家之生命，思想者人民之倾向，教育者立国之根本，凡爱其国者，未有不爱其国之文化。思想之鹄，教育之程，皆以是为准。反之，而毁灭其文化，移易其思想，变更其教育，则必不利于其国者也。著者以风烛残年，不惜汗蒸指皲之劳，穷年矻矻以为此者，亦欲以发扬吾国固有文化，间（隔断）执孔子学说不合现代潮流之狂喙（huì，嘴），期使国人

论语智慧

之舍本逐末、徇人失己者俾（bǐ，使）废然知返。余之志如是而已。"（《自序》）

今天读来这些话还是掷地有声！时代潮流浩浩荡荡，徇西方之人之作，而失己之人之作则屡见不鲜，且愈演愈烈。中国古典的经典之作如《论语》、《老子》等等，真的被时代抛弃了吗？甚至真的可以无忌惮地践踏、唾骂之吗？其实还是王国维所说的：学无中西之分，学无古今之分，学无有用无用之分。中西要兼收并蓄，中国的经典依然熠熠光辉，智慧森然，宝藏无穷，只不过是该怎样去了解它，重新从时代的新视野去解读与汲取其中的智慧。

程树德在该书的《凡例》里又说：《论语》一书的注释，汉时有孔安国、马融、郑玄、包咸诸家，魏则陈群、王肃亦有义说。自何晏《论语集解》行，而郑玄、王肃各注皆废。自朱子《集注》行，而何晏《集解》及皇侃《论语义疏》、邢昺《论语注疏》又废。朱子至今又八百余年，加以明清两代国家以之取士，清初名儒代出，著作日多，其间训诂义理多为前人所未及，惜无荟萃贯串之书。——于是他本"述而不作"之旨，将宋以后诸家之说分类采辑。在学术上不分宗派，苟有心得，概与采录。内容分十类：考异、音读、考证、集解、唐以前古注、集注、别解、余论、发明、按语。

其书采集甚广，即就唐以前古注所采便有38家之多。再如全书引书680种，全书共140万字。此书为研究《论语》学者提供了自汉代到清代的详尽资料。又对《论语》的训诂注释有充分考证，用各家学说阐明孔子的思想本质，是一部研究孔子思想，特别是教育思想的重要参考书。

最后也说说历史行进至现代，注释解读《论语》的著作也是层出不穷，如钱穆的《论语新解》、杨树达的《论语疏证》、杨伯峻的《论语译注》等，都受到人们的喜爱，而流传很广，影响很大。

文物考古与《论语》之谜

《论语》有许多的谜，而文物考古往往给人们带来许多的惊喜。比如在出土的敦煌汉简与居延简里就发现过《论语》的残简。另外，阜阳汉简、上博楚简、郭店竹简等中也发现了一些与《论语》有关的材料。这里仅仅简略一说定州汉墓竹简《论语》以及唐写本的《论语郑注》。

一、定州汉墓竹简《论语》

1973年，河北定州八角廊村汉墓发掘出许多珍贵文物。此墓主人是西汉的中山怀王刘修，死于汉宣帝五凤三年（前55年）。此墓在西汉末就曾被盗，但此次发掘仍然出土了麟趾金、马蹄金、铜灯等重要文物，以及墓主人身上穿的用1202块玉片、2567克金丝分片连缀而成的金缕玉衣。此墓的后东室还出土了大批竹简，虽碳化成块，残损严重，但经过专家整理，获得八种简书：《论语》、《儒家者言》、《哀公问五义》、《保傅传》、《太公》、《文子》、《六安王朝五凤二年正月起居记》、《日书·占卜》。

其中出土的《论语》具有重大价值，这是迄今发现的最早的《论语》抄本。其书汉简有620多枚，大多是残简。全简长16.2厘米（约合当时的7寸），宽0.7厘米；每简满字者为19～21字（不算重文符号），两端和中腰用素丝连缀，尚留痕迹。录成释文的为7576字，约为今本《论语》的三分之二，是目前我国出土《论语》中文字最多的。其中《学而》保存得最少，只有20字；最多的为《卫灵公》，有694字，可达今本的77%。

公元前55年的此本《论语》，与今本文字比较，则差异多达700余处。此本一般认为与《鲁论》的关系较近。虽然简书《论语》的文字不到今本的一半，但是弥足珍贵，因为可以直接看到汉代《论语》的流传状况。

汉代凡是经、律等官书用长2尺4寸竹简书写；官书以外包括子书等，均用短于2尺4寸竹简书写，称为"短书"。按照东汉的制度，五经是写在大竹简上，长2尺4寸，而八角廊的这个《论语》本子是写在长度为16.2厘米的竹简上，即是当时的七寸竹简。此可以推见当时的《论语》尚不属于"经"，而是启蒙读物，是属于"短书"。如崔寔(shí)《四民月令》："十一月，研水冻，命幼童读《孝经》、《论语》篇章，（入）小学。"然而有意思的是，同为启蒙的《孝经》还有用一尺二寸的竹简书写的，郑注的《论语》却是用八寸简，还不及《孝经》长。有学者说：当时的《论语》，其实是袖珍本。《论语》

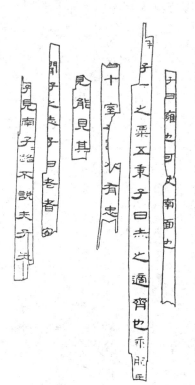

《论语》竹简（定州汉墓）

论语智慧

296

这本书是典型的语录体，过去没有类似的出土实例。现在，郭店楚简的四种《语丛》是类似发现。这四种书，也是短书，正好属于八寸简，或比八寸更短的简（七寸简和六寸简）。其中前三种，其形式、内容均与《论语》相似。（李零《简帛古书与学术源流》）

简本《论语》与传本的比较，有许多不同的地方。举例如：（1）在章节上，简本书尾有题记的章数，与传本互较，很多不相符合。（2）在分章上也有不同，如今本一章彼分为二章，今本二章彼合为一章的。（3）在文字上，亦略有差异。此可参见《定州汉墓竹简〈论语〉介绍》、《定州汉墓竹简〈论语〉》（文物出版社，1977年版）。

这种文本之比较可以提供极有价值的启示。如今本《论语·述而》："子曰：加我数年，五十以学《易》，可以无大过矣。"出土本为"子曰：加我数年，五十以学，亦可以无大过矣"。这里的不同处，提供了历史的信息，如学者池田知久有论：一是，从这个事实出发，可以说"易"字在古《论语》文本中是作"亦"的，从语言学上讲，作"亦"文气也比较自然，因此本来是作"亦"的字错成了作"易"，围绕这个字的差异，显然就可以作文本校正了。二是，进而可以做更高层次的内容分析，即孔子当时学过《易》这个故事未必是历史事实，而可以认为是战国末期开始的《易》的儒教化过程中产生的，把孔子强行扯到《易》上去的附会现象。三是，《经典释文》关于《论语·述而》篇的意义学依据，它指出："如字，《鲁》读'易'为'亦'，今从古。"这么说来，《经典释文》所见的《鲁论语》文字上已经改成'易'了，但在意义上仍读作'亦'，也许这是到了《易》的儒教化已经相当深入的西汉后期，像定县竹简《论语》这样的关于写作"亦"的文本依然有所流传。这类文本中的文字在后代关于《鲁论语》的读法中依然表现出来。（朱汉民等编《智者的声音——在岳麓书院听演讲》）这些意见可以供我们进一步深入研究。

另外，在定州汉墓竹简中与《论语》一起出土的，还有萧望之的奏议。萧望之在当时是皇太子的老师，也是传授《鲁论》的大师。研究者认为，刘修死后把《论语》与萧望之的奏议放在一起，应该不是偶然的。这也留下了可以进一步研究的信息。（《定州汉墓竹简〈论语〉》）

二、唐写本文物与《论语郑注》

郑玄（127～200），东汉著名经学家，为集大成者，故又有"郑学"之称。在《论语》学方面，郑玄有整理本，主要依据《鲁论》（或说《张侯论》），而再用《齐论》、《古论》来校定。另外，有关《论语》的撰作，《隋书·经籍志》记载了郑玄有《论语注》、《古文论语注》，两《唐志》还记载郑玄有《论语释义》《论语孔子弟子目录》，当然这里也有待解之谜。

何晏《论语集解序》："汉末大司农郑玄就《鲁论》篇章考之《齐》、《古》，为之注。"郑玄的《论语注》原为十卷，《隋书·经籍志》、《经典释文·叙录》、两《唐志》都有著录；但是《宋志》已不著录，大约经由五代战乱，此后就渐渐亡佚了。南宋的王应麟就进行过辑佚，至于清代则辑佚者颇多，如惠栋、丁杰、孔广林、王谟、陈鳣、黄奭、宋翔凤、臧庸、马国翰、袁钧、龙璋等人，都对此进行了辑佚。这些辑佚，"虽均拾残补阙，连缀之迹，非其本真；然久佚之古注，于此获窥其概焉"！（梁启雄《论语注疏会考》，《燕京学报》第34期）这些辑佚之作让人们约略地看到郑玄《论语注》的面貌，而20世纪的考古与文物，让人们一饱眼福。

1. 敦煌石窟所出残卷

敦煌石窟所出之残卷（《鸣沙石室古籍丛残》）有郑注《论语》残本，乃清人所未见。罗振玉、王国维等学者作出了最早的研究。王国维认为，"郑氏所据本固为自《鲁论》出之《张侯论》，及以《古论》校之，则篇章虽仍鲁旧，而字句全从古文"。（《书〈论语郑氏注〉残卷后》，《观堂集林》第一册）此后至今，国内外的有关研究已逐渐深入。

2. 唐代卜天寿《论语》抄本

吐鲁番出现过几个《论语》抄本，此说1969年在新疆吐鲁番著名的阿斯塔那墓地的一座唐墓里出土的卜天寿《论语郑氏注》抄本。原卷抄写了《论语》的前五篇——《学而》、《为政》、《八佾》、《礼仁》、《公冶长》。出土时卷首已经残缺，缺少《学而》整篇和《为政》的大部分（《为政》只剩下十五行），卷子下端也有不同程度的残缺，但总的说来还是比较完整的。抄本全卷长538厘米，每行正文20字左右。卷子里每篇提到"孔氏本·郑氏注"。

特别可贵的，是在《公冶长》篇之后还有两行题款：其一，写了一行年月日和写者的姓名："景龙四年三月一日私学生卜天寿（写）。"景龙四年是唐中宗在位的最后一年，为公元710年，在现存《论语》抄本中，年代算最古，距今已有1300年了。现存的唐人写经里，有确切年月题款的并不多见，而多数又残缺不全，因而此抄本尤其显得珍贵。其二，写了一行籍贯，注明了年岁和身份："西州、高昌县、宁昌乡、厚风里、义学生、卜天寿年十二"。此抄本出自一位年仅12岁的小学生之手。

此《论语郑氏注》抄本保留了"郑氏本"的原目，因此有着重要的价值。关于抄本在文献学上的价值，以及卜天寿抄本的一些有关问题，中国科学院考古研究所编写的《〈论语郑氏注〉残卷说明》和《校勘记》已有较详细的说明可参考。（1972年《考古》第2期）

写到这里不禁想起近百年之前王国维所提倡的"二重证据法"之智慧，他在那个年代就已经卓识地倡导由"地下之新材料"来"补正纸上之材料"了。今天考古事业的兴盛，为人们提供了更为广阔的研究前景，也许会为《论语》之学提供更多的新材料与气象。

《论语》智囊∷名言·成语·典故

《论语》是一座智库，又如一大智囊。篇幅不长的《论语》，真是名言琳琅满目，成语层出不穷，典故联翩而列，还有孔子及其弟子在人生、政治、伦理、教育、哲学等维度里的用语时出其间，均深刻影响了中国文化，深渗人们的心智。这里我们略为之采撷，作一番大体的梳理。

《圣迹之图》之夹谷会齐

采撷之一：学而篇·为政篇

钱基博曾说："《论语》一书，有衡评古人者，有旁通诸子者，悉数不能尽，而文章之美，语言之工，足垂模楷于斯文，而树立言之准则。"（《〈四书〉解题及读法》）不仅如此，如果由此再推而广之，那么篇幅不长的《论语》，真是名言琳琅满目，成语连绵不绝，典故联翩而列，还有孔子及其弟子在人生、政治、伦理、教育、哲学等维度里的用语也时出其间，均深刻影响了中国文化。这里笔者略为之采撷，作一番大体的梳理。若能如司马迁所说"好学深思，心知其意"，则可进层深知《论语》之智慧，真似行走在山阴道上，岂不赏心悦目；此又如智囊在握而探囊取智，岂非美不胜收乎！

一、《论语·学而篇第一》

学而——这是《论语》第一篇的篇名，后来也借指《论语》。如宋刘克庄《田舍即事》："邻壁嘲啾诵《学而》，老人睡少听移时。"

子曰诗云——指孔子所说的、《诗经》所言的，也泛指儒家的经典。成语用《论语》里的"子曰"与"诗云"组合而成。如《论语·学而》："子曰：'学而时习之。'"又《论语·学而》："子贡曰：《诗》云：如切如磋，如琢如磨。'"

学而时习之，不亦说乎·有朋自远方来，不亦乐乎·人不知而不愠，不亦君子乎·时习·学习·不亦乐乎——出自《论语》（1.1）首章，三句名言流传千古，家喻户晓。此分说之："学而时习之"，学了还能够"时习"；"时习"，指经常温习，或说按时温习，后也有指经常练习。唐白居易《省试性习相远近赋》："是以君子稽古于时习之初，辨惑于成性之所。"明代刘基《拟连珠》："学必潜心，然后可以有得；艺能时习，然后不为徒劳。"清代刘光蕡（fén）著有《论语时习录》，以"时习"名之。"学习"，本指小鸟学飞的意思。《说文》："翼（习），数飞也。""习"就是鸟在频繁地学飞。如《礼记·月令》："鹰乃学习。"小鹰在学飞翔。"学"与"习"的意义，最终凝结为求知、求智慧的"学习"，且能数千年来深入人心，就来自《论语·学而》。有意思的是，"学""问"二字本来也是分开的，《易·乾》："君子学以聚之，问以辩之。"后来"学问"连用了，如《孟子·滕文公上》："吾他日未尝学问，好驰马试剑。""不亦乐乎"，不也是很快活吗？后来也用来表示极度、非常、淋漓尽致的意思。

犯上作乱——出自《论语》（1.2）。指冒犯上级，造反作乱。

务本·君子务本·本立道生·仁之本——出自《论语》（1.2）。分说之："务本"指从事根本。"君子务本"，君子必须务本。"本立道生"，根本确立，其道也生成了。"仁之本"，指为仁、行仁的根本，此即是孝悌。

巧言·巧言令色——出自《论语》（1.3）。"巧言"，本指美好之言，这里是贬义。"巧言令色"，花言巧语，做出讨好的表情。朱熹注："巧，好。令，善也。好其言，善其色，致饰于外，务以悦人，则人欲肆而本心之德亡矣。"

三省吾身·三省——出自《论语》："曾子曰：'吾日三省吾身：为人谋而不忠乎？与朋友交而不信乎？传不习乎？'"（1.4）"三省吾身"，指在这三件事情上反省、省察自己。这里的"三"，或也说多的意思。此成语也略称为"三省"。

有则改之，无则加勉——此成语不直接出自《论语》，但与之有关。《论语》："曾子曰：'吾日三省吾身。'"（1.4）朱熹注："曾子以此三者日省其身，有则改之，无则加勉，其自治诚切如此，可谓得为学之本矣。"

千乘之国·敬事而信·节用爱人·使民于时——出自《论语》（1.5）。分说之："千乘之国"，指拥有千辆兵车的诸侯国。"敬事而信"，以敬业精神办事，取信于人。"节用爱人"，节约费用，仁爱他人。"使民于时"，办事使用民力必须考虑到季节农时等因素，不要耽搁了生产。

入孝出悌·谨而信，泛爱众，而亲仁·学文——出自《论语》（1.6）。分说之："入孝出悌"，指进入到父母那里要孝敬，出门要顺从兄长。"谨而信，泛爱众，而亲仁"，指谨慎而讲信用，博爱众人，亲爱仁者。"学文"，指学习文化知识。

贤贤易色——出自《论语》："子夏曰：'贤贤易色。'"（1.7）看重贤德，而看轻女色，也即是尊重贤德，而改易好色之心。刘宝楠《论语正义》："易色，轻略于色，不贵之也。"

事父母，能竭其力·事君，能致其身·与朋友交，言而有信——出自《论语》（1.7）。名言之一，指侍奉父母能竭尽全力。名言之二，指服事国君，能献出生命。名言之三，指与朋友交往，说话有信用。

君子不重则不威·无友不如己者·过则勿惮改——出自《论语》（1.8）。名言之一，指君子不庄重则不威严。名言之二，指不要与不如自己的人交友。名言之三，犯过错不怕改正。

慎终追远·归厚——出自《论语》(1.9)。分说之："慎终追远"，办父母之丧事要谨慎地尽礼，祭祀祖先要虔诚地追念。"终"，指父母之丧。"远"，指远去的祖先。成语亦作"慎终思远"、"追远慎终"、"谨终追远"。"归厚"，归趋于忠厚、敦厚。

温良恭俭让·温良恭俭·温良俭让——出自《论语》(1.10)。意思是，温和、善良、恭敬、节俭、谦让。

夫子——《论语》："夫子温、良、恭、俭、让以得之。"(1.10)"夫"，大夫；"子"，敬称。古代称大夫以上之官为夫子，因为孔子曾为鲁国大夫，故其弟子也称孔子为夫子，也有了孔夫子之名。在《论语》里弟子用"夫子"来称呼孔子多达39次。后来也成为学生对老师的称呼。

礼之用，和为贵·先王之道·小大由之——出自《论语》(1.12)。分说之："礼之用，和为贵"，指礼的功用，在于调节人际关系，以和谐为可贵；后来也指按礼行事，当以和平宁静适当为本。"先王之道"，儒家用语，特指古代圣王尧舜禹以及商汤、文王、武王、周公等的治国之道。"小大由之"，指事无大小均应该遵循此准则。

信近于义，言可复也·恭近于礼，远耻辱也——出自《论语》(1.13)。前一名言指诚信接近于义，这样说话才可以实行。后一名言指恭敬而接近于礼，就会远离耻辱。

食无求饱·居无求安·敏于事而慎于言·敏事慎言·就有道而正——出自《论语》(1.14)。分说之："食无求饱"，指饮食不贪求饱足。"居无求安"，指居处不贪求安逸。朱熹注："不求安饱者，志有在而不暇及也。""敏于事而慎于言"、"敏事慎言"，指办事敏捷，但说话谨慎。朱熹注："敏于事者，勉其所不足。慎于言者，不敢尽其所有余也。"《朱子语录》："事难行，故要敏；言易出，故要慎。""就有道而正"，指接近有道德的人而改正自己的过错。"就"，接近，靠近。

贫而无谄·富而无骄·贫而乐·富而好礼——出自《论语》(1.15)。分说之："贫而无谄"，虽贫而不谄媚卑屈。"富而无骄"，富裕但不骄矜。"贫而乐"，虽贫而乐，所以后来又有"安贫乐道"一说。"富而好礼"，富裕了还能好礼。

如切如磋·如琢如磨·切磋琢磨·精益求精——此均指不断地加工、琢磨而不断求精。"切"，对骨头加工。"磋"，对象牙加工。"琢"，对玉器的加工。"磨"，对石头的加工。此本出于《诗经·卫风·淇澳》，又见诸《论语》(1.15)。朱熹注："言治骨角者，既切之而复磋之；治玉石者，既琢之而复磨之。治之已精，而益求其精也。"这里又有了成语"精益求精"。

告往知来·告诸往而知来者——出自《论语》（1.15）。指告诉以往的，能推知未来的。

不患人之不己知，患不知人也——出自《论语》（1.16）。此旨意又屡见诸《论语·里仁》："不患莫己知，求为可知也。"又《论语·宪问》："不患人之不己知，患其不能也。"又《论语·卫灵公》："君子病无能焉，不病人之不己知也。"朱熹注：孔子"于此一事，盖屡言之，其丁宁之意亦可见矣"。

二、《论语·为政篇第二》

为政以德·众星拱辰·北辰——出自《论语》（2.1）。分说之："为政以德"，要以德治政，这就是"德治"的理念。"众星拱辰"，来自"众星共之"。朱熹注："北辰，北极天之枢也。居其所，不动也。共（拱），向也。言众星四面旋绕而归向之也。为政以德，则无为而天下归之，其象如此。"后比喻四方归向于一处。"北辰"，这里指北极星。《尔雅·释天》："北极谓之北辰。"又比喻帝王或受尊崇的人。另外要说的是，北极星与北斗星不是一回事，北斗星有七星，如天枢、天璇、天玑、天权、玉衡、开阳、摇光，排列成斗（或勺）形。

三百篇·一言以蔽之·一言以蔽·思无邪——出自《论语》（2.2）。分说之："三百篇"，成为《诗经》的代称。"一言以蔽"，用一句话来概括。"思无邪"，原出自《诗·鲁颂·駉》："思无邪，思马斯徂。"此诗句引用的解读也有不同理解，一般认为孔子指的是思想纯正无邪。

道政齐刑·道德齐礼·有耻且格·耻格——出自《论语》（2.3）。分说之："道政齐刑"，用政令来引导，用刑法来约束，民众可暂时免罪，但不知道可耻。"道"，是"导"的意思。"道（导）德齐礼"，从"道之以德，齐之以礼"简括出来，因这里的"道"即是"导"，因而有改为"导"的。这是说，用德行引导，用礼仪约束，那么民众就有知耻之心，且守规矩。"有耻且格"、"耻格"，知羞耻而归于正。如《续资治通鉴·宋真宗咸平二年》："当今四海之广，而刑奏止息，逮乎逾月，足彰耻格之化。"

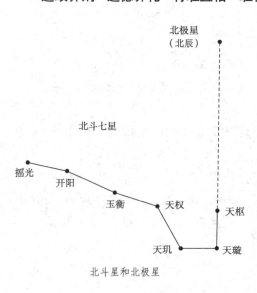

北斗星和北极星

论
语
智
慧

志学——出自《论语》："吾十有五而志于学。"（2.4）有志于学，专心求学。唐白行简《李娃传》：李娃"因令生斥弃百虑以志学，俾夜作昼，孜孜矻矻（kū kū，勤劳不懈的样子）"。"志学"也成为十五岁的代称。如曹植《武帝诔》："年在志学，谋过老成。"

三十而立·而立之年·而立年华——出自《论语》："三十而立。"（2.4）"三十而立"，人到了三十岁学识道德要有所树立，能自立于社会了。由此又有成语"而立之年"、"而立年华"，是三十岁的代称。后来也成为咏功名成就的典故，如唐代綦毋潜诗："三十名未立，君还惜寸阴。"（《送章彝下第》）孟浩然诗："三十既成立，嗟吁命不通。"（《书怀贻京邑同好》）

不惑·不惑之年·不惑年华——出自《论语》："四十而不惑。"（2.4）"不惑"，不迷惑。朱熹注："于事物之所当然，皆无所疑，则知之明，而无所事守矣。""不惑年华"，也代指四十岁。

知天命·知命之年——出自《论语》："五十而知天命。"（2.4）"知天命"，指懂得天命，天命是上天赋予万物万事的必然的、当然的道理与规律。"知命之年"，是五十岁的代称。

耳顺·耳顺之年——出自《论语》："六十而耳顺。"（2.4）邢昺疏："顺，不逆也。耳闻其言则知其微旨而不逆也。"朱熹注："声入心通，无所违逆。知之之至，不思而得也。""耳顺"，说法不一，或说年纪到了六十岁时，什么话都听得进去，且听别人言语就可以判别真假是非。"耳顺之年"也用以代称六十岁。

从心所欲不逾矩·从心所欲·随心所欲——出自《论语》："七十而从心所欲，不逾矩。"（2.4）分说之：名言指心里想要怎样、怎样去做，都不会逾越规矩。朱熹注："从，随也。矩，法度之器，所以为方者也。随其心之所欲，而自不过于法度，安而行之，不勉而中也。""从心所欲"、"随心所欲"，随从着自己的心意而自由地行动。后来也指凭随自己的意愿，想要怎样就怎样。

无违——出自《论语》（2.5）。指对父母生前死后都不违背礼节，为孝道之一端。

犬马之养——出自《论语》（2.7）。指像畜养犬马一样地供养父母。

色难·色养——出自《论语》（2.8）。分说之："色难"，一说能够承顺父母的颜色，这是很难的。何晏《集解》引包咸曰："色难者，谓承顺父母颜色乃为难也。"一说孝养父母时，子女能做到和颜悦色难。"色养"，由"色难"而生发出来，指要用和颜悦色来侍奉、赡养亲人。朱熹注："色难，谓事亲之际，惟色为难也。""盖孝子之有深爱者，必有和气；有和气者，必有愉色；有愉色者，必有婉容。故事亲之际，惟色为难耳，服劳奉养未足为孝也。"后人称子女能和颜悦色地奉养父母，或能承顺父母颜色为"色养"。

温故知新——出自《论语》（2.11）。邢昺疏："温，寻也。言旧所学得者，温寻使不忘，是温故也；素所未知，学使知之，是知新也。"温习学过的知识，得到新的理解和体会，也指温习历史的经验，认识现在以及将来。明代李贽《焚书·龙溪先生文录抄序》："盖先生学问融贯，温故知新，若沧洲瀛海，根于心，发于言，自时出而不可穷，自然不厌而文且理也。"

君子不器——出自《论语》（2.12）。君子不像器皿一样，只有一定的用途。

先行其言而后从之——出自《论语》（2.13）。先实行自己说过的话，然后再说。

周而不比·比而不周——出自《论语》（2.14）。《论语注疏》："忠心为周，阿党为比。"王引之《经义述闻》："以义合者为周也，以利合者为比也。"前者指团结而不勾结，后者指勾结而不团结。"周"，用道义团结人，"比（bǐ）"，勾结。

学而不思则罔，思而不学则殆·学思——出自《论语》（2.15）。"罔"，迷惘。"殆"，疑惑。后来"学思"也成为孔子哲学思想的一对范畴。

攻乎异端·异端邪说——出自《论语》（2.16）。"攻乎异端"，一说指专门攻治异端邪说，一说指批判那些不正确的异端邪说。后来又有了"异端邪说"、"邪说异端"等成语，指与正统思想不同的主张，被视为邪妄的学说。如苏轼《拟进士廷试策》："臣意异端邪说惑误陛下至于如此。"

知之为知之，不知为不知——出自《论语》（2.17）。此指知道就是知道，不知道就是不知道，不要装知道。朱熹注："子路好勇，盖有强其所不知以为知者，故夫之告之。"

干禄·多闻阙疑·慎言其余·慎行其余·慎言慎行——出自《论语》（2.18）。分说之："干禄"，求取俸禄。"多闻阙疑"，多见闻，而遇到不懂的地方应该存疑。"慎言其余"、"慎行其余"、"慎言慎行"，对于其余知道的也要慎重言说与行为。朱熹注："愚谓多闻见者学之博，阙疑殆者择之精，慎言行者守之约。"

举直错枉·举枉错直·直枉——出自《论语》（2.19）。分说之："举直错枉"，选用正直的贤良，废除奸邪佞人。"错"，放置，安放。成语也作"举直措枉"。"举枉错直"，选用奸邪佞人，而废除了贤良。"直枉"，孔子用指人品行的正直与邪恶不正。

举善而教不能·举善——出自《论语》（2.20）。《论语集解》："君能举用善人，置之禄位，教诲不能之人，使之材能，如此则民相劝勉为善也。"举用善人而教育那些不能善的人。"举善"也成为孔子的用语。

友于·孝友——出自《论语》所引，子曰："《书》云：'孝乎唯孝，友于兄弟。'"（2.21）此所引用的是《尚书》的逸文，作《伪古文尚书》的便从这里采攘入《尚书·君陈》："唯孝友于兄弟。""友于"，指兄弟友爱。"孝友"，指孝敬父母与友爱兄弟。

人而无信，不知其可也·大车无輗·小车无軏——出自《论语》（2.22）。分说之："人而无信，不知其可"，人无信用，不知他怎么可行呢？"大车无輗（ní）"，人而无信，就像牛车的车辕前面的木销子没了，怎能行车呢？"輗"，大车辕端与横木相接处的活销。何晏《集解》引包咸曰："輗者，辕端横木以缚轭。""小车无軏（yuè）"，人而无信，就像马车的车辕前面的活销子没了，怎能行车呢？"軏"，小车辕端与横木相接处的活销。何晏《集解》引包咸曰："軏者，辕端上曲鉤衡。"

损益·十世可知·百世可知·不过如此——出自《论语》（2.23）。分说之："损益"中"损"是减少、废除、否定，"益"是增加、发展、肯定。"十世可知"、"百世可知"，十世（代）、百世（代）都可以推知的。"不过如此"，谓只是这样而已。此成语与朱熹注《论语》有关系，《论语》："子张问十世可知也？"朱熹注："益之损之，与时宜之，而所因者不坏，是古今之通义也。因往推来，虽百世之远，不过如此而已矣。"

见义不为，无勇也·见义勇为——出自《论语》（2.24）。名言指见义不敢作为，这是无勇。后来从这里再生发出成语"见义勇为"，如《宋史·欧阳修传》："天资刚劲，见义勇为，虽机阱在前，触发之不顾，放逐流离，至于再三，气自若也。"

采撷之二：八佾篇·里仁篇

一、《论语·八佾篇第三》

是可忍，孰不可忍——出自《论语》（3.1）。此有两说：一说这也可以忍心干出来，那么还有什么不可以忍心干出来的？"忍"，是忍心、狠心的意思。一说这也可以容忍，那么还有什么不可容忍？"忍"，是容忍的意思。朱熹注：

"季氏以大夫而僭用天子之礼乐，孔子言其此事尚忍为之，则何事不可忍为？或曰：'忍，容忍也。'盖深疾之之辞。"

礼奢宁俭·丧易宁戚——出自《论语》(3.4)。分说之："礼奢宁俭"，礼与其苛繁奢侈，不如俭约。"丧易宁戚"，丧事与其周全，宁可尽表悲戚。"易"，治，把事情办妥当的意思。如《梁书·顾宪之传》："丧易宁戚，自是亲亲之情；礼奢宁俭，差可得由吾意。"

君子无所争·无争——出自《论语》(3.7)。指君子没有什么可争之事。

素以为绚·绘事后素——出自《论语》(3.8)。分说之："素以为绚"，在素白的质地上才可彩绘。"绚"，有文采。朱熹注："言人有此倩盼之美质，而又加以华采之饰，如有素地而加采色也。""绘事后素"，绘事后于素，即是先要有素白的底子，然后再可彩绘。朱熹注："绘事，绘画之事也。后素，后于素也。《考工记》曰：'绘画之事后素功。'谓先以粉地为质，而后施五彩，犹人有美质，然后可加文饰。"

杞宋无征·文献——出自《论语》(3.9)。杞国、宋国的文献不足以为证，因此难以考证古代的礼节制度。"征"，证明。这里可以看到孔子于历史文化研究的谨慎态度。"文献"，"文"指历代文件资料，"献"指当时的贤人；此与今天的意思不同。

指其掌·了如指掌·了若指掌——出自《论语》(3.11)。分说之："指其掌"，手指示手掌；指着手掌里的东西，是很容易看清楚的。如何晏《集解》引包咸曰："如指示掌中之物，言其易了。"朱熹注："指其掌，弟子记夫子言此而自指其掌，言其明且易也。""了如指掌"、"了若指掌"，由"指其掌"而来，指了解事物就像看清楚掌中之物，极为清晰，极为容易。

祭如在，祭神如神在——出自《论语》(3.12)。此说祭祖先就如祖先在眼前，祭神就如神在眼前。此反映出孔子对祭祀的诚意。朱熹注："祭，祭先祖也。祭神，祭外神也。祭先主于孝，祭神主于敬。愚谓此门人记孔子祭祀之诚意。"又《中国成语大辞典》收有成语"祭神如神在"，但是用了《儿女英雄传》书证，其实最早当出自《论语·八佾》。

吾从周——出自《论语》(3.14)。此为孔子的社会历史理念，意思是自己遵从周代的礼制。

子入太庙，每事问——出自《论语》(3.15)。名言说孔子进入太庙，每件事都要询问。"每事问"也成为一个成语，后来也指多调查研究。陶行知还有《每事问》诗："人力胜天工，只在每事问。"

射不主皮·力不同科·五善——出自《论语》（3.16）。分说之："射不主皮"，射箭不在乎是否能穿透皮靶子，最重要的是能否射中靶子。"力不同科"，指人的力量有强有弱，是不能等同的。朱熹注："古者射以观德，但主于中，而不主于贯革，盖以人之力有强弱，不同等也。""五善"，此典故也与此章有关。马融注："射有五善焉：一曰和志，体和；二曰和容，有容仪；三曰主皮，能中质；四曰和颂，合雅颂；五曰兴武，与舞同。"再如唐代戎昱诗："出将三朝贵，弯弓五善齐。"（《观卫尚书九日对中使射破的》）

告朔饩羊——出自《论语》（3.17）。"告朔"，是说天子每年岁末，要把下一年的历书颁发给诸侯；诸侯就把历书放在祖庙里，并每月初一来到祖庙，杀一只羊祭庙，宣告每月之"朔"，即初一的开始。当时鲁君已经不亲自举行"告朔"了，因此子贡主张可以除去"饩（xì）羊"，即祭祀用的活羊。孔子则不同意，因"爱其礼"而认为应该保留此形式。

乐而不淫·哀而不伤——出自《论语》（3.20）。分说之："乐而不淫"，快乐而不放荡。"淫"，过分，不适当。"哀而不伤"，忧愁而不悲伤。此为感情驾驭的中庸之道了。

成事不说，遂事不谏，既往不咎——出自《论语》（3.21）。此指已经做了的事情不要再解说了，已经完成的事情不要再劝说了，已经过去的事情不要再去追究了。"咎"，责备，追究。"既往不咎"，今天指对于已经发生的错误，就不加责难追究了。

乐可知·翕纯皦绎——出自《论语》（3.23）。分说之："乐可知"，音乐的形式美与内容的善，以及其中表达的心志都是可以知晓的。"翕纯皦绎"，此概

孔子闻韶处

括了音乐的演奏过程：开始的时候就很协调，这是"翕（xī，协调）如（的样子）也"；展开来则纯和，这是"纯如也"；又是音节分明，这是"皦（jiǎo，音节分明）如也"；且是连绵不断，这是"绎（连续）如也"，最后臻于完成。

天将以夫子为木铎——出自《论语》（3.24）。上天将以孔夫子作为木铎，就像发布政令时用来召集听众的木舌铜铃那样，振铎而行教布教。

尽善尽美——出自《论语》："子谓《韶》：'尽美矣，又尽善也。'谓《武》：'尽美矣，未尽善也。'"（3.25）此指内容的善与形式的美都达到了极点。成语也作"尽美尽善"。

二、《论语·里仁篇第四》

里仁·仁里·里仁为美——出自《论语》（4.1）。分说之："里仁"，乡里的风俗仁厚，或说居住在风俗仁厚的乡里。郑玄注："里者，民之所居，居于仁者之里，是为美。""仁里"，也指仁者居住的地方。"里仁为美"，居住在有仁德的地方是美好的。朱熹注："里有仁厚之俗为美，择里而不居于是焉，则失其是非之本心，而不得为知矣。"

仁者安仁·安仁·知者利仁·利仁——出自《论语》（4.2）。分说之："仁者安仁"、"安仁"，有仁德的人安于实行仁。"知者利仁"、"利仁"，智慧者知道实行仁有利，便去实行仁。

志仁无恶——出自《论语·里仁》："子曰：'苟志于仁矣，无恶也'"。（4.1）有志于实行仁，就不会行恶。

朝闻道，夕死可矣·朝闻夕死·闻道——出自《论语》（4.8）。此名言说，早上听闻到了道（真理），哪怕晚上死去也可以。后有"朝闻夕死"之说、"闻道"之用语。

观过知仁——出自《论语》："观过，斯知仁矣。"（4.7）。观察一个人的过失，就知道他有没有仁德。"仁"，或说同"人"。这意思就是，观察一个人的过失，就知道他是怎样的人了。

恶衣恶食——出自《论语》（4.9）。此指粗劣的衣服与饮食。后来此成语衍生出"恶衣粗食"、"恶衣菲食"、"恶衣粝（lì）食"、"恶衣蔬食"等。

士志于道·志道——出自《论语》（4.9）。士（读书人、知识分子）有志于道，又简括为"志道"。如北魏郦道元《水经注·鲍丘水》："施主虑阙道业，故崇斯构，是以志道者多栖托焉。"

无适无莫——出自《论语·里仁》（4.10）。成语"无适无莫"，一说如郑玄等解释，对人没有固定的亲近厚待，也没有固定的疏远冷淡。"适（dí）"，郑玄

注："适，读为匹敌之敌。"此即是仇敌，于敌则恨怨。"莫"，郑音"慕"，羡慕之意。又一说如朱熹等人解释，对于天下的事情，没有一定要这样做，没有一定不要这样做。"适（shì），可也"，"莫，不可也"。之所以"无适无莫"，是因为要由"义"作标准来决定；所谓"义之与比（bì，靠拢，跟从）"，就是唯义是从的意思。又如刘劭《人物志·材理》："心平志论，无适无莫，期于得道而已矣。"

怀德·怀土·怀刑·怀惠——出自《论语》（4.11）。此为"四怀"："怀德"，怀念道德。"怀土"，怀念乡土。"怀刑"，怀念刑罚。"怀惠"，怀念恩惠。

放利而行——出自《论语》："子曰：放于利而行，多怨。"（4.12）意思是依照私利而行动。

礼让为国——出自《论语》（4.13）。依据礼所提倡的谦让精神来治国。

不患无位——出自《论语》（4.14）。此指不要担忧没有官位，勉励人们要以修身、有才能为根本，这是人生最为关键的。

一以贯之·一贯——出自《论语》（4.15）。用一个道理来贯穿千事万物。皇侃疏："贯，犹统也。吾唯一道以贯统天下万理。"邢昺疏："言夫子之道唯以忠恕一理以统天下万事之理。"此中关于"一"、"一以贯之"，或如曾参说是"忠恕"；或说朱熹说"一以贯之，犹以一心应万事"（《朱子语类》），或如今人说，此为孔子认识论、方法论之命题，谓以统一的原则把所有的知识贯穿起来。

见贤思齐·见德思齐——出自《论语》（4.17）。见到贤人就想与他看齐。贤：德才兼备的人；齐：看齐，等同。成语又作"见德思齐"。

父母在，不远游——出自《论语》（4.19）。此指父母还在，不离开家乡远行，可以竭尽早晚侍奉之孝道。

一则以喜，一则以惧——出自《论语》："父母之年，不可不知也。一则以喜，一则以惧。"（4.21）朱熹注："常知父母之年，则既喜其寿，又惧其衰，而于爱日之诚，自有不能已者。"此指对父母的年龄来说，一方面因年长而喜悦，一方面又因此而害怕。后泛指各种情况中两种相反的心情。

讷于言而敏于行·讷言敏行——出自《论语》（4.24）。此均教诲勉力修身，不要放纵言论，而要敏于行动。如《汉书·东方朔》："此士所以日夜孳孳（同'孜孜'），敏行而不敢怠也。"

德不孤，必有邻·德邻——出自《论语》（4.25）。此指有德者必有其类亲近之。朱熹注："邻，犹亲也。德不孤立，必以类应。故有德者必有其类从之，如居之有邻也。""德邻"，后来也作为称颂朋友或邻居的典故。如唐代独孤及

诗："洒扫潭中月，他时望德邻。"(《答李滁州忆玉潭新居见寄》)

采撷之三：公冶长篇·雍也篇

一、《论语·公冶长篇第五》

瑚琏之器·瑚琏器·瑚琏——出自《论语》(5.4)。何晏《集解》引包咸曰："瑚琏，黍稷之器。夏曰瑚，殷曰琏。"瑚(hú)、琏(liǎn)，同一物而异其名而已，是古代宗庙礼器、贵重的祭祀之器，用来盛放粮食黍稷。比喻安邦治国之人才，亦指国家宝贵人才。如杜甫诗："嶷嶷(nì，高尚)瑚琏器，阴阴桃李蹊。"(《水宿遣兴奉呈群公》)《魏书·李平传》："实廊庙之瑚琏，社稷之桢干。"孔尚任《桃花扇》："司笾执豆鲁诸生，尽是瑚琏选。"

御人·口给·御人口给——出自《论语》(5.5)。分说之："御人"，此指与人口头上应对交锋。"口给(jǐ)"，口才敏捷，能言善辩。如章太炎《文学说例》："然则纵横近于雄辩，虽言或俑规，而口给可用。"

道不行，乘桴浮于海——出自《论语》(5.7)。道不能推行，我孔子就乘坐木桴漂游于海外。"桴(fú)"，用木或竹制成的筏子。

闻一知十·闻一知二——出自《论语》(5.9)。"闻一知十"，是听到一件事能推知十件事。"闻一知二"，是听到一件事只能推知两件事。朱熹注："一，数之始；十，数之终。二者，一之对也。颜子明睿所照，即始而见终；子贡推测而知，因此而识彼。'无所不说，告往知来'，是其验矣。"

朽木不雕·朽木不可雕·粪土之墙不可杇·朽木粪墙·朽木粪土——出自《论语》(5.10)。此分说之："朽木不雕"、"朽木不可雕"，指腐朽的木头不能雕刻。后来亦作"木朽不雕"、"朽棘不雕"等。"粪土之墙不可杇"，粪土的墙壁不可粉刷。"粪土"，此指污秽粗糙的墙壁。"杇(wū)"，抹墙的工具，也指抹墙。

双头兽纹瑚
(扶风西周遗址)

听其言而信其行·听其言而观其行——出自《论语》(5.10)。前者是说，对于他人，听了他的话就相信了他的行为。后者是说，对于他人，听了他的话还要观察他的行为。

文章——出自《论语》：

论
语
智
慧

"子贡曰：'夫子之文章，可得而闻也。'"（5.13）"文章"指孔子有关的学问、文化知识。又《论语·泰伯》：尧"焕（光辉）乎，其有文章"。"文章"此指典章制度。后来指文学作品等。

敏而好学·不耻下问——出自《论语》（5.15）。"敏而好学"，聪敏且爱好学习。"不耻下问"，不因为向地位、学问低下的人请教而感到可耻。

善与人交——出自《论语》（5.17）。善于与他人交朋友。如《晋书·邓攸传》："性谦和，善与人交，宾无贵贱，待之若一，而颇敬媚权贵。"

三思·三思而行·三思而后行——出自《论语》（5.20）。指再三考虑、思考多次才行动，做事很谨慎。

愚不可及——愚蠢得不可赶上。《论语》载，子曰："宁武子邦有道则知，邦无道则愚。其知可及也，其愚不可及也。"（5.21）此说宁武子在邦国无道的时候，表现得很愚蠢，此非常人所能及。

斐然成章·吾党二三子——出自《论语》（5.22）。分说之："斐然成章"，文采可观，才干与声名显耀。"斐（fěi）然"，有文采的样子。"章"，花纹。"吾党二三子"，孔子用"吾党之小子"、"二三子"称他的弟子。"二三子"出自《论语·述而》："子曰：'二三子以我为隐乎？吾无隐乎尔。吾无行而不与二三子者，是丘也。'"此典故之用，如韩愈诗："嗟乎吾党二三子，安得至老不更归。"（《山石》）

丘也同耻——出自《论语》："子曰：'巧言、令色、足恭，左丘明耻之，丘亦耻之。匿怨而友其人，左丘明耻之，丘亦耻之。'"（5.25）左丘明认为可耻的事情，孔子也认为可耻。此典故表示情感彼此相通。如唐代李頔（dí，美好）诗："湛生久已没，丘也亦同耻。"（《和丘员外题湛长史旧居》）此谓丘员外（丹）赞许湛长史（南朝宋人湛茂之）的情操，并与湛感情相通。

安老怀少——此出自《论语》（5.26）。使老者安逸，使得少者怀念。后来也意指人民生活安定。

内自讼·计过自讼——出自《论语》（5.27）。"内自讼"，指检讨自己的过错，而自己责备自己。后有《明史·舒芬传》："芬丰神玉立，负气峻厉，端居竟日无倦容，夜则计过自讼。"这又有了成语"计过自讼"。

二、《论语·雍也篇第六》

居敬穷理——此成语组合而成，亦为宋代儒家的道德修养方法和认识论原则。"居敬"，出自《论语》："居敬而行简。"（6.2）"穷理"出自《周易·说卦》："穷理尽性以至于命。"朱熹曾说："学者工夫，唯在居敬穷理二事，此二

事互相发。能穷理，则居敬工夫日益进；能居敬，则穷理工夫日益察。"（《朱子语类》卷九）

迁怒贰过·不贰过——出自《论语》："有颜回者好学，不迁怒，不贰过。"（6.3）此指不迁移其怒，不重复犯错误。"贰"就是复，"过"犯过错；虽在前面有"过"，但不复于往后再"过"。与此有关的还有颜子"不远复"之说，即是不远就复归，不会导致悔恨。《易·系辞下传》："子曰：颜氏之子，其殆庶几乎！有不善，未尝不知；知之，未尝复行也。《易》曰：'不远复，无祗（zhī，此释祗，祗达、导致，或说祗是大的意思）悔，元吉。'"

乘肥衣轻·裘马轻肥·肥马轻裘——出自《论语》："子曰：赤之适齐也，乘肥马，衣轻裘。"（6.4）骑着肥壮的马，穿着贵重的裘皮衣服，此形容生活的豪奢。《中国成语大辞典》认为"乘肥衣轻"出自《三国志·魏书·王粲传》裴松之注引《魏氏春秋》：钟会，"名公子，以才能贵幸，乘肥衣轻，宾从如云"。然而笔者认为最早源头当出自《论语》此句。

周急不继富·周急继乏——出自《论语》（6.4）。"周急不继富"，周济有急难者，不接济富者。"周"，周济、救济。"继"，接济。后又有成语"周急继乏"，指周济有急难或困乏的人。"乏"，困乏、贫乏。如《三国志·魏书·任峻传》："于饥荒之际，收恤朋友孤遗，中外贫宗，周急继乏，信义见称。"

犁牛之子——出自《论语》（6.6）。耕牛生下来的小牛犊，比喻低贱的人。但是也指父亲不好，而生的儿子却很好，与其父不同。朱熹注："仲弓父贱而行恶，故夫子以此譬之。言父之恶，不能废其子之善，如仲弓之贤，自当见用于世也。然此论仲弓云尔，非与仲弓言也。"

三月不违仁——出自《论语》（6.7）。指能长久地不违背仁，这是孔子对颜回的赞扬。

一箪一瓢·箪食瓢饮·陋巷箪瓢·一瓢自乐·一瓢饮·一箪瓢·一瓢颜·孔颜乐处·安贫乐道——出自《论语》（6.11）。此分说之："一箪一瓢"、"箪食瓢饮"、"陋巷箪瓢"、"一瓢自乐"、"一瓢饮"、"一箪瓢"、"一瓢颜"等，均指颜回生活艰苦，但是依旧快乐，并发愤学习。后世比喻安于贫贱而笃志好学。如唐代孟浩然诗："回也一瓢饮，贤哉常晏如。"（《西山寻辛谔》）宋代邓肃词："何如醉逢倾国，春到一瓢颜。"（《诉衷情·送李状元三首》）如辛弃疾词："人不堪其忧，一瓢自乐，贤哉回也。料当年曾问，饭蔬饮水，何为是、栖栖者。"（《水龙吟·题瓢泉》）"孔颜乐处"，指孔子与颜回的乐其所处。这种人生境界被后人高度赞扬。据说周敦颐最早把"孔颜乐处"作为教学的内容，他还记叙：

"昔受学于周茂叔（周敦颐），每令寻仲尼、颜子乐处，所乐何事。"（《宋元学案·明道学案》上）胡瑗曾以"颜子所好何学"为题，科试诸太学生。"安贫乐道"，安于贫困生活，以守道为乐。成语一是源出孔子说"贫而乐"（《论语·学而》），一是出自《论语·雍也》此章。郑玄注："贫者人之所忧，而颜渊志道，自有所乐。"不过"安贫乐道"成语正式出现，大约较早是见于《后汉书·杨彪传》："安贫乐道，恬于进取。"

陋巷井：颜回饮水井

中道而废·力不足者——出自《论语》（6.12）。分说之："中道而废"，即是半途而废的意思。后来也作"中途而废"。如苏轼曾告诫皇帝："陛下与二三大臣孜孜讲求，磨以岁月，则积弊自去而人不知。但恐立志不坚，中道而废。"（《上神宗皇帝万言书》）"力不足者"，指心里想要前进，但是力量够不到的人。朱熹注："力不足者，欲进而不能。"

君子儒·小人儒——出自《论语》（6.13）。分说之："君子儒"，君子式的儒者。"儒"为古代学者的统称。如《文中子·周公》："或问宇文俭，子曰：'君子儒也。'""小人儒"，小人式的儒者。如唐代孟郊诗："名参君子场，行为小人儒。"（《旅次湘沅有怀灵均》）

行不由径——出自《论语》（6.14）。指行为光明正大，不走小路、邪路，不走歪门邪道。"径"，小路，引申为邪路。

文质彬彬，然后君子·文质彬彬——出自《论语》（6.18）。此指文质彬彬，这以后才可以成为一个君子。成语"文质彬彬"，指人的文采与质地配合得很谐调，也作"彬彬文质"。

知之者不如好之者，好之者不如乐之者——出自《论语》（6.20）。懂得不如爱好，爱好不如以此为快乐。

因材施教——此成语虽不出自《论语》，但与之有关。《论语》"子曰：'中人以上，可以语上也；中人以下，不可以语上也。'"（6.21）朱熹注，引张敬夫语曰："圣人之道，虽精粗无二致，但其施教，则必因其材而笃焉。"

317

敬鬼神而远之·敬而远之——出自《论语》(6.22)。此指尊敬鬼神而要远离它，而这就是一种智慧。后来简括出"敬而远之"的成语。鲁迅《阿Q正传》："村人对于阿Q的'敬而远之'者，本因为怕结怨。谁料他不过是一个不敢再偷的偷儿呢。"

仁者先难而后获·先难后获——出自《论语》(6.22)。邢昺疏："言为仁者先受劳苦之难，而后乃得功，此所以为仁也已。"朱熹说："故夫子尝以先难后获为仁，又以先事后得为崇德。"（《答林退思书》）意思是，仁者先付出劳苦之难，后面才是收获。这意思还说，只问自己的努力怎样，而不先计较得失。后又简括为成语"先难后获"。

知者乐水，仁者乐山·知者动，仁者静·知者乐，仁者寿·知水乐山·乐山乐水·智水——出自《论语》(6.23)。朱熹注："知者达于事理而周流无滞，有似于水，故乐水。仁者安于义理而厚重不迁，有似于山，故乐山。动、静以体言，乐、寿以效言也。动而不括（括，此指广为搜求）故乐，静而有常故寿。程子曰：'非体仁、知之深者，不能如此形容之。'"《二程外书》："乐山乐水，气类相合。"人们还用"仁者寿"祝贺他人寿诞。后世还产生了一个典故"智水"，是对水的美称。此来自智者达于物理，周流不滞，故乐水。唐陈陶《种兰》诗："智水润其根，仁锄护其芳。"

从井救人——出自《论语》(6.26)。指跟随着跳下井去救人，后来此成语比喻虽做好事，但是方式愚笨，既无益于人，还害了自己。如《镜花缘》："即使草木有灵，亦决不肯自戕其生，从井救人。"

博学于文，约之以礼·博文约礼·博文·博学·博约——出自《论语》(6.27)。分说之：名言又简括为"博文约礼"，指广博地研求学问，又谨慎地恪守礼法。如明代归有光《君子尊德性而道问学》："孔之教曰，博文约礼，精以归一，义以全礼，博以致约，千圣相传之秘，其在兹乎！"王闿运《〈八代文粹〉序》："共学适道，既洗于昏曚，博文约礼，讵穷于讚（zàn）仰也？""博文"，后也指通晓古代文献。明王守仁《传习录》："他如博文者，即约礼之功。""博学"，广泛学习，也指学识渊博。又如《论语·子罕》："大哉孔子！博学而无所成名。"《论语·子张》："博学而笃志。"《中庸》："博学之。""博约"，一博一约，成为孔子方法论的一对范畴。

至德·中庸·中庸之道——出自《论语》(6.29)。分说之："至德"，最高道德。"中庸"，不偏不倚把握中正。"中"，中正、中和。"庸"，有多种说法，或指"用"，或指"经常"，或指"平常"等意思。"中庸之道"，由"中庸"而有"中庸之道"之说，这便是关于"中庸"的理念、方法、道理等。

博施于民·博施济众——出自《论语》（6.30）。指广施恩惠，救济众人。

己欲立而立人，己欲达而达人·立人达人——出自《论语》（6.30）。名言指自己想站得住，也要帮助他人站立起来；自己想通达，也要帮助他人能通达。"立人达人"即是上面名言的概括。

能近取譬·仁之方·仁方——出自《论语》（6.30）。分说之："能近取譬"，指能就近以自身作比方，设身处地，推己及人。"仁之方"、"仁方"，施行仁道的方法与途径。朱熹注："譬，喻也。方，术也。近取诸身，以己所欲譬之他人，知其所欲亦犹是也。然后推其所欲以及于人，则恕之事而仁之术也。于此勉焉，则有以胜其人欲之私，而全其天理之公矣。"章太炎《菌说》："独夫为我，即曰'贪贼'，能近取譬，即曰'仁义'。"此可供参考之。

采撷之四：述而篇·泰伯篇

一、《论语·述而篇第七》

述而不作，信而好古——出自《论语》（7.1）。指仅传述古人之言，自己没有创作。

默而识之·学而不厌·诲人不倦——出自《论语》（7.2）。分说之："默而识之"，默默地记住。"识（zhì）"，记住。"学而不厌"，学习而不厌烦。"诲人不倦"，教诲人而不知厌倦。

梦周孔·吾衰矣——出自《论语》（7.5）。分说之："梦周孔"，孔子因长久没有梦见周公而自叹衰老，后世用做感叹衰老的典故。如杜甫诗云："凄其望吕葛，不复梦周孔。"（《晚登瀼上堂》）"吾衰矣"，成为慨叹壮志消退、或叹息年迈之典故。如辛弃疾词："吾衰矣，须富贵何时，富贵是危机。"（《最高楼·吾拟乞归，犬子以田产未置止我，赋此骂之》）

志于道，据于德，依于仁，游于艺——出自《论语》（7.6）。此谓有志于道，根据于德，依靠于仁，游憩于艺。

束脩·自行束脩·束脩之献——出自《论语》（7.7）。"束脩"，脩是干肉，也称为肉脯。每一条肉脯叫一脡（挺），十脡为一束。"束脩"也就是十条干肉。古人以束脩为初次拜见的礼物，这仅仅是一份薄礼。孔子则以"束脩"作为拜师之礼物，也就相当于今天所说的学费了。"自行束脩"，是自己献上束脩。后来学生献给师长的学费也称为"束脩之献"、"束脩之仪"、"束脩之礼"了。

不愤不启·不悱不发·启发——出自《论语》(7.8)。分说之："不愤不启"，不到他苦思冥想的时候，不去启发他。"愤"，朱熹注："愤者，心求通而未得之意。""不悱不发"，不到他想说又说不出来的时候，不去启发他。"悱（fěi）"，朱熹注："悱者，口欲言而未能之貌。""启发"，朱熹注："启，谓开其意；发，谓达其辞。"

举一反三·一隅三反·举隅——出自《论语》载，子曰："不愤不启，不悱不发。举一隅不以三隅反，则不复也。"(7.8)此指举出一个，而能够类推三个。"反"，类推。比喻从一件事情类推而知道其他许多事情，善于类推，由此及彼。"隅"，角落，也泛指一个方面。这意思是，告诉他一个角落是怎样的，他不能类推出其他三个角落来，就不再教他了。此又有了"举隅"这一典故。

用行舍藏——出自《论语》(7.11)。用我就去干，不用我就隐藏起来。后来成为咏出处进退的典故，指被任用就效力，不被任用就退隐。成语也作"用舍行藏"，如苏轼《贺欧阳少师致仕启》："是以用舍行藏，仲尼独许于颜子。"

暴虎冯河·死而无悔·临事而惧·好谋而成——出自《论语》(7.11)。分说之："暴虎冯（píng）河"，空着双手与老虎搏斗，没有船而蹚水过河。邢昺疏："空手搏虎为暴虎，无舟渡河为冯河。""死而无悔"，虽死而没有后悔。"临事而惧"，遇事要小心谨慎。"好谋而成"，善于谋划而至于成功。

执鞭之士·仲尼执鞭·夫子执鞭——此出自《论语》(7.12)。执鞭之士，指执着鞭子为市场看门、为天子诸侯等权贵开路的人，此为低贱之职。朱熹注："执鞭，贱者之事。"后来有了"夫子执鞭"之典故，用指寻求合于道义的富贵。如孟浩然："执鞭慕夫子。"（《书怀贻京邑同好》）再有"仲尼执鞭"，谓圣人孔子也说过愿意从事执鞭之贱役，借以咏服贱役。如顾况："化佛示持帚，仲尼称执鞭。"（《归阳萧寺有丁行者能修无生忍担水施僧况归命稽首作诗》）

齐战疾——出自《论语》(7.13)："子之所慎：齐，战，疾。"斋戒、战争、疾病是孔子所谨慎、小心的事情。

三月不知肉味·忘味三月·忘味——出自《论语》(7.14)。谓孔子欣赏音乐入迷，几个月都不知道肉的滋味了。后来也成了形容事物品味高妙使人沉醉的典故。如宋代王之道词："叶底芳蕤（ruí）如缀，坐对广庭忘味。"（《如梦令·和张文伯木犀》）又如辛弃疾词："绕梁声在，为伊忘味三月。"（《念奴娇·洞庭春晓》）

求仁得仁——出自《论语》(7.15)。追求仁，并得到了仁。孔子的意思是，追求仁而得到了仁，是不会因穷困而怨恨的。

饭疏饮水·饮水曲肱·曲肱枕·乐在其中·浮云富贵·富贵如浮云·富贵白云·不义如浮云——出自《论语》（7.16）。分说之："饭疏饮水"，指吃蔬菜，饮冷水。也作"饭蔬饮水"。"饮水曲肱"，指饮水与弯着胳膊当做枕头，这在后来也形容清性寡欲、安贫乐道的生活。"曲肱枕"，此典故就指安贫乐道。如唐代权德舆诗："唯思曲肱枕，搔首掷华缨。"（《多病戏书因示长孺》）"乐在其中"，指在此中得到乐趣。"浮云富贵"，也作"富贵浮云"，指由不正当手段得到的富贵，只是看似浮云一般。后来又有了"富贵如浮云"、"富贵白云"、"不义如浮云"等典故。如唐代齐己诗："雪色衫衣绝点尘，明知富贵是浮云。"（《答崔校书》）

疏水箪瓢——此成语由《论语·述而》与《论语·雍也》组合起来。"疏水"，出自《论语·述而》："饭疏食饮水，曲肱而枕之，乐亦在其中矣。""箪瓢"出自《论语·雍也》："贤哉，回也！一箪食，一瓢饮，在陋巷，人不堪其忧，回也不改其乐。"

加我数年·假我数年·天不假年·五十学易——出自《论语》（7.17）。分说之："加我数年"，再加给我一些年岁。后来由此又有成语"假我数年"，"假"，给予。又出现了成语"天不假年"，"假"，也是给予的意思。"五十学易"，成为后世赞扬好学不倦精神的典故。宋代辛弃疾词："最好五十学易，三百篇诗。男儿事业，看一日、须有致君时。"（《婆罗门引·用韵答先之》，先之，指傅先之，辛弃疾同时代的人）

发愤忘食·乐以忘忧·不知老之将至——出自《论语》（7.19）。分说之："发愤忘食"，为了努力工作与学习，忘记了吃饭。"乐以忘忧"，快乐便忘记了忧愁。"不知老之将至"，也作"不知老将至"，连快要老了也不知道。如白居易诗："不知老将至，犹自放诗狂。"（《洛中偶作》）

好古·敏求·好古敏求·敏而好古——出自《论语》（7.20）。"好古"，喜爱古代的东西。如鲁迅《热风·随感录四十二》："自大与好古，也是士人的一个特性。""敏求"，勉力以求。"好古敏求"，如王守仁《传习录》："好古敏求者，好古人之学而敏求此心之理耳。"

子不语·子不语怪·子不语怪力乱神——出自《论语》（7.21）。孔子不谈论怪异、暴力、悖乱、鬼神之类的事情。后用以泛指不谈论怪异一类的事。又"怪力乱神"，就指此四类事。"怪力"也成神怪之典故。后用以泛指不谈论怪异一类的事。清代袁枚《〈新齐谐〉序》："怪力乱神，子所不语也。然龙血鬼车，《系辞》语之。"鲁迅《中国小说史稿》：《儿女英雄传》"书首有雍正甲寅观鉴我斋序，谓为'格致之书'，反《西游》等之'怪力乱神'而正之。"

三人行必有我师焉·择善而从——出自《论语》（7.22）。分说之："三人行必有我师焉"，几个人一起行走，必定有可以做我的老师的；指应善于向人学习。"择善而从"，选择善的、好的，而依从之、跟随之。

天生德于予——出自《论语》（7.23）。指上天给我生下了这样的品德。

四教·文行忠信——出自《论语》（7.25）。孔子有"四教"，即是文教、行教、忠教、信教。

多闻多见·择善从之——出自《论语》（7.28）。孔子主张多闻、多见，然后学而知之。又主张选择善者而随从之。

丘也幸——此出自《论语》："子曰：'丘也幸，苟有过，人必知之。'"（7.31）意思是，我孔丘很幸运，如果有错误，必定就有人会给我指出。用典如宋代陈亮词："丘也幸，由之瑟。"（《贺新郎·酬辛幼安再用韵见寄》）陈亮主张北伐而引起他人的非议，词中借用孔子语，表示尽管别人以为错，自己仍旧坚持北伐的主张。"由之瑟"的典故，参见下文《论语·先进》所释。

躬行·躬行君子——出自《论语》（7.33）。指做一个身体力行的君子。

君子坦荡荡·小人长戚戚——出自《论语》（7.37）。前者指君子内心平坦宽广、坦荡、坦率。后者指小人局促忧愁。朱熹注："坦，平也。荡荡，宽广貌。程子曰：君子循理，故常舒泰；小人役于物，故多忧戚。程子曰：君子坦荡荡，心广体胖（pán）。"

威而不猛——有威仪而不凶猛。此出自《论语》："子温而厉，威而不猛，恭而安。"（7.38）又《论语·尧曰》："斯不亦威而不猛乎？"

二、《论语·泰伯篇第八》

至德·三让天下·三让·让天下·让德——出自《论语》（8.1）。分说之："至德"是最高的品德。"三让天下"，指泰伯几次把王位让给季历。此又有了"三让"、"让天下"、"让德"之典故。如唐代骆宾王诗："盛德弘三让，雄图枕九围。"（《夕次旧吴》）

而今而后——从今以后。出自《论语》："而今而后，吾知免夫，小子！"（8.3）

鸟之将死，其鸣也哀；人之将死，其言也善——出自《论语》（8.4）。鸟将死时，它的鸣叫是悲哀的；人将死时，他的言语是有善意的。

君子贵道者三——君子以三个信条为贵。此出自《论语》载，曾子曰："君子所贵乎道者三：动容貌（使得容貌变得庄重严肃），斯远暴慢（粗暴放肆）矣；正颜色，斯近信矣；出辞气（言辞口气），斯远鄙（粗鄙）倍（背礼）矣。"（8.4）

犯而不校——出自《论语》（8.5）。他人触犯了自己也不计较。成语也作"犯而勿校"。

可托六尺之孤·六尺之孤·托孤——出自《论语》（8.6）。指可以把年幼的君主托付给他。"六尺之孤"，指未成年的孤儿、且要接位的年幼君主。

任重道远·道远任重——出自《论语》（8.7）。比喻肩负重大任务，又要经历长期艰苦的奋斗。如韩婴《韩诗外传》："任重道远者不择地而息，家贫亲老者不择官而仕。"韩愈《省试颜子不贰过论》："知高坚之可尚，忘钻仰之为劳，任重道远，竟莫之致。"

死而后已——出自《论语》（8.7）。一直到死，而后才能停止。士人不可以不刚强而有毅力，因为以实现仁德于天下为己任，且要至死方休。

兴于诗，立于礼，成于乐——出自《论语》（8.8）。名言谓用《诗》来振奋，用礼来自立，用乐来完成修养。

民可使由之，不可使知之——出自《论语》（8.9）。民众可以让他们这样去做，但是不要让他们知道为什么要这样做。这是儒家轻视民众的消极理念。

守死善道·有道则见，无道则隐——出自《论语》（8.13）。分说之："守死善道"，誓死守卫善道。或说"善道"，使道完善。"有道则见，无道则隐"，此名言指世间政治清明就出仕，世道混乱则隐居。"见"，现。

不在其位，不谋其政——出自《论语》："子曰：'不在其位，不谋其政。'"（8.14）此名言又见诸《论语·宪问》。不在这个位子上，就不谋虑这个位子上的事情。

学如不及——出自《论语》："学如不及，犹恐失之。"（8.17）学习知识就如追赶不上那样心情迫切。

尧天——此典故出自《论语》（8.18）。孔子赞扬尧能效法至高至大的天，后成为一个典故颂扬赞美贤君盛世。如宋代姚述尧词："尧天近，葵倾心

尧·武梁祠堂画像
（标题：帝尧放勋，其仁如天，其智如神，就之如日，望之如云。）

切，相约共梯航。"（《满庭芳·赐坐再赋》）

才难·于斯为盛——出自《论语》（8.20）。分说之："才难"，人才很难得。"于斯为盛"，于此（本指周代人才）最兴盛。岳麓书院有对联："惟楚有才，于斯为盛。"下联即出于此，而上联出自《左传·襄公二十六年》："惟楚有才，晋实用之。"

卑宫菲食——出自《论语》："禹，吾无间然矣。菲饮食而致孝乎鬼神"，"卑宫室而尽力乎沟洫"（8.21）。住低下的房子，吃粗糙的饮食。后来用指开明君主不事享受，励精图治。成语也作"菲食卑宫"。

采撷之五：子罕篇·乡党篇

一、《论语·子罕篇第九》

达巷党人——出自《论语》（9.2）。朱熹注："达巷，党名。其人姓名不传。"或说此指项橐，传说七岁而为孔子之师。又《汉书·董仲舒传》："臣闻良玉不瑑（zhuàn，雕刻为文饰），资质润美，不待刻瑑，此亡（无）异于达巷党人不学而自知也。"颜师古注引孟康曰：此"人，项橐也。"

绝四·毋意毋必毋固毋我·专必——出自《论语》（9.4）。孔子杜绝四种弊病：不凭空臆测，不绝对肯定，不固执不化，不自以为是。又"专必"，指专一不易。"毋必"，郑玄注："用之则行，舍之则藏，故无专必。"

斯文·斯文扫地——出自《论语》（9.5）。分说之："斯文"，指礼乐、典章制度。"斯"，此。后来也指儒士、文人，文雅等意思。后来还有成语"斯斯文文"，指举止言谈文雅。"斯文扫地"，指文化、文人得不到尊重，就像被扫地出门那样，亦指文人自甘堕落。或作"斯文委地"，宋代胡仔《苕溪渔隐丛话前集·杜少陵一》："由杜子美以来，四百余年，斯文委地，文章之士，随世所能，杰出时辈，未有升子美之堂者，况室家之好邪！"

天纵·吾少也贱，故多能鄙事——出自《论语》（9.6）。分说之："天纵"，成为典故，后也作"天从"，指天所放任，意谓上天赋予。后来常用来阿谀称美帝王。名言乃孔子自述少时低贱，所以能干许多卑贱的技艺。

吾不试，故艺——出自《论语》（9.7）。名言为孔子之自述，谓自己因为不被任用，所以能干某些技艺。

空空如也·叩其两端——出自《论语》（9.8）。分说之："空空如也"，形容虚心的样子。后来也用指一无所有。"叩其两端"，叩问事物的两端而求索。"两端"也成了孔子的哲学范畴。"叩其两端"，也含有逻辑思维智慧。此参见本书前文所述。

叹凤——出自《论语》："子曰：'凤鸟不至，河不出图，吾已矣夫！'"（9.9）孔子因"凤鸟不至"而叹息。后世用"叹凤"之典故，指世道衰退，或生不逢时。

钻坚仰高——出自《论语》（9.11）。指越是钻研，越觉得深邃；越是仰望，越觉得高大。后也指深入研究。朱熹《答林退思》："故夫子尝以先难后获为仁，又以先事后得为崇德，盖于此小差则心失其正，虽有钻坚仰高之志，而反为谋利计功之私矣！"

循循善诱——出自《论语》（9.11）。指有步骤、次序地善于诱导人。成语后来也作"恂恂善诱"（"恂恂"同"循循"，有步骤、次序的样子）。白居易《襄州别驾府君事状》："夫人亲执诗书，昼夜教导，恂恂善诱，未尝以一呵一杖加之。"成语亦作"循循诱人"。

欲罢不能——出自《论语》（9.11）。指想要罢休，却不能中止。

韫椟而藏·善贾而沽·待价而沽·我待贾者·沽哉——出自《论语》（9.13）。分说之："韫椟而藏"，也作"韫匵而藏"，此指美玉裹藏在木匣里。比喻怀才待用，或怀才退隐。"韫（yùn）"，收藏。"椟"，古为"匵（dú）"，木柜、木匣。"善贾（gǔ，商人；或说同'价'）而沽（卖出）"，一说是等待识货的商人卖出去，一说是等待好价钱卖出去。又有"待价而沽"之说，即等待好价格就卖出去。这是比喻怀才者等待有人赏识重用才肯出仕效力。"我待贾者"，我等待着识货的商人或好价钱。"沽哉"，后来成为怀才不遇、等待知遇的典故，如见诸杜牧之诗。

各得其所——出自《论语》："子曰：'吾自卫反鲁，然后乐正，《雅》《颂》各得其所。'"（9.15）成语指各自得到适当的所在、位置。

逝者如斯夫·逝者如斯·不舍昼夜·似川逝——出自《论语》（9.17）。再分说之："逝者如斯夫"、"逝者如斯"，指时光的流逝就像这水的流淌一样。苏轼《前赤壁赋》："客亦知夫水与月乎，逝者如斯，而未尝往也；盈虚如彼，而卒莫消长也。""不舍昼夜"，没日没夜。"似川逝"，时光像河水一样流逝。宋代葛长庚词："花落莺啼，把往事似川逝。"（《菊花新》）

好德如好色——出自《论语》："子曰："吾未见好德如好色者也。"（9.18）指喜爱道德就像喜爱女色。朱熹注："《史记》：'孔子居卫，灵公与夫人同车，

观川亭题匾
（曲阜尼山观川亭内）

使孔子为次乘，招摇过市之。'孔子丑之，故有是言。"

未成一篑——出自《论语》（9.19）。山没有最后堆成，只是因为亏了一篑土。"篑（kuì）"，盛土的工具。此意思与成语"功亏一篑"近似，后者出自《尚书·旅獒》："为山九仞，功亏一篑。"

苗而不秀·秀而不实——出自《论语》（9.22）。分说之："苗而不秀"，禾苗不能吐穗结实。此被认为是哀悼颜渊早逝。后来也指少年人早死；或比喻徒有其表，终究无结果。"秀"，开花。"秀而不实"，只开花不结果。比喻人虽有才能，而终究没有成果。此也说孔子哀悼颜渊早死，故也用来比喻人短寿，才高而未能尽天年。后来也比喻只是学到一些皮毛，而实际上却无所成就。

后生可畏——出自《论语》（9.23）。年轻人是可畏惧的，形容青年人能超过前辈。"后生"，年轻人，后辈；"畏"，畏惧。

年富力强——年纪轻，精力旺盛。此成语不出自《论语》，但与《论语·子罕》中"后生可畏"有关，实出自朱熹注："孔子言后生年富力强，足以积学而有待，其势可畏。"

三军可夺帅，匹夫不可夺志——出自《论语》（9.26）。孔安国注："三军虽众，人心不一，则其将帅可夺而取之；匹夫虽微，苟守其志，不可得而夺也。"

不忮不求——不嫉妒不贪求。"忮"，嫉妒。本出自《诗经·邶风·雄雉》，又见《论语·》所载，子曰："衣敝缊袍，与衣狐貉者立，而不耻者，其由也与？'不忮不求，何用不臧？'"（9.27）

岁寒然后知松柏之后凋也·岁寒松柏·松柏后凋——出自《论语》（9.28）。指岁月寒冷，这以后才能比较得知松柏是最后凋零的。前一成语指岁寒时的松柏，比喻在艰难困苦中节操高尚的人。后一成语比喻坚贞的人经得起严峻的考验。如《荀子·大略》："岁不寒无以知松柏，事不难无以知君子无日不在是。"

知者不惑，仁者不忧，勇者不惧——出自《论语》（9.29）。朱熹注："明足以烛理，故不惑；理足以胜私，故不忧；气足以配道义，故不惧。此学之序也。"又三者次序排列或如《论语·宪问》："君子道者三，我无能焉：仁者不忧，知者不惑，勇者不惧。"

二、《论语·乡党篇第十》

侃侃而谈——出自《论语》："朝，与下大夫言，侃侃如也。"（10.2）说话理直气壮，从容不迫。

踧踖不安——出自《论语》："君在踧踖如也。"（10.2）恭敬而心中不安。"踧踖"（cù jí），恭敬而不安的样子。朱自清《桨声灯影里的秦淮河》："我们的风尘色全给它托出来了，这使我踧踖不安了。"

屏气凝神——聚精会神的样子。这个成语是融合而来的，与《论语》有关。《论语》："摄（提起）齐（zī，衣裳的下摆）升堂，鞠躬如也，屏气似不息者。"（10.4）此成语也与《庄子》有关，《庄子·达生》："用志不分，乃凝于神。"《老残游记》二回："满园子的人都屏气凝神，不敢少动。"

食不厌精，脍不厌细·不时不食——出自《论语》："食不厌精，脍不厌细……不时，不食。"（10.8）分说之：前句指粮食舂得越精越好，鱼与肉切得越细越好。"厌"，通"餍"，满足。"脍"，切细的鱼与肉。"不时不食"，指不是进餐的时候、不合时令的东西不吃。

适可而止——此成语本不出自《论语》，但是与《论语》有关。《论语》："不撤姜食，不多食。"（10.8）朱熹注："适可而止，无贪心也。"

食不语，寝不言——出自《论语》："食不语，寝不言。"（10.10）指饮食时不要再说话，寝睡时不要说话。

君命不俟驾——出自《论语》："君命召，不俟驾而行矣。"（10.20）这是说一有君王命令就马上前去，甚至不等待备车。后来儒家把此种急赴君命的做法作为对待政事的准则，以此教诲并约束后学。

尸寝——此出自《论语》："寝不尸，居不客（'客'或作'容'）。"（10.24）孔子认为睡觉时不能像死尸一样直躺着。后来用"尸寝"作为睡觉的典故。如杜甫诗："朝光入瓮牖，尸寝惊敝裘。"（《晦日寻崔戢（jí）李封》）

色斯·色斯举·三嗅——出自《论语》（10.27）。此可参见前文之详析，若再分说之："色斯"，后来成为远遁以避世的典故。如《后汉书·左雄传》："或因罪而引高，或色斯以求名。"再如《三国志·崔琰传》："哲人君子，俄有色斯之志。"又如晋代葛洪《抱朴子·嘉遁》："古人所以或避危乱而不肯入，或色斯而不终日者。""色斯举"，或解释为孔子善于审去就，见颜色不善则离去。此典故之用，如《礼记·儒行》："其难进而易退也。"吕大临曰："非义不就，所以难进；色斯举矣，所以易退。"如宋代翁合词："几而作，色斯举。"（《贺新郎·寿蔡参政》）此颂蔡氏善于审时度势，而能进能退。"三嗅"，邢昺疏："嗅，谓鼻歆（xīn，嗅闻）其气。"后人有不同解释，有一种解释就是用鼻歆其气。此典故之用，如杜甫诗："堂上书生空白头，临风三嗅馨香泣。"（《秋雨叹三首》）宋代袁去华词："三嗅疏枝冷蕊，索共梅花一笑，相对两无言。"（《水调歌头·雪》）

采撷之六：先进篇·颜渊篇

一、《论语·先进篇第十一》

先进·后进·野人——出自《论语》（11.1）。朱熹注："先进、后进，犹言前辈、后辈。野人，谓郊外之民。君子，谓贤士大夫也。"此为孔子用语，但有不同的解释。

三复白圭·复白圭·三复斯言——出自《论语》（11.6）。"三复白圭"，是指孔子的弟子南容多次反复并体会《诗经·大雅·抑》里面关于白圭的诗句。此也作"复白圭"。"白圭"，是国君与大夫在行礼时所用的玉制礼器。朱熹注：《诗》曰"白圭之玷，尚可磨也；斯言之玷，不可为也"。"南容一日三复此言"，"盖深有意于谨言也"。此可见南容对言语是十分谨慎的。唐代骆宾王诗："一诺黄金信，三复白珪心。"（《夏日游德州赠高四》）又有成语"三复斯言"，如严复《原强》："愿天下有心人，三复斯言而早为之所焉可耳。"

不得其死——出自《论语》（11.13）。指人不能善终。

仍旧贯·一仍旧贯——出自《论语》（11.14）。指一切按照旧例行事。郭沫若《古代研究的自我批判·论所谓"封建"制》："侯甸男邦采卫是沿用着殷人的体制，所有一切的内服外服也一仍旧贯。"

言必有中——出自《论语》（11.14）。指说话都说中在点子上了。

由瑟·由之瑟·登堂入室·升堂入室·孔堂——出自《论语》（11.15）。分说之："由瑟"、"由之瑟"，仲由（子路）弹瑟于孔子之门，遭到孔子的批评。后世用做自谦才识不够精深的典故。如唐代杨巨源诗："敢炫由之瑟，甘循赐也墙。"（《上刘侍中》）"登堂入室"、"升堂入室"，成语都比喻人的学问、技艺不仅入了门，登上了堂，而且又深造而至于内室了，因此用喻造诣精深。"孔堂"，成为一个典故，也出于此章，喻谓学识已经有了相当造就的境界。如《晋书·

328

论语智慧

孔宅故井·鲁壁

石崇传》："崇尝入太学，见颜回、原宪之象，顾而叹曰：'若与之同升孔堂，去人何必有间。'"南朝梁萧统《与晋安王纲书》："立身行道，终始如一，傥值夫子，必升孔堂。"

有过之而无不及·过犹不及——出自《论语》（11.16）。分说之："有过之而无不及"，本是说没有达到标准的两种情况：一是"有过之"，即是过分了；一是"无不及"，即是没有不过了头的。后来的意义变化为只有超过而没有不如的地方。"过犹不及"，过头了与没有达到是等同的，因为都没有恰如其分地达到标准。

鸣鼓而攻之·鸣鼓而攻·聚敛·附益——出自《论语》（11.17）。成语指大张旗鼓地声讨，也省作"鸣鼓而攻"，或认为成语"群起而攻之"也由此而来。又"聚敛"，指收聚征敛。"附益"，增加、增益。

践迹·入室——出自《论语》（11.20）。分说之："践迹"，踩踏别人的足迹走。此喻指循途守辙，践行圣贤的成法。"践"是践履、踩踏；"迹"是足迹。"入室"，比喻进入圣人之内室，即是进至于高深精微之域。

论笃·色庄·色容庄——出自《论语》（11.21）。分说之："论笃"，言论笃实，也指言论笃实的人。后也指确当的评论。"色庄"，或作"色容庄"，面色严肃、神情庄重。如《朱子语类》载，问："'色容庄'，持久甚难。"曰："非用功于外也，心肃而容庄。"

兼人·兼人之才——出自《论语》（11.22）。"兼人"，胜过他人，能力倍于他人。由此又有"兼人之才"之说，即是一人有两人之才能。

具臣——出自《论语》载，孔子回答季子然，曰："今由（子路）与求（冉求）也，可谓具臣矣。"（11.24）朱熹注："具臣，谓备臣数而已。"此指备位充数之臣，仅是充位尸禄而已。

一日之长——出自《论语》："以吾一日长（cháng）乎尔，毋吾以也。"（11.26）指比人家年龄大一点或资格老一点。又成语"一日之长"，则指比他人稍微强些。

五六六七·春风舞雩——出自《论语》："曰：'莫春者，春服既成，冠者五六人，童子六七人，浴乎沂，风乎舞雩，咏而归。'夫子喟然叹曰：'吾与点也！'"（11.26）分说之："五六六七"，后来成为称呼学生、弟子的典故。《隶释·汉成阳令唐扶颂》："五六六七，训导若神。""春风舞雩"，"雩（yú）"，古代求雨的祭祀；雩祭有台，称为雩台；雩祭有乐舞，故称舞雩。如唐文治《学生格》："或出外游憩，得春风舞雩之乐。"（《唐文治文选》）

二、《论语·颜渊篇第十二》

克己复礼·复礼克己·归仁——出自《论语》（12.1）。分说之："克己复礼"，抑制自己使言行都复归于礼。成语也作"复礼克己"。"归仁"，复归于仁。如《孟子·离娄上》："民之归仁也，犹水之就下，兽之走圹（kuàng，旷野、野外）也。"

不敏·敬谢不敏——出自《论语》（12.1）。"不敏"就是不聪敏、没有才能。后来有了成语"敬谢不敏"，是自谦之词，意思是因自己不敏而恭敬地辞谢。

己所不欲，勿施于人——出自《论语》（12.2），又见诸《论语·卫灵公》（15.24）。指自己不想要的，也不要强加于他人。

死生有命，富贵在天——出自《论语》（12.5）。指死生富贵都由天与命来决定。后世常用此语来宣扬"天命"理念。

四海之内皆兄弟——出自《论语》（12.5）。指天下的人都是自己的兄弟。

浸润之谮·肤受之愬——出自《论语》（12.6）。分说之："浸润之谮"，好像水浸入渗润那样的谗言。"谮（zèn）"，谗言。"肤受之愬"，好像皮肤直接受到疼痛那样的诬告。"愬（sù）"，诬告。

必不得已——出自《论语》（12.7）。指不得不停止，谓形势使得非如此不可，表示无可奈何的意思。

足食足兵·足兵足食——出自《论语》（12.7）。指粮食军备充足。

民无信不立——出自《论语·颜渊》。指民众失去了信心，国家就立不起来。

驷不及舌——出自《论语》（12.8）。何晏《论语集解》引郑玄曰："故言一出，驷马追之不及。"指四匹马拉的车都赶不上口中说出的话，即是"一言既出，驷马难追"的意思。"驷（sì）"，拉车的四马。"及"，赶上。

百姓足，君孰与不足——出自《论语》（12.9）。指百姓富足了，国君怎么会不富足呢。

通力合作——指全力合作。此成语虽不出自《论语》，但与之有关。《论语·颜渊》："盍（hé，何不）彻（抽取十分之一的田税）乎？"（12.9）朱熹注："周制，一夫受田百亩，而与同沟共井之人通力合作，计亩均收。大率民得其九，公取其一，故谓之彻。"

片言折狱·宿诺——出自《论语》（12.12）。分说之："片言折狱"，只听一方面的诉词，即可以判决狱讼。形容断狱的人能取信于人，人不敢欺瞒。后来此成语也表示用简短的话就能判决讼事或判别双方争论的是非，也用来称颂官吏的贤明。元代王举之《折桂令·送友赴都》曲："万法依公，片言折狱。"元代无名氏《醉写赤壁赋》："你便能勾片言折狱，一语兴邦。""宿诺"，指未及时兑现的诺言。朱熹注："宿，留也，犹宿怨之宿。急于践言，不留其诺也。"唐代高适《东平留赠狄司马》诗："古人无宿诺，兹道以为难。万里赴知己，一言诚可叹。"

君子成人之美·成人之美——出自《论语》（12.16）。朱熹注："成者，诱掖奖劝以成其事也。"指君子帮助别人做成好事。

政者正也；子帅以正，孰敢不正——出自《论语》（12.17）。政就是正的意思，你以正为表率，谁敢不正呢？"帅"，表率，带头。

君子之德风，小人之德草·风行草偃·草偃·偃草——出自《论语》（12.19）。分说之：名言指君子之德就像风，小人之德就像草，草顺着风而倒下，此即是风化的作用。孔安国注："加草以风，无不仆者，犹民之化于上。""风行草偃"，风吹到那里，草就随风披靡了。"偃（yǎn）"，倒下。比喻上位以德化民，则民之向化，犹有风吹草仆，相率从善之效。后来也指德行高尚者对世人影响之深。典故也作"偃草"、"草偃"，如唐代羊士谔云："偃草怀君子，移风念啬夫。"（《郡斋读经》）又如《资治通鉴·魏明帝青龙元年》："圣化所绥，万里草偃。"

在邦必闻，在家必闻·在邦必达，在家必达·质直好义·察言观色·虑以下人·色取仁而行违·色仁行违·居之不疑·闻达——出自《论语》（12.20）。分说之："在邦必闻，在家必闻"，意思是在国家做官有名望，在大夫家做事也有名望。"在邦必达，在家必达"，意思是在国家做官行得通，在大夫家做事也行得通。"质直好义"，指品质正直，爱好道义。"察言观色"，观察别人的言语和脸色，揣度对方的心意。"虑以下人"，考虑处于他人之下。"色取仁而行违"，也作"色仁行违"，表面上取仁，主张仁德，而实际行为却背道而驰。如白居易《〈有木诗〉序》："余读《汉书》列传"，"见色仁行违，先德后贼，如王莽辈者"。又"居之不疑"，自居而不疑惑。"闻达"，此典故就出自《论语》此章。声望显赫为"闻"，正直而德布天下，所行无阻称为"达"。

以文会友，以友辅仁·文友——出自《论语》（12.24）。名言是说以文来结交朋友，以朋友来辅助仁德的培养。成语"以文会友"，后来又紧缩成"文友"一词，指以文德交友，后称以诗文相交的朋友。唐代白居易《刘白唱和集解》："常戏微之云：'仆与足下，二十年来为文友诗敌，幸也亦不幸也。'"

采撷之七：子路篇·宪问篇

一、《论语·子路篇第十三》

先之劳之——出自《论语》（13.1）。先要自己以身作则引导，然后劳役他人。

正名·名正言顺·名不正言不顺·手足无措·盖阙如也——出自《论语》（13.3）。分说之："正名"，正定名分。"名正言顺"与"名不正，则言不顺"，此指名分正当说话就顺理，讲得通；名分不正当说话就不顺理，讲不通。"手足无措"，本作"民无所错手足"，手足不知道放哪里，形容不知道该怎么办。"错"，同"措"，安置。"盖阙如也"，指阙（缺）疑、存疑。

樊迟学稼·学圃——出自《论语》（13.4）。朱熹注："种蔬菜曰圃。"宋代唐庚《杂兴》诗："著书防恶客，学圃问邻翁。"樊迟提出要向孔子学种庄稼、蔬菜，遭到了孔子的拒绝与斥责。这是孔子轻视实际技艺的典故。

专对——出自《论语》（13.5）出任使节能够独自随机应答。此也指独立行事，随机应变。朱熹注："专，独也。"

其身正，不令而行——出自《论语》（13.6）。指其本身的行为能端正，即使不下命令，下面的人也会去干。

鲁卫——出自《论语》："子曰：'鲁卫之政，兄弟也。'"（13.7）周公旦封在鲁，其弟康叔封在卫，兄弟和睦。后来就用"鲁卫"喻指王室的同宗兄弟。杜甫云："鲁卫弥尊重，徐陈略丧亡。"（《戏题寄上汉中王三首》）此即是用典故喻指汉中王（指刘备）兄弟。

　　期月有成·三年有成——出自《论语》（13.10）。此谓一个月就有功效，三年会大成，指办事治国见效迅速。如唐代李绅诗："期月终迷化，三年讵有成。"（《到宣武三十韵》）

　　胜残去杀——出自《论语》（13.11）。指战胜残暴，除去杀戮。

　　一言兴邦·一言丧邦——出自《论语》（13.15）。此详见本书前篇之论。又《朱子语类》卷十九："圣人说话，磨棱合缝，盛水不漏，如言一言丧邦，以直抱怨，自是细密。"

　　近者说，远者来·悦近来远·近悦远来——出自《论语》（13.16）。此谓使得近者悦服，使得远者来归顺。

　　无欲速，无见小利·欲速不达·见小利则大事不成——出自《论语》（13.17）。分说之：名言意思是无欲速成，不要贪求小利。"欲速不达"，欲求快速反而达不到目的。此名言是说，若贪求小利，那么大事就不会成功。

　　父为子隐，子为父隐——出自《论语》（13.18）。古代把父为子隐瞒劣迹、子为父隐瞒劣迹作为一种人情。

　　行己有耻——出自《论语》（13.20）。指自己去行事，若有耻辱的就不干。

　　言必信，行必果——出自《论语》（13.20）。说话必定守信用，行动必定坚决果断。

　　斗筲之人·斗筲穿窬——出自《论语》（13.20）。分说之："斗筲之人"，指心胸狭隘、才识短浅的人，也作自谦之词语。"斗"，量器，容十升。"筲（shāo）"，竹器，容十二升。斗与筲，都是容量不大的器具。此成语又衍生为"斗筲小人"、"斗筲之徒"、"斗筲小器"、"斗筲之器"、"斗筲之才"等。"斗筲穿窬"，此出自《论语》的两章：一是此章的"斗筲"，另一是"穿（穿洞）窬（yú，越墙）"，出自《论语·阳货》："其犹穿窬之盗也与？"（17.12）"斗筲"与"穿窬"组合为成语，比喻人之鄙陋苟且，也指鄙陋苟且之人。

　　中行·狂者进取，狷者有所不为也·狂狷——出自《论语》（13.21）。分说之："中行"，符合中和、中庸。名言指狂者敢于进取，狷者对一些事有所不为。何晏《集解》引包咸曰："狂者进取于善道，狷者守节无为。"邢昺疏："狂者进取于善道，知进而不知退；狷者守节无为，应进而退也。""狂狷"中，"狂"指狂妄、过激，"狷"指保守、拘谨。后世又以"狂狷"喻指偏激的言行。唐代孟郊诗："小生奏狂狷，感惕增万状。"（《吊元鲁山》）

　　人而无恒，不可作巫医——出自《论语》（13.22）。人如果没有恒心，就不能做巫医。名言强调有恒心的重要。

君子和而不同，小人同而不和·和而不同——出自《论语》（13.23）。君子和谐而不同流合污，小人同流合污而不和谐。成语"和而不同"也出于此，就指和睦相处，但不盲从苟同。

切切偲偲——出自《论语》(13.28)。指相互恳切地勉励督促。朱熹注："胡氏曰：切切，恳到也。偲偲（sī sī），详勉也。"

善人教民——此出自《论语》(13.29)。朱熹注："教民者，教之孝弟（悌）忠信之行、务农备武之法。"此指要用君子贤人去教导民众。

二、《论语·宪问篇第十四》

克伐怨欲——出自《论语》："克、伐、怨、欲不行焉，可以为仁矣？"（14.1）此为性情之四种弊病："克"是好胜，"伐"是自矜，"怨"是愤恨，"欲"是贪欲。清代李绂（fú）《无怒轩记》："血气蔽之，克伐怨欲之私乘之，如川决防，如火燎原，其为祸也烈矣！"

危言危行·危行危言·危行言孙——出自《论语》（14.3）。分说之："危言危行"、"危行危言"，指言说正直，行为正直。"危"，此均解释为正直。后世也作为赞美直臣的典故。如唐代贯休诗："危行危言者，从天落海涯。"（《送谏官南迁》）"危行言孙"，行为正直，而言说随和顺从。"孙"，通"逊"，卑顺。

忠诲——出自《论语》（14.7）。尽忠教诲，尽心劝告。宋刘宰《分韵送王去非之官山阴得再字》："先入勿偏听，未信勿忠诲。"

惠人·没齿——出自《论语》（14.9）。分说之："惠人"，施恩惠于他人的人，也指仁慈的人。"没齿"，指死亡。王国维《屈子文学之精神》："有遁世无闷，嚣然自得以没齿者矣。"后来又有"没齿不忘"、"没齿难忘"等成语生成。

贫而无怨难，富而无骄易——出自《论语》（14.10）。指贫困而无怨恨，很难做到；富贵而不骄傲，容易做到。

见利思义·见危授命·久要不忘——出自《论语》（14.12）。分说之："见利思义"，看到利益而能思考道义。"见危授命"，看到危险能够勇为，甚至献出生命。"授"，付出。朱熹注："授命，言不爱其生，持以与人也。""久要不忘"，长久地处于困穷中也不忘记诺言。"要"，通"约"，此指困穷。"久要"，或如朱熹《集注》："旧约也。"

谲而不正·正而不谲——出自《论语》（14.15）。前者指诡谲而不正派，后者指正派而不诡谲。"谲（jué）"，欺诈，玩弄手段。

被发左衽·左衽·吾其衽发——出自《论语·宪问》载，子曰："微（如果没有）管仲，吾其被发左衽矣。"（14.17）邢昺注："微，无也。衽谓衣衿。衣衿向左谓之左衽。夷狄之人被发左衽。言无管仲则君不君，臣不臣，中国皆为夷狄。"分说之："被发左衽"，披头散发，衣襟向左掩，这是古代一些少数民族的服饰。此指像少数民族那样处于落后的状态。"左衽"，后来宋词中常用此典表示国土沦丧，北方民族入主中原。如李沈词："失一时机会，嗟左衽吾民。"（《六州歌头·吊武穆鄂王忠烈庙》）"吾其衽发"，也有"左衽"的意思，如刘克庄词："江左唯公，争些子，吾其衽发。"（《满江红·傅相生日癸亥》）这是以管仲比拟傅相（贾似道），谀颂他的救世之功。

一匡天下·九合一匡·民受其赐——出自《论语》（14.17）。分说之："一匡天下"，使得天下得到匡正。"匡"，匡正，扶正。后来也引申为统一天下。"九合一匡"，成语由上述之"一匡"与"九合"组成。"九合"，指管仲之才使得齐桓公多次召集诸侯盟会，出自《论语·宪问》："子曰：桓公九合诸侯。"此成语后来指卓越的治国才能。"民受其赐"，后世用做称颂在位者施惠于民的典故。白居易诗："道州民，民到于今受其赐。"（《道州民》）

文子同升——出自《论语》载，公叔文子之臣（家臣）大夫僎（xún，人名，此人本是家臣，后经过主人公叔文子的推荐）与文子同升诸公（与主人同样作了大夫）。子闻之，曰："可以为'文'（可以给他'文'的谥号）矣。"（14.18）成语意思是，家臣奴仆与主人同居官职。清李渔《奈何天·助边》就曾用此成语："不但家主身荣，连你也有好处，少不得仿前徽，文子同升，与伊行，并事公家。"

大言不惭——此成语虽不出自《论语》，但与之有关。《论语·宪问》："子曰：'其言之不怍，则为之也难。'"（14.20）朱熹注："大言不惭，则无必为之志，而不自度其能否矣。欲践其言，岂不难哉？"后用于说大话毫不感到害羞。

学者·古之学者为己，今之学者为人——出自《论语》（14.24）。分说之："学者"，求学的、做学问的人。名言指古代的人学习是为了提高自己，现今的人学习是为了给他人看的。程子曰："为己，欲得之于己也。为人，欲见知于人也。"

不在其位，不谋其政·君子思不出其位——出自《论语》（14.26）。指出人各有"位"，要有各止其所的"位"的思考，不要"越位"。前者系孔子名言，后者系曾子名言。

君子耻其言而过其行。——出自《论语》（14.27）。孔子名言认为，说得多做得少是可耻的。

仁者不忧，知者不惑，勇者不惧·夫子自道——出自《论语》（14.28）。分说之：名言是说，仁者不忧愁，知者不困惑，勇者不畏惧。此"三者"次序，《论语·子罕》是："知者不惑，仁者不忧，勇者不惧。""夫子自道"，夫子自己说自己。后来也指本来是想说别人的，结果是自己说自己。或者用做自己夸耀自己。朱熹注："尹氏曰：'成德以仁为先，进学以知为先，故夫子之言，其序有不同者以此。'"夫子，古代对老师或长者的尊称。

不患人之不己知，患其不能也——出自《论语》（14.30）。孔子名言指出不担忧他人不了解自己，而是担忧自己没有才能。

逆诈·不亿不信·先觉——出自《论语》（14.31）。分说之："逆诈"，预先怀疑他人的欺诈。"不亿不信"，不臆测他人的不讲信用。"先觉"，指事先认识察觉，后也指觉悟早于常人者。

何为是栖栖者——出自《论语》（14.32）。意思是为何这样到处奔波游说呢。宋代辛弃疾词："长沮桀溺耦而耕，丘何为是栖栖者。"（《踏莎（suō）行》）

以德报怨·以德报德·以直报怨——出自《论语》（14.34）。分说之："以德报怨"，用恩德去回报怨恨。"以德报德"，用恩德去回报恩德。"以直报怨"，用正直去回报怨恨。

怨天尤人·下学上达——出自《论语》（14.35）。分说之："怨天尤人"，怨恨天，责怪人。"尤"，责备、责怪。"下学上达"，下则学人事，如学礼乐、仁义等；上则通达天命、天理。皇侃《论语义疏》："下学，学人事；上达，达天命。"朱熹《集注》引程子曰："学者须守下学上达之语，乃学之要。盖凡下学人事，便是上达天理。然习而不察，则亦不能以上达矣。"

吾力犹能肆汝杯——出自《论语》："公伯寮（孔子门徒）愬（sù，同'诉'，告发、毁谤）子路于季孙。子服景伯（鲁国大夫）以告（转告孔子），曰：'夫子（此指季孙氏）固有惑志于公伯寮，吾力犹能肆（处死后陈列尸首）诸市朝。'子曰：'道之将行也与，命也；道之将废也与，命也。公伯寮其如命何！'"（14.36）辛弃疾曾化用此典故，表示自己能够戒酒："与汝成言：'勿留亟退，吾力犹能肆汝杯。'"（《沁园春·将止酒，戒酒杯使勿近》）

击磬·深则厉，浅则揭·深厉浅揭——出自《论语》（14.39）。分说之："击磬"，孔子击磬，被过路人认为是不甘心默默无闻，希望扬名于世。后来成为出处进退的典故。如辛弃疾词："莫击磬门前，荷蒉人过，仰天大笑冠簪落。"（《兰陵王·赋一丘一壑》）"深则厉，浅则揭"，"深厉浅揭"，水深就穿着衣服涉水而蹚过去，水浅就提起衣服涉水而蹚过去。朱熹《诗集传》："以衣而涉曰厉，褰衣而涉曰揭。"此是指根据水的深浅采取适当的渡河方式。后以此名言、典故指行动要因时因地制宜，要灵活处置事情。

修己·修己以敬·修己安人·修己安百姓——出自《论语》（14.42）。"修己"，是自我修养，即要以德治身，修身洁行，涵养性情，自省完善。后面的三个成语分别说，修养自己而能够严肃恭敬，修养自己而使上层人物安乐，修养自己而使百姓安乐。

老而不死是为贼·老而不死——出自《论语》（14.43）。"老而不死是为贼"，一个人从小到大没有德行，到老了还不死，那真是个害人精。后来指老而无德者之辞。其缩语为"老而不死"、"老不死"。如文天祥《集杜诗·淮西帅序》："知国亡，乃以淮西全境献北为己功焉。于是贵年八十余矣。'老而不死是为贼'，其贵之谓欤！"再如清代李渔《闲情偶记·词曲上·结构》："使其间稍伏机心，略藏匕首，造物且诛之夺之不暇，肯容自作孽者老而不死，犹得佯狂自肆于笔墨之林哉！"

采撷之八：卫灵公篇·季氏篇

一、《论语·卫灵公篇第十五》

君子固穷，小人穷斯滥矣·穷斯滥矣·斯滥——出自《论语》（15.2）。分说之："君子固穷"，一说君子固亦有穷时。"固"，本来。一说君子固守于穷，即是再穷困也能守住。朱熹注："程子曰：'固穷者，固守其穷。'亦通。""小人穷斯滥"，小人一遇到穷困，则什么事情都干得出来了。"穷斯滥矣"，此成语就是对名言后半句的简括。"斯滥"，这也成为一个典故，指不自检束，胡作非为。何晏《集解》："滥，溢也。君子固亦有穷时，但不如小人穷则滥溢为非。"

无为而治·恭己正南面——出自《论语》（15.5）。分说之："无为而治"，这里指儒家主张不施刑罚，而用德政治民。朱熹注："无为而治者，圣人盛德而民化，不待其有所作为也。""恭己正南面"，帝王以肃敬的态度端正地坐在王位上。朱熹注："恭己者，圣人敬德之容。"

书绅——出自《论语》："子张书诸绅。"（15.6）邢昺疏："绅，大带也。子张以孔子之言书之绅带，意其佩服无忽忘也。"此指把要牢记的话写在绅带上。"绅"，也称绅带，是古人束于腰间的大带，一头垂下来的剩余部分作为装饰用，这就是绅。后来亦称牢记他人的话为"书绅"。闻一多《神话与诗·文学的历史动向》："以上两个历史的教训，是值得我们的新诗人书绅的。"

史鱼直·卷怀——出自《论语》（15.7）。分说之："史鱼直"，史鱼耿直，成为典故。史鱼，史䲡，字子鱼，是卫国的大夫，以直言敢谏著称。"卷怀"，即是"卷而怀之"，"卷"是收的意思，"怀"是藏的意思，刘宝楠《论语正义》："卷而怀之，盖以物喻。"后来指藏身隐退，收心息虑。如《文心雕龙·养气》："意得则舒怀以命笔，理伏则投笔以卷怀（藏于胸中），逍遥以针劳（诊治疲劳），谈笑以药倦（医治疲倦）。"典故也指包容、退避、敛迹等意思。

失人·失言——出自《论语》（15.8）。分说之："失人"，错失了可交的朋友。"失言"，白白浪费了言语。

志士仁人·杀身成仁·求生害仁——出自《论语》（15.9）。分说之："志士仁人"，指有远大志向与高尚道德的人。如邹容《革命军》："滥用名器，致贵贱贫富之格大相悬殊，既失保民之道，而又赋敛无度，此法国志士仁人所以不辞暴举逆乱之名，而出于革命之原因也。""杀身成仁"，指为了成就仁，甚至可以舍去生命。成：成全；仁：仁爱，儒家道德的最高标准。后泛指为了维护正义事业而献出生命。"求生害仁"，指因谋求活命而有伤仁德。

工欲善其事，必先利其器——出自《论语》（15.10）。器必用利者，则用力少而效益好；若使用钝器，则虽孜孜矻矻而收效甚微。

事贤·友仁·事贤友仁——出自《论语》："事其大夫之贤者，友其士之仁者。"（15.10）分说之："事贤"，敬奉贤者。"友仁"，与仁者交朋友。古人有取名用此者，如米友仁。再由此组合为"事贤友仁"。

人无远虑，必有近忧——出自《论语》（15.12）。《论语正义》引张栻之解："虑之不远，其忧即至，故曰近忧。"

躬自厚而薄责于人——出自《论语》（15.15）。此指责备自己要重，责备别人要轻。朱熹注："责己厚，故身益修；责人薄，故人易从。所以人不得而怨之。"

言不及义·好行小慧——出自《论语》（15.17）。分说之："言不及义"，指尽说些无聊的话，没有一句是涉及正经道理的。"好行小慧"，喜欢卖弄一些小聪明。

无名死——出自《论语》（15.20）。人到死都没有好名声被人称道，这是人生的遗憾。后世用做感叹功业无成的典故。如白居易："常恐不才身，复作无名死。"（《初入峡有感》）

君子求诸己，小人求诸人——出自《论语》（15.21）。此指君子严格要求自己，小人则苛求他人。

矜而不争，群而不党——出自《论语》（15.22）。此指庄重而不与他人争执，合群而不结党营私。

不以言举人，不以人废言——出自《论语》（15.23）。此指不因为话说得好听而推举他，也不因为有缺点而不采纳他的话。

直道而行——出自《论语》："斯民也，三代之所以直道而行也。"（15.25）遵循正直之道行事，按正道行事。

巧言乱德·小不忍则乱大谋——出自《论语》（15.27）。分说之："巧言乱德"，朱熹注："巧言，变乱是非，听之使人丧其所守。""小不忍则乱大谋"，朱熹注："小不忍，如妇人之仁、匹夫之勇皆是。"

人能弘道，非道弘人——出自《论语》（15.29）。人能弘扬扩大道，不是道能宏扬扩大人。王肃注："才大者道随大；才小者道随小，故不能弘人。"朱熹注："弘，廓而大之也。人外无道，道外无人。然人心有觉，而道体无为，故人能大其道，道不能大其人也。"

谋道不谋食·耕也馁在其中·学也禄在其中·忧道不忧贫——出自《论语》（15.32）。分说之："谋道不谋食"，君子谋虑行道，不谋虑衣食。道，朱熹注："事物当然之理，人之所共由。""耕也馁在其中"，耕种免不了饥饿。"馁（něi）"，饥饿。"学也禄在其中"，学习会得到俸禄。"忧道不忧贫"，忧急谋道行道，而不忧急贫困。

当仁不让于师·当仁不让——出自《论语》（15.36）。分说之：名言指面对仁义之事就是对老师也不必谦让。"当仁不让"，指面对仁义之事要勇于承担而不推诿。

有教无类——出自《论语》（15.39）。教育没有类别，没有高低贵贱的分类，于教育对象一视同仁。

道不同，不相为谋·道不相谋——出自《论语》（15.40）。指因立场、观点不同，相互之间没法商量。名言也简括为成语"道不相谋"。

二、《论语·季氏篇第十六》

社稷之臣——出自《论语》："夫颛臾，昔者先王以为东蒙主，且在邦域之中矣，是社稷之臣也。"（16.1）春秋时附庸于大国的小国称为社稷之臣，亦指身负国家重任的大臣。

陈力就列——出自《论语》："周任有言曰：陈力就列，不能者止。"（16.1）

指贡献出才力，而据此担任相应的官职。

虎兕出于柙，龟玉毁于椟中——出自《论语》（16.1）。老虎犀牛从关兽的木笼里逃出来，龟甲美玉毁坏在匣子里，这是看守人的失职。比喻做事不尽职，有亏职守。

不患寡而患不均，不患贫而患不安——出自《论语》（16.1）。参见前文详释。

均无贫，和无寡，安无倾。——出自《论语》，子曰："均无贫，和（和谐）无寡（人少），安无倾（倾倒）。"（16.1）

既来之则安之——出自《论语》（16.1）。本指招徕远方的人，并加以安抚。后指既然已经来到了，就使其能安心吧。

分崩离析——出自《论语》（16.1）。指四分五裂，瓦解分离。形容国家或集团的分裂瓦解。

祸起萧墙——出自《论语》（16.1）。指灾祸发生在内部。"萧墙"，古代宫室内当门的小墙，比喻内部。此成语又作"祸发萧墙"、"祸兴萧墙"、"祸生萧墙"。

益者三友·三益·直谅多闻·直谅——出自《论语》（16.4）。分说之："益者三友"，有益的朋友有三种；又简括为"三益"，成为后世用做交友的典故。"直谅多闻"，即是指三种益友：一是"友直"，交正直之友。如白居易："交贤方汲汲，友直每偲偲。"（《代书诗一百韵寄微之》）二是"友谅"，交诚实之友。三是"友多闻"，交见多识广之友。成语后来既指益者的三友，也指朋友之间的尽心全力的帮助。"直谅"，就是正直诚信。如《聊斋志异·阎罗》："莱芜秀才李中之，性直谅不阿。"

损者三友——出自《论语》，孔子曰："损者三友"，"友便辟，友善柔，友便佞，损矣"。（16.4）交有害的朋友有三种：一是"友便（pián）辟"，交走邪路之友。二是"友善柔"，交善于当面奉承、背后毁谤之友。三是"友便佞"，交花言巧语之友。

益者三乐——此出自《论语》（16.5）。有益的快乐有三种：一是"乐节礼乐"，以调节礼乐为快乐。二是"乐道人之善"，以称道他人之善为快乐。三是"乐多贤友"，以多交贤友为快乐。

损者三乐——出自《论语》（16.5）。有害的快乐有三种：一是"乐骄乐"，以骄纵为快乐。二是"乐佚游"，以游荡忘返为快乐。三是"乐晏乐"，以饮食荒淫为快乐。

君子三愆——出自《论语》（16.5）。指君子有三种过失：一是"言未及（轮到）之而言谓之躁（急躁）"。二是"言及（轮到）之而不言谓之隐（隐瞒）"。三是"未见颜色而言谓之瞽（瞎了眼）"。

君子三戒——出自《论语》（16.7）。君子有三种警戒：一是，"少之时，血气未定，戒之在色（女色）"。二是"及其壮也，血气方刚（旺盛），戒之在斗"。三是"及其老也，血气既衰，戒之在得（贪得无厌）"。

君子三畏——出自《论语》（16.8）。君子有三种畏惧：一是"畏天命"，二是"畏大人（地位高贵者）"，三是"畏圣人之言"。又君子的"三畏"与"三戒"组合成为"三戒三畏"之说。

生而知之·学而知之·困而知之·困而不学——出自《论语》："孔子曰：'生而知之者上（上等）也，学而知之者次（次一等）也；困而学之，又其次（再次一等）也；困而不学，民斯为下（下等）矣。'"（16.9）

君子九思·见得思义——前言指君子要用心思考九个方面。后语指遇见能获得之财利，要思考道义。此均出自《论语》，子曰："君子有九思：视思明（明白），听思聪（听清楚），色（脸色）思温，貌（容貌）思恭，言思忠（忠实），事思敬（认真），疑思问，忿思难（后患），见得（财利）思义。"（16.10）

见善如不及，见不善如探汤·隐居以求其志，行义以达其道——出自《论语》（16.11）。名言之一，指看见善的就要像追赶都赶不上那样，看见不善的就要像手伸进热水中一样赶快避开。名言之二，指隐居以求保全志向，行义以求贯彻自己的主张。

过庭之训·趋庭·庭趋·伯鱼——出自《论语》：孔子"尝独立"，其子孔鲤"趋而过庭"。（16.13）孔子教导他要学《诗》、学礼，并告诫"不学诗，无以言"，"不学礼，无以立"。孔鲤退而学诗，退而学礼。分说之："过庭之训"，或作"趋庭"与"庭趋"，都是说孔子对经过庭院的儿子孔鲤的教训，后指父亲的教诲、子承父教。"伯鱼"，即是孔鲤，因有趋庭之教的事，后来也成为咏觐亲的典故。如唐代卢纶诗："露幕拥簪裾，台庭饯伯鱼。"（《送浑炼归觐却赴阙庭》）

孔鲤墓，即孔子儿子墓，位于孔子墓东邻。

篇十二 ○《论语》智囊：名言·成语·典故

问一得三——问一事却知晓了三件事。《论语》载，陈亢询问孔子儿子伯鱼，是否得到特别的传授，结果是陈亢退而喜曰："问一得三，闻诗，闻礼，又闻君子之远其子也。"（16.13）

采撷之九：阳货篇·微子篇

一、《论语·阳货篇第十七》

怀宝迷邦——出自《论语》（17.1）。阳货问孔子："怀其宝而迷其邦，可谓仁乎？"指虽怀有才能，却听任邦国迷乱。

日月逝矣，岁不我与——出自《论语》（17.1）。指岁月流逝，时间不会等待人，必须抓紧。"与"，等待。

性相近，习相远——出自《论语》："子曰：'性相近，习相远也。'"（17.2）人的本性原来是相近的，因为习惯和影响的不同而相远了。

唯上知与下愚不移·下愚不移——出自《论语》（17.3）。卑下的愚蠢人是不会改变的。后来也指不求上进，不想学好。

割鸡焉用牛刀·杀鸡焉用牛刀·牛刀割鸡·牛刀——出自《论语》（17.4）。指杀鸡何必要用牛刀，比喻大材小用。后世还用"牛刀"来指称县令，多有恭维对方大材小用之意。

弦歌宰·弦歌——出自《论语》："子之武城，闻弦歌之声。"（17.4）朱熹注："弦，琴瑟也。时子游为武城宰（县令），以礼乐为教，故邑人皆弦歌也。"后来就用"弦歌宰"来指称以礼乐施行教化的县令。"弦歌"也有了礼乐教化的意义，并且也成为出任邑令的典故了。如《晋书·陶潜》："谓亲朋曰：'聊欲弦歌，以为三径之资，可乎？'执事者闻之，以为彭泽令。"

磨而不磷·涅而不缁·不涅不磷——出自《论语》（17.7）。分说之："磨而不磷"，坚硬的东西再磨也磨不坏。"磷（lìn）"，损伤。"涅而不缁"，洁白的东西再染也染不黑。"涅（niè）"，一种矿物，可用以染黑。"缁（zī）"，黑色。"不涅不缁"，比喻洁白无瑕。如宋代李曾伯词："碾就一轮玉，扫尽四边尘，白乎不涅不磷，千古此丰碑。"（《水调歌头·幕府有和，再用韵》）这是咏中秋明月皓洁。

匏瓜空悬·匏瓜不食·系而不食——出自《论语》："吾岂匏瓜也哉！焉能系而不食。"（17.7）邢昺疏："言孔子欲不择地而治也。"分说之："匏瓜空悬"，指匏瓜空悬在那里，不给人食用。"匏（páo）瓜"，是葫芦。这是孔子自警，惧匏瓜之空悬，不能像这样处世，而应该出仕为官，有所作为。"系而不食"，指匏瓜挂在那里只看而不让人来吃。"系（jì）"，结，挂。"匏瓜不食"，唐诗用做咏人入仕的典故，白居易诗："虽异匏瓜难不食，大都食足早宜休。"（《感兴二首》）此又主张仕途之进要适可而止。

吾语女（汝）·六言六蔽——出自《论语》（17.8）。分说之："吾语女"，"语"是告诉，"女"是汝。孔子向子路教诲："居！吾语女。"表示郑重地告诉他。后来常用做向知己诉说衷情或嘱告事理。辛弃疾词："晨来问疾，有鹤止庭隅。吾语汝：只三事，太愁予。"（《六州歌头》）"六言六蔽"，详见本书前文之论。

兴观群怨——出自《论语》（17.9）。孔子关于学习《诗经》的审美评论。于此不同解读者颇多，如或说，"兴"，可以培养联想力；"观"，可以提高观察力；"群"，可以锻炼合群性；"怨"，可以学得讽刺方法。（杨伯峻《论语译注》）

正墙面而立·正面墙·面墙之士——出自《论语》（17.10）。孔子对儿子伯鱼说，人如果不学《诗》之《周南》《召南》，就如"正墙面而立"。此谓脸面正对着墙壁站着，则一物也无法看见，也一步无法前行。又称为"正面墙"，如唐代李商隐诗："尽欲心无窍，皆如正面墙。"（《赠送前刘五经映三十四韵》）后来又把这样的人称为"面墙之士"，如顾炎武《与人论为学书》："若既不出户，又不读书，则是面墙之士，虽子羔、原宪之贤，终无济于天下。"

色厉内荏·穿窬之盗——出自《论语》："色厉而内荏，譬诸小人，其犹穿窬之盗也与。"（17.12）分说之："色厉内荏"，外表强硬，内心怯弱。"色"，神色，样子；"厉"，凶猛；"荏（rěn）"：怯弱。何晏《集解》引孔安国曰："荏，柔也。谓外自矜厉，而内柔佞者。""穿窬之盗"，挖洞越墙的小偷。何晏《集解》："穿"，穿壁；窬，窬墙。"窬（yú）"，古用"踰"，越墙，或说"窬"就是墙洞。"穿窬"，此成为一典故，指偷窃行为，也指小偷。如《孟子·尽心篇下》："人能充无穿踰之心，而义不可胜

孔子故宅之门

用也。"赵岐注："穿墙踰屋，奸利之心也。"又如《聊斋志异·于中丞》："妆
奁甚富，夜被穿窬席卷而去。"

乡愿，德之贼也——出自《论语》（17.13）。"乡愿"，也作"乡原"，貌似
老实善良，但是没有原则，欺世盗名，而又被乡里认为是好人的那种人。乡愿
是道德的败坏者。朱熹注："乡原，乡人之愿者也。盖其同流合污以媚于世，
故在乡人之中独以愿称。夫子以其似德非德，而反乱乎德，故以为德之贼而深
恶之。"

道听途说·道听而途说，德之弃也——出自《论语》（17.14）。成语指路上
听来，又在路上传播出去，此指无根据的传说。名言的意思是，相信并传播道
听涂（途）说的东西，是为有德行的人所抛弃的。

患得患失·无所不至——出自《论语》（17.15）。分说之："患得患失"，没
得到则担忧得不到，得到后则又担忧失去。"无所不至"，没有达不到的地方，
指什么事都干得出来。后多含贬义。

恶紫夺朱——出自《论语》："子曰：'恶紫之夺朱也，恶郑声之乱雅乐也，
恶利口之覆邦家者。'"（17.18）邢昺疏："此章记孔子恶邪夺正也。恶紫之夺朱
也者，朱正色，紫间色。"此指厌恶非正统的却夺取了正统的地位。"紫"，非
正色；"朱"，正色。

天何言哉——出自《论语》（17.19）。上天说了什么呢？上天什么都不说，
但是通过四季运行，百物生长，又像什么都说了。

饱食终日，无所用心·博弈犹贤——出自《论语》（17.22）。分说之：此名言
指整天吃饱了饭，无所思考，无所事事。"博弈犹贤"，指局戏与下棋之类的游
戏也胜过什么都不干。"博"，指博戏，也称局戏，为古代的游戏，六箸十二棋。
"弈"，指围棋。后来"博弈"也指赌博。不过后来也把不要饱食终日，无所事
事称为"博弈犹贤"。

君子义以为上·君子有勇而无义为乱，小人有勇而无义为盗——出自《论
语》，子曰："君子义以为上，君子有勇而无义为乱，小人有勇而无义为盗。"
（17.23）名言之一，指君子以义为高尚。名言之二，君子有勇而无义，则就会
出乱子；小人有勇而无义，则就会做盗贼。

称人之恶·居下讪上——出自《论语》（17.24）。分说之："称人之恶"，宣
扬别人的坏处。"居下讪上"，居处下位而毁谤上面的人。"讪（shàn）"，毁谤。

唯女子与小人为难养也——出自《论语》（17.25）。只有女子与小人是很难
教养与相处的。这是孔子鄙视妇女、"男尊女卑"的错误理念。

二、《论语·微子篇第十八》

直道事人·枉道事人·父母之邦·柳下官资——出自《论语》（18.2）。分说之："直道事人"，用正道侍奉人。"枉道事人"，用不正之道侍奉他人，则如阿谀奉承、唯唯诺诺等。后来也指不择手段地讨好他人，如顾炎武《日知录·不动心》："凡人之动心与否，固在其加卿相行道之时也，枉道事人，曲学阿世，皆从此而始矣。""父母之邦"，父母居住的邦国，即指自己出生的邦国，也称为"父母国"，今天则称为祖国。"柳下官资"，春秋时柳下惠（展禽）不推辞做小官，曾为"士师"，是主狱讼的小官，后因以"柳下官资"表示官卑禄薄。如唐代高骈："柳下官资颜子居，闲情入骨若为除。"（《依韵奉酬李迪》）

问津·吾非斯人谁与归——出自《论语》（18.6）。分说之："问津"，询问渡口。后来比喻探问价格或情况。如"无人问津"、"不敢问津"等。"吾非斯人谁与归"，成为典故，辛弃疾化用于词："万事长嗟，百年双鬓，吾非斯人谁与归。"（《沁园春·期思旧呼奇狮》）范仲淹也化用之，《岳阳楼记》："微斯人，吾谁与归。"

四体不勤，五谷不分——出自《论语》："丈人（指老人）曰：'四体不勤，五谷不分，孰为夫子。'"（18.7）

杀鸡为黍·杀鸡炊黍——出自《论语》载，一位"丈人"即老人，"止子路宿，杀鸡为黍而食之，见其二子焉"。（18.7）杀鸡做黍米饭，后来引申为盛情款待宾客。

君子之仕也，行其义也——出自《论语》，子路曰："君子之仕也，行其义也。道之不行，已知之矣。"（18.7）名言指君子出仕做官，是要推行道义。

隐居放言·放言高论——出自《论语》："谓虞仲、夷逸，隐居放言，身中清，废中权。"（18.8）"隐居放言"，是指隐居起来，很自由随便地谈论世事。"放言"，放肆直言。"高论"出自《庄子·刻意》："刻意尚行，离世异俗，高论怨诽，为亢而已矣。""放言高论"，后指毫无顾忌地大发议论。如苏轼《荀卿论》："尝读《孔子世家》，观其言语文章，循循莫不有规矩，不敢放言高论。"

惠连·降志辱身·言中伦，行中虑——此出自《论语》："柳下惠、少连，降志辱身矣，言中伦，行中虑，其斯而已矣。"（18.8）名言指说话符合伦理，行为合乎思考。分说之："惠连"，柳下惠、少连的并称，两人都是古代节行超逸之士。晋代左思《招隐诗》："惠连非吾屈，首阳非吾仁。""降志辱身"，降低自己的志向，屈辱自己的身份。

无可无不可——出自《论语》(18.8)。据实际情况而灵活处置，没有什么可以，也没有什么不可以。如宋辛弃疾词："我无可无不可，意先生，出处有如丘。"(《木兰花慢·题广文克明菊隐》) 这是用孔子的话，谓吴克明采取孔子那样的出处原则。

求备一人——出自《论语》："周公谓鲁公曰：'君子不施其亲，不使大臣怨乎不以。故旧无大故，则不弃也。无求备于一人。'"(18.10) 此指欲求他人全备、完美无缺，这是近乎苛刻的求全责备的要求。此成语本出于《尚书·周书·君陈》："尔无忿疾于顽，无求备于一夫。""一夫"就是"一人"。

采撷之十：子张篇·尧曰篇

一、《论语·子张篇第十九》

虽小道必有可观者焉，致远恐泥·小道——出自《论语》(19.4)。分说之：名言，谓即使是小道，必定也有可取的地方，但是要实行远大目标恐怕会被阻碍堵塞。"小道"，技艺、技能。朱熹注："小道，如农圃医卜之属。泥，不通也。"

文过饰非——此成语一半出自《论语》，一半出自《庄子》。"文过"，掩饰过失；"文"，掩饰。此出自《论语·子张》："小人之过也，必文。""饰非"，掩饰错误。此出自《庄子·盗跖》："辩足以饰非。"

君子三变——出自《论语·子张》："子夏曰：'君子有三变：望之俨然，即之也温，听其言也厉。'"(19.9)"三变"：远望君子庄严，接近他则温和，聆听他的话则严厉。

大德不逾闲，小德出入可也·小德出入·大德小德——出自《论语》(19.11)。名言指大节上不要逾越界限，小节上出入一些还是可以的。分说之："闲"，本指栅栏，此谓界限。"小德出入"，是说小节上出入无碍，也即是不拘小节的意思。"大德小德"，朱熹注："大德、小德，犹言大节、小节。""言人能先立乎其大者，则小节虽或未尽合理，亦无害也。"

洒扫应对·区别·有始有卒——出自《论语》(19.12)。分说之："洒扫应对"，洒水扫地，接待宾客，应对进退的一些事情。"区别"，区分辨别，即出于此。"有始有卒"，有始有终的意思。"卒"，终。

万仞宫墙
（曲阜正南门，四字为清乾隆帝所书。）

学而优则仕·学优而仕——出自《论语》，子夏曰："仕而优则学，学而优则仕。"（19.13）学习了还有余力，就去做官。"优"，有余力。后来也指学习成绩优秀的就提拔做官。

门墙桃李·夫子墙——"门墙桃李"，比喻他人所栽培的后辈或所教的学生。此成语一半出自《论语》。《论语·子张》记载子贡赞扬孔子，曰："譬之宫墙，赐之墙也及肩，窥见室家之好。夫子之墙数仞，不得其门而入，不见宗庙之美，百官之富。"（19.23）另一半出自韩婴《韩诗外传》："夫春树桃李，夏得阴其下，秋得食其实；春树蒺藜，夏不可采其叶，秋得其刺焉。"后来"夫子墙"成了典故，用以称颂他人的道德学问。如唐代钱起："重花不隔陈蕃榻，修竹能深夫子墙。"（《寻司勋李郎中不遇》）

生荣死哀——出自《论语》（19.25）。子贡赞扬孔子："其生也荣，其死也哀。如之何其可及也？"生则荣耀，死则令人哀伤。后来常用此成语吊唁、赞誉受人敬重的死者。

二、《论语·尧曰篇第二十》

允执其中·执中——出自《论语》："天之历数在尔躬，允执其中。"（20.1）分说之："允执其中"，守着中道，不偏不倚，无过无不及。"允"，真诚。与此成语类同的是"允执厥中"，《尚书·大禹谟》有云："人心唯危，道心唯微，唯

347

精唯一，允执厥中。""厥"，那个。"执中"，即是执守中道。

兴灭继绝·天下归心——出自《论语》（20.1）。分说之："兴灭继绝"，指复兴灭亡之国，接续断绝了的贵族世家，起用被遗落的人才。成语也作"继绝兴亡"、"兴废继绝"。"天下归心"，指天下人心归趋。"归心"，诚心归附，人们心悦诚服地归趋。

尊五美，屏四恶——出自《论语》（20.2）。本书前篇已有详论。

望而生畏——出自《论语》（20.2）。指望见而令人畏惧。

视成·慢令——出自《论语》（20.2）。分说之："视成"，谓责其成功。"慢令"，谓下达可缓慢执行的命令。

不知命，无以为君子也·不知礼，无以立也·不知言，无以知人也——出自《论语》（20.3）。"三不知"，前文已有详解，可参见。这是《论语》的最后一章，千古名著如是结尾，智慧地显示出它的开放性、启迪性，不是将门闭合上，而是将门敞开。这样一个设局，象征着《论语》永远接纳一代代人的解读，无限延伸一世世人的解读智慧。

后　记

　　《论语智慧》这本书写完，已是2011年的早春了，梅花已经绽露枝头，窗外那棵四百年的银杏树，尽管在寒冬片叶落净，然而悄默无语的、突兀的、倔强的、峥嵘的躯干里，正巍然俨然地孕育着、蕴涵着、催生着又一个春天的枝繁叶茂。孔子最擅长意象思维，如果见到这样的景象，不知又会平添出几多的机趣、妙语、哲思来。

　　我与《论语》也许颇有因缘可录。为本科生、研究生讲《论语》已经有数十遍；在上海电视台《文化中国》栏目，作过30集关于孔子的讲座。此撰作，则为笔者有关孔子与《论语》的第三本书了，另两本是《孔子的智慧生活》、《读孔子》。这三本书的内容并不重复，作者力图使其互贯、互补、互映、互彰。撰写此书时，笔者依然满怀的是仰止钦敬之心，亦然感到的是不能竭尽的触悟，仍然有憾的是研之不够、究之未微、撰之难明。这就是千年《论语》之所以为经典的无穷魅力！

　　德国哲学家雅斯贝尔斯指出：个体自我的每一次伟大的提高，都源于同古典世界的重新的接触。——我想，孔子之所以能成为伟大的人物，其中一个原因，难道不就是他"同古典世界的重新的接触"？难道不就是他自道的"信古"、"好古"、"敏以求之"的一个结果？这也许会给人们一种如何获取智慧之源的智慧！

　　宋代张载曰："为学大益，在自求变化气质。"（《语录钞》）什么是气质？这就是人的生理、心理等素质。此是相当稳定的个性特点，这些又是通过人的容貌、风度、举止、言谈、办事、交往流露表现出来的。读《论语》，与孔子对话，与圣哲共语，于无声中自有箴言、名句、美文、至理渗透灵魂，而会悄悄地变化气质！确实人的形质往往不会无缘无故地自变自化，而是随心灵之变

后
记
◎

349

化而变化的，心能因明道而变，能缘晓理而化，则由心之变化而气质也随之变而化了。然而，这又必须善于"养"。人生之养还需有"教"，故谓"教养"；且养之必需"学"，故谓"学养"；且养之必能"涵"，故谓"涵养"；且养之必能"修"，故谓"修养"；且养之必有"素"，故称为"素养"。

当然，学习经典不仅会熏陶出气质来，还会给予人们更多的、更加深邃的处世处事的智慧。孟子赞扬："孔子，圣之时者也。"（《孟子·万章》）赵岐注："孔子时（合于时宜）行则行，时止则止。"读《论语》不也是这样？人们可以因时而用，与时俱行，从古昔晓悟今朝，在今日探究未来，由此而卓立世间，如此而优游人生!

我要再次感谢山东人民出版社的领导与编辑为本书付出的辛劳。笔者在撰作时，参考了一些研究者的成果，基本上已一一标明，在此一并致谢!

姚淦铭
2011年2月初春
江南千年银瑞樱斋

论 语 智 慧

350